JN070855

GROW THE PIE

パーパスと利益の二項対立を超えて、持続可能な経済を実現する

アレックス・エドマンズ
ALEX EDMANS

川口大輔　霜山元　長曽崇志 訳
株式会社 ヒューマンバリュー

HUMAN VALUE

GROW THE PIE -How Great Companies Deliver Both Purpose and Profit by Alex Edmans

Copyright © Alex Edmans 2020
This publication is in copyright. Subject to statutory exception and to the provisions of relevant collective licensing agreements, no reproduction of any part may take place without the written permission of Cambridge University Press.
Translation copyright © 2023 by Human Value, Inc. All Rights Reserved.
Japanese translation rights arranged directly with the Author through Tuttle-Mori Agency, Inc., Tokyo

目次

序章

企業の唯一の社会的責任は（中略）利益を増やすことである。

ノーベル経済学賞受賞者、ミルトン・フリードマン

我々は**すべての**ステークホルダーに対する基本的なコミットメントを共有する。顧客のために価値を提供すること、（中略）自社の従業員に投資すること、（中略）サプライヤーを公正かつ倫理的に扱うこと、（中略）活動の場であるコミュニティを支援することにコミットする。

ビジネスラウンドテーブルの「企業のパーパスに関する声明」

取締役会のパフォーマンスを改善する最も効果的な方法は、株主の力を高めることである。

ハーバード・ビジネス・スクール、ルシアン・A・ベブチュク

株主の優位性という構想にはそもそも難があり、すべてのステークホルダーのニーズを満たすことに完全に失敗してきた。

ワクテル・リプトン・ローゼン・アンド・カッツ創設パートナー、マーティン・リプトン

ＣＥＯ報酬は１９７８年以降で９４０％増えたが、米国人の平均報酬は12％しか上がっていない。これは間違っている。（中略）今こそ富だけでなく労働に報いるべきである。

米国第46代大統領、ジョー・バイデン

競争力を改善するための努力をしなければ、エールフランスは消滅するだろう。（中略）私は皆に――不当な賃上げを要求している客室乗務員、地上職員、パイロットに――責任を果たすことを求める。

フランス経済財務大臣、ブルーノ・ルメール

資本主義は危機に瀕している。

ビジネスは一般の人々の役に立っていないというコンセンサスが、政治家、一般市民、さらには当の企業幹部も含めて、政治的立場も洋の東西も問わずに形成されている。

２００７年の経済危機により米国人９００万人が職を失い、１０００万人が家を失った。経済は回復したものの、その恩恵の大半は企業の上役や株主の手に渡り、労働者の賃金は伸び悩んだ。２０１９年に世界で最も裕福な22人の男性が享受した富は、アフリカ全体の女性の富を上回った。新型コロナウイルス感染症のパンデミックのために、この格差は拡大するばかりである。１億人が極度の貧困に陥る一方で、億万長者の富は急増している。

企業は世界的トレンドの恩恵を受動的に受けるだけでなく、その形成に能動的に貢献する。1ドルでも多くの利益を搾り出すために、従業員の給与をできるだけ低く抑え、健康安全要件を軽視して酷使する企業も多い。世界で毎日7500人が仕事に関する病気や事故で亡くなっている。企業のインパクトは広範囲に及び、顧客や従業員ではない人々まで傷つける場合がある。2020年6月、米国の電力会社パシフィック・ガス・アンド・エレクトリック・カンパニー（PG&E）は、設備の欠陥が原因で発生したカリフォルニア州の山火事に関する84件の非故意故殺[1]について罪状を認めた。

被害は人間だけでなく地球環境にも及ぶ。2010年には、BPの石油掘削施設ディープウォーター・ホライズンの爆発事故が発生して490万バレルの原油が海に流出し、米国の8つの国立公園に影響を与え、400の生物種を危険にさらし、1000マイルの海岸線が汚染された。その5年後、フォルクスワーゲンは自社の自動車に「ディフィートデバイス」を搭載したことを認めた。これは排出ガス試験を不正に通過するための装置で、欧州だけで1200人の死者を出す一因となった。鉱山会社リオ・ティントは2020年5月、オーストラリアのジューカン・ゴージ——先住民のプートゥ・クンティ・クラマ族とピニクラ族の聖地で、4万6000年前から人々が守ってきた遺跡——を破壊した。これらの個々の事例に加えて、企業は毎年、推計4兆7000億ドルの環境コストを生み出している。

市民はこれに抵抗している。2019年4月15日、活動家団体のエクスティンクション・レベリオンは33カ国の80都市で抗議デモを組織し、道路、橋、建物を封鎖して不十分な気候変動対策への反対を訴

1　（訳注）　故意に殺すつもりはなかったが、結果的に殺してしまったこと。

えた。その他にも、オキュパイ（占拠）運動、ブレグジット、選挙でのポピュリスト指導者の勝利、貿易や移民の制限、CEO報酬に対する抵抗など様々な動きがある。しかし、詳細な反応の仕方は違っても思いは同じだ。「我々」を犠牲にして「彼ら」が恩恵を受けているということである。

そして、企業はそれに対応している――あるいは表面上はそう見える。ステークホルダー資本主義――企業はより大きな社会に貢献するべきだという考え方――は今日の企業の流行語になっていて、2020年の世界経済フォーラム（ダボス会議）のテーマにもなった。2019年8月、影響力のある米国のCEOで構成されるビジネスラウンドテーブルが、「企業のパーパスに関する声明」を、株主だけでなくステークホルダーを含めるように抜本的に再定義した。

しかし、このリーダーたちが本心から主張しているのかどうかは不明だった。ダボス会議が重視するのは実際に善を為すことよりも、善を為しているように見えることだと批判する批評家もいる。ビジネスラウンドテーブルの声明は規制を食い止めるための広報活動だと主張する懐疑派もいる。実際、署名企業の中には、新型コロナウイルス感染症のパンデミック時に、何千人もの労働者を解雇しながら、投資家に多額の配当金を支払ったところもあった。

つまり、社会から搾取する企業、それに抵抗する一般市民、売名とも取られるような行為で規制をかわしながら搾取を続ける企業が存在する。そしてこのサイクルは世紀を超えて続いている。19世紀半ばに、カール・マルクスは資本と労働の闘争について書いた。それ以来、企業幹部・株主と労働者・顧客の間を振り子が行ったり来たりしている。例えば19世紀後半に、泥棒男爵（ロバー・バロン）はスタンダード・オイルなど巨大独占企業を作り上げたが、政策決定者らはそれらの一部を解体するという方法で対応した。1970年代に労働組合の力がピークに達すると、それを衰退させる法律が制定された。20世紀初頭に台頭した大銀行は、結果的に1929年の金融危機を招き、グラス・スティーガル法によって規制された。そしてこの規制は1980年代から部分的に改定されて、2007年に再び危機を引き起こす一因となった。別の方法を考え出さなければ、このストーリーは何度も再演されるだろう。

しかし嬉しいことに、別の方法は存在する。

抜本的に異なるビジネスアプローチを採用することにより、企業は投資家のための利益と社会のための価値の**両方**を創出できる。つまり、このような様々な対立に直面しつつも、本書は基本的に楽観的な書籍である。とはいえ単なる希望的観測ではない。このアプローチが各種業界のすべてのステークホルダーに有効であることを示す厳密なエビデンスと、それを実現するための実践的なフレームワークに基づいた楽観主義である。

このアプローチの核となるのは思考の転換だ。本書では対立を生み出す思考を**パイ分割のメンタリティ**と呼ぶ。この考え方では、企業が生み出す価値を、大きさが一定のパイと見なす。すると「我々」が受け取るパイの1切れを大きくするためには、「彼ら」のパイを小さくするしかない。ビジネスはゼロサムゲームである。利益を最大化するために、CEOは価格を上げたり賃金を下げたりして、社会から奪い取る。逆に言えば、企業に確実に社会貢献をさせるためには、利益を取り締まらなければならない。

パイを公平に切り分けることは重要だが、ビジネスの改革は単なるパイの再分配ではない。なぜならそれは利益を減少させる行為だからだ。このことは2つの問題をもたらす。第一に、改革によって企業の収益性が低下する場合、多くのＣＥＯは自発的に改革を進めようとはしないだろう。各種の声明に署名しても実行に移さないかもしれない。パイの分割方法は規制によって企業に義務づけなければならないが、規制で生まれるのはコンプライアンスだけで、コミットメントではない。有意義な仕事の提供やスキル開発を行わなくても、企業が最低賃金法を満たすことは可能である。

第二に、利益が減ることは株主にとってマイナスである。多くのビジネス評論家はこのことを問題視せず、投資家はしばしば、名前も顔もない資本家と表現される。しかし投資家とは、顔のない「彼ら」ではなく「我々自身」である。そこには子どもの学費のために貯金をする親、年金生活者のために資金を運用する年金制度、請求される保険金の財源を確保する保険会社なども含まれる。そして、そもそも企業が資金を調達するためには投資家が必要であり、投資家はリターンが期待できる場合にしか投資しない。従って、ビジネスを改革する場合は必ず、社会的価値と同時に利益を生み出さなければならない。

それが本書の要点である。**パイ拡大のメンタリティ**では、パイの大きさは一定ではないという点を強調する。ステークホルダーへの投資は投資家の分け前を減らすことにはならない。パイが大きくなり、最終的に投資家に恩恵がもたらされるのである。ある企業は純粋に従業員に対する配慮から労働条件を改善し、それによって従業員の意欲や生産性が向上するかもしれない。ある企業は、パンデミックを抑えるべく、感染者たちに新たな医薬品の購買力があるかどうかを度外視して開発に取り組むが、最終的には商業化に成功するかもしれない。またある企業は、環境に対する責任感から、罰金を科される水準をはるかに下回るレベルまで炭素排出量を削減するが、その結果、そうした価値観に顧客、従業員、投資家が魅了されて、企業に恩恵がもたらされるかもしれない。

重要なのは、パイが利益ではなく社会的価値を表していて、利益はパイの1切れに過ぎないということである。パイを拡大する企業の第一の目的は社会的価値の創出であり、利益は副産物と見なされる。意外にもこのアプローチは、利益を最終目標にした場合**よりも多く**の利益をもたらすことが一般的だ。その理由は、長期的に大きな見返りが得られる投資を数多く実行できるからだ。しかし見返りを最初から予想することはできないため、もし利益だけが基準ならば、そうしたプロジェクトは決して承認されないだろう。「株主価値を最大化する」というルールは理論的には魅力的だが、実際にはうまくいかない。長期的利益に影響を与える決定がいくつあるかを、大まかにでも計算することは非常に難しいのである。パイ拡大のメンタリティの力は、**計算**の代わりに**原則**を用いて、不確実性の中で意思決定を行う実践的な指針を与えることである。

要約すると、レスポンシブル・ビジネスは**社会に価値を生み出すことでのみ利益を創出する**ということである。利益に対するこのポジティブな効果は、先ほどの2つの問題の両方を解消できる。つまりステークホルダーだけでなく投資家にも恩恵がある。そして、ビジネスの方法を変革して社会に与える影響を真剣に考えることが、その会社自身の利益になる。実際、これを実行することは急務である。社会貢献は贅沢な行為でも単なる追加オプションでもなく、企業の長期的成功の土台となるからだ。

パイを拡大できるということは、一部の企業幹部や投資家の認識とは異なり、パーパスは利益を犠牲にしない。また、ビジネス評論家の主張とも異なり、利益がパーパスを犠牲にする必要もない。その意味は大きい。高い利益、さらには高いＣＥＯ報酬も、適切な方法で得られたものならば自動的に企業を

「名指しで貶める」理由にはならない。多くの場合、利益とは、何かをより良くする行為の副産物であり、時代とともに人類を進歩させてきた原動力である。投資家は必ずしも抑圧されるべきではなく、資本主義をパーパスのあるサステナブルな形へと改革するための味方である。企業と社会は敵ではなく、同じチームの仲間である。組織の全メンバーが共通のパーパスのもとに団結し、長期的な視野を持って協力すれば、すべての関係者——株主、労働者、顧客、サプライヤー、環境、コミュニティ、納税者——の分け前が大きくなるような方法で、共有価値を生み出せる。従って、投資家かステークホルダーのどちらに貢献するかという二者択一の問題にする必要はない。どちらにも貢献できるのだ。

このウィン・ウィン思考こそが本書の肝である。第一部は**なぜ**から始めよう。企業はなぜ存在するのだろうか。なぜ利益だけでなく社会的価値の創出にフォーカスするべきなのだろうか。第一部ではパイ拡大のメンタリティを紹介し、パイ分割のメンタリティ、ひいてはより一般的なビジネスの考え方（「啓発された株主価値」など）との違いを説明する。さらに、パイ拡大のメンタリティに対する潜在的な反論に答え、それを実践する際の微妙なニュアンスについても検討する。パイを拡大することは、利益を無視することでも、コストを軽視して気ままに投資することでもなく、的を絞った規律のある行為である。そこで私は、プロジェクトを却下するべきか、厄介なトレードオフにどう対処するべきかといった判断をする際に、不確実性のある中でも指針として適用できる一連の原則を提示する。重要なのは、リーダーが原則に従っているかどうかを投資家が評価できるため、株主価値の計算から逸脱した場合にリーダーとしての説明責任が果たせないという懸念が払拭されることである。これらの原則は、判断の実用性と計算による説明責任を兼ね備えている。

そして次に、社会貢献の結果としての利益創出が、出来過ぎた夢物語ではなく、現実的で達成可能であることを示すエビデンスを紹介する。投資家と社会が同時に恩恵を得ることは**可能**なのだ。つまりステークホルダーのための価値を生み出すことは、単なる立派な理想ではなく、優れたビジネスとして成り立つのである。私が実務家向けにパーパスの重要性について講演するとき、ファイナンスの教授として紹介されると、聴衆は聞き間違いかと思うようだ。ファイナンス分野の人々はしばしば、ミッション主導のイニシアチブは利益創出への集中を妨げるものだと信じて、これに敵対するからだ。トレードオフの影響が特に大きい場合、短期的には確かにそうかもしれない。しかし長期的なエビデンスを見ると、そのようなマインドセットを持つファイナンス部門はどこも、役目を果たすことに失敗している。

第二部では、**何**がパイを拡大するのかを議論する。ここでは、一般的な改革案の多くが、大きさが一定のパイを分割するという考え方を土台にしているために、実際にはうまくいかないことを示す。パイ分割ではなくパイ拡大のレンズを通すことにより、最も議論の多いビジネスの要素について、従来の考え方を覆していく。また、ステークホルダーを犠牲にしてCEOや投資家にメリットを与えるものと見なされがちな役員報酬、株主アクティビズム、自社株買いに注目し、これらが皆のためにパイを拡大する可能性があることを確認する。ただし、重要なのは「可能性がある」という言葉である。現状ではそうならない場合が多いため、その改善方法を議論するつもりだ。

第三部は、**どのように**パイを拡大するかという実践的な問題に目を向ける。そしてパーパス——企業の存在理由と世界で果たす役割——の威力を強調する。パーパスは「その企業がそこに存在することで、どのように世界がより良い場所になるのか」という問いに答えを出す。とはいえ、短期目標に追われる大事なときに、CEOはどうやってパーパスを実践できるのだろうか。第三部では、企業、投資家、規制当局、市民が、個別あるいは協力し合ってパイを拡大する能力と責任に光を当てる。

パイ分割のメンタリティは広く浸透していて、企業と社会の関係だけに当てはまるわけではない。金持ちから奪い取って貧しい者に与えるロビン・フッドの物語は、小人が誰からも何も奪わずに、靴屋の仕事を手伝う小人の靴屋の物語よりもはるかに有名である。第四部では締めくくりとして、パイの拡大という考え方を、より広い文脈――人間関係の力学、他者への貢献、パーソナル・リーダーシップなど――に応用する方法を議論する。

このようなメンタリティの転換を主張する根拠は何だろうか。それは、企業の長期的な価値創出の推進要因に関する**エビデンス**の入念な研究である。エビデンスに基づくアプローチは、ビジネスに関する一般的な見解とは相容れない。一般的な見解はケーススタディやストーリーに基づく場合がある。いきいきと描かれるストーリーはトピックに命を与え、語り継がれる。そのためビジネススクール、書籍、TEDトークなどで有効に活用されている。しかし、私が『ポスト真実の世界で何を信じるか』と題したTEDトークで説明したように、実際にストーリーが伝える情報は少ない。なぜなら、どのような見解でも必ずそれを支持するストーリーを見つけられるし、論点を最大限に際立たせるために、最も極端なストーリーを選ぼうとする動機が働くからだ。利益至上主義の賛成派は、それが成功することを示すために、ジャック・ウェルチ時代のGEのストーリーを持ち出すかもしれない。逆に反対派は、エンロンのストーリーを用いて失敗する可能性を示すかもしれない。実際に、GEとエンロンの事例はビジネスクールで主要ケーススタディとして使われているが、どちらのストーリーも、利益重視の企業経営が一般的に機能するかどうかを伝えるものではない。

私はマサチューセッツ工科大学（ＭＩＴ）スローン校で初々しい博士課程学生として学術的なキャリアを開始したものの、当時の私にとって世界は灰色で鬱々としていた。私は幸運にも経済的な支援を受けてロンドンの私立学校を出たが、私の発言はときどき非常に左翼的で、トイという名前の経済学の教師は、そういう発言を聞くと労働党の党歌「赤旗の歌」を歌ったものだ。校外では、ファーストディビジョン年間最優秀若手フットボールジャーナリストに選出されて、サッカーの商業化や選手の巨額報酬に反対する記事を精力的に執筆したが、大学卒業後は結局、投資銀行のモルガン・スタンレーで働くことになった。しかし、エビデンスの強度に基づいて――先入観と合致するかどうかではなく――見解を組み立てることを通して、一筋の光明がもたらされた。このアプローチによって、ほぼすべての議論に賛否両論があることが分かり、パイの1切れだけでなく全体を考慮することの大切さが明らかになった。エビデンスを探究する中で、パイを大きくするという本書のアイデアが生まれたのである。

ストーリーとは対照的に、エビデンスは数十年にわたって数十の業界、数千の企業から知見を集めたものである。相関関係と因果関係を切り分けて、別の解釈に対処することを試みる。医学では治療の前にまず診断するが、それと同じで、資本主義の改革を提案する前に、まずは問題を正確に評価することが不可欠である。

ただし、エビデンスの質にはかなりのばらつきがある。中でも危険なのが、「――という調査結果がある」という表現だ。なぜなら、主張したい内容が何であれ、それを裏づける調査をほぼ間違いなく選び出せるからだ。企業統治に関する2016年の英国下院の公聴会で、私の前に発言した証人は、2010年1月時点の未完成の論文草案を参照して、「企業の生産性に、最上級幹部と下級従業員の報酬格差との負の相関関係があることを発見した」というエビデンスを引用した。実際には、この論文の最終版が公聴会の3年前に発表されていた。査読を経て厳格な方法論を採用した結果、この論文は次のようなまったく逆の結論に達していた。

- 「報酬格差と従業員の生産性に負の相関関係は発見されない」
- 「企業価値と業績はどちらも報酬格差に伴って上昇する」

研究を都合よく選び出すことの危険性は、確証バイアス――ビジネスに関する自分の既存の見解を支持するエビデンスを、質を問わずに何でも受け入れたいという誘惑――を考えると特に深刻だ。そのためエビデンスに基づく見解は、最も厳格な査読つきの学術誌に掲載された研究を主な情報源にする。このような雑誌では最大95％の論文が却下される。それほど基準が厳しいのである。ここに挙げた例は、研究の厳密さが単なる「学術的」な問題ではなく、実生活での実践にまったく逆の影響を与え得ることを示す。

本書で紹介するエビデンスは、ビジネスに関する定説を覆す意外な結論を次々と明らかにし、一般に推奨されるものとは異なる解決策を提示するだろう。本書を読めば、仰天するほど高額なCEO報酬を引き下げることが、実際には社会に恩恵をもたらす効果的な報酬改革ではないことが分かる。短期間で株式を売却する投資家が、いかに企業の長期的行動を促すかも理解できる。そして、現金を投資ではなく自社株買いに使う企業が、株主のみならず経済全体に長期的な価値をもたらす仕組みも分かるだろう。

もっともエビデンスに基づくアプローチは、ただ1つの正解しかないことを意味するわけではない。事実関係に合意があっても、それに対する意見は人それぞれかもしれない。仮に報酬格差の大きさが生産性に結びつくとしても、生産性よりも格差のほうが深刻だと考える市民から見れば、それは望ましくないことかもしれない。エビデンスの役割は、事実を俎上に載せることにより、政策決定者、実務家、有権者が、情報に基づいてトレードオフをすべて理解した上で、意思決定を行えるようにすることである。おそらく読者は、私のスタンスに同意できない点があるはずだ。むしろ私は、読者の意見とぶつかることを望んでいる。なぜなら本書は、読者がすでに知っていることを補強するための反響室ではなく、新鮮な——そして議論を呼ぶ可能性のある——視点を提供するものでありたいからだ。

重要な点として、私は本書の主な提案にとって不利なエビデンスも紹介するつもりだ。そうすることにより、白か黒かで説明されがちな課題のグレーな部分の興味深さ、複雑さ、奥深さを探究する。平均的な責任投資ファンドがアンダーパフォーマンスであることや、タバコやアルコールといった「罪のある」産業が巨大な利益を上げてきたことも受け止める。レスポンシブル・ビジネスに関する一般的な懸念や、株主価値の最大化に関する議論も真摯に受け止める。そして後者について、一般に風刺されるよりもはるかに奥深い意味があることを明らかにする。長期的に見てもなお、社会に影響を与えて企業の利益に還元されない外部性が存在することも強調する。

このバランスが重要だ。世界経済フォーラムが2020年に出した報告書「ステークホルダー資本主義の進捗の測定」には、「パーパス主導型の企業は、株主への価値という点で同業者より優れ＊32」とある。この注釈32の引用記事を確認すると、その最初の文に「無数の研究があるが、社会的責任に基づくスクリーニングがプラスアルファをもたらすという決定的なエビデンスは1つもない」とある。これは本文とまったく逆の主張である。レスポンシブル・ビジネスの提唱者が、自分の伝えたいストーリーに合わせてエビデンスを不適切に引用することは許されない。そのようなことをすれば逆効果になる。CEOたちが、社会的責任を果たす行動は必ず報われると誤解する可能性があるからだ。実際にはそうではなく、エビデンスは、ある活動が真にパイを拡大するか否かを、パーパスを持つCEOが見極める指針になる。

本書で取り上げる学術研究は、経済・金融のみならず組織行動論、戦略、マーケティング、会計など多様な領域に及ぶ。その経済学的知見は、合理的行動の前提だけでなく行動経済学から導き出したもので、不確実性や、標準モデルが機能しない要因も考慮する。さらに、学術研究を補完するために、様々な国や業界の先見性のある企業や投資家の実践的な事例を盛り込んで、エビデンスに血を通わせる。成功だけではなく失敗からも学んでいく。

そして、パーパスをビジネスに定着させるために、取締役、幹部、投資家、政策決定者、ステークホルダーと協力し、学びを得てきた私自身の経験も、その過程で直面した数々の実務的な障害と併せて紹介する。その狙いは、学術的な知見と実務的な知見を組み合わせることにより、本書を単に厳密なだけでなく、実行可能なものにすることである。学術的な優れたアイデアの中には、まさに「学術的」で実践が難しいものも多い。社会貢献は素晴らしい理想だと思えるが、利益の最大化に使用されている既存のフレームワークに比べると、実行するにはあまりに曖昧だ。本書では、パイ拡大のビジネスアプローチが、利益の最大化を基本とするアプローチと同じくらい実践や運用に適した具体的なものになり得ること、また長期的により大きな利益を生み出し得ることを示す。

本文に入る前に、用語について触れておこう。企業を表現する用語の中にはすでに、企業は社会に貢献しない、あるいは貢献する必要がないという先入観が含まれていることがある。

●会社が搾取的な独占企業であることを書き手が示唆する場合は、企業（corporation）という単語を使用するかもしれない。新旧の会社が進取の精神を発揮して――新たな商品、サービス、従業員エンゲージメントの方法を考案して――パイを拡大できることを強調する場合は、事業体（enterprise）という単語を使うことがある。

●企業経営者はしばしば、ルーティン業務を受動的にこなす重役（executive）というレッテルを貼られがちである。単に業務を執行するだけの経営者が何百万ドルも受け取るとしたら、一般市民がCEOの給与に異議を唱えるのも無理はない。私たちはリーダー（leader）という言葉を、新しい戦略的方向性を追求したり、従業員を鼓舞したりする姿を強調するために使用することがある。

●企業幹部は補償（compensation）を受ける。彼らには社会に貢献する内発的動機はなく、その代わりに、社会貢献に対する補償を求める。傷害補償など、不愉快な出来事に対して受け取るのが補償である。リーダーは褒賞（reward）を受ける。行方不明者の発見など、本質的に望ましい出来事に対して与えられるのが褒賞である。

●被雇用者（employee）は、労働者が生産要素として契約ベースで雇用され、雇用主の命令に従っていることを示唆する。従業員（colleague）は企業の協力者であり、企業の成長に貢献し、その成功を共有する。

●消費者（consumer）は1回限りの取引を示唆する。財を消費したら取引関係は消滅する。顧客（customer）は企業を長期的に贔屓《ひいき》する。

●株主（shareholder）は、企業の株式を受動的に保有していることを示唆する。投資家（investor）は、積極的なモニタリングあるいはエンゲージメントを通して企業の長期的な成功に投資する責任を強調する用語である。

事業体、リーダー、褒賞、従業員、顧客、投資家。これらはすべて、ビジネスの人間的な面と、それを支える関係性を強調する言葉である。本書は、パイを拡大して社会全体に恩恵を与える上で、これらが不可欠であることを明らかにする。

本書の読み方

パーパスと利益の両方について説明する本書は、多様な読者を想定している。社会貢献の必要性を強調する労働組合やステークホルダーの代表者だけでなく、利益は唯一の目標ではないにせよ重要だと考える投資家や企業幹部も含まれる。本書のアイデアは、上級幹部のみならず、チームに社会的志向を浸透させる中間管理職や、アイデアを活発に生み出して上司を動かす一般従業員の立場でも実践できる。その他にも、ますます二極化が進む資本主義論争の両面性——良い面と悪い面——を学びたい方など、ビジネスとは無関係の読者も想定している。

様々な目的を持つ読者を想定する本書は、扱う題材も多様なため、各章の内容によって興味を持つ読者が異なってくるだろう。結果として、本書は様々な読み方ができる。もちろん、すべての章を順番に読むのが一番だ。各章は全体の一部になるように、つまり他の章を踏まえて書かれているため、たびたび章の間の相互参照があり、全編にわたって登場する事例もある。しかし時間のない読者は、各自の目的に沿って特定の章に注目するとよいかもしれない。

パイ拡大のメンタリティを紹介する第1章と、パイの拡大が投資家と社会の双方に価値をもたらすことのエビデンスを説明する第4章は、すべての読者の興味を引くはずだ。これらに加えて、次の章を参照されたい。

●ビジネスとは関係なく一般的な興味を持つ読者――資本主義の仕組みや社会における役割の基本を知りたい方、ビジネスに対して懐疑的な方など――は、第3章、第8章、第10章、第11章に価値を見出すだろう。
●ビジネスリーダー――アイデアを実践するためのフレームワークを求めていて、どのプロジェクトを却下するか、トレードオフをどう解消するかといった難しい課題を扱っている方――は、第2章、第3章、第8章を読むべきだ。
●投資家や取締役会――株主が企業にどのようにエンゲージメントを行うべきか、長期的思考の土台となる統治構造をいかに設計するべきかという点に興味がある方――は、第5章、第6章、第7章、第9章に価値を見出すはずだ。責任投資に興味がある方には、第9章が特に有効だ。
●政策決定者、ビジネスリーダー、学者など――長期的価値を生み出す要因に関する最高の質の研究や、そうした研究を実践に生かす方法に興味がある方――は、第5章、第6章、第7章、そして第10章の「政策決定者」のセクションに特に注目してほしい。
●実世界のケーススタディに興味を持つ読者――ビジネスを学ぶ学生、教授、スピーチで使えるエピソードを探している方、手本になる事例を求める実務家の方など――は、第2章、第3章、第8章、そして第5章、第6章、第7章の冒頭に挙げた事例を参考にするとよい。

第一部

なぜパイを拡大させるのか
——アイデアの紹介

第1章　パイ拡大のメンタリティ

投資家と社会の双方に利益をもたらす新たなビジネスアプローチ

　ジュディス・アバーグは地下鉄から降りると、いつもと変わらぬ1日の仕事について考えをめぐらせた。彼女のオフィスは、ニューヨーク市5番街沿いのセントラルパークを望む建物にある。そんな一等地に立つ企業といえば、エリートが集まる投資銀行を思い浮かべるかもしれないが、そうではない。彼女の勤め先はマウントサイナイ病院。米国有数の大学病院である。

　ジュディスの仕事は過酷だった。自ら患者を治療するだけでなく、感染症科の部長として何百人もの研究員、臨床医、スタッフを率いていた。とはいえ、やりがいも大きかった。2014年、彼女は先端医療研究所の開設を監督した。これは1万人を超えるニューヨーク市のHIV患者にケアを提供するために、領域横断的に医師を結びつける組織である。

　しかし2015年8月25日は、いつもと変わらぬ1日ではなかった。マウントサイナイ病院のある患者は、発熱、筋肉痛、倦怠感を引き起こす寄生虫感染症トキソプラズマ症の治療のために、ダラプリムを投与されていた。ダラプリムの在庫が残り少なくなったため、同病院の薬剤部は追加発注を試みた。再発注は型通りに行われるはずだった。ところがマウントサイナイ病院の与信限度額が足りないという返答があり、薬剤部のスタッフはそれをジュディスに報告した。

「何かの間違いだ」と彼女は思った。マウントサイナイ病院の与信限度額は4万ドルで、100錠入りのボトルを1つ購入するには十分だ。しかし、ダラプリムの供給元であるチューリング・ファーマシューティカルズに電話した彼女は愕然とした。その医薬品の価格がつい先日、1錠13・50ドルから750ドルに値上がりしたという。実に5500％の上昇である。そのため100錠入りのボトルの価格は7万5000ドルと、与信限度額の2倍近くになったのだ。

チューリングは2015年2月に創業した企業で、その社名は、第二次世界大戦でドイツが使用したエニグマ暗号機を解読したことで有名な、アラン・チューリングにちなんでいる。だが、科学者チューリングを突き動かしたのがイノベーションで新境地を開拓することだったのに対し、企業チューリングを突き動かしたのは決してイノベーションではなかった。新薬の開発ではなく、既存薬を獲得して価格をつり上げることが同社の戦略だったのだ。

とんでもなく強欲な戦略だと思うかもしれないが、当時32歳のチューリングのCEO、マーティン・シュクレリにとっては当たり前の行動だった。用務員として働く移民の子として生まれたシュクレリは、17歳のとき、CNBCのテレビ番組「マッド・マネー」の司会者であるジム・クレイマーが創設したヘッジファンド、クレイマー・バーコウィッツ・アンド・カンパニーのインターンシップの権利を得てチャンスをつかんだ。最初に配属されたのは郵便仕分け室だったが、2003年初めに、過剰に評価されていると思われる株式銘柄——肥満症治療薬を開発するバイオテクノロジー企業、リジェネロン・ファーマシューティカルズ——を見つけて、たちまち名を上げた。リジェネロンの株価が急落すると確信した彼は、上司に同社株の空売りを提案した。3月31日、リジェネロンは同治療薬の臨床試験が失敗したことを認めた。その日に同社の株価は半値まで下落し、クレイマー・バーコウィッツ・アンド・カンパニーは数百万ドルの利益を得た。

だが他人のための数百万ドルにシュクレリは満足しなかった。自分のために数百万ドルを稼ぎたいと考えたのだ。そこで２００６年、当時まだ23歳だった彼は自身のヘッジファンドとしてエレア・キャピタル・マネジメントを立ち上げ、ここでも株価の崩壊に賭けた。そうした賭けの１つが外れてエレア自体が崩壊したが、シュクレリは懲りなかった。幼なじみのマレク・ビーステックとともに、２人のイニシャルを取った新たなヘッジファンド、ＭＳＭＢを立ち上げて再出発したのである。

エレアの失敗を取り戻そうとしたシュクレリだったが、ＭＳＭＢも負けず劣らずの失敗に終わった。２０１０年12月、彼はＭＳＭＢの資産が１０００ドルにも満たない状況で、３５００万ドル相当の資産があると主張した。そして「ヘッジファンドに十分な金がなかった」ことを口実として、皮肉なことに、彼はバイオテクノロジー企業を狙う投機家から、バイオテクノロジー企業のＣＥＯへと転身したのである。彼は２０１１年3月にレトロフィン、そして次にチューリングを立ち上げた。

シュクレリの金儲け戦略は、新薬への投資には目もくれず、その代わりに既存薬を安価に獲得して、価格をつり上げて供給を制限するというものだった。チューリングはまず、いずれもレトロフィンから獲得した3種類の医薬品——抗うつ薬のケタミン、陣痛誘発剤のオキシトシン、高血圧治療用の神経節遮断薬——で出発した。２０１５年8月10日、チューリングは５５００万ドルでダラプリムを獲得した。その翌日に、例の５５００％の値上げを実行したのである。

これにより利益は急増したが、社会的には大惨事となった。トキソプラズマ症は、特に妊婦、高齢者、エイズ患者にとって危険な病気である。治療せずに放置すると、けいれん発作、まひ、失明、先天性異常、さらには死に至る可能性さえある。その深刻さを踏まえて、世界保健機関（WHO）はピリメタミン（ダラプリムの化学名）を「必須医薬品モデルリスト」に載せている。しかし大幅な値上げにより、この必須医薬品はもはや手の届かないものになった。ジュディスはこの薬の使用量を1カ月に5回から最大1回にまで減らし、ニューヨーク・タイムズに語ったように「同等の有効性がないかもしれない代替療法」に切り替えざるを得なかった。こうした代替方法は試験例が少なく、未知の副作用があった。彼女はCNNに、「これでは患者は安心できない。私たちも安心できない」と話した。

法外な価格と同様に、アクセスが制限されたことも打撃となった。ダラプリムは必須医薬品であるにもかかわらず、チューリングはこの医薬品をウォルグリーンズという1つの薬局チェーンだけで販売し、しかも一般店舗ではなく「特別」店舗だけで取り扱った。このため、競合企業がダラプリムを入手して安価な代替品を開発する方法がなくなった。入手が非常に困難になったことを受けて、HIV医学協会は医師が体験談を共有するためのウェブサイトを立ち上げた。ある医師は、チューリングがダラプリムを獲得する前はすぐに買えたものを、4日半かけてようやく手に入れたと報告した。

パイ：社会のために生み出す価値

シュクレリの戦略はパイを使って説明することができる。パイは、ある企業が社会のために生み出す価値を表す。チューリングの場合、医薬品によって生み出す価値がパイである。図1・1に示すように、**社会**は多様なメンバーで構成されている。各メンバーのパイの分け前は、シュクレリが選ぶ戦略次第で大きく変わり得る。

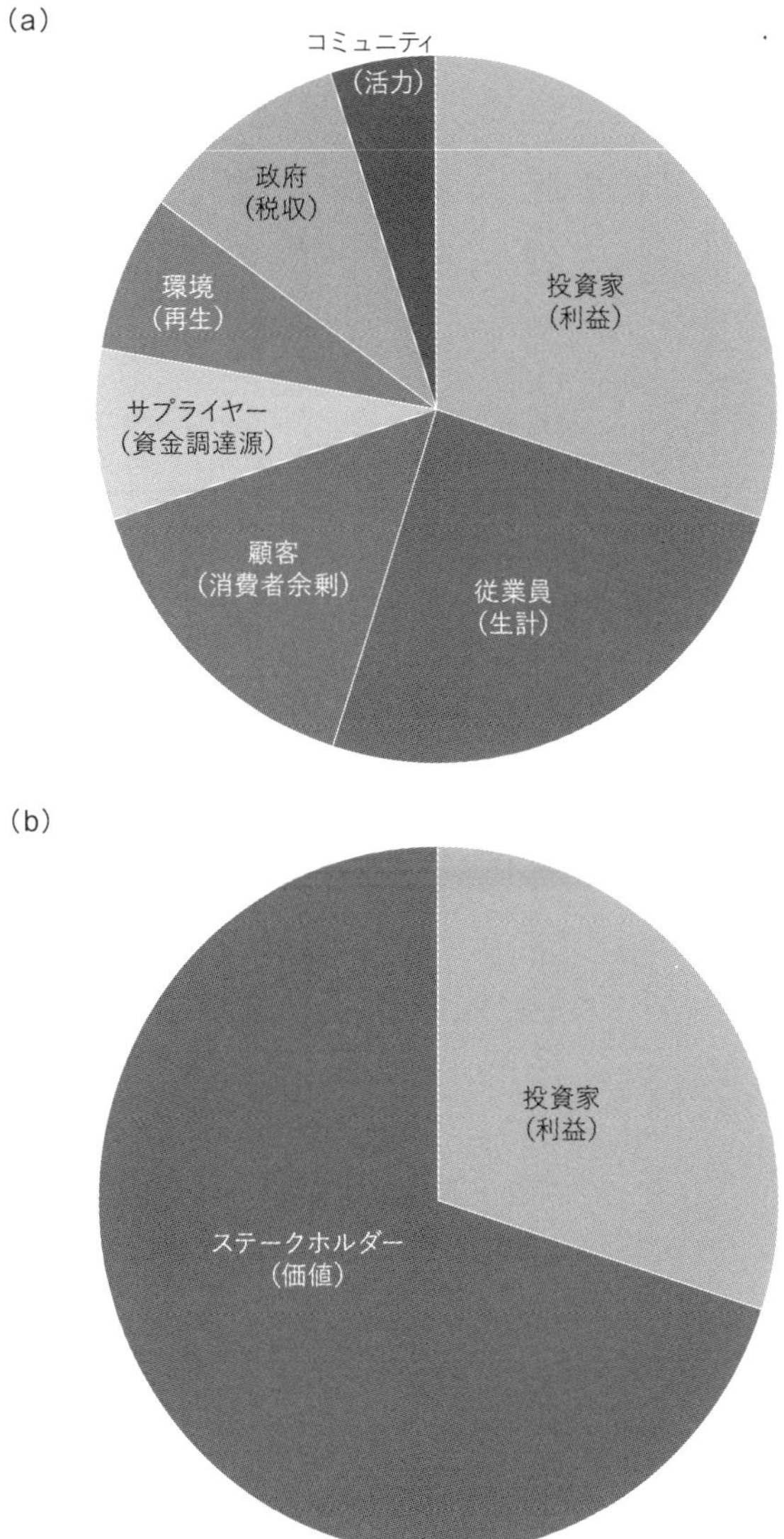

図 1.1

シュクレリが重視したメンバーは、**利益**を享受する**投資家**だ。序章で強調したように、投資家は顔のない「彼ら」ではなく「我々自身」である。投資家に貢献できない場合、それが社会に波及することがある。2018年、英国の大学退職年金基金は年金赤字が175億ポンドに達したことを報告し、年金給付額の引き下げを発表した。この結果4万2000人の教職員がストライキを行い、休講が生じたことを理由に、12万6000人の学生が授業料の返還を要求した。飛ばした講義内容を試験から除外しなければならない大学もあった。つまり利益は重要であり、投資家は社会の重要なメンバーである。しかし、メンバーは彼らだけではない。

パイに含まれるのは利益だけではないからだ。

パイには、企業が自社の**従業員**に与える価値が含まれる。給与はその1つだが、訓練、昇進の機会、ワークライフバランス、仕事に邁進して世界に大きなインパクトを与える力もそれに該当する。この価値のことを、職場環境と企業(の両方)が従業員の家庭生活に与える影響を反映して、**生計**と呼ぶことにする。

パイには、**顧客**が支払い額を超えて享受する長期的価値が含まれる。これを**消費者余剰**と呼ぶことにする。企業は顧客の生活を大いに向上させる商品を開発したり、無料アフターサービスを提供したり、誤解を与えるマーケティング戦術を避けたりして、消費者余剰を生み出す。

パイには、安定した収入源という形で**サプライヤー**にもたらす価値が含まれる。この価値は**資金調達源**と呼ぶことにする。なぜなら、受け取る金額だけでなく、いかに迅速に支払いを受けられるかが重要だからだ。

パイには、企業が資源消費や炭素排出の削減、植樹やリサイクルの推進といったポジティブな活動を通して**環境**に与える価値が含まれる。この価値を**再生**[1]と呼ぶことにする。

パイには、企業が雇用機会を提供し、水や衛生施設へのアクセスを改善し、現地の取り組みに知識や商品を提供することによって**コミュニティ**にもたらされる価値が含まれる。この価値を**活力**と呼ぶことにする。

最後に、パイには**税収**という形で**政府**にもたらされる価値が含まれる。

つまり企業は、投資家のためだけでなく、従業員、顧客、サプライヤー、環境、コミュニティ、政府にも貢献する。これら投資家以外の関係者は企業の**ステークホルダー**と呼ばれ、集団として**価値**を享受する。**メンバー**は投資家またはステークホルダー、**市民**は社会で暮らす人々を指す。[2]

パイ分割のメンタリティ

シュクレリは**パイ分割のメンタリティ**を持ち、パイを切り分ける人物だった。このメンタリティで

1　一般的な用語は環境の「保護」または「保全」。本書では、現状維持（例えば汚染レベルを上げない）では不十分だということを際立たせるために「再生」という用語を使う。

2　「投資家」を「ステークホルダー」に含める書き手もいる。明確化のために、本書で使用する「ステークホルダー」には投資家以外のメンバーだけを含める。「社会」は投資家とステークホルダーを合わせたものを表す。リーダーは従業員でもあり（多くの場合）投資家でもあるため、独立したカテゴリーは設けない。英国会社法の記述など、「メンバー」が投資家のみを指す場合がある。しかし、例えば従業員が投資家よりも重要ではないという理由が不明確であるため、本書ではより広い定義を用いる。

は、パイの大きさは一定だと考える。その場合、あるメンバーのパイの取り分を増やすには、切り分け方を変えて他のメンバーの取り分を減らすしかない。他のメンバーはライバルであり、できるだけ分け前を増やすために戦う相手である。

シュクレリがパイの分け前を最も大きくしようとしたメンバーは投資家だった。彼自身がチューリングの主要株主だったし、十分な収益を上げなければ他の投資家から圧力を受けたかもしれない。目標はただ1つ――「投資家が私に期待するのは利益の最大化である」――と考えていて、図1・2に示すように、ステークホルダーから奪い取ることによって、この目標を追求した。

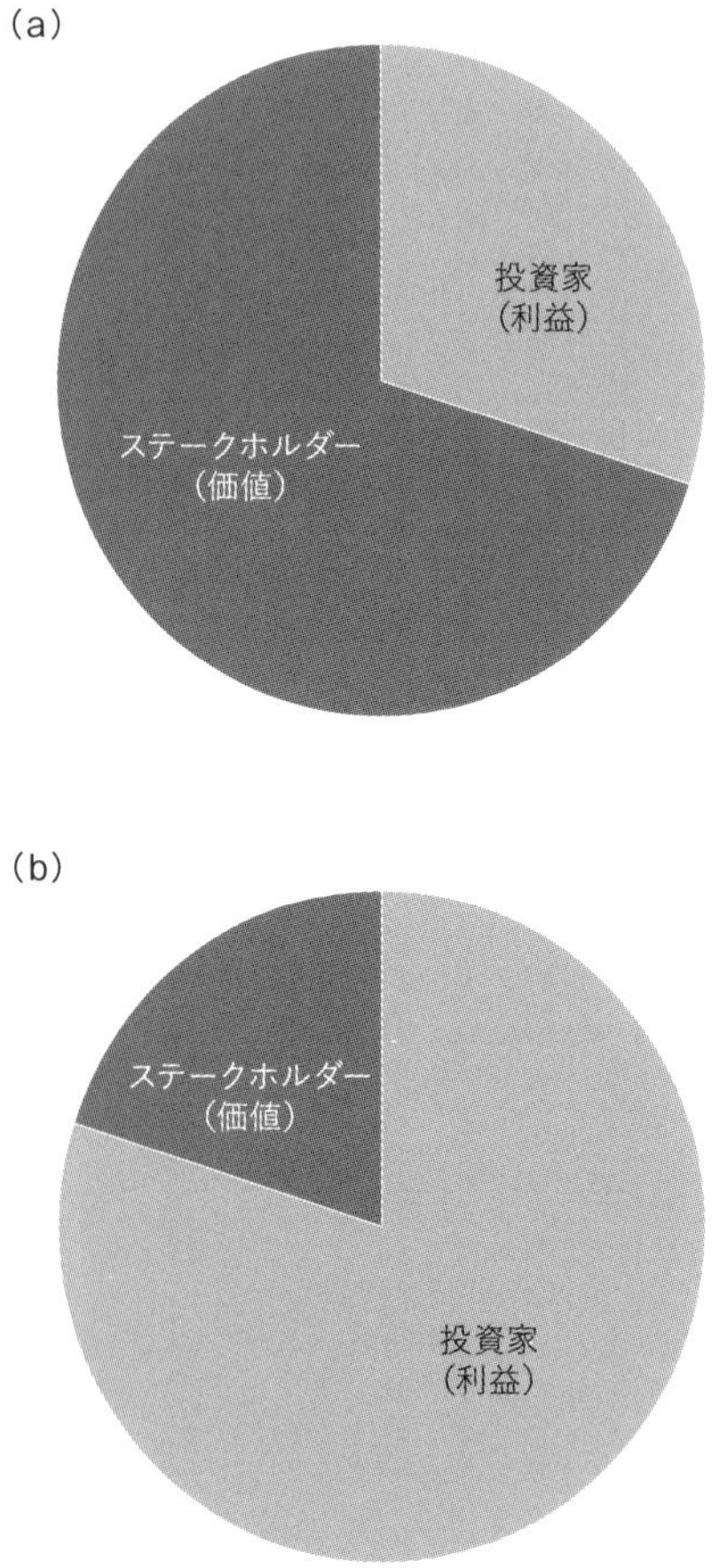

図 1.2

シュクレリに最も大きくパイを奪われたステークホルダーは、顧客、すなわち患者と健康保険会社である。しかしシュクレリは、従業員からもパイを奪った。新薬を開発することに期待を膨らませてバイオテクノロジー企業に入社したかもしれないのに、既存薬からより高い利益を搾り出すことを命じられて日々を過ごす人たちだ。彼はサプライヤーからもパイを奪った。ダラプリムの販売が制限され、それによって生産も制限されたために、原料需要が激減したからである。そしてコミュニティからもパイを奪った。ダラプリムが入手しにくくなって、患者やその家族、友人に害が及んだからである。

徹底的に利益を追い求めるシュクレリは、新薬を開発してパイを拡大することをほとんど考えなかった。さらに悪いことに、彼の行動はパイを小さくした。ダラプリムへのアクセスを制限したことにより、社会に恩恵を与える薬の流通量が減少したからだ。しかし投資家が得るパイの取り分を十分に大きくできれば、図1・3に示すように、たとえパイ全体が縮小しても、彼らの分け前は大きくなる。[3]

パイ分割のメンタリティには魅力がある。パイの分割は、費用ゼロでたちまち実行できるからだ。パイの分割には、新薬を開発し、食品医薬品局（FDA）認証を取得し、マーケティングをするときのような多大な費用、時間、リスクは必要なかった。そして完全に合法だった。シュクレリは図々しくも、「我々の行為はすべて合法」で「私は泥棒男爵《ロバー・バロン》のようなもの」だと述べた。泥棒男爵とは、19世紀末の米国

3　**取り分（Share）**はメンバーが受け取るパイをパーセンテージで示す相対値、**分け前（Slice）**はパイ全体の大きさに取り分のパーセンテージをかけて求める絶対値である。

で、彼と同様の悪辣だが合法な戦略を使って財を成した実業家たちのことである。シュクレリは後に禁固７年の実刑判決を受けたが、これは自身のヘッジファンドで犯した証券詐欺に関する判決であり、チューリングでの価格つり上げとは無関係である。

序章でこのような例がいくらでも見つかることを議論した。残念なことに、チューリングは決して常軌を逸した存在ではないようだ。企業は価格のつり上げだけでなく、顧客が必要としていない、あるいは理解していない商品を売りつけるという形で、顧客から消費者余剰を奪うことができる。１９９０年から２０１０年代半ばにかけて、英国の銀行は、住宅ローン、融資、クレジットカードを利用する顧客

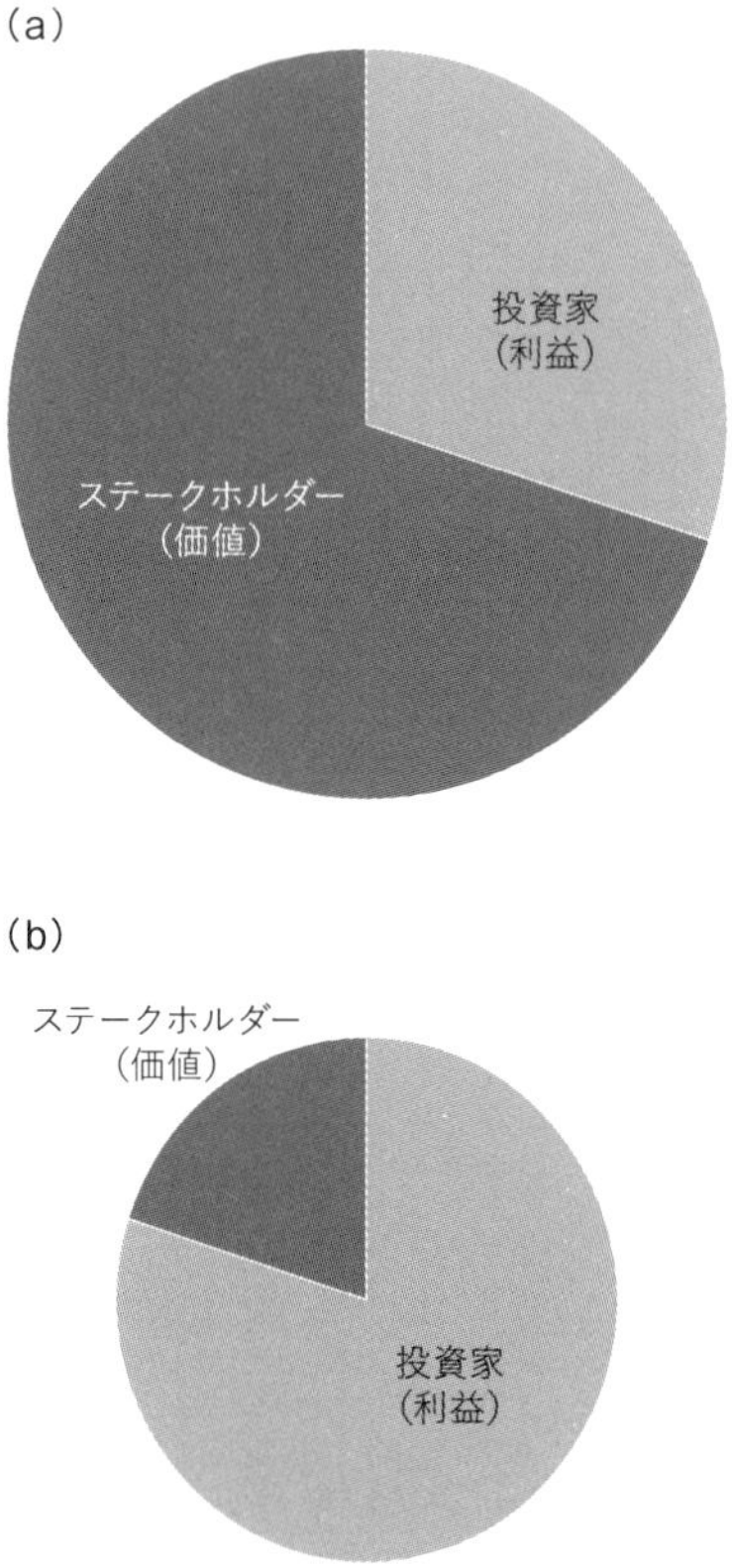

図 1.3

向けに債務返済保証保険を販売した。この保険は顧客が失業したり病気になったりした場合に、債務を返済することを保証するものである。しかし販売方法が詐欺まがいだった。この保険に入らなければ融資の審査に通らないという誤った説明を受けた顧客が130万人、絶対に保険請求ができない立場（例えば個人事業主）にもかかわらず契約を結ばされた顧客が200万人に達した。この保険の掛け金が開示されることはまれだったが、典型的には借入金の20%、場合によっては50%に達することもあった。

企業は労働者からも搾取できる。報道によると、英国の小売業者スポーツダイレクトは、労働者に最低賃金を下回る賃金しか支払わず、病気休暇を取った者を解雇し、雇用保証のない「ゼロ時間」契約[4]を結ばせた。同社はゼロ時間契約の従業員に対し、明日の仕事がなくなると脅してサービス残業を強いていた。新型コロナウイルス感染症の危機が拡大したとき、英国政府は市民に対し、エッセンシャルワーカー以外の出勤を禁止した。スポーツダイレクトは不遜なことに、パンデミックの中でもスポーツ用品は必需品だと主張して、出勤を強制しようとした。同社は従業員を感染リスクに、そして周りに感染を広げるリスクにさらしたのである。2020年6月には、ドイツの食肉加工会社テニエスの工場で、1500人以上の従業員が新型コロナウイルスに感染した。密で危険な環境での作業や寝泊まりを強いられたことがその原因だ。これをきっかけに地域で感染が急拡大し、近隣の2地区がロックダウンに追い込まれた。

4（訳注）週当たりの労働時間が明記されない形で結ばれる雇用契約を指す。主にイギリス労働市場において、不安定労働と低賃金労働の拡大を加速させ、より多くの人の生活状況を厳しくするものとして問題視されている。

企業は、サプライヤーへの支払いをぎりぎりまで遅らせたり、規模にものを言わせて最低価格を要求したり、報復を心配せずに契約を破棄したりして、サプライヤーを圧迫することができる。英国の華麗なる大富豪、フィリップ・グリーン卿が保有する服飾小売グループのアルカディアは、パンデミック時に1億ポンドの注文をキャンセルした。すでに一部のアイテムは製造済みだったにもかかわらずである。そのうち９０００万ポンドは、服飾産業への依存が特に大きいバングラデシュへの注文だった。２００万ポンドの売り上げ見込みを失ったあるサプライヤーは、アルカディアが態度を翻したことによって破産寸前まで追い込まれ、２０００人の従業員を路頭に迷わせるところだったと報告した。世界のファッションブランドが注文をキャンセルし、値引きや支払いの延期を要求したことから、２０２０年5月末までにバングラデシュの服飾工場では37億ドルの売り上げが失われ、服飾労働者は世界全体で58億ドルの賃金未払いに苦しめられた。

これらの例ではいずれも、企業はステークホルダーを、搾取できる格好のカモと見なしている。企業がステークホルダーを積極的に搾取しないにせよ、単純に無視し、彼らに恩恵があるかどうかを顧みずに利益の最大化に専念する場合もある。序章で触れたように、ＧＥのジャック・ウェルチは、徹底的な利益追求を成功させて評価を得た、史上最も尊敬されるＣＥＯの１人である。ウェルチのゴールはただ１つ、ＧＥを株主価値ベースで世界最大の企業にすることだった。彼は、ステークホルダーのために働くことは本筋からの脱線であり、効率の悪さにつながると考えていた。

企業がステークホルダーから搾取すれば、市民は政策決定者に働きかけて、彼らのパイの取り分を規制で保護しようとする。企業は法律をかいくぐって対抗を図る。そして対立が継続する。

しかし、別の道もある。

ロイ・バジェロスは緊急に資金を必要としていた。

1978年、メルクの研究員のウィリアム・キャンベルが、ブレークスルーになり得る発見をした。メルクが家畜の寄生虫感染症の治療薬として開発したイベルメクチンが、人間のオンコセルカ症の治療にも使える可能性があったのだ。

オンコセルカ症は恐ろしい病気だった。この病気は人々の生活、娯楽、仕事の場である肥沃で水の豊富な川沿い地域に生息するブユの媒介で感染した。ブユに刺されることでヒトの体内に回旋糸状虫の幼虫が入ると、これが皮膚の下で成長して最大60センチほどになる。この幼虫は猛烈なかゆみを引き起こし、自殺者が出るほどだった。幼虫が目に侵入すると、多くの場合は失明した。そのためオンコセルカ症は一般に河川盲目症と呼ばれる。

河川盲目症は深刻な伝染病だった。すでに1800万人が回旋糸状虫に感染し、1億人以上が感染リスクにさらされていた。西アフリカを中心に、南米も含めて34の発展途上国で、すぐにも風土病になる可能性があった。最も影響の大きい村々では全住民が15歳までに感染し、30歳までに失明していた。失明した大人は自分の子どもに手を引いてもらう必要があっただろう。その結果、子どもたちは大人になると目が見えなくなるものだと信じていた。一方、肥沃な川岸から離れて感染リスクを抑えた家族は、その代わりに十分な作物を栽培できなかった。失明か飢餓かの選択を迫られたコミュニティは、実質的に経済がまったく発展せず、抜け殻も同然に衰退した。

それゆえウィリアムの仮説は極めて重大であり、彼はその後、2015年にノーベル生理学・医学賞を日本人研究者の大村智博士と共同で受賞する。しかし1978年の時点では単なるアイデアに過ぎず、厳密な試験が必要だった。通常、抗寄生虫薬が種を超えて成功することはなかった。ウィリアムの実験室での研究に続いて、1981年に、同じくメルクの研究員だったモハメド・アジズが、ヒトを対象にした初めてのイベルメクチンの臨床試験をセネガルで実施した。その結果があまりに素晴らしかった――たった1錠で病気が完治し、抗寄生虫薬でよく見られる副作用がまったく発生しなかった――ために、WHOは記録の間違いを疑ったほどである。しかし、それから数年をかけてメルクが他のアフリカ諸国で臨床試験を実施したところ、同様の成功が得られた。1987年、イベルメクチンはメクチザンという商標名で、ヒトでの使用を認められた。

だが、最後の難関が待っていた。それは資金である。メルクがすでに開発に費やした数百万ドルを除いても、西アフリカに流通経路を構築するために200万ドル、さらに生産コストとして年間2000万ドルが必要になる見通しだった。河川盲目症に苦しめられている西アフリカ諸国は、世界で最も貧しい国々だった。人々は泥にまみれた小屋に住み、草で編んだ腰蓑をつけていた。彼らにも、財政赤字を抱えた政府にも、メクチザンを購入する余裕はなかった。当時メルクのCEOだったロイ・バジェロスはWHOにメクチザンへの資金援助を求めたが、答えはノーだった。米国国際開発庁と国務省にも嘆願した。やはり答えはノーだった。そういうわけで彼は緊急に資金を必要としていたのだ。

そこでロイは、最後の、そして究極の資金源に頼った。それはメルク自体である。ロイは1987年10月21日に、メクチザンを必要としている世界中の人々に、メルクが「必要な期間、必要な分だけ」無料で提供することを表明した。メルクはメクチザンの流通を監視し資金を供給するために、WHO、世界銀行、ユニセフ、数十カ国の保健省、30を超える非政府組織を集めてメクチザン無償供与プログラム（MDP：Mectizan Donation Program）を立ち上げた。

一見すると、医薬品を寄付するなど正気の沙汰ではないと思われた。MDPはメルクの投資家に何百万ドルもの負担を強いる可能性があった。投資家の大半は、倹約家のクライアントに責任を負う機関投資家だった。そうした投資家が持ち株を売り払って株価を下げたり、CEOを解任するようにメルクの取締役会に圧力をかけたりする恐れがあった。

だが、この困難に思える決断も、ロイにとっては簡単だった。彼を突き動かしたのは利益ではなく、科学で社会の役に立ちたいという願いだった。ギリシャ移民の子であるロイは、家族が経営していた食堂エステルズ・ランチョネットでジャガイモの皮をむき、テーブルを拭き、皿洗いをして育った。食堂の主な顧客は近くのメルクの研究所で働く科学者や技術者だった。ロイは、彼らが人々の健康向上のために開発中の薬について熱く語り合うのを聞いていた。彼はこう話した。「彼らには素晴らしいアイデアがあって、仕事を楽しんでいました。仕事に対する情熱が私にも伝染しました。（中略）彼らは私が化学の道に進むことを応援してくれました」。ロイが最も気にかけていたのは、MDPに費やされる数百万ドルではなく、MDPによって変わる数百万人の暮らしだったのだ。

MDPは大成功を収めた。今や、特定疾病を対象とするこの種の医薬品寄付プログラムとして、最長の継続期間を誇る。MDPはこれまでにアフリカの29カ国、南米の6カ国、中東のイエメンに34億錠を届け、毎年3億人に手を差し伸べている。MDPの甲斐あって、WHOは南米の4カ国（コロンビア、エクアドル、メキシコ、グアテマラ）が河川盲目症を根絶したことを認定した。西アフリカのサバンナ地帯でも、この病気はもはや深刻な公衆衛生問題ではない。

メクチザンを寄付するという決断がパイを大きくしたのである。当初、パイの拡大分の大半は西アフリカと南米の国々、コミュニティ、市民が獲得した。しかしそれに続いてメルクも、それが決断の主な理由ではなかったにせよ、恩恵を享受した。MDPは、責任感の強い企業としてのメルクの評価を高めた。1988年1月、ビジネスウィークはメルクを「公共サービス分野で最高の企業」の1つと説明し、MDPを「類まれな人道的振る舞い」と称した。フォーチュンは1987〜1993年の7年連続で、メルクを米国の最も称賛される企業に選出した。この記録に並ぶ企業は後にも先にも存在しない。

社会貢献によって得たこの評価は、次に投資家とステークホルダーの両方を引きつけた。投資家はMDPの金銭コストを負担することになるが、多くの投資家は金銭的リターンと同じくらい、社会的リターンを重視する。この点については第2章で議論する。MDPの開始から10年後、ロイは株主からの不満の声は一度も聞いていないと報告した。その代わりに従業員から、MDPが入社の決め手だったというレターを数多く受け取ったという。彼らは、メルクでのキャリアを通して世界の最も深刻な健康問題を解決できる可能性に胸を躍らせたのである。現在のメルクは、このような高い評価のおかげもあり、時価総額2000億ドルを超える世界屈指の製薬企業となった。同社は雇用主として高い人気を維持し、現在もフォーチュンの最も称賛される企業のリストに名を連ねている。投資家も恩恵を受けてきた。1978年以降に彼らが享受した年間リターンは平均13％で、S&P500が達成した9％の1・5倍に迫った。

パイ拡大のメンタリティ

ロイは**パイ拡大のメンタリティ**を持ち、パイを大きくする人物だった。このメンタリティでは、パイの大きさは固定的ではなく拡大できると考える。そして社会に価値を生み出すために、パイを拡大することを目指す。それが投資家とステークホルダーの両方に恩恵をもたらすからだ。図１・４に示すように、利益は最終目的ではなくなるが、その代わりに価値創出の副産物として発生する。ビジネスはポジティブサム・ゲームであるため、投資家はステークホルダーから奪おうとはせず、ステークホルダーは投資家から自らを守る必要がない。どちらも同じチームの一員なのだ。

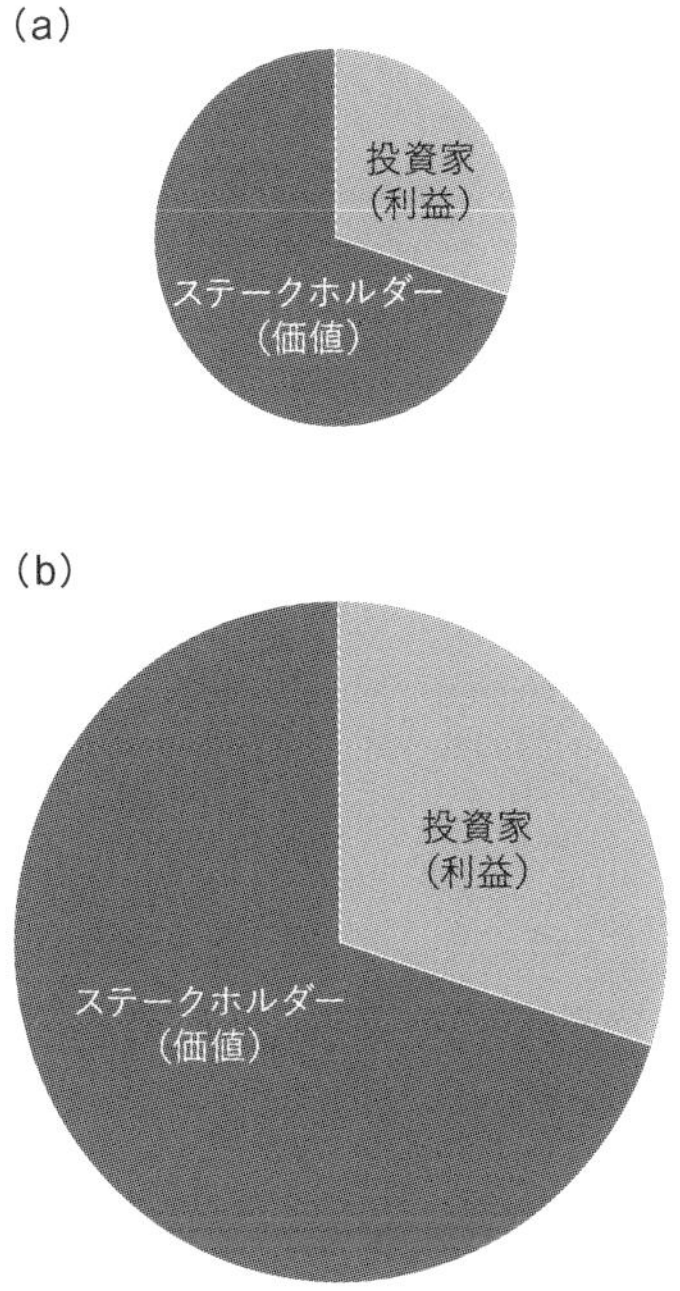

図 1.4

ここからは、本書の要点であるパイを大きくする行動を表現するために、**パイコノミクス**という用語を使う。パイコノミクスは、**社会に価値を生み出すことを通してのみ利益を創出すること**を目指すビジネスアプローチである。パイコノミクスにおいても投資家が重視されることは間違いない。ただし企業は、既存のパイからより大きな1切れを与えるのではなく、パイを大きくすることによって投資家に貢献する。パイコノミクスでは、リーダーは常に次のことを自問する。自分が価値を創出して利益を増やしているか、それともステークホルダーから取り上げて再分配しているか。新商品は本当に顧客の福祉を改善しているだろうか、それとも依存の原因になっていないだろうか。値上げは品質向上によるものだろうか、それとも市場支配力によるものだろうか。テクノロジーの進歩によって、たとえ一部で雇用喪失が避けられないとしても、企業として健全な職場の提供に尽力しているだろうか。企業が環境に与えるインパクトを無視して利益を拡大していないだろうか。

その他のビジネスアプローチ、例えば企業の社会的責任（CSR）なども、企業が社会に貢献する必要性を認識している。しかしパイコノミクスはCSRをさらに超えて、企業の責任とは何か、リーダーはいかにビジネスを運営するべきか、企業とリーダーはいかに説明責任を果たすべきかという点での思考の変化まで含む。主に次の4つの変化がある。

周辺から中核へ

初期のカトリック教会では、裕福な人はいくら罪を犯しても、金銭あるいは善行を積んで、罪を許される贖宥状を入手することができた。ＣＳＲの実践の中には、これと似ているケースも多い。企業は中核ビジネスを何も変えずにＣＳＲ活動を行うことができる。むしろ中核ビジネスで生じる害を相殺するために、ＣＳＲ事業部だけに閉じた活動――慈善寄付など――に関与する。しかし、ボーダフォンの元企業行動担当グループディレクターのマット・ピーコックが私のクラスで語ったように、ＣＳＲとは企業が村人たちにこう告げるようなものだ。「そうです。私たちは、皆さんにとって文化的に重要で宗教的意味のある太古の森を伐採しました。でも心配ありません。その丸太の一部を使って、皆さんのために青少年センターを作りましたから」

これとは対照的に、パイコノミクスは中核ビジネスに組み込まれていて、社会貢献を必ず第一の使命とする。パイコノミクスでは、もし中核ビジネスが社会的な害を生み出していたら、どれだけ慈善活動をしても関係ない。例えばタバコ企業の中には、寄付を行いＣＳＲを実行しているものの、パイを大きくしていない企業もある。同様に、詳しくは第８章で取り上げるが、企業の社会貢献は主に、卓越した中核ビジネスに徹底的に力を入れる、あるいはコアコンピタンスをクリエイティブな方法で新たな課題に応用するという形で達成される。新型コロナウイルス感染症のパンデミックの最中、メルセデスのＦ１チームが精密なエンジニアリングの技術を生かして呼吸装置を開発したのが良い例だ。自社の比較優位性と無関係の周辺的な活動で貢献するわけではない。

この考え方の強みは、パイコノミクスは潤沢な現金を持つ大手企業が景気の良いときにだけ実践するものではなく、いつでもどの企業でも実践できるということだ。パイコノミクスは、小規模企業にも、そして本章で後述するように危機の時期にもふさわしい。パイの切り分け方を変えたり、人目を引くCSRイニシアチブを実行したりすると、金銭的な負担がある。しかし、自社の卓越した中核ビジネス、つまり比較優位性を生かして社会問題を解決することは、一般的にそれほど大きな支出を伴わない。唯一必要なのは、態度を変えることだ。たとえ目先の利益にプラスになるかどうかが分からなくても、社会のために価値を生み出したいという強い気持ちで動くことである。

実行による過ちの回避から不実行による過ちの回避へ

CSRの一般原理の1つに、「害を為してはならない」——不当なパイの切り方をして、他のステークホルダーの分け前を奪ってはならない——というものがある。法外な価格のつり上げは、そうした行為の一例だ。しかしパイコノミクスが強調するのは、例えばメルクがヒト用のイベルメクチンを開発したように、企業がパイを大きくして「積極的に善を為す」ことのほうがもっと重要だという点である。逆に言うと、企業の無責任な行動は主に、**実行による過ち**（経営者や投資家に不当に大きな分け前を与える）ではなく、**不実行による過ち**（惰性に任せ、パイを大きくすることを怠る）という形で発生する。

1981年、ソニーはデジタルカメラのプロトタイプ、ソニー・マビカを発表した。これに対し、コダックにはどのようにでも応戦できる力があった。何しろ同社は１９７５年にデジタルカメラを発明し、特許を取得していたからだ。しかし同社にとっては、現状維持、つまりフィルムに固執することのほうがずっと魅力的だった。コダックはどこから見ても市場のリーダーであり、同年の売上高は１００億ドルを超え、そのほぼすべてをフィルムで稼ぎ出していた。変化の必要などあるだろうか。コダックの市場戦略情報責任者だったビンス・バラッバの調査は、デジタルがフィルムに取って代わることを予測していた。しかしこの移行には10年かかる見込みで、わざわざ何かをするには遠すぎる未来だった。競合企業のアグファア・ゲバルトがフィルム事業を売却し、富士フイルムがデジタル事業を戦略的優先事項に据える中、コダックはまったく動かなかった。

コダックの無気力さは不実行による過ちであり、これが２０１２年の倒産につながった。ピーク時には時価総額が３１０億ドルに達し、一時は15万人を雇用した企業の、とてつもない転落劇だった。CEOの高報酬や株式の買い戻しは、今や実行による過ちと見なされてメディアの批判を浴びるが、同じような批判がコダックに向けられることは一切なかった。コダックを無責任な企業の例と見なす人はほとんどいない。それは同社の幹部や株主が得をしなかったからである。だが、確かに投資家も損をしたとはいえ、解雇された労働者の慰めにはならない。コダックの幹部はパイを小さくし、皆を傷つけた。彼らの自己満足と怠慢が、かつての偉大な企業を崩壊させたのである。

このような実行による過ちと不実行による過ちの区別を考えると、今日厳しい目が向けられているビジネス上の信頼という概念についても、再定義が必要かもしれない。信頼はしばしば、「やると言ったことをやる」——契約上の義務を果たし、暗黙の約束を守る——ことと定義される。しかしこれは、実行による過ちの回避しか考慮していない。この定義によれば、ペイデイローン業者は信頼に値する。急場の資金を高金利で貸しますと言い、それを実行するからだ。同様に、自社の既存商品に固執し、失敗の恐れがあるイノベーションにまったく手を出さない企業も、信頼できると見なされるだろう。しかし、約束を破らないことは、世間の信頼を得る十分条件にはならないはずだ。信頼できるビジネスとは、**その専門技能とリソースを使って社会の課題に対処する**ビジネスである。

価値の搾取から価値の創出へ

パイコノミクスでは、惰性に任せることを社会の価値を損なう行為と見なす一方で、高い利益は必ずしも社会を犠牲にしないという点を重視する。メディアは企業がたった1日で——時にはたった1分で——いかに巨額の利益を上げるかということを、謝罪せよと言わんばかりに報道する。タイムは「アップルは60秒ごとにあなたの年収以上を稼ぎ出す」と題するコラムを掲載した。

これこそパイ分割のメンタリティだ。重要なのは、ステークホルダーを搾取する企業幹部だけでなく、企業を評価する立場の一般市民や政策決定者までもがこのメンタリティを持っていることである。高い利益はもしかすると実際に価値を搾取した結果かもしれない。しかし利益の高さを批判する前に、私たちはまず、それがどこで生み出されたのかを調べなければならない。特に長期的な視点で見てみると、そうした利益は顧客のより良い暮らしを実現する商品の開発や、従業員に対する健全で充実した職場の提供、次世代のための環境再生といった取り組みの結果として得られた可能性のほうがはるかに大きい。パイ分割のメンタリティを持つ社会では、ビジネスで卓越した手腕を発揮することは、もはやリーダーの主要目標ではなくなる。むしろ、大きな利益を上げてそれが過剰だと受け止められれば、成功が重荷になってしまう。だが高い利益の達成を恥じる必要はない。社会的な価値の創出を通して利益を上げられないことこそ恥である。

同様に、パイ分割のメンタリティでは、過剰と思われる利益を企業に出させないことが政策決定者の目標になる。アマゾンは2019年2月、ニューヨーク市クイーンズ区に北米第二本社の半分を建設する計画を断念した。この新本社が進出していれば、平均給与15万ドルの雇用が2万5000〜4万人分と、275億ドルの税収が生まれるはずだった。現地企業も活性化してさらに10万人の雇用が生まれ、犯罪減少などの波及効果を伴う経済発展が実現しただろう。それでもアマゾンが撤退したのは、パイ分割のメンタリティを持った現地の一部の政治家や住民が強硬に反対したためである。反対派は、アマゾンがクイーンズ区に進出する際に受ける30億ドルの税額控除が、コミュニティの犠牲の上に成り立つものと考えて反発した。下院議員のアレクサンドリア・オカシオ・コルテスは、その30億ドルを地下鉄の改修や教師の給与に充てられるようになったと述べて、アマゾンの撤退を歓迎した。

しかし、これはまったく的外れだった。この税額控除は、他の用途から予算を奪って行われる先行寄付ではなかった。アマゾンがパイを拡大した場合に限り、将来同社が納めるべき税金を減額するということである。そうなったとしても、クイーンズ区が受け取るパイの分け前は、逸失歳入の9倍以上の税収を含めて格段に大きくなったはずである。オカシオ・コルテスは、こうツイートした。「不可能なことは何もありません。本日は、献身的な普通のニューヨーカーとその隣人たちの一団が、強欲なアマゾンを打ち負かした日となりました」。しかし、アマゾンの敗北がクイーンズ区の勝利を意味したわけではない。パイが小さくなり、皆が負けたのだ。

パイの切り分け方は確かに重要であり、それについては追って検証する。だが、そもそもパイがなければ、切り分けることはできない。高報酬のリーダーはしばしば企業から盗んでいると非難されるが、リーダーが惰性に任せることは、それ以上の盗みになる。高報酬による価値の搾取以上に、価値の破壊はひどい問題だ。S&P500企業のCEOの平均報酬は、2019年のデータで1480万ドルだった。平均賃金と比べればものすごい額だが、企業規模の中央値である240億ドルと比べれば微々たるものだ。ある幹部に100%過剰に報酬が支払われたとしても、その額はたったの1480万ドルだ。しかしこの幹部がわずか1%の企業価値の創出に失敗すれば、それは社会にとって2億4000万ドルの損失になる。

このように利益をポジティブに捉えた場合、「ステークホルダー資本主義」という概念について見直しが必要かもしれない。この言葉は大いに広まったが、その正式な定義はどの辞書にも、ウィキペディアにも載っていない。一般的には、ステークホルダーを株主と同様に優先し、利益を犠牲にして、彼らがより大きなパイを獲得できるようにすることと解釈される。これは「反株主資本主義」とほぼ同義である。だが、これもまた土台にあるのはパイ分割のメンタリティだ。責任あるビジネスに公平な価値の分配が求められることは間違いない。しかし、そもそも価値を生み出すことのほうが重要だ。私たちに必要なのは、株主資本主義でも一般的な意味でのステークホルダー資本主義でもなく、投資家とステークホルダーの両方のためになるビジネスアプローチである。そういうわけで、本書では「ステークホルダー資本主義」という言葉は使わない。だが実際問題として使う場合は、「社会に価値を生み出すことを通してのみ利益を創出すること」という定義を推奨する。これはパイコノミクスの定義と同じである。

同様に、利益はパイの1切れに過ぎないという考え方は、「脱成長経済」とも重要な対比をなす。脱成長経済の提唱者は、経済は過剰な速度で発展したり、過剰な価値を生み出したりするべきではなく、さもなければ地球の限界、例えば資源の制約や温度の閾値を超えてしまうと主張する。しかしこれは、成長や価値を金銭という狭い視野でしか捉えていない。これに対し、パイの拡大には社会的な価値の創出が含まれる。例えば、敬意を持って従業員を処遇する、従業員のスキルを伸ばす、世界の健康問題に取り組む、気候変動の解決策の先頭に立つ、より少ないものからより多くを生み出す生産技術を発明するといった方法だ。このような成長に限界はない。

事後の成果から事前の動機へ

単なるパイの切り分け方ではなく、パイの大きさが重要だという点は、別の重要な区別にも関連する。それは事前（イベント発生前）の動機と事後（イベント発生後）の成果の区別である。メルクの抗がん剤キイトルーダは、それを使用する患者、生産や販売に携わる従業員、原料を提供するサプライヤーのために価値を生み出す。しかしメルクの投資家も多大な恩恵を受ける。キイトルーダは2019年に111億ドルを売り上げたのだ。特許権のおかげで2028年まで他社が類似薬品を製造できないことが、その理由である。キイトルーダの利得をより公平に分配するためには、事後、つまりキイトルーダの開発後に他社による製造を認めるべきかもしれない。そうすれば他社の投資家、従業員、サプライヤーもパイを分け合い、価格が下がって患者や保険会社も恩恵を受けるだろう。だがそうすると、その薬を開発しようというそもそもの事前の動機が損なわれる。新たな医薬品を開発して認証を得る費用は平均30億ドルだ。しかも創薬のアイデアの大多数は失敗に終わる。めったにない成功事例で利益を得られる見込みがなければ、企業は決して新しいアイデアの研究を正当化できないだろう。メルクのCEOのケネス・フレイジャー[5]は、こう指摘する。「成功した医薬品の価格で、失敗する90%以上のプロジェクトの費用をまかなっています。敗者のためのお金を出せなければ、勝者は生まれません」

事前と事後の対比は特許の問題にとどまらない。パイを拡大することに対する事前の動機を与えるには、それを実践した者に事後の報酬を与える必要があるだろう。パイを拡大できるかどうかが不透明で、大きな損失を出す恐れがある場合、必然的に取り分は破格の大きさになるかもしれない。第5章で詳しく取り上げるが、この取り分はパイの拡大に寄与したすべてのメンバーに――リーダーはもとより従業員にも――行き渡らせるべきである。しかし、成功時の報酬と失敗のリスクのバランスが取れていなければ、リーダーは惰性に任せて現状維持を良しとするだろう。これは不実行による過ちだ。ほとんどの場合、不平等に何かを分配することは、平等に何も分配しないことよりもましである。

次の表は、パイコノミクスとCSRの主な違いをまとめたものである。

	パイコノミクス	CSR
リーダーのマインドセット	パイを拡大する 積極的に善を為す	パイを分割する 害を為さない
関連する活動	中核	周辺
回避事項	不実行による過ち	実行による過ち
利益の捉え方	価値の創出	価値の搾取
視点	事前	事後

トレードオフとパイの縮小に対処する

パイコノミクスの重要な魅力の1つは、パイを大きくすることによって、メンバー全員の分け前が増える可能性があるという点だ。ただし、重要なのは「可能性がある」という言葉である。価値創出は大抵トレードオフを伴うため、パイが大きくなっても、あるメンバーの分け前が小さくなることはあり得る。新しいテクノロジーは、顧客により良い商品を届け、投資家により大きな利益をもたらし、残った従業員の仕事を楽にするかもしれないが、その他の従業員は解雇される。

5（訳注）現在はCEOを退任し、会長を務めている。

ノーベル賞を受賞した経済学者、ロナルド・コースが提唱した有名なコースの定理によると、パイが大きくなる場合は分け前が減る者への補償方法が必ず見つかるため、どのメンバーも敗者にはならず、少なくとも1つは恩恵がある。この調和の取れた結果は、イタリアの経済・政治学者のビルフレド・パレートにちなんで、パレート改善と呼ばれる。

パレート改善は自動的には発生しないため、リーダーは確実に定理が成立するように積極的な手を打たなければならない。パイを拡大する企業は、**第一**にパイを大きくして、**第二**に分け前が小さくなる者が1人も出ないようにする。例えば新たなテクノロジーを導入する企業は、テクノロジーによる利益押し上げ効果を抑えてでも、一時解雇のインパクトを和らげるための再就職支援や再訓練に支出するだろう。新工場を建設する企業は、炭素排出量や騒音公害を抑える費用を出すだろう。ここで重要なのは、投資家の分け前もまた、小さくするべきではないということだ。もし企業が完全に利益を犠牲にすることだけでステークホルダーに価値を提供するのなら、それはパイの拡大ではなく、パイの切り分け方の変化である。

次に、第二の条件については努力を尽くしても満たせない場合があるかもしれない。解雇された労働者の一部は、再就職支援や再訓練を受けても仕事を見つけられないかもしれない。多くのトレードオフは現実に存在し、自由に管理することはできない。CSRは企業に「害を為してはならない」と求めるが、パイを大きくする活動の多くは、少なくとも1つのステークホルダーに害を与える。

パイは大きくなるが、一部のメンバーの分け前が小さくなるような行動を取るべきかどうかを、リーダーはどう判断すればよいだろうか。第3章で、リーダーが投資家とステークホルダーの間のトレードオフに対処するときに役立つ3つの原則を紹介する。第8章では、企業の**パーパス**――企業の存在理由と、特に貢献したい相手――が、ステークホルダー間のトレードオフをどう左右するかという点に注目する。

パイを大きくする企業は、パイの拡大で得た利益を分配するのとまったく同じように、パイの縮小による損失も分配する。金融危機の余波が残る2009年初め、産業機器メーカーのバリー・ウェーミラーは、わずか数日で注文の40％を失った。同社の取締役会は、倒産を免れるためには1000万ドルを節約し、一時解雇の議論を始める必要があるとの結論に達した。一般的には、痛みを強いられるのは従業員で、幹部は無傷で生き残る。しかしCEOのボブ・チャップマンの考え方はそうではなく、負担を分け合おうとした。事務員からCEOに至るまで、すべての人員に4週間の無給休暇を取ることを求めたのだ。ボーナスの支給が保留されたために、リーダーたちはさらなる打撃を被った。「誰かがひどく苦しむよりは、皆が少しずつ苦しむほうがよい」とボブは語った。

そして、その翌年までバリー・ウェーミラーは1人の一時解雇も行わなかった。同社は労働者の雇用を守っただけでなく、社内大学で講座を開くことにより、彼らが空いた時間を有効活用できるようにした。ボランティア活動をしたり、夏季に子どもと過ごす時間を増やしたりした者もいた。最終的に、バリー・ウェーミラーは当初の目標の2倍となる2000万ドルを節約し、士気は大いに向上した。

金融危機は深刻な衝撃だった。しかし景気は回復し、そのおかげでバリー・ウェーミラーは危機を乗り越えられた。それとは対照的に、新型コロナウイルス感染症のパンデミックは、あらゆる産業に不可逆的なダメージをもたらした。例えば、ワクチンが接種できるようになったとはいえ、人々がリモートミーティングやバーチャル会議に慣れたことを考えると、旅行業界が完全に回復する可能性は低い。そのため、エアビーアンドビーは2020年5月に、従業員の4分の1を削減するという厳しい決断をした。第3章で詳しく論じるが、パイコノミクスは厳しい決断を避けるための方便ではない。エアビーアンドビーが全員の雇用を守ったとしたら、それは無責任だっただろう。同社の長期的な存続や全従業員の生計が危機に瀕したかもしれないからだ。しかしエアビーアンドビーは、この商業的に避けられない決断を、人間味のある方法で行うことにした。同社は解雇した従業員全員に、米国では義務がないにもかかわらず最低14週間分の退職手当を支給し、パンデミックを考慮して1年間の健康保険を保証した。また業務用のパソコンをそのまま就職活動に役立てることを許可し、採用部門の人員の一部を再就職支援に配置転換した。

一方、損失を共有しない場合、深刻な結末を迎えることがある。これについては、サンドラ・サッチャーとシャレーン・グプタが、フィンランドの通信事業者ノキアの事例で説明している。2008年、ノキアは競合するアジアの低価格メーカーとの熾烈な競争に直面しており、それまでの数年で35％の値下げを行っていた。その期間に、ドイツのボーフムにあるノキアの工場の人件費は20％上昇していた。ノキアはボーフム工場の閉鎖を決定した。この閉鎖はおそらくパイを拡大しただろう。もし閉鎖しなければ、ノキアの長期的な生き残りが危うくなった可能性がある。だが2300人の従業員が仕事を失った。ノキアはこの打撃の緩和措置をほとんど取らず、結局その失策が同社に痛手を与えた。閉鎖発表の1週間後、1万5000人の市民がボーフムで抗議デモを行い、ドイツの政治家はノキアの工場が受け取った補助金の返還を求め、労働組合はノキアの携帯電話の不買運動を呼びかけた。涙を流す従業員や、ノキアの携帯電話を壊すデモ隊の写真が、ニュースやソーシャルメディアで拡散した。このマイナスイメージにより、2008年から2010年の間に推計7億ユーロの売り上げと1億ユーロの利益が失われた。しかしこの数字も、長期的な影響を十分には表していないかもしれない。大半の企業は顧客のネットプロモータースコア（自社の商品を顧客がどれだけ推奨してくれるか）を追跡しているが、未来の顧客と従業員のどちらに対しても、既存の従業員が最大のネットプロモーターであることが多い。労働者を乱暴に切り捨てれば、何年にもわたって採用活動に悪影響を与え得る。

そのためノキアは、2011年に携帯電話事業の不振で1万8000人を一時解雇する必要に迫られたときには、その教訓を理解していた。同社は「ブリッジ」プログラムを立ち上げて、対象の労働者に5つの選択肢を示した。それはノキア社内で別の仕事を見つける、再就職支援を通してノキア以外で仕事を見つける、起業する、ビジネスや取引の訓練コースを受講する、ボランティアなど新たな道を進むというもので、後半の3つにはノキアが補助金を支給した。ブリッジは5000万ユーロの費用を要したが、2011～2013年の再編予算13億5000万ユーロと比べれば、大海の一滴だった。その結果、1万8000人のうち60％が退職日までに次の進路を決めていて、一時解雇が行われた13カ国で抗議運動は一度も発生しなかった。

集団的責任

ここまではパイ拡大とパイ分割のメンタリティを持つ企業について話してきた。しかし企業は、それだけが切り離されて存在するわけではない。投資家、リーダー、ステークホルダーの集合体である。パイの拡大はリーダーだけの責任ではない。重要なのは、**すべてのステークホルダーがパイの拡大に寄与できる**ということである。確かに、ロイ・バジェロスにはイベルメクチンを無償提供する力があった。しかし従業員には、たとえ雇用契約上の要件や報酬に明記されていなくても、もうひと頑張りしようという力がある。バリー・ウェーミラーが自宅待機を告知したとき、従業員の中には、4週間分の給料を失うことに耐えられない同僚の待機期間を肩代わりする者もいた。顧客には、市場首位の企業の安心感よりも、あえて新規参入企業から買うリスクを取ったり、商品改良につながるフィードバックを企業に与えたり、レビューサイトで他の顧客を助けたりする力がある。コミュニティには、その地域への進出を検討する企業に対し、「うちの裏庭ではやめてくれ」[6]という反対運動ではなく、より建設的な方法で懸念を表明する力がある。

そしてパイの分割を行うのも投資家やリーダーだけではない。従業員は、自社の長期的な存続を保証するための業務慣行の変更に抵抗するかもしれない。顧客は、高報酬のCEOが率いる企業に対し、たとえその報酬が価値を創出した結果であっても不買運動をしたり、リサイクル制度を使う手間を嫌ったりするかもしれない。パイを大きくする主な責任はリーダーにあるかもしれないが、すべての市民が各自の役割を果たさなければ、それは達成できないのである。この点は第10章で改めて取り上げる。

なぜ今、パイコノミクスが緊急に求められるか

今日、ビジネスが社会に対する責任を認識することの緊急性が、過去になく高まっていることはほぼ間違いない。企業には、その純粋な規模、雇用する大量の労働者、動かす何十億ドルもの資金によって、社会問題を解決し、従業員に充実したキャリアを提供し、市民に見返りを与える力がある。しかし企業がその力を使って、むしろ社会問題を増幅し、従業員を搾取し、エリート層だけに見返りを与えているという重大な懸念がある。2020年のエデルマン・トラストバロメーター[7]では、調査対象者の56%が、資本主義は世界に善を上回る害を与えると考えていた。例えば経済成長の恩恵から切り離されていると感じる人々の集団が急速に増えている。また一般の人々の収入が伸び悩む一方で、利益や幹部報酬は急増してきた。

ビジネスの力が社会問題に及ぼす影響が大きくなっただけでなく、社会問題そのものも大きくなった。私たちは社会として、私たちが知っている資本主義では対処しがたい規模や複雑さの課題に直面している。そうした問題の中には、多かれ少なかれビジネスを原因とするものがある。例えば所得の不平等、資源利用、気候変動、労働者から機械への置き換えなどである。企業が社会にもたらす帰結のうち、利益に反映されないものは**外部性**と呼ばれる。企業が負の外部性を徹底的に減らさない限り、社会

6 (訳注) NIMBY(ノット・イン・マイ・バックヤード)と呼ばれ、公共に必要な施設だということは認めるが、それが自らの居住地に建設されることには反対する住民のことや、その態度を言い表す。

7 (訳注) ブランド・コミュニケーションを手掛けるエデルマン社がグローバルで行っている信頼度調査。

的な営業許可は失われるだろう。ポピュリズムの台頭が示すように、それはすでに現実になりつつある。このことは、企業の長期的な生産性を損なう反ビジネス的な規制につながる可能性がある。

昔から、企業が「害を為してはならない」――負の外部性を抑えるべきだ――という認識はあった。これはCSRの典型的な実践方針である。しかしパイコノミクスでは、企業は積極的に善を為すべきだということを強調する。世界の問題の中には、ビジネスの責任ではないものもある。例えば人口の増加と高齢化、新型コロナウイルス感染症のパンデミックなどである。これらの課題をほとんど顧みずに利益に集中する企業は、害を為してはいない。だが害を為さないだけでは不十分である。社会問題を解決する優れた力を持つ企業が、それらを無視することは許されない。一方、パイを大きくする企業は、社会に価値を生み出すことを通してのみ利益を創出することに専念し、資本主義への信頼を取り戻すことに貢献する。信頼できる企業とは、その専門技能とリソースを使って社会の課題に対処する企業だということを思い出してほしい。

CSRではなくパイコノミクスが緊急に求められる理由の2つ目は、CSRを実践する余裕がない企業が多いことである。CSRはしばしば、ある問題に資金を投ずることと見なされる。例えばインドには、利益の2%をCSR活動に支出することを大企業に義務づける法律がある。同様に、パンデミックに対する多くの優れた対応は、パイの切り分け方を公平にしようとするものだった。例えば一部のCEOは報酬ゼロを受け入れた。ユニリーバは1億ユーロ分の食料や消毒剤を地域コミュニティに寄付し、清掃やケータリングなどの請負業者も含めて15万5000人の雇用を守った。

このような行動は大いに称えられるべきであり、決して軽視してはならない。だが、パイの分割という観点だけで責任を捉えることには、多くの企業には分けるべきパイがないという問題が伴う。パンデミックに関しては特にそうである。食品や消毒の業界と無関係で、寄付できる関連商品を持たない企業はどうすればよいだろうか。何百万ドルもの余裕資金がない小さな企業、あるいは航空会社のように収益が激減している大企業はどうすればよいだろうか。すべての労働者を守り、給料を全額支払うことが「正しい行為」であることは分かっている。だがそれは、商業的な自殺行為かもしれない。

パイの拡大という観点で責任を捉えることには、**すべての**企業がそれぞれに役割を果たせる可能性が広がるという利点がある。責任あるリーダーは、「私の持ち札は何だろうか」と自問する。自社はどのようなリソースや専門技能を持つだろうか。それを社会のために画期的な方法で役立てるには、どうすればよいだろうか。

このようなマインドセットは優れたアイデアを引き出すことができる。メルクが家畜用のイベルメクチンを人間に適用したのは、まさにそれである。チェルシー・フットボールクラブは、一見してコロナ危機に役立つものは持っていない。サッカーのチケットやレプリカグッズにはほとんど価値がない。しかし同クラブはホテルを所有しており、それを医師や看護師の宿泊所として無償で提供して、最前線で一日奮闘した彼らが遠くまで帰る労力を省いた。ＬＶＭＨの高級香水は、パンデミックの中ではまったくの贅沢品だった。しかし同社にはアルコールを扱う生産施設があり、それを手指消毒剤の製造に転用した。航空便の利用者が激減したことを受け、ジェットブルー航空の航空機の多くは地上で待機していた。そこで同社は赤十字社や国境なき医師団といった慈善団体と提携し、医療従事者、機器、物資を最もニーズのある場所に輸送することに、これらの航空機を活用した。このマインドセットは非営利団体にも当てはまる。イングリッシュ・ナショナル・オペラは、新型コロナウイルスの後遺症から回復した市民に呼吸法を教えるプログラムを開始した。

自社と他組織との関係を持ち札として使える場合もある。ビジネスに大打撃を受けたカンタス航空は、自宅待機中のスタッフへの給料の支払いを維持できなかった。しかし同社はスーパーマーケットチェーンのウールワースとの間で、顧客がウールワースで買い物をするとカンタス航空のマイルが貯まるという提携関係を結んでいた。この関係を利用して、同社はスタッフをウールワースに臨時配属した。これはスタッフの収入を守っただけでなく、スーパーマーケットの需要の急増に対応することにも役立った。メルセデスはF1・イン・スクールズなどのプロジェクトでユニバーシティ・カレッジ・ロンドン（UCL）と提携していた。そこで自社とUCLのエンジニアリングの専門技能を結集し、UCLホスピタルズの医学知識を注ぎ込んで、人工呼吸器よりも侵襲性の低い代替方法[8]である持続的気道陽圧（CPAP：continuous positive airway pressure）呼吸装置のリバースエンジニアリングを行った。メルセデスは次に、通常はF1エンジンのピストンやターボチャージャーの製造に使用する機械を転用して、この装置を量産した。このイニシアチブは、メルセデスの持つネットワークだけでなく、スキルも活用したのだ。ほとんど誤差が許されない一流モータースポーツのエンジニアリングの精度は、医療機器でも必須である。UCLとメルセデスはその後の1週間で、25カ国の1300のチームに設計図を無償で提供した。

そして、パイを拡大することが責任であると捉える考え方は、与えるパイを持たない小規模ビジネスにとって特に有意義である。ブティック型フィットネススタジオのバリーズ・ブートキャンプの例を見てみよう。同社はフィットネスの専門技能を使ってワークアウトを無料でライブ配信した。ロックダウンで人々が自宅から出られない中、これは非常に有益な取り組みだった。フィットネススタジオがフィットネスのレッスンを提供することは、オンラインで実施したという点はあるにせよ、それほど画期的ではないと思われるかもしれない。同社の真のクリエイティビティは、オフィスワークのスタッフを配置転換するときに発揮された。スタッフの中には俳優を兼業する人々がいた。俳優業は収入が変動しやすい面があり、安定した収入源としてバリーズでも働いていたのだ。俳優の手持ちの札といえば、人を楽しませる力である。それを危機の中でどう生かせるだろうか。バリーズは「バリーズ・ケア」プログラムを立ち上げた。これは休校で子どもが家にいるときに働く親たちの負担を軽減するため、バリーズのスタッフがＺｏｏｍを使って子どもたちに物語を読み聞かせたり、楽しませたりする取り組みだ。

8　呼吸器のもう1つの問題は、高度な訓練を受けたスタッフによる操作が必要なことであり、英国ではそうした人材が不足していた。パンデミックの初期に、ＵＣＬの顧問麻酔専門医のデイビッド・ブリーリーは、ＵＣＬ麻酔科の所蔵品棚に保管された古いＣＰＡＰ呼吸装置「ウィスパーフロー」を見つけた。彼は、１９９０年代に現役だったこれらの装置を操作する際、高度な訓練を受けたスタッフが必要なかったことを思い出した。そして、この装置のリバースエンジニアリングができるかどうかを確認するべく、ＵＣＬメカニカルエンジニアリングの作業場に持ち込んだ。そこでＵＣＬ教授のティム・ベイカーがメルセデスの長年の協力者たちに電話をかけた。Ｆ1が中断していたために、彼らはただちにコンピューター支援設計（ＣＡＤ）装置を持って駆けつけることができた。メルセデス、ＵＣＬメカニカルエンジニアリング、ＵＣＬヘルスケアエンジニアリングの合同チームは、初回ミーティングの１００時間以内にはプロトタイプの第1号を作り上げた。過去の装置をリバースエンジニアリングしたことの追加的メリットとして、非常に早く認証を得ることができた。

これらの感動的な事例は、厳しい中でも希望を与えてくれる。この危機に少しでも明るい面があるとすれば、それは、ビジネスに伴う責任に対する考え方の恒久的な変化——資金を費やしてパイを分割することから、持ち札を使って画期的な方法でパイを拡大することへの変化——につながるだろうということである。後者は企業の大小を問わず、また好不況を問わずに実践できる。そして第10章と第11章で注目するが、市民や一般の従業員もパイを大きくすることができる。一方、財布のひもを管理し、会社の資金の使い道を決定できるのは上級経営陣だけである。

さらに、パイコノミクスの緊急性はパンデミックだけが理由ではなく、パンデミックが収束しても失われない。特に、若い世代の人々は社会貢献を非常に重要だと考えている。カンターとアメリカン・エキスプレスがパンデミックの直前に実施した調査によると、ミレニアル世代（1980〜1996年生まれ）の62%が、「世界にポジティブな違いをもたらす者として認知されることは、自分にとって重要である」という項目に同意した。一方、X世代（1965〜1979年生まれ）ではこの数字が52%だった。とはいえミレニアル世代は利益の重要性も認識しており、「未来の成功するビジネスは、株主の価値や利益を最大化する」という項目に58%が同意した。これに対しX世代では51%だった。同様に、PwCと国際学生団体のアイセックは、PwCによるCEO調査とアイセックによる若手リーダー調査の結果を結びつける共同研究を行った。すると、株主はステークホルダーよりも重要だと考えるCEOはわずか32%で、67%はその逆だと考えていた。これとは対照的に、若手リーダーでは回答が拮抗した（それぞれ46%と48%）。このことから、未来のビジネスが若い世代の労働者を触発し、単なる仕事ではなく天職を彼らに与えるには、社会のために価値を生み出すことが重要だが、パイを大きくして利益も生み出す方法でそれを行う必要があるといえる。

とはいえ、パイの拡大が重要で、企業のメンバー全員が価値創出に貢献する責任があるという点を理解したとしても、この概念には一般論的で曖昧な印象がある。ある行動がパイを拡大するかどうか、どうすれば分かるのだろうか。企業が社会のために価値を生み出すとは、実際のところ何を意味するのだろうか。小売業者の価値の創出方法は、製薬会社のそれとは違う。こうした疑問については第3章で、さらに第8章で取り上げる。しかしまずは第2章で、パイコノミクスと、ステークホルダーへの貢献を強調する他のビジネスアプローチとの違いを議論しよう。

まとめ

●パイは、企業が社会のために生み出す価値を表す。社会には、投資家だけでなく従業員、顧客、サプライヤー、環境、政府、コミュニティも含まれる。企業が投資家のみを考慮してステークホルダーを無視すれば、社会的な営業許可は失われる。これはすでに現実になりつつあるかもしれない。

●**パイの分割**では、あるメンバーの分け前を減らして別のメンバーの分け前を増やす。最も一般的な例として、企業は顧客向けの価格をつり上げたり、労働者を搾取したりして利益を増やすことがある。しかしステークホルダーが、自身の分け前を増やすには投資家の利益を減らすことが一番だと考えている場合、それもパイ分割のメンタリティかもしれない。

●**パイの拡大**では、優れた新商品の考案、従業員の開発と育成、環境の再生などを通して、企業が社会のために生み出す価値を増やす。

●**パイコノミクス**は、社会に価値を生み出すことを通してのみ利益を創出しようとする。そうすることで、直接利益を追求する場合よりも大きな利益が生まれたり、利益を犠牲にする場合よりも大きな価値がステークホルダーにもたらされたりする可能性がある。

●パイコノミクスは次の点でCSRと異なる。

○中核ビジネスで生じる害を相殺するための周辺的な活動ではなく、中核ビジネスに組み込まれていて、社会貢献を必ず第一の使命とする。

○**不実行による過ち**（イノベーションを行わずに惰性に任せることによって価値創出を怠る）を、**実**

行による過ちよりもさらに深刻だと認識する。
○利益を必ずしも価値の搾取の証拠と見なす必要はなく、価値創出の副産物かもしれないと考える。
○パイを拡大することに対する事前の動機は、事後のパイの分配よりもさらに重要だと主張する。
●パイの拡大にはトレードオフが伴う。パイを拡大する企業は、第一にパイのサイズを大きくすることを目指し、第二に分け前が小さくなる者ができるだけ発生しないようにする。第二の目標は常に実現できるとは限らないため、そうしたトレードオフに対処するにはリーダーの判断と企業のパーパスが重要である。
●社会問題の規模の大きさと、それを軽減することも増幅することもできるビジネスの力を考えると、パイコノミクスは急務である。これらの問題を解決するためのイノベーションや卓越性には、多額の資金拠出よりも態度の変化が関係する場合が多く、小さな企業や財政難の企業も含めて、あらゆる企業が実践可能である。

第2章　パイを拡大する目的は利益の最大化ではないが、実際にはそうなることが多い

企業にさらなる投資を行う自由を与えることが、成功を促す

企業は社会的価値を一番の原動力とするべきで、利益は二の次だという考え方は魅力的に聞こえる。だが、議論を呼ぶ考え方でもある。リチャード・ニクソン、ロナルド・レーガン、マーガレット・サッチャーなどに助言を与えたミルトン・フリードマンは、おそらくジョン・メイナード・ケインズに次いで史上2番目に影響力のある経済学者と言えるだろう。フリードマンは、主に金融政策に関する貢献を評価されて1976年にノーベル経済学賞を受賞し、その理論は世界中の中央銀行の考え方の根幹をなしている。

しかし、フリードマンの書いた文献の中で最も引用数が多いのは金融政策に関するものではなく、研究論文でさえない。それは1970年のニューヨーク・タイムズ・マガジンに掲載された、「企業の社会的責任は利益を増やすこと」というタイトルの論説である。この記事の引用回数は2万3000回と、彼の他の研究論文に5倍以上の差をつけている。しかし引用の大半は軽蔑的、冷笑的な調子で、資本主義は暗黒時代に入っており今すぐ打破するべきだと主張するものだ。フリードマンを否定すると宣言することが、上流社会に受け入れられる条件の1つのようになっている。

だが、フリードマンの記事をタイトルから先を読まずに引用している者も多い。彼らに言わせれば、彼のスタンスはタイトルに明確に表れている。企業は顧客から搾取し、従業員をこき使い、環境を汚染しながら利益を最大化するべきだと言いたいのは明らかだから、記事の中身を読む必要はないというわけだ。この記事が出て50年の節目となった2020年には、フリードマン理論がいかに「死んでいる」かを多くの批評家が論評したが、その多くは、フリードマンの実際の主張を大いに誤解していることを露呈していた。私自身はフリードマンに賛同しない。しかし、彼の議論は単純な印象を与え、実際に単純なものとして引用されがちであるものの、実ははるかに奥深いニュアンスがあると認識することが重要だ。それには3つの理由がある。

1つ目に、この理論は、投資家の関心は利益のみという前提に立っていない。例えばアンドレアとミゲルという2人がアップルに投資していて、アンドレアは人種の平等に、ミゲルは環境の再生に関心があるとする。仮にアップルがブラック・ライブズ・マター運動に多額の寄付をしたら、アンドレアは喜ぶだろうが、ミゲルは喜ばない。アップルは寄付する代わりに、できるだけ利益を増やして、できるだけ多くの配当金を支払えるようにするべきである。そうすれば、受け取った配当金の一部を、アンドレアはブラック・ライブズ・マター運動に、ミゲルはグリーンピースに寄付できる。あるいはアンドレアとミゲルには、自分の子どもの教育資金など、社会的恩恵をもたらす別のお金の使い道があるかもしれない。[1]

つまりフリードマンは、**個人**には利益を超えた社会的責務があると認識している。**企業**の社会的責任は利益を増やすことだという彼の主張の根拠は、そうすることによって、各個人（アンドレアやミゲル）が、果たしたい社会的責務を最大限にかつ柔軟に選択できるという点にある。CEOに、この選択肢を取り上げる権限はない。フリードマンは、「もし彼がそのようなことをすれば、一方で税を課しておいて、他方で税収の使い道を勝手に決めるようなものだ」と書いている。ウォーレン・バフェットも同様の理屈で、バークシャー・ハサウェイ[2]が慈善寄付を行わないことをポリシーとする理由を次のように説明する。「これは株主のお金です。多くの企業経営者は、政府が納税者のお金を配分する方法にはやかましいのに、自分が株主のお金を配分する方法は全肯定しています」

ただ、フリードマンの主張はパイの分割を土台にしている。アップルが投資家から奪った1ドルは、1ドルの社会的価値しか生み出さないことを前提にしている。慈善寄付の場合はそうかもしれない。ブラック・ライブズ・マター運動にしてみれば、寄付者がアップルであれアンドレアであれ、獲得した1ドルの価値は同じである（税金は無視するものとする）。従って、慈善寄付に関してアップルに**比較優位**はない。しかし、社会に直接影響を及ぼしてパイを拡大する行動の場合、この前提はほとんど当てはまらない。プラスチック包装税を求めるロビー活動を支えるために、ミゲルが配当の中からグリーンピースに寄付する1ドルよりも、アップルがプラスチック包装の削減に費やす1ドルのほうが、はるかに環境のためになる。

つまり、フリードマンの「企業は利益を最大化することで社会に貢献する」という主張は、社会貢献において企業に比較優位がないという前提に基づいており、この前提が成立しない場合は正しいとは言えない。しかしフリードマンのフレームワークの価値は、彼の前提が成立しない場合に**限って**利益の最大化から逸脱するべきだと主張する点にある――そして企業は時に逸脱する。慈善寄付を行う企業は多い。インドはそれをさらに推し進めて、大企業に利益の２％をＣＳＲに支出することを義務づけており、寄付もこれにカウントされる。しかしアップルの専門技能はｉＰｈｏｎｅを生産することであり、どの慈善活動が最も称賛に値するかを判断することではない。ジョージ・フロイドの悲劇的な死を受けてブラック・ライブズ・マター運動に寄付する企業は、フリードマンの助言を聞くのが賢明だったかもしれない。寄付の代わりに、軽視されているマイノリティの人々を各職位で採用したり、昇進・評価制度に存在する差別を撤廃したり、多様な考え方を奨励する企業文化を保証したりすること――自社だけが制御できて、そこに自社の比較優位がある行動――に資金を投じるべきだった。つまり、レスポンシブル・ビジネスを支持する人々は[3]、フリードマンの記事を笑いものにするのではなく、社会的に責任のある行動として企業が何を実行するべき／するべきではないかを見極める指針として、これを活用することができる。

フリードマンの議論が単純ではない理由の２つ目は、すべての社会問題を個人の力で解決することは不可能であり、リーダーが行動を起こす必要があると認識している点である。しかし、ここで言うリーダーとは、企業ではなく国のリーダー――法律を成立させ税を賦課する政治家――であるべきだ。なぜ

1　フリードマンは、アンドレアとミゲルが従業員、サプライヤー、顧客の立場だったとしても同じ論理が成り立つと主張する。アップルが慈善団体に寄付した場合、アップルが支払える賃金や代金が少なくなるか、製品価格が上がるため、アンドレアやミゲルが寄付できる金は減ってしまう。

2　（訳注）ウォーレン・バフェットが会長兼ＣＥＯを務める持株会社。株式会社の形態をとった投資ファンドと言われている。

3　（訳注）企業が社会課題の解決への貢献と自社のビジネスを両立させるための取り組みを指す。ＳＤＧｓへの取り組みやＥＳＧ投資などが一般化する中、グローバル企業の多くがキーワードとして注目している。

なら、国民に選ばれた政治家には、国民に対する説明責任があるからだ。気候変動を懸念する人は、その抑制を公約する政党に投票できる。その政府が有権者の優先事項を反映しなければ、選挙によって退陣に追い込まれるだろう。これとは対照的に、ＣＥＯは国民に選ばれてはおらず、従って国民に対する説明責任はない。利益の最大化という道から逸れることを許されれば、国にとっての一番の懸念事項ではなく、個人的に思い入れのある社会的大義を支援するかもしれない。

しかし、すべてを規制に委ねることにはいくつかの問題がある。詳しくは第10章で議論するが、ここでは3点取り上げよう。第一に、企業はロビー活動を通して規制を歪める可能性がある。２０１７年の世界における経済主体の収入額ランキングでは、上位１００主体のうち69主体が企業で、政府機関ではなかった。それゆえ、企業は政治献金を通して規制に相当の影響力を持つ。

第二に、規制が最も効果を発揮するのは、測定可能な問題に対してである。最低賃金法は、企業の遵守状況を容易に確認できるため、顕著な効果がある。しかし、例えば平等で活力にあふれる企業文化を創出するとか、従業員にやりがいのある仕事やスキルトレーニングを提供するといった質的な課題を規制することは、はるかに困難である。

第三に、規制には時間がかかる。選挙は通常4、5年に一度しか行われない。これに対してＣＥＯは、市民に対し、はるかにタイムリーに説明責任を果たすことができる。ＣＥＯを指名するのは、通常毎年行われる投資家の決議で選任される取締役会である。ここで、投資家は富裕層ばかりだという反論がある。しかし実際には、ほとんどの市民は年金制度に加入する投資家だ。第10章で、年金制度が受益者の意見を求める必要性を説明する。

効果的な規制に関してフリードマンの前提は常に成立するとは限らないが、成立する場合もあるため、やはり彼のフレームワークには価値がある。すでに述べたように、最低賃金を適用する際に規制は有効だ。従って、市場の力が働くわけでも、第4章で議論する生産性上のメリットがあるわけでもないのに、企業が最低賃金を上回る賃金を支払おうとするならば、政府の最低賃金設定が間違っているという説得力のある議論をする必要がある。規制が市民の優先事項を正しく反映していないと信じる根拠がある場合に限り、企業は株主価値の追求から逸脱して、政府の役割を演じるべきである。

そしてフリードマンを擁護する第三にして最も強力な根拠は、少なくとも長期的に考えると、社会に貢献する以外に企業が利益を生み出す道はないということである。つまり、利益の最大化はステークホルダーに対する投資につながるため、社会的に望ましい。よくある誤解とは裏腹に、フリードマンはこの種の投資に盛大なゴーサインを送る。「ある企業が小さなコミュニティの有力な雇用主である場合、そのコミュニティに心地良さを提供したり、現地行政を改善したりすることにリソースを費やせば、その企業の長期的な利益になり得るだろう。そうすることで、好ましい従業員を集めやすくなる可能性がある」と彼は強調する。

アップルの時価総額は2020年8月に2兆ドルの大台を突破したが、同社が世界有数の価値を持つのはなぜだろうか。それは、最高品質の製品を提供することで顧客に貢献しているからだ。iPhoneのフェイスIDやカメラには、アップルがプライムセンス（3Dセンサー）、リンクス・コンピューティング・イメージング（多開口カメラモデル）、フェイスシフト（顔のモーションキャプチャソフトウェア）、エモーシェント（表情認識技術）、リアルフェイス（顔認証技術）の買収に費やした

4億ドル以上が詰め込まれている。アップルのアフターセールスサービスは評判が高く、顧客はアップルストアのジーニアスバーを無料で予約して問題を解決できる。

アップルは**従業員**を育てることにも力を入れていて、彼らは職場レビューサイトのグラスドアで、雇用主であるアップルについて多くの魅力を報告している。従業員たちは世界にポジティブなインパクトを与え、優秀な同僚たちから学びや刺激を受け、アップルほどの規模の企業にいながらスタートアップの文化を享受できる。しかし大企業の例に漏れず、アップルはどこから見ても完璧だというわけではない。同社の労働慣行に対する批判については、第4章で改めて取り上げる。2021年のリンクトインの調査では、長所と短所の両方を踏まえて、アップルは米国の働きたい企業ランキングの第8位に選出された。グラスドアが発表する最高の職場ランキングで、第1回から13年連続でトップ100入りを果たしている米国企業は3社しかなく、そのうちの1社がアップルだ。そのおかげでアップルは、成功の原動力であるイノベーション、戦略的思考、顧客志向をもたらす人材を集められる。

アップルは**サプライヤー**との長期的な関係に投資する。同社には、サプライヤーのイノベーションの支援を目的とするアドバンスト・マニュファクチャリング・ファンドという50億ドルの基金がある。同基金は、ガラス製品のサプライヤーであるコーニングに最高のガラス加工技術の維持費用として2億ドル、フィニサー・コーポレーションにはフェイスIDのレーザー開発支援として3億9000万ドルを出資した。

アップルは**環境**面でも優れた実績を持つ。オフィス、店舗、データセンターで使う電力は100%再生可能エネルギーでまかなわれ、紙製パッケージは100%持続可能な方法で調達されている。新型ロボットのデイジーは、９種類のｉＰｈｏｎｅを分解し、その部品をリサイクル用に分別できる。同社は２０３０年までに、ビジネス全体で――製造サプライチェーンから製品ライフサイクルのすべてを含めて――１００％カーボンニュートラルを達成することを約束している。

また、アップルは現地**コミュニティ**に貢献している。従業員によるボランティアイベントの企画を支援するグローバル・ボランティア・プログラムを運用し、（ＰＲＯＤＵＣＴ）ＲＥＤと提携した製品の売り上げを通してＨＩＶ／エイズ対策プログラムを支援しているのはその例だ。

利益を出し続けた結果、アップルは２０１７年12月の減税・雇用法成立前の段階で世界最大の納税者となり、２０１５～２０１７年の各国**政府**への納税額は合計３５０億ドルを超えた。実効税率は２０１７年が25％、その前年までの４年間は26％だった。[4]

確かに、利益を増やす最も手っ取り早い方法は、パイの切り分け方を変えることである。シュクレリはダラプリムの価格をつり上げて、一夜でそれを成し遂げた。しかし長期的に見ると、パイの分割で生み出せる利益には限界がある。仮にチューリングがステークホルダーの分け前を全部奪ったとしても、元のパイの大きさ以上に利益を増やすことはできない。しかし図２・１に示すように、ステークホルダーに投資してパイを拡大すれば、潜在的な利益ははるかに大きくなる。

フリードマンの３つ目の主張――利益を重視する企業は必然的にステークホルダーに投資する――

4　一部の批評家は、アップルも大半の大企業と同様に、節税のために特定の国を活動拠点にしていると主張する。これに対するアップルの説明は、同社ウェブサイトの「Ａｐｐｌｅの納税に関する事実」を参照のこと。本書では何をもって「公正」な税率とするかは議論しない。その代わりに、税率が何％であれ、利益が増えれば納税額が増えるという点を重視する。

は、**啓発された株主価値**（**ESV**：Enlightened Shareholder Value）[5]と呼ばれる、より広範な利益最大化アプローチの土台である。ESVは、利益の最大化を企業のゴールとする点ではパイ分割のメンタリティと一致する。しかし、それを長期的に実行するにはステークホルダーへの投資が必要だと認識している点で啓発されている。株主価値の最大化は短期主義的だという批判があるが、**株主価値は本来長期的な概念**であり、企業が現在と未来の両方で株主のために創出するすべての価値を含んでいる。ビジネスラウンドテーブルが新たに発表した「企業のパーパスに関する声明」は画期的だと歓迎されたが、そこに書かれた「顧客のために価値を提供すること、（中略）自社の従業員に投資すること、（中略）サプライヤーを公正かつ倫理的に扱うこと、（中略）活動の場であるコミュニティを支援すること」は、単

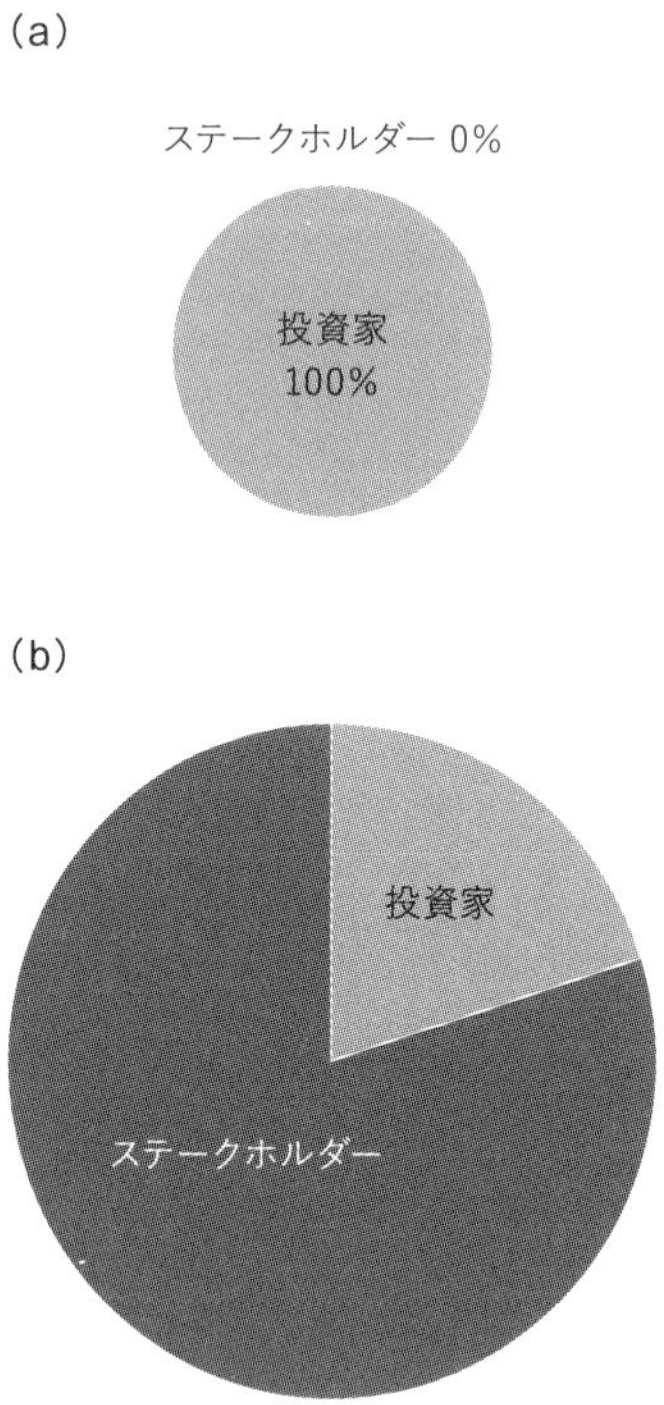

図 2.1

純に善良なビジネスの説明であって、パーパスを持つビジネスだけに当てはまることではない。株主価値の最大化を目指す企業は必ず、これらを実践するべきだ。実践できないとすれば、それは株主価値にフォーカスし過ぎているからではなく、短期的利益にフォーカスし過ぎて、株主価値へのフォーカスが足りていないからである。

株主価値の最大化は、短期的利益の最大化という意味ではない。実際、ステークホルダーを重視する企業はしばしば「サステナブル」と形容されるが、「サステナブル」とは単に「長期的に続く」という意味である。社会的価値よりも利益の最大化を目的とするESVも、長期的アプローチを取るため「サステナブル」だと言える。そこで本書では、パイを拡大する企業を説明する際に、「サステナブル」という言葉ではなく「パーパスを持つ」または「レスポンシブル」という言葉を使う。[6]

株主価値を批判する者は、これを面白おかしく――強欲に短期的利益を求め、ステークホルダーからの搾取を擁護するものとして――風刺し、こき下ろす。そして企業経営のあるべき姿について持論を展開するのだが、相手をすでに嚙ませ犬扱いしている以上、自分たちの理論の優越性を主張するのは造作もない。批評家は、現状維持では暗黒時代から抜け出せないと主張することにより、例えば企業は株主に説明責任を負うべきという概念を放棄するといった、極端な策を提案できる。それによって先鋭的な

5（訳注） ステークホルダーの正当な利益を尊重し、長期的に社会的価値を最大化して適正に分配することにより、結果的に株主価値が最大化されるという考え方。

6 ただし、報酬スキームに言及する第5章で、実際に期間の長さが重要な要素となる場合に限り「サステナブル」という言葉を使用する。

改革者のイメージを与えて、世論の支持を獲得するのである。こうした一方的な株主価値の説明は、正しくないだけでなく、パイ分割のメンタリティを助長するという点で破壊的だ。そして、それは投資家を社会の敵と見なし、彼らを抑圧する提案へとつながっていく。しかし実際には、投資家はパイを拡大するためのパートナーである。第6章で、株主の関与がステークホルダーの価値を奪わず、むしろステークホルダーのために価値を生み出すことを示すエビデンスを紹介する。

つまり、パイコノミクスには実際にESVと多くの類似点がある。どちらもステークホルダーに対する企業の投資が不可欠だということを明確にし、どちらも利益の重要性を強調する。そして第4章のエビデンスで示すように、どちらも株主価値とステークホルダーの価値には長期的に強い相関関係があると主張する。

しかし、両者には重要な違いがある。ESVでは、企業の最終目的は長期的利益を増やすことであり、その副産物として社会に価値が生み出されると考える。パイコノミクスでは、企業の最終目的は社会に価値を生み出すことであり、その副産物として利益が増えると考える。**利益は結果であって目的ではない。**

これは根源的な違いであり、語順が入れ替わっただけという単純な話ではない。その企業の存在理由は何か、日々の意思決定を動かすものは何か、説明責任を果たす相手は誰かということが関係している。ESVの支持者も、両者に違いがあることを認識している。というよりも、その違いにこそESVがパイコノミクスより優れている理由があると主張する。ESVは、長期的利益というただ1つの測定可能な目的を掲げている。これと比べると、パイコノミクスには、パイは測定できないという根本的な問題がありそうだ。パイはいくつかの部分に切り分けられるが、コミュニティの活力や環境の再生など、その多くは数値化できない。たとえ数値化できたとしても、その重要性を測る明確な公式はない。パイコノミクスは複数の測定不能な目的を掲げている。これを踏まえると、少なくとも理論的には、ＥＳＶに２つの重要な優位性がある。

第一に、ＥＳＶは**具体的**である。ただ１つの明確な目的に対しては、ただ１つの明確な意思決定の基準が存在する。それは長期的利益が増えるかどうかである。しかし目的が複数ある場合、明確な基準は存在しない。ある行動によってコミュニティの活力が増す一方で環境の再生が損なわれる場合、それは社会にとって益だろうか、それとも害だろうか。

第二に、ＥＳＶは**フォーカスが絞り込まれている**。ＥＳＶを実践する企業は、利益を増やす行動しか取らない。炭素排出量が罰金を科されるレベルをすでに下回っているのなら、何百万ドルもかけて排出削減に取り組もうとはしない。しかしパイを大きくする企業は、純粋に環境保護に貢献するために削減に取り組み、結果的に利益を損なうかもしれない。

私はどちらの指摘にも同意する。しかし同じ理屈に則って、パイ拡大のメンタリティに根本的な優位性がある――社会はもちろん、意外にも投資家にとっても好ましい――ことを説明できる。２つの理屈をひっくり返して考えてみたい。パイ拡大のメンタリティは**具体性**に欠けるかもしれないが、**道具的**というよりも**内発的**な動機を持つ。パイ拡大のメンタリティは**フォーカスが曖昧**かもしれないが、**利益**だけでなく**外部性**を考慮している。

社会的価値の追求は、長期的には直接的な利益の追求よりも大きな利益をもたらすことが多いため、動機が内発的であることは望ましい。投資家の幸福は、利益だけでなく企業が社会に与えるインパクトにも左右されるため、外部性を考慮していることは望ましい。

	啓発された株主価値	パイコノミクス
動機	道具的	内発的
目的	利益	社会的価値

この2つの違いについて順番に議論しよう。

道具的vs内発的

啓発された株主価値（ESV）では、企業は**道具的**動機で利益を創出するべきだと考える。一方パイコノミクスでは、**内発的**動機で社会的価値を創出するべきだと考える。

ESVに基づくと、企業は便益が費用を上回る場合に限ってステークホルダーに投資するべきである。すべての行動は目的に対する手段である。有名な経済学者でESVの主な提唱者の1人であるマイケル・コール・ジェンセンは、「株主価値の増加という唯一の目的を、変化の努力の指針とするべきだ」と述べ、この動機を明確に説明している。

この見方によれば、アップルのリーダーと従業員は、同社の利益を最大限に増やす方法を考えて日々行動するべきだ。富の誘惑はデザイナーをイノベーションに駆り立て、小売店スタッフに最高の顧客サービスを提供させ、リーダーに新たな戦略的パートナーシップを結ばせる。狭い視野だと思うかもしれないが、そこには重要な魅力がある。ほぼすべての意思決定につきまとうトレードオフについて、具体的な評価の方法が示されるからだ。最も優秀な従業員の獲得、ジーニアスバーでの無料相談、ロボットのデイジーの開発には、いずれも多額の費用がかかる。

それぞれの意思決定について、アップルはどのように評価するのだろうか。それは**計算**だ。同社はエクセルのスプレッドシートを準備して、現在及び将来の利益に与える影響をすべて計算する。次に、将来の１ドルは現在の１ドルよりも価値が目減りすることを考慮した**割引率**を適用し、スプレッドシートで将来の利益を現在の利益に換算する。スプレッドシートは現在と将来の利益をすべて合計して、最終結果をはじき出す。これは、その意思決定の「正味現在価値」（ＮＰＶ：Net Present Value）と呼ばれるものである。ＮＰＶがプラスなら――そしてプラスの場合に限り――アップルは先に進むべきである。

道具として利益を最大化するという考え方は、理論的には妥当に思われる。そして実際にうまく機能することも多く、費用と便益を概算できる有形投資の場合は特にそうである。例えばアップルが新工場の建設を検討する場合、その工場でｉＰｈｏｎｅを何台生産し、何台売れるかは予測可能だ。現実世界にはリスクがあるが、ＮＰＶはリスクに対処できる。「感度分析」でｉＰｈｏｎｅの販売価格の前提を様々に変化させて、結果がどう変わるかを確認すればよい。

しかし無形投資となると、費用と便益の見積もりがはるかに難しいため、ＮＰＶの有用性は格段に小さくなる。ジョナサン・ハスケルとスティアン・ウェストレイクが、著書『無形資産が経済を支配する—資本のない資本主義の正体』で説明したように、企業の最も重要な資産は有形資産から無形資産へ、すなわち特許、ブランド、知識といった非物理的な資産へと変化した。S&P500企業の時価総額に占める無形資産の割合は、1975年の17%に対して2020年は90%だった。中でも重要な無形資産の1つが**ステークホルダー資本**、すなわち企業とステークホルダーの関係の強さである。ここには顧客が企業のブランドに寄せる信頼、規制当局からの評価、企業のミッションに対する従業員のコミットメントなどが含まれる。

ESVの場合、たとえ有形投資でも、便益が無形の場合は問題が生じる。アップルが、従業員に無料のスポーツジムを提供することの是非を決める場合を考えてみよう。最初の作業はジムにかかる費用の計算だ。ジムの建設、設備器具の設置、インストラクターの雇用(あるいは外部委託)の費用は比較的単純に数値化できる。しかし便益は目に見えないため、数値化がはるかに難しい。ジムは労働者の獲得や維持につながるだろうか。その労働者はアップルにどのような価値をもたらすだろうか。病気による損失日数をどれだけ回避できるだろうか。それに対するアップルの費用負担はどのくらいだろうか。ジムを通して、部署を超えた従業員の交流がどれほど生まれるだろうか。こうした問いに答えることは極めて難しい。従ってジムのNPVは計算不能であり、NPVが出せない以上、ESVではジムの導入は正当化できない。

成果が目に見えない場合、問題となるのは**リスク**ではなく**不確実性**だ。リスクの問題は、大まかにでも変数が分かっているため分析可能である。例えばブラックジャックで次のカードを引く場合、何が出るか分からないリスクがあるが、52枚のカードの内容は分かっているため、望ましいカードが出る確率は計算できる。何枚かカードを引いた後でも、前提を変えて感度分析を行うことができる。不確実性が問題になる場合、その変数さえ分からないし、ジムでどのような交流が生まれるかは分からないし、感度分析を行うベースラインも存在しない。元米国国防長官のドナルド・ラムズフェルドが世に広めた言い回しを借りれば、リスクとは、既知の未知を扱うものであるのに対し、不確実性は未知の未知でできている。

そして、無形投資のリターンは**不確実**なだけでなく**遠い**。リターンが発生するとしても、それははるか遠い未来のことだろう。機械はあっという間に製品を作り上げるが、ジムの効果で従業員が10年後に糖尿病になることを防げるとしたら、アップルの金銭的メリットは10年後まで発生しない。エビデンスによると、リーダーは長期的な便益に本来よりもはるかに大きな**割引率**を適用する。そのためNPVの計算は短期効果に左右されやすい。

成果を求める気持ちを原動力とする道具的な意思決定の場合、ある程度の精度で数値化できる成果だけがその根拠となる。ところが、重要な成果のほとんどは数値化できない。このことから、ESVは利益という測定可能な1つの基準しか持たないから具体的だという主張の欠点が浮かび上がる。利益は後追いでしか測定できず、前もって推計することが非常に難しいのである。利益の測定は意思決定の何年も後になるため、意思決定をしたタイミングでの利益予測には役立たない。「株主価値の最大化」は理論的には魅力があるが、実際には機能しないのだ。

もしアップルがESVを採用した場合、従業員に対する多くの投資を断念することになるだろう。ジム建設のような大きな投資だけではなく、ボランティア休暇の付与や育児休暇の延長といった小さな投資も——むしろ小さな投資こそ——その対象になる。こうした施策の1つひとつが労働者の生産性に与える影響は小さいかもしれない。しかしこれらを1つも実行しなければ、その全体的な影響として生産性は著しく低下するだろう。利益は予想外の場所で生まれるため、利益の最大化という考え方で、実際にその通りになることは滅多にない。

そこで登場するのがパイコノミクスである。パイを拡大する企業は、利益を増やすという道具的動機ではなく、社会に価値を生み出すという**内発的**動機で意思決定を行う。ステークホルダーは目的のための手段ではなく、それ自体が目的である。そうすると企業は、最終的に利益を生むものの、計算では正当化できない多くの投資を行うことになる。アップルがジムに投資するのは、単純に従業員の健康を大切にするからだ。それが優秀な労働者の採用、維持、動機づけにつながり、たとえ当初は数値化できなくても副産物として利益が増加するだろう。もっと広く言えば、アップルは決して最初から2兆ドルの企業を目指していたわけではなく、イノベーションとデザインの限界を押し広げようとする過程で、この大きな価値がもたらされたのだ。

利益は重要だが、**利益は結果であって目的ではない**。直接的に利益を追求すれば逆効果になる場合がある。例え話をすると、仕事に就く理由の1つは収入を得ることだ。しかしパーパスに基づいてキャリアを選べば、実際にはより大きな経済的安定をもたらすかもしれない。なぜなら自分の好きな仕事をしている人は成功しやすく、当然ながら十分な給料を手に入れるからだ。アリストテレスは「幸福は人生の意味であり目的である」と書いたが、幸福を直接追い求めると、長期的な幸福を損なうような、わがままな振る舞いにつながる可能性がある。その代わりに、他者のために尽くすとか課題を見つけるといった別のパーパスを持てば、短期的には多少つらくても長期的な幸福が増すような意思決定が促されるかもしれない。

投資がステークホルダーに与える影響は、利益に与える影響よりもはるかに把握しやすいことから、パイ拡大の原則は利益拡大のルールよりも明確で実用的な指針となる。ジムの例で言うと、ジムは明らかに健康増進というメリットをもたらすため、従業員に与える影響は比較的低いが、利益面のインパクトは計算が難しい。さらに、メリットが生まれるのは比較的**遠くない**。健康面のメリットは数カ月で表れるが、未来の病気休暇や生産性に与えるインパクトは何年も実現しないかもしれない。

アップルはパイ拡大のメンタリティを持つため、単に本社にジムを建設するだけでなく、最高のクオリティのジムを建設することを決定した。広さは約９３００平方メートルで、運動生理学者がデータを監視し、温度管理された３つの空間は北極やサハラ砂漠の気候を再現できる。同社はこれほど大きな投資をＮＰＶという観点で正当化したのだろうか。そうではない。アップルの現ＣＥＯであるティム・クックはこう述べる。「私は皆がアクティブでいることの大切さを心から信じています。これが皆の気分を良くし、元気にさせるのです。すべては顧客に対するこだわりであり、ここで言う顧客とは、私たちの人材、従業員のことです」。（当然のことながら、企業は費用を顧みずにステークホルダーに恩恵を与える投資は**決して**するべきではない。第３章で、リーダーが投資の是非を判断する際の指針となる原則を紹介する）

ジムが従業員の健康状態を改善することはよく知られており、ここでは意図的に単純な例として挙げている。しかし、社会に価値をもたらす最善の方法が分からない場合もあるため、イノベーションを促進することもパイ拡大のメンタリティの強みの1つである。もともとステークホルダーに恩恵を与えるためのイノベーションでも、その恩恵が意外にも投資家にまで波及するかもしれない。

ウォーカーズ・クリスプスは、環境問題に配慮してカーボンフットプリントを削減しようと考えた。2007年、同社はカーボントラストと提携し、ポテトチップス1袋のライフサイクル全体――ジャガイモの作付け、収穫から商品パッケージの処分まで――のカーボンフットプリントを調査した。その結果、フットプリントのかなりの部分がジャガイモの乾燥工程で生じることが判明した。さらに調査を進めたところ、ウォーカーズがジャガイモを総重量ベースで仕入れていたために、農家にジャガイモを加湿し続けて含水量を増やすというインセンティブが働き、それが乾燥費用の高さにつながっていることが分かった。そこで乾燥重量ベースでの仕入れに変更したところ、同社の乾燥費用が削減できただけでなく、農家がジャガイモを加湿するために電力を消費することもなくなった。ウォーカーズはポテトチップス1袋当たりのカーボンフットプリントを2年で7%減らすことに成功し、同社の炭素排出量は年間4800トン、光熱費は年間40万ポンド減少した。環境のために実施した調査が、最終的に投資家にも恩恵をもたらしたのだ。

実際、歴史上の優れたイノベーションの中には、気が遠くなるほど勝算のない状況で生まれたものがある。ウィリアム・キャンベルがイベルメクチンに関する仮説を立てたときも、イベルメクチンを人間に対して有効かつ安全に使用できる可能性は限りなく小さかった。非臨床試験でテストされる化合物のうち、人間の臨床試験に進むものはわずか1000分の1。その中で認証にこぎつけるのは、わずか5

分の1である。意思決定を利益予測のレベルに矮小化すれば、リスクを取る行動が抑制されるだろう。なぜならメリットがあまりにも不確実なため、その決定を机上で正当化することができないからだ。しかし社会的価値を目的にすると、イノベーションが成功したときの褒賞は格段に大きくなり、たとえ勝算が薄くとも探究しようというモチベーションになる。もし人間用のイベルメクチンの開発に成功すれば、それが市民の生活に与える効果は利益への潜在的なインパクトを大いに上回る。それがメルクを研究への投資に駆り立てたのである。コロナウイルスのワクチンを発見することの金銭的メリットはたかが知れている。それはワクチン開発者に良心的な価格で生産することを期待されるからで、実際にアストラゼネカやジョンソン・エンド・ジョンソンは、自社製ワクチンを原価で販売すると約束している。それでも世界各国の企業が、利益よりも人類のためにワクチン開発に多大な労力を費やしたのである。

ここまでは、パイを拡大する行動がしばしば最終的な利益の増加につながることを議論してきた。逆にいうと、短期的利益を増やす行動はしばしばパイを小さくし、長期的リターンを減少させる。ネスレは1970年代、主に発展途上国の妊産婦向けに人工ミルクを積極的に売り込んだ。看護師の格好をした販売員が、母親になったばかりの女性たちを説得して粉ミルクを使用させ、病院や産科病棟に無料サンプルを配った。その結果、母親たちは母乳が出なくなり、粉ミルクを買い続けざるを得なくなった。

さらにネスレは、粉ミルクが未殺菌で、有害なバクテリアが含まれる可能性があることを警告しなかった。この点と、粉ミルクを溶くための清潔な水が不足していることを考えると、乳児に安全にミルクを与えるためには衛生管理を徹底する必要があった。しかし発展途上国の多くの母親は、文字で書かれた殺菌方法の指示を読めなかった。読めたとしても、それを実践するための設備、例えば湯を沸かす燃料などを持っていなかった。ネスレは、この指示を文字通りに守らなければ命にかかわることも強調しなかった。母親たちはミルクを長くもたせようと薄めて飲ませ、子どもの栄養失調を招いた。

ネスレの行為は当時違法ではなかったが、明らかに非道徳的であり、社会的価値を生み出すどころか破壊した。そして結局、ネスレ自体の価値も損なわれた。1977年に乳児用粉ミルク行動連合（INFACT）が米国で開始したネスレ商品の不買運動は、たちまちオーストラリア、カナダ、欧州、ニュージーランドに広がった。不買運動は1984年に一旦中断したが、それまでにネスレの約10億ドルの売り上げが失われた。1980年代後半になると、アイルランド、オーストラリア、メキシコ、スウェーデン、英国で再び不買運動が始まった。一部の顧客は今でもネスレを信頼していない。エシカルコンシューマー誌の2015年の読者投票で、ネスレは「過去25年で最も倫理的ではない企業」に選ばれた。

要するに、見返りを得るためだけに行動する企業は、見返りが期待できなければ、たとえ将来的に予想外の利益をもたらす可能性があっても行動しない。他社にはない価値を生み出すためには、他社が行わない投資をしなければならない。しかし、投資判断が数字の計算に矮小化されがちな世の中において、そうした投資は数字の計算では測れないのである。

利益ｖｓ外部性

啓発された株主価値（ＥＳＶ）は、企業は道具的動機で**利益**を創出するべきだと考える。これに対しパイコノミクスは、企業は内発的動機で**社会的価値**を創出するべきだと考える。

本章で述べてきた通り、社会的価値を高める行動の多くは、その副産物として長期的利益も改善する。しかしパイを大きくする行動が必ず投資家の分け前を増やすかというと、それは考えが甘いし現実的ではないだろう。パイを拡大する行動の中には、かなり長期的な目で見ても利益を増やさないものがたくさんある。例えば、レストランのメニューの栄養価の改善などは目に見えないため、顧客の需要を増やす可能性は低い。目に見える行動でも、利益に与えるインパクトが費用を大きく下回るものはたくさんある。メクチザン無償供与プログラム（ＭＤＰ）がメルクの評判を高めたことは間違いないが、その効果が費用を上回ったかどうかを計算する方法はない。

同様に、パイを小さくする行動の中には、かなり長期的な目で見ても利益を減らさないものがたくさんある。ダラプリムの価格のつり上げはチューリングの評判を下げたが、医師が薬を処方するとき、あるいは患者が店で薬を買うときに一番に気にするのは、製造者の倫理性ではなく薬の効能なのである。あるいは、パイを小さくする活動にもかかわらず、市場の力やロビー活動によって利益を出せる場合もあるかもしれない。喫煙とがんの関連を示す最初のエビデンスは１９５０年に発表されたが、タバコ会社は巨利を獲得し続けている。２００７年から２０１６年の間に利幅は77％伸び、最大手５社は２０１６年に合計３５０億ドルの利益を上げた。

ESVが利益のみを考えるのに対し、パイコノミクスは外部性も考慮に入れる。パイを拡大する企業は社会的価値の創出を重視し、その前提として、価値を生み出す行動の大半が長期的に――時には意図せぬ形で――利益を増やすと考えているが、そうならない場合があることも認識している。図2・2に示したトレードオフについて考えてみよう。一番上のパイは現状維持を表す。この企業には取り得る戦略が2つある。戦略Aは、パイを適度に拡大して、増えた分はすべて投資家が獲得する。ステークホルダーの分け前は変化しない。パイは大きくなるが、彼らの取り分の比率は小さくなる。戦略Bは、取り分の比率は一定のままパイを大幅に拡大して、投資家とステークホルダーの両方の分け前が大きくなる。ただし、戦略Aと比べると投資家の増分は小さい。

第4章にエビデンスを示すが、長期的に見ると、この種のトレードオフは規則というよりも例外である。とはいえパイコノミクスでは、例外を認識して対処策を講じることが重要である。

リーダーはどちらの戦略を選ぶべきか。まず思い浮かぶのは、法律上、誰のために会社を運営することになっているかで決まるだろうということだ。最も一般的な見解では、会社役員は第一に投資家に責任を負い、次にステークホルダーに責任を負うため、戦略Aを選ぶべきだ。この考え方は英国会社法に記載されており、米国でも会社法の一般的な解釈である。さらに、現状維持から戦略Aへの移行は、あるメンバーの分け前を増やして、どのメンバーの分け前も減らさないため、パレート改善である。

パレート改善は理想的な結果のように思えるが、パイコノミクスは、もっと上を目指すべきだと考える。パイコノミクスの要点は敗者を出さないことではなく、ウィン・ウィンを実現することである。そして、このアプローチが法律に左右されない点も重要だ。実際には国によって、特に欧州では企業全体に貢献することが役員の責務とされている。米国においてさえ、株主の優位性に対する法廷での異議申し立ては成功している。[7]しかし、このことは法体制を根拠とするアプローチの無力さを浮き彫りにする。法体制は国により異なるため一般的なガイドラインは作成できない。そして刻々と変化し、様々な解釈が可能である。

パイコノミクスで重視するのは単なる法律の遵守ではなく、社会的価値の創出である。そして図２・２に挙げたトレードオフが法体制と無関係であることを強調する。株主に法的優位性があるとしても、企業はやはり外部性を考慮するべきだし、利益が小さくなろうと戦略Bを選んでもよい。なぜなら投資家は決して単なる投資家ではないからだ。彼らは多くの場合、同僚であり、顧客であり、コミュニティのメンバーである。環境の影響を受けるし、税金を納めるし、サプライヤーに出資しているかもしれない。従って投資家にとっては、企業が提供する利益だけでなく、生計、消費者余剰、資金調達、活力、環境の再生、税収も大切なのだ。

7　米国では35州に、会社役員が株主だけでなくステークホルダーの利益を考慮することを認める「利害関係者法」がある。しかし、ほぼすべてのケースで利害関係者法は許容型であり、強制ではない。つまり役員はステークホルダーの利益を考慮しても良いが、強制ではないため指針として限界がある。また、利害関係者法がない州でも株主の優位性に対する異議は認められている。シュレンスキー対リグレーの裁判において、イリノイ州の控訴裁判所は、当時同州には利害関係者法がなかったにもかかわらず、ステークホルダーの利益を考慮する判断を支持した。野球チームのシカゴ・カブスは、本拠地リグレー・フィールドに照明を設置してナイトゲームを開催すれば収益が上がる可能性があったものの、現地コミュニティに悪影響を与えるとして、照明を設置しないことを決断した。

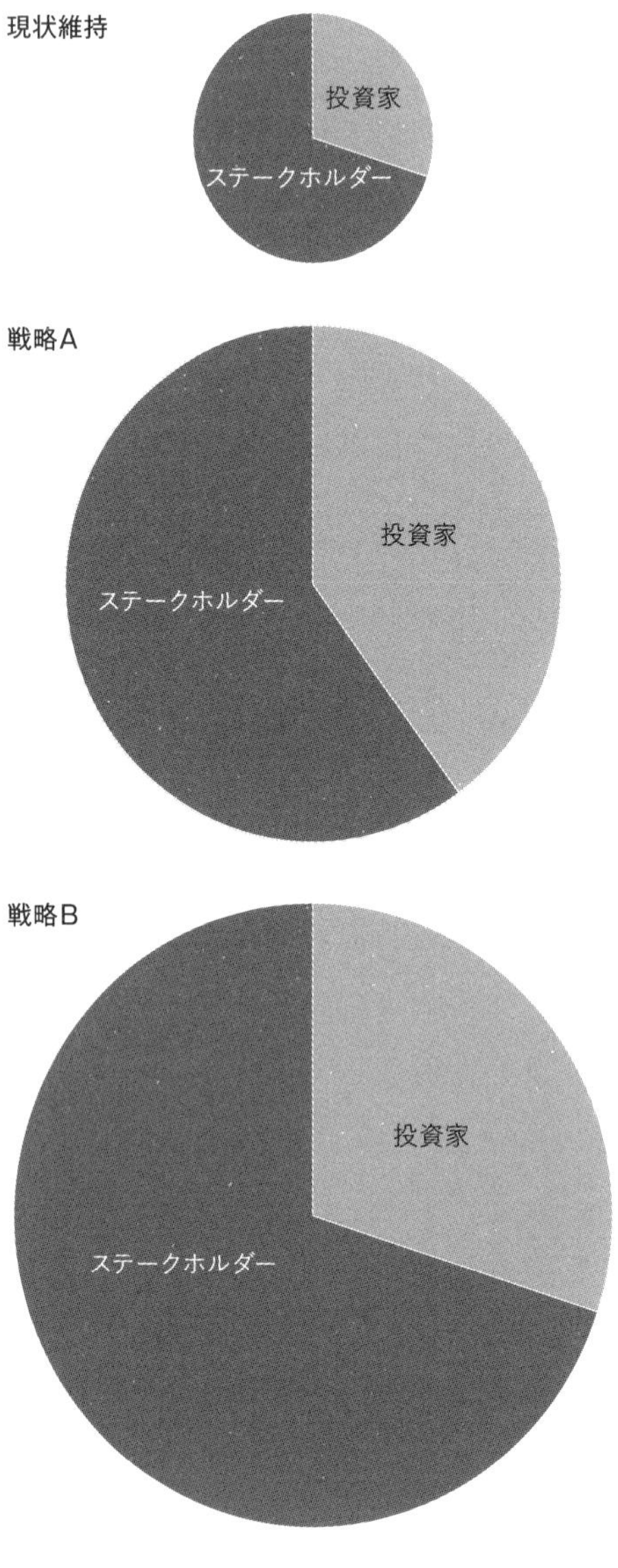

図 2.2

人々はなぜ企業に投資するのだろうか。それは自分自身や子どもの将来に備えるためである。金融の基本原理として、人にとって重要なのは名目の価値（額面金額）ではなく、実際の価値（そのお金で何が買えるか）である。ニューヨーク州で高い給料で働くことより、生活費の安いモンタナ州で低い給料で働くことを選ぶ人もいるかもしれない。同様に、人が投資をするのは自分の老後や子どもの将来に備えて銀行預金を増やすためだけではなく、生活の質を上げるためでもある。企業が利益を増やすと汚染レベルも増す場合、投資家の得る金銭的リターンは増えるかもしれないが、生活水準は低くなる。外部性は投資家に金銭的影響を与えることもある。例えば、企業が持続性のない方法で作物を生産し、食品の価格を上げれば、投資家は顧客でもあるため長期的に金銭的損失をこうむる。

そして投資家は、自分自身に外部性の影響がなくても、影響を受ける人々のために外部性を気にかける場合がある。例えば、自分が工場の近隣住民ではなくても、そこで生じる騒音や大気汚染を気にかけるかもしれない。自分が働くわけではなくても、労働者の待遇を気にかけるかもしれない。サンゴ礁を見に行くつもりがなくても、地球温暖化によるサンゴ礁の破壊を気にかけるかもしれない。経済学者のオリバー・ハートとルイージ・ジンガレスが強調しているように、株主の幸福には株主価値だけではなく外部性も含まれるため、たとえ株主が第一だとしても、企業は両方を考慮するべきである。

投資家にとって、こうした外部性の重要性は増している。２０２０年には、米国で専門家が運用する資金の３ドルに１ドル（総額17兆１０００億ドル）が、純粋な金銭的基準ではなく、社会的基準で株式銘柄を選ぶ責任投資（ＲＩ）戦略に則った投資だった。２０１８年と比べれば42％、１９９５年と比べれば25倍の増加である。しかもこれは米国だけの現象ではない。欧州、日本、カナダ、オーストラレーシア[8]を加えると、２０２０年の数字は35兆３０００億ドルとなり、２０１６年比で55％増加した。中でも日本の投資額は５００％増加した。例えば、世界最大の年金基金である日本の年金積立金管理運用独

8（訳注）オーストラリア大陸・ニュージーランド北島・ニュージーランド南島・ニューギニア島およびその近海の諸島（インドネシアの領域を含む）を指す地域区分である。

立行政法人は2018年に、株式ポートフォリオにおけるＲＩの割合を3％から10％に、金額にして90億ドル増やした。また「責任ある」投資家に分類されない多くの主流投資家も、外部性を非常に真剣に捉えている。環境・社会・ガバナンス（ＥＳＧ）の課題を投資判断に組み込むことを約束する国連責任投資原則に、2020年3月までに世界の3038の投資機関（合計資産運用額103兆4000億ドル）が署名した。この原則が制定された2006年時点では63機関（同6兆5000億ドル）だったことを考えると、大幅な増加である。

だが、統計的な数字では納得できない読者もいるかもしれない。ＲＩファンドが伸びた理由は、社会的パフォーマンスよりも金銭的パフォーマンスにあるかもしれない。従って、外部性に関する投資家の懸念がＲＩファンドの伸びを主導していることを示す決定的な証拠ではない。サミュエル・Ｍ・ハーツマークとアビゲイル・Ｂ・サスマンは、各ファンドの金銭的リターン情報に影響しない社会的パフォーマンス情報の変化をうまく利用して、社会的パフォーマンスが純粋に個人投資家の需要に与える影響を切り分けて把握することに成功した。2016年3月、モーニングスターは突然、2万種を超える投資信託の社会的パフォーマンスについて、各ファンドの構成銘柄に対するサステナリティクスのＥＳＧ格付けに基づくランキングを発表した。このことが与えた衝撃は図2・3の通りである。

2016年3月までは、社会的パフォーマンスと資金の流れには弱い相関関係しかなかった。しかし、それ以降の11カ月は大きく差が開いた。ランキング上位のファンドにファンド規模の4％の流入（240億ドルから320億ドル）があった一方、下位のファンドは6％の流出（120億ドルから150億ドル）に甘んじたのだ。そして顕著だったのは、2万種のファンドの大半はサステナブルファンドとして販売されていなかったが、それでも個人投資家が社会的パフォーマンスを気にかけたことである。

また、自社の意思決定の「外部性」が利益に還元されないと企業が考えている場合でも、最終的に意外な形で利益をもたらすことがある。「道具的ｖｓ内発的」のセクションでは、従業員の健康に対する投資のように、結果の予測が難しいが、企業の内発的動機から出てくる行動について議論した。そうした行動の影響が社会全般――例えば気候変動――に及ぶとしたら、効果を予測することはさらに難しい。リーダーはますます、それを外部性と見なしたくなるかもしれない。しかし結果が広範囲に広がるものでも、個別企業が多大な打撃を受ける場合はある。シェブロンは２００６年下期に14億ドルの損失を出したが、これはハリケーン「カトリーナ」と「リタ」の影響による石油・ガスの減産が一因である。リオ・ティントのオーストラリア事業は、サイクロン、洪水、豪雨の被害を受けて、２０１１年上期の利益が２億４５００万ドル減少した。２０１１年後半には、タイで発生した洪水でホンダの組立工場が浸水し、損害は２億５０００万ドルを超えた。さらに視野を

図 2.3　ESG格付けが資金の流れに与えた影響

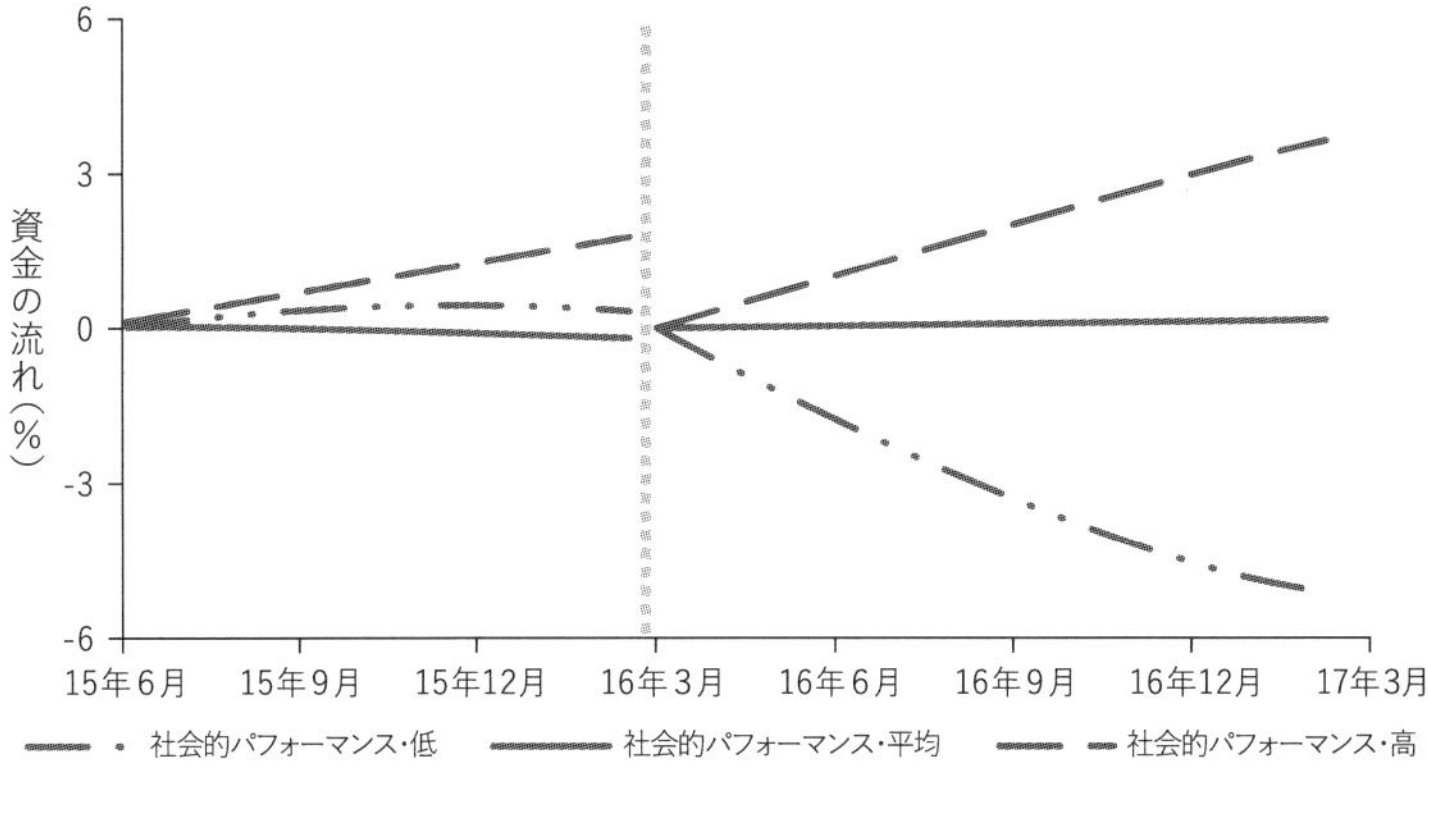

広げると、カーボン・ディスクロージャー・プロジェクトの調査の結果、世界の最大手企業215社が推計した気候変動による潜在的被害は、合計1兆ドルに達することが分かった。

ここまで読んだとしても、企業が外部性を無視するのは合理的だと思うかもしれない。個々の企業はあまたある企業の1つに過ぎないため、環境に与える影響はわずかである。これはフリーライダー問題の一種である。しかし序章で議論したディープウォーター・ホライズンの大惨事のように、個別の事例が広範な影響を及ぼすこともある。企業は最終的に、自社が引き起こした損害を賠償することになるかもしれない。BPは、ディープウォーター・ホライズン事故をめぐる汚染除去や訴訟の費用として650億ドルを支払った。米国の電力会社パシフィック・ガス・アンド・エレクトリック・カンパニー（PG&E）は、カリフォルニア州で起こした山火事の損害賠償がもとで破産法の適用を申請した。そしてノキアやネスレに対する不買運動からも分かるように、顧客や従業員の多くは、企業には外部性に対処する責任があると考えている。彼らは、企業が外部に及ぼすインパクトと切り離して、自社の行動を正当化するのは不十分だと主張するため、費用便益分析で説得できる可能性は低い。実際、市民の購買行動は、その企業が社会貢献をしていると思うかどうかで変わってくる。複数の学術研究を検証したところ、たとえ割高でも社会的責任を果たす商品を購入することに前向きな顧客は60％に上り、平均的な顧客で17％の割増価格を支払う意欲があった。リーダーが「外部性」として無視したものが、やがて自社に跳ね返り、最終的に打撃を与えることは珍しくない。

企業の行動が自社に跳ね返る2つ目の経路として、ビジネスが社会に貢献していないと市民が判断した場合、彼らは政策決定者に働きかけてそれらを制約する規制を成立させたり、ビジネスに対する補助

(研究開発費の税額控除など）を支持しなくなったりすることがある。この場合も企業はフリーライダーのメンタリティの誘惑に駆られるかもしれないが、実際にはそれではうまくいかない。序章で議論したように、一般市民の認識は、平均的企業のデータではなく個別のエピソードに左右される。ある１社の行動が、ビジネスに対する一般市民の認識に多大な影響を及ぼすことがある。

ダラプリムの値上げから間もなく、２０１６年米国大統領選挙の候補者だったヒラリー・クリントンは、ツイッターに「特殊医薬品市場でのこのような価格のつり上げは言語道断だ」と投稿し、当選したら処方薬の費用に月額２５０ドルの上限を定めると提案した。このツイートによりナスダックのバイオテクノロジー株指数が下落し、一夜で１５０億ドルが消し飛んだ。序章で取り上げたフォルクスワーゲンの排出ガス規制をめぐる不祥事は、ドイツの自動車業界全体に波及して、その国際的な評判を傷つけた。この不祥事の翌年、ＢＭＷ、メルセデス・ベンツ、スマートの米国での売上高は37億ドル減少した。欧州連合は、車両の認証や排出ガス試験について、自動車産業全体の収益を抑える可能性のある新たな規制をいくつか導入した。

外部性が一般市民の認識に与える影響は極めて重大である。多くの国では投資家が決定権を握っていて、役員を選出するのは投資家であり、役員は第一に投資家に対して法的責任を負う。パイコノミクスは必ずしも利益を最大化しないことを率直に認めるため、投資家はこれに反対するかもしれない。しかし、社会全体に貢献するビジネス形態を今すぐ取り入れなければ、市民は規制の変更を要求し、投資家の決定権は失われるだろう。[9]

ここで注意してほしいのだが、外部性に大きな意味があるからといって、利益と同等に重要だというわけではない。従ってリーダーは、パイの大きさだけに集中して、パイの切り分け方は無視することができる。大きなパイを生み出すが、投資家に小さな分け前しか与えない企業は、そもそも出資を受けられないだろう。第3章で、CEOが投資家とステークホルダーの難しいトレードオフに対処するときの指針となる、3つの原則を紹介する。これらの指針は、より大きなパイを作るために実際に利益を犠牲にする――図2・2の戦略Bを選ぶ――必要があるケースを明らかにするだろう。しかしそれ以外のケースでは、ステークホルダーの増加分が投資家の損失を上回るほどではないため、トレードオフをするべきではない。

トリプルボトムライン

この章ではパイコノミクスとESVを対比してきたが、最後にパイコノミクスとトリプルボトムライン(TBL)のフレームワークを簡単に比較して締めくくろう。企業の目的は財務の「ボトムライン」[10]ただ1つという前提に立つESVとは異なり、TBLでは財務だけでなく、社会と環境のボトムラインもあると考える。これら3つのゴールは、人(People)、地球(Planet)、利益(Profit)と呼ばれることが多い。

パイコノミクスとTBLを比較するために、パイコノミクスとESVを対比したときと同じ、目的と動機という2つの軸で考えよう。目的については、両者は非常に似通っている。ESVが利益に集中するのとは異なり、パイコノミクスとTBLが目指すのはどちらも社会的価値である。実際、1994年にジョン・エルキントンがこの言葉を考案してから、ＴＢＬは企業が社会に対する貢献を真剣に考え、測定することを促してきた。両者の違いは動機である。パイコノミクスの動機が内発的であるのに対し、ＴＢＬの動機は――少なくとも一般的な実践方法では――道具的である。

２０１８年、エルキントンはＴＢＬの概念の撤回を提案した。ＴＢＬが、マインドセットを変えるという当初の意図から外れ、社会や環境に対する企業の貢献を測る会計フレームワークとして主に使われるようになったと彼は訴えた。これは道具的な動機につながる。リーダーは、社会や環境のボトムラインに数値化できるインパクトがある場合にしか行動しない。そうすると、短期的あるいは数値的な見返りがあって、すぐに報告できるものに投資が偏る可能性がある。例えば、既存の雇用の質を高める代わりに、新たな雇用を創出する企業があるかもしれない。後者のほうが計測しやすいからだ。ステークホルダーへの投資は、やはり目的――この場合は非財務的だが、短期的で数値化が可能――に対する手段である。パイコノミクスはリーダーに自由を与え、成果を出せるか、どれだけ早く示せるかということに縛られずにステークホルダーへの価値を創出できるようにする。パイコノミクスは会計フレームワー

9　信頼を失墜させる行動に対する政策決定者の措置は、最終的に利益を減少させる可能性があるため、外部性はやがて内部化する。そう考えると、こうした行動が果たして「外部性」を生み出しているのかと疑問に思うかもしれない。しかし、これはむしろ意味的な違いである。信頼を失墜させる行動を外部性と見なすかどうかにかかわらず、企業は一般市民の信頼を得ることを真摯に考えるべきである。外部性が最終的に内部化されるとしても、この内部化を予測することは非常に難しいため、ＥＳＶではこれを無視するだろう。そして、将来の規制に影響する可能性の低い、純粋な外部性があることも事実である。パイコノミクスではこれを考慮するが、ＥＳＶでは考慮しない。

10　（訳注）損益計算書の一番下（ボトム）の項目である当期純利益（最終損益）のこと。

クというよりも、1つのマインドセットであり、ビジネスアプローチなのである。

企業が社会のために創出した価値を報告することの重要性は、第8章で詳しく述べる。しかしステークホルダーに関する指標の改善、例えば利益の増加は、最終目標ではなく副産物だ。企業は報告可能な指標が改善するかどうかで投資を決めるのではなく、ステークホルダーに投資して、成果はすべて事後報告とするべきである。

パイコノミクスとTBLの最大の違いは、パイコノミクスの核心であるパイ拡大のメンタリティだ。これは、パイの大きさの重要性と、パイを拡大する機会を逸することで生じる不実行による過ちの回避を重視する考え方である。一方エルキントンは、「(TBLの)アーリーアダプターの多くは妥協のメンタリティを持ち、この概念をバランス調整の行動と理解している」と指摘する。TBLはしばしば、パイの大きさは一定だという前提に則って、人、地球、利益のバランスを確保するために用いられる。財務のスコアは高いが社会と環境のスコアが控えめな場合、地球と人を犠牲にして利益を達成したと見なし、実行による過ちと判断するかもしれない。これとは対照的に、パイコノミクスはパイの大きさは一定ではないという点を強調し、バランスよりもパイの拡大を優先する。パイを拡大するに当たり、できるだけ分け前が小さくなる者が出ないようにすることは重要だが、まったく拡大しないよりは、たとえ分配に不平等があっても拡大したほうがよいのである。

まとめ

●ミルトン・フリードマンは、企業の社会的責任は利益を増やすことだと主張したが、これには一般的な解釈よりも、はるかに奥深いニュアンスがある。企業が利益に集中するべきだとする理由は、その過程でステークホルダーへの投資が求められるためである。そして利益を増やすことによって、株主が各自の選んだ社会的大義を支援できるように、最大限の柔軟性を与えられる。しかし、この理論には３つの重要な前提条件がある。

○企業には社会問題を解決する上での比較優位がない。これは慈善寄付などには当てはまるだろうが、当てはまらない活動もある。

○政治家は市民の優先事項を法律に反映させる。しかし、質的な課題に対して規制は無力だし、政治的プロセスは時間がかかり、不完全である。

○リーダーはステークホルダーへの投資が利益に与える影響を予測できる。だが、不確実な世界でこの種の予測をするのは困難である。

●**啓発された株主価値**（ＥＳＶ）では、企業はステークホルダーに投資するべきだと主張する。その根拠は、そうしなければ長期的に利益を保てないからだ。利益と社会的価値がつながっていると考える点はパイコノミクスと同じだが、ＥＳＶでは、利益が第一で、社会はその次だと主張する。パイコノミクスは逆である。このことが両者に２つの重要な違いをもたらす。

○ＥＳＶでは、企業は**道具的**動機を持つべき——最終的に利益の増加につながる場合に限り社会的価値を生み出すべき――だと考える。ステークホルダーは目的のための手段である。パイコノミクスでは、たとえ利益の増加が計算できなくても、企業は内発的な動機で社会に貢献するべきだと考える。このアプローチは企業に自由を与え、他のアプローチではできない投資（特に無形投資）を実行させるため、長期的により大きな利益を生み出すことが多い。なぜなら投資がステークホルダーに与える影響は、利益に与える影響よりも不確実性が低く、遠くないためである。

○ESVは利益を重視する。パイコノミクスは外部性を含めた社会的価値を重視する。投資家に優位性があるとしても、投資家は決して単なる投資家ではない。彼らは多くの場合、同僚であり、顧客であり、コミュニティのメンバーであって、それゆえ外部性の影響を受ける。さらに、もし企業が負の外部性を生み出せば、規制を受けるか顧客の信頼を失うだろう。

●利益と外部性は、一般的な認識よりもずっと密接に連動している。社会のために価値を生み出す行動はしばしば、最終的に意外な形で利益を増やす。しかし、純粋な外部性はやはり存在する。ステークホルダーの価値を増やすことで利益が減っても、投資家はそのトレードオフを前向きに受け入れるかもしれない。

●トリプルボトムライン・フレームワークは、社会的価値を企業の一番のゴールにするべきだという点はパイコノミクスと同じである。しかし主に会計フレームワークとして用いられており、その動機は内発的というよりも道具的で、社会的メリットを報告できる活動を推奨する。そしてバランスも重視する。一方、パイコノミクスが強調するのは価値の創出である。

第3章　パイを拡大することは、企業を拡大することではない

トレードオフに対処し、却下するべきプロジェクトを見極めるための3原則

パイコノミクスの要点は社会に価値を生み出すことである。社会は決して投資家だけで構成されているわけではないが、投資家が社会の重要メンバーであることに変わりはない。そこで本章では、パイコノミクスの実践時に留意するべき2つの重要事項――パイの拡大は利益を無視することではない、そしてパイの拡大は企業を拡大することではない――について議論する。それから、リーダーがこの重要事項に沿って行動する際の指針となる3つの原則を提示する。

パイの拡大は利益を無視することではない

従業員、顧客、環境と比べた場合、時に投資家は企業にとって一番優先度が低いメンバーと見なされがちである。しかし第2章で強調したように、投資家が投資家でしかないことは絶対にない。ステークホルダーがステークホルダーでしかないこともまれで、多くの場合は彼ら自身も投資家だ。従業員や顧客は直接的に、または投資信託や年金基金を通して間接的に、企業の株式を保有する。強欲な資本主義者として悪者にされがちなヘッジファンドも、年金基金や大学基金の投資を受けていることは珍しくな

い。

利益は社会をうまく動かすための重要な要素である。利益がなければ市民は老後の蓄えができず、保険会社は保険金を支払えず、大学基金や年金基金は受益者を支えられない。多くの投資家は社会的目的を達成するためにリターンの一部が犠牲になることを厭わないが、そこにはやはり限界がある。

2018年10月、カリフォルニア州職員退職年金基金（CalPERS）は理事選挙を行い、警察官のジェイソン・ペレスが現職のプリヤ・マサーに勝利した。ペレスが主張したのは、マサーが投資リターンを犠牲にしてESGに過剰に力を入れ、自身のイメージアップのために数千の従業員の経済的安定を脅かしたということである。当時CalPERSの積立金は71％しかなく、加入者の年金拠出金が大幅に引き上げられる可能性があった。その結果、ペレスに票が集まった。責任を果たすことが利益を無視してよいということにはなり得ないということが浮き彫りになったのだ。

そして、利益は投資家だけでなくステークホルダーにとっても重要である。利益がなければ、企業は顧客のための商品イノベーションや労働者のトレーニングに資金を充てられない。メルクのケネス・フレイジャーはこう話す。「私たちは、顧客が購入しやすい価格と株主に良好なリターンをもたらすという最終目標のバランスを取ることに努めています。なぜなら株主は、未来の医薬品を生み出すための研究資金を提供し続けてくれる存在だからです」。もしメルクが他の医薬品（動物用のイベルメクチンなど）で利益を得ていなければ、メクチザン無償供与プログラムを立ち上げることはできなかっただろう。そして利益がなければ、やがてビジネスは行き詰まり、社会にもたらす価値はゼロになる。パンデミック期に、レスポンシブル・カンパニーは、利益を確保して長期的な生き残りを図るために厳しい決断を下した。エアビーアンドビーの一時解雇はその一例だ。

確立した既存企業にとっても利益創出は重要だが、そもそも企業を立ち上げる段階で、利益創出の見込みは重要である。利益とは、株主が他の支出や投資にも使えたはずの資金を、リスクを取ってその企業につぎ込むことへの対価である。これは従業員が労力の対価として賃金を受け取り、サプライヤーが原料の対価として代金を受け取るのと同じである。もし投資家が、ゆくゆくその企業が自分をないがしろにするのではないかと危惧したら、そもそも出資しないだろう。そうすると、アイデアを形にするための開業資金は決して集まらないし、既存企業が良い企業から偉大な企業へと成長するための追加資金も得られないだろう。

利益を考慮することは、企業がステークホルダーのニーズに配慮するという点でも有効だ。利益は社会が求めるものを示す重要な**シグナル**だからだ。[1] 顧客はオンラインショッピングの便利さと安全性にますます価値を見出しているため、小売ウェブサイトの利益性は実店舗を上回る。小売業者はこのことを励みにして電子商取引に投資する。これは多くの顧客がまさに望んでいる行動だ。すると一般的な路面店で扱う商品の大半を電子商取引でカバーできるため、小売業者は次に、パーソナライズされた買い物体験の提供という別の目的で実店舗を活用できる。ナイキ・ライブはその一例で、データサイエンスを駆使して現地顧客のニーズに的確に応える商品を提供している。あるいは、そうした店舗を売却するこ

1　ただし完全なシグナルではない。第2章で議論したように、パイを拡大する企業は、利益には反映されないが社会に便益または費用を与える外部性を考慮に入れるべきである。

とにより、別の用途――例えばパンデミック収束後に需要が増すと思われる、レストラン、コーヒーショップ、スポーツクラブなど――に好立地の土地を活用できるかもしれない。

利益が重要だからこそ、私たちはパイコノミクスを「社会に価値を生み出すことを通してのみ**利益を創出すること**」と定義したのだ。社会に価値を生み出すことが第一の目標であり、その点でやはりパイコノミクスはＥＳＶと大きく異なる。とはいえ利益は重要な第二の目標である。

利益を除外して、例えば「社会に価値を生み出すこと」という定義にすれば、過激さが増して一部の人々からはより大きな支持が得られるだろう。しかし利益を無視することは非現実的だし、自制が利かなくなる。つまり、利益を無視すれば大半の投資家からの資金提供が失われるだろうから、非現実的である。そしてリーダーにとっての指針が乏しく、社会がリーダーに説明責任を負わせられないため、自制が利かなくなる。大抵の意思決定は少なくともいずれかのステークホルダーに恩恵を与えるため、リーダーは、そのステークホルダーが最も重要だから、この意思決定はパイを拡大すると強弁できる。要は何をしてもよいことになる。

すでに強調したように、第二の目標である利益を、企業が正確に予測して計算ずくで生み出すことはできない。実際のところ、パイコノミクスは、メクチザン無償供与プログラムのように利益に対するメリットが明確ではない多くの投資を正当化する。意外な副産物として大きな利益が生じることもあるが、そうならないこともある。それが、予想外の利益の定義である。パイを拡大する企業は、すべての意思決定が利益を増やすわけではない――長期的に見ても利益にならない場合がある――という考え方に慣れる必要がある。しかし、すべての意思決定をパイ拡大のメンタリティで行えば、全体としてＥＳ

Ｖを上回る利益につながるはずだ。本章の後半で説明する３つの原則は、ある行動で最終的に利益が増えそうかどうかを、増分の源泉が予見できない場合も含めて判断する指針になるだろう。

パイの拡大は企業を拡大することではない

パイコノミクスの要点は社会に価値を生み出すことである。すると、企業を成長させれば生み出す価値も大きくなると考えたくなる。メルクが高血圧症の新薬を開発したら、顧客（高血圧症の患者）、サプライヤー（新薬の原料の提供者）、従業員（雇用の創出）などに価値をもたらすだろう。実際、多くの政策決定者は、企業はできるだけ多く投資するべきだと考えている。マサチューセッツ州選出の上院議員であるエリザベス・ウォーレンは、「企業の価値を高める真の道は未来に投資することだ」と主張した。

この議論は実際には正しくない。パイコノミクスの要点は価値を**生み出す**ことである。価値が生まれるのは、投資による便益がその費用を上回るときだけである。リソースを投資する際の費用とは、そのリソースを使えたかもしれない次善の機会、いわゆる**機会費用**のことである。ＥＳＶでは、企業はリソースの他の用途を社内だけで考える。つまり内部的機会費用である。パイコノミクスは自社ではなく社会という視点で見るため、この場合の機会費用は、社会の中でそのリソースが使えたかもしれない他の用途となる。つまり社会的機会費用である。例えばメルクが高血圧症治療薬の生産工場を新規に建設したとして、同社がそこに費やした原料や労働者は、学校の建設に役立てることもできたかもしれない。あるいは同社が投資しなければ、社会の中の別の会社が、同じリソースを使ってより良い成果を上げられたかもしれない。

パイコノミクスで重視するのは、**その企業が最も大きな価値を生み出せる分野にリソースを活用する（社会的便益が社会的機会費用を上回る）場合に、価値が生まれる**ということである。[2] 単にリソースを費やすだけでは、価値は生まれないかもしれない。パン屋は大量の小麦粉を使うが、もしそれがオーブンの天板に乗らずに床に落ちたら、パイは大きくならないのである。

この考察が意味するのは、一般通念とは異なり、雇用の提供は企業の果たすべき責任ではないということだ。企業の責任とは、市民が各自の才能を生かして社会に貢献し、人として活躍できるキャリアを与えることである。そうしたキャリアはその企業の外に存在する可能性があり、その場合は労働者を手放すことも必要かもしれない。日本では、大規模な人員整理は社会的に忌避される。そこで日立、ソニー、東芝、パナソニックなどの企業は、ポジションがなくなる従業員——例えばビデオやカセット用の磁気テープを生産していた人たち——を解雇する代わりに、「追い出し部屋」に送り込むと報じられたことがあった。その部屋では、監視カメラの映像を確認するとか、大学生向けの教科書を読むといった無意味な作業をあてがわれて、毎日作業報告書を書かされるようだ。

このような作業は、従業員に仕事のやりがいも人間の尊厳も与えない。社会に価値も生み出さない。社内に他の仕事がないのなら、追い出し部屋に従業員を閉じ込めておくことの内部的機会費用は小さい。しかし彼らの才能は社外のどこかで発揮できる可能性があるため、社会的費用は大きい。人員削減は、市民がその企業の外で活躍できるようにするという意味で、パイを拡大し得る。しかし第１章で強調したように、企業はこのような再配置を市場の力に任せてはならない。たとえ利益を犠牲にしてでも、再配置を促進する再就職支援やリスキリングに投資し、退職金というセーフティネットを提供するべきである。

企業が投資する際に使用するリソースは、原料や労働力といった物理的リソースだけではない。他社の資金源になったかもしれない財務的リソース、つまりお金も使用する。では先ほどのウォーレン上院議員の発言で、省略した部分を補ってみよう。彼女の発言の全容はこうだ。「自社株買いは企業にとって一時的な興奮剤になる。短期的に価格を上げるが、企業の価値を高める真の道は未来に投資することであって、それを実践していることにはならない」。自社株買いとは、企業が投資家から株式を取り戻すのと引き換えに利益を与えることで、詳しくは第７章で説明する。ここでは、ある企業が成長ではなく投資家への資金の払い出しを選ぶことによって、他社が資金を得て成長する可能性が生まれるという点に注目したい。

重要なこととして、たとえ株主や社会のための価値を生まなくても、リーダーには企業の成長を目指す利己的な理由がある。このような価値の破壊をもたらす成長には３つの種類がある。

2　この考察では、同じリソースで他社がどれだけの価値を生み出せるかを計算する必要はない。競争市場では、リソースの価格に、他社がそれを使って生み出せる価値が反映される。第10章で、価格システムを効果的に機能させる競争の役割について議論する。

中核ビジネスでの過剰な成長

ＣＥＯの報酬は企業の規模と密接に連動するため、ＣＥＯには中核ビジネスを過剰に成長させる動機がある。その上、大企業のトップになれば地位と名声を享受できる。市場をリードする企業のＣＥＯはおそらく業界会議で基調講演をし、ダボス会議で演説するだろう。この名声はＣＥＯを退任した後まで続くかもしれない。大企業の内部ではほぼ例外なく、歴代リーダーの伝説的な物語が語り継がれている。しかし外部の一般人の間で圧倒的に知名度があるのは、買収された企業の元ＣＥＯではなく、現存の有力企業の歴代ＣＥＯである。そのためリーダーは、自身のレガシーを維持するために会社を大きくするかもしれない。

カントリーワイド・ファイナンシャルのＣＥＯのアンジェロ・Ｒ・モジロは、同社を米国住宅ローン市場のリーダーにすることを決意した。彼はしばしば同社を「ベイビー」と呼んだ。投資家でも社会でもなく、彼自身の赤ちゃんである。価値創出の副産物として市場のリーダーになることを目指すなら、それは立派な目標だ。しかし利益と同様に、市場でリーダーシップを取ることそれ自体を目標にするべきではない。

だが、それをしたのがモジロである。２００２年のカントリーワイドは市場シェア10％を占める３番手で、トップはシェア13％のウェルズ・ファーゴだった。カントリーワイドのシェアを14％にするだけではモジロにとって不十分だった。彼が願ったのは、同社の独走態勢を築いて何十年も市場リーダーの座に君臨し、自身の名を歴史書に刻むことだった。そこでモジロは、カントリーワイドの市場シェアを

３倍にし、同業界では前代未聞の30％を達成すると公式に発表した。彼は、この成長を通して社会に価値をもたらす（顧客に手頃なローンを提供する）べきだとは一切言わなかったし、投資家に価値をもたらす（高利回りのモーゲージ証券を提供する）べきだとさえ言わなかった。そしてサブプライムローンに無謀に突き進んだ結果、カントリーワイドは金融危機に対して非常に脆弱になった。２００８年１月、同社は破産の瀬戸際に追い込まれ、バンク・オブ・アメリカによる買収を余儀なくされた。

非中核ビジネスへの脈絡のない進出

ＣＥＯは自身の帝国を築くために、無関係の新たな市場に進出する場合がある。そのような帝国建設の最たる例が、キム・ウジュン（金宇中）が１９６７年３月に創業したテウ（大宇）である。テウは当初、労働集約的な衣料繊維分野に集中して事業を展開した。韓国の大量の労働力と手頃な人件費を考えれば賢明な動きである。１９７２年までに買収した企業は織物生産者が２社、皮革加工業者が１社のわずか３社で、いずれも中核ビジネスと関連があり、強みを補強することに役立った。

しかし間もなく、キムは新たな玩具を欲するようになる。１９７３年には、繊維業と関係のない機械、造船、自動車業界で、わずか1年のうちに8社を買収した。これらの企業が独立していたときと比べて、テウの傘下でどのように価値を生み出すのかは不明確だった。キムは１９７８年までに41社を手に入れ、その後の20年で世界の子会社は５８９社増えた。キムは帝国を拡大したが、パイを小さくした。テウが競合企業を上回ったのは規模だけだったのだ。品質、テクノロジー、生産性、利益性では後れを取っていて、評価額は最低だった。テウが多くの企業を所有することには何の正当性もないと、市場は見抜いていたのである。

１９９３年、テウはベトナムの自動車市場に進出した。１９９７年のアジア金融危機の直後、同市場には競合企業が10社進出し、１９９８年のテウの売り上げはわずか４２３台に落ち込んだ。しかし、この事業にすでに３３００万ドルを費やしていたテウは、損切りすることを嫌った。このような態度は同社全体で繰り返された。金融危機を受けて韓国の他の複合企業が規模縮小を進める中、テウは１９９８年に――４億５８００万ドルもの損失を出した年にもかかわらず――新たに14社を買収した。

その翌年、テウは５００億ドルの負債を抱えて倒産寸前となり、解体に追い込まれた。このことは同社の債権者だった韓国の銀行と政府に数十億ドルの負担を強いた。７０００人が職を失い、現在テウのブランドを残しているのはわずか５社である。

脈絡のない拡大は、帝国建設の野心とは別に現実逃避を動機とする場合もある。中核ビジネスの問題に取り組むのを避けるために、別の業界を探索するということだ。コダックはデジタルカメラの開発という課題に立ち向かわず、１９８８年にスターリングドラッグを51億ドルで買収して製薬業界に逃避した。しかし写真用紙のコーティングに化学薬品を使うのと、スターリングの旗艦商品であるアスピリンや酸化マグネシウム便秘薬に化学薬品を使うのとでは、まったく話が違う。写真会社に製薬業界での比較優位はないのである。

米国企業においても、帝国建設や現実逃避が社会的価値を破壊し得るという点で、テウやコダックは決して例外的な存在ではない。サラ・Ｂ・メラー、フレデリック・Ｐ・シュリンゲマン、レネ・Ｍ・ストゥルツの研究では、1998～2001年のわずか4年間に、米国企業は買収によって投資家に2400億ドルの損失をもたらした。買収はCEOの帝国建設を後押ししたが、買収された事業がそれまで自力で生み出していた価値の相当部分が機会費用となったのである。

社会的大義への過度の傾倒

無駄な投資を引き起こす最後の要因は、自社の比較優位と関係のない、あるいは中核ビジネスへの集中を妨げるような社会問題の解決支援を行うことである。ジェームズ・オトゥールは、著書『The Enlightened Capitalists: Cautionary Tales of Business Pioneers Who Tried to Do Well by Doing Good（啓発された資本主義者：善い行いで業績を上げることに挑んだ先駆者の教訓）』で、社会的パフォーマンスを重視するあまりに迷走した企業をいくつか紹介した。例えばコントロール・データ・コーポレーションのCEOのウィリアム・チャールズ・ノリスは、社会に貢献することと、それに倣うように他のビジネスリーダーを説得することに注力するあまり、テクノロジーの変化や、日本やシリコンバレーとの競争状況への関心が疎かになった。同社はやがて崩壊に追い込まれた。

より最近の例では、食品・飲料メーカーのダノンのCEOだったエマニュエル・ファベールが、自社の社会的パーパスを繰り返し宣伝し、企業定款にミッションを記載することを認めるフランスの法律を支持するよう呼びかけた。同社は華々しく「ミルトン・フリードマンの像を倒した」と宣言し、フランス企業で初めて「ミッションを有する企業」になった（とはいえ、すでに指摘したように、フリードマンの主張には、風刺されるよりもはるかに奥深いニュアンスがある）。もしダノンの長期的な業績が順調だったなら、ファベールには他の問題に目を向ける余裕があり、このような行動は称賛に値する。実際に、本書では後ほどダノンの社会的イニシアチブについても取り上げる。しかし彼の6年半の任期中、直接のライバルであるネスレの株価が50％近く上昇し、フランスの市場指数もほぼそれに匹敵したのに対して、ダノンの株価は横ばいだった。この不振により同社は2020年末に2000人の人員削減を強いられ、その後2021年3月にファベールは解任された。この発表を受けて、ダノンの株価は4％上昇したのである。同社の顧問の1人はフィナンシャル・タイムズにこう語った。「ミルトン・フリードマンの像を倒すのは結構です。競合企業よりも業績が良くて、申し分のないガバナンスができているなら、そういうことをしてもよいでしょう。しかしそうでない場合は問題になります」

CEOは社会的大義にかなりの個人的動機を持つ。たとえそれが、無駄な支出という直接的な形で、あるいは中核ビジネスを疎かにするという間接的な形で株主に害を与えるとしてもである。CEOは、自分がいかに資本主義を救っているかというテーマで講演したり、自伝を執筆したりするかもしれない。ビジネスの改革者としてメディアに称賛されるかもしれない。各種の栄誉、例えば英国ならナイトやデイムの称号を受けるかもしれない。同じことは投資家にも当てはまり、たとえ受益者の関心事でなくても、あるいは金銭的リターンに相当の悪影響があっても、自分のイメージアップのために社会的大義を追求するかもしれない。ペレスはCalPERSの理事選の有権者向けパンフレットにこう書いた。「マサー氏は、世界を飛び回り、ロンドン証券取引所のベルを鳴らし、国連当局者と交流することが自分の役割だと信じていて、実態が分かっていません」

ＣＥＯも投資家も間違いなく社会に貢献するべきであり、多くの場合、その実践者は称賛を受けるに値する。ただし、その動機は自身のイメージアップという道具的なものではなく、内発的なものであるべきだ。リーダーは、たまたま流行していて自身のイメージアップに最もつながりそうな社会問題に飛びつくのではなく、解決に向けて自社が特に有利なポジションにいる問題はどれかを見極める必要がある。このような見極めが、この章のテーマである。

パイコノミクスにおける意思決定

以上の2つの重要事項（パイの拡大は利益を無視することではない。パイの拡大は企業を拡大することではない）を踏まえて、企業の意思決定では投資家と6種のステークホルダーを考慮するべきである。このバランスを取るのはかなり難しそうだ。各ステークホルダーに与える影響を予測することはもちろん、各ステークホルダーの重みづけの仕方を判断することも難しい。つまり、社会的価値全体を測定することは不可能であり、従って自社の意思決定がそこに与える影響を推計することもできないのである。[3]

3　ＥＳＶの提唱者は、目的が1つ（利益）だけなら、複数の目的を掲げる場合に生じる重みづけの作業が不要になると説く。だが第2章で説明したように、これはＥＳＶの根拠としては貧弱である。ＥＳＶは、例えば従業員の健康状態が利益に与える効果を考慮しなければならないだろう。つまり実質的に、利益に対する健康の重要性に重みづけをする必要がある。しかしＥＳＶでは予測可能な事柄しか考慮しないため、このような効果は単純に無視され、事実上、重みづけの問題はないものとされる。

ところが現実世界の意思決定には、ほぼ例外なく、重みづけのできない複数の基準が絡んでくる。住宅購入者が物件を選ぶときに考えるのは、できるだけ高値で売却できることだけではない。その物件が家族のニーズを満たすか、職場や子どもの学校に近いか、周辺環境が好ましいかといった点も考慮する。労働者が仕事を選ぶときに考えるのは、できるだけ高い収入を得ることだけではない。仕事への情熱、勤務時間の柔軟性、同僚たちの仲間意識についても考慮する。

ある意思決定が各基準にどう影響するかを計算するスプレッドシートはないし、各基準の重みづけの仕方を定める公式もない。もっとも、それを気にする必要はない。人々は毎日、**計算**ではなく**判断**によって、つまり各基準の重要性を自分なりに評価することによって、複数の目的が絡む意思決定を難なくこなしている。

しかし、複雑なトレードオフを、リーダーの判断で処理するといってうやむやにするのは、責任逃れだと思われる。日常的な意思決定のほぼすべてに判断が伴うが、それは企業にとって十分な解決策ではない。人々は仕事を選ぶ際、給料、仕事への情熱、勤務時間、柔軟性、同僚に、個人的にどれだけ価値を置くかを考えて、自分なりの重みづけの基準を当てはめる。しかしリーダーは、個人的に優遇したいステークホルダーではなく、社会のために貢献するべきである。判断に任せれば、リーダーに好き放題にする自由を与えることになる。例えば、リーダーが汚染発生源の工場を閉鎖する場合は、環境が何より大事だと訴えることができる。稼働を継続する場合も、雇用は必要不可欠だと主張できる。リーダーの判断を基準にする限り、リーダーはほぼすべての意思決定を正当化できるし、判断の経緯はブラックボックスの中だから説明責任を負わせられない。

本章の残りの部分では、このような複雑な状況で判断を下すリーダーの指針となる、相互に関連し合う3つの原則を紹介する。**増幅の原則**は、ある活動の社会的便益が必ず内部的費用を上回って、社会に価値をもたらすことを保証する。**比較優位の原則**は、増幅の原則と組み合わせることにより、ある活動の社会的便益が必ず社会的費用を上回って、社会に価値をもたらすことを保証する。**重要度《マテリアリティ》の原則**は、先の2つの原則と組み合わせることにより、創出された社会的価値が最終的に利益を増加させる可能性を高める。これらをすべて満たす活動は、社会に価値を生み出すことを通して利益を創出する――つまりパイコノミクスの定義に合致する。

原則	増幅	＋比較優位	＋重要度
条件	社会的便益＞内部的費用	社会的便益＞社会的費用	社会的便益＞社会的費用なおかつ、活動が重要なステークホルダーに恩恵を与える
結果	活動で価値が発生	活動で価値を創出	活動が価値を生み出すことを通して利益を創出

では、3つの原則を順番に検証しよう。

増幅の原則

増幅の原則では、次のような問いかけをする。**もしステークホルダーのために1ドルを支出した場合、そのステークホルダーに1ドルを超える便益がもたらされるか。**言い換えると、その活動は支出した金額を増幅させるだろうか。もし増えないのなら、その活動の社会的便益は費用を下回る――社会的NPV（正味現在価値）がマイナスになる――ため、この活動は価値を生み出さない。この場合、企業は代わりに、その1ドルをステークホルダーに支払えば（例えば従業員の賃金を引き上げる、顧客への販売価格を引き下げる）、彼らがそれをより有効に活用できる。

アップルのスポーツジムの例に、この原則を当てはめてみよう。関連するステークホルダー（この場合は従業員）にもたらされる便益を、どうすれば推計できるだろうか。現地周辺のジムの料金の調査と、アップルのジムの利用者数の試算ができるだろう。この2つを合わせたものがアップルの従業員にもたらされる便益の下限となり、これを費用と比較できる。ただしこれはあくまでも便益の下限である。社内のジムは利便性が高く、同僚との交流の場にもなるため、従業員はより大きな価値を見出すと考えられるからだ。つまり数値化できる物事には限界がある。とはいえ、意思決定を覆すために必要な数値化できない便益の大きさが分かるため、この計算は有益である。例えば、アップルのジムの費用が従業員1人当たり500ドル／月で、周辺の最高級ジムの利用料が100ドルだったとしよう。数値化できない便益が400ドルもあるとは思えないから、増幅の原則を満たさない。この場合、アップルが代わりに従業員の賃金を増やせば、一部の従業員はそれを外部のジムの会費に充てられるかもしれない。

だがこれでは、計算という方法に回帰しただけではないだろうか。答えはイエスでもあり、ノーでもある。増幅の原則がフレームワークを提供するので、パイコノミクスには曖昧さがない。しかし、計算方法はESVと決定的に異なる。ESVで問うのは、**もしステークホルダーのために1ドルを支出した場合、1ドルを超える利益が生まれるか**ということであって、ステークホルダーに1ドルの便益があるかではない。ESVで把握するのは投資の社会的NPVではなく、内部的NPVだ。ジムがアップルの利益に与える効果を推計することは困難——ジムがどれだけの病気休暇を防ぎ、アップルがどれだけの費用を負担するかは分からない——であるため、内部的NPVの計算ははるかに難しい。しかし他のジムの費用を調査すれば、ジムが従業員に与える便益を推計することができる。第2章で出てきた表現を復習しよう。別のジムを利用する費用は**不確実性**が低く（データを入手できる）、**遠くない**（アップルにジムがなければ、今日にもそのジムに会費を支払えるため、割引率を考えなくてもよい）。

周辺のジムの料金を調べれば社会的便益を推計できるため、ジムは単純な例である。しかし社会的NPVの計算はもっと複雑なケースにも応用できる。付録Aでは、社会的インパクト顧問会社のブリッジスパン・グループと、インパクト投資会社のライズ・ファンドが開発したフレームワークを用いて、アルコール依存症及び性的暴行に関する2つの架空の予防対策プログラムの社会的NPVを計算した。インパクト加重会計イニシアチブも同様に、企業の外部性の金銭的価値を推計するためのフレームワークを開発している。

とはいえ、すべての投資でこの種の計算が可能なわけではない。企業が従業員に1日のボランティア休暇を付与した場合、それが従業員や慈善事業に与える金銭的な価値を計算することは困難だ。ここでも、増幅の原則が提供するのはフレームワークであって計算方法ではない。経営者は、従業員や慈善事業にもたらされる（非金銭的）便益が、自社が負担する休暇の費用を上回るかどうかを考えるべきである。このような非金銭的な意思決定は四六時中行われる。経営者は、自身がボランティア休暇を取ることを考えて、同様の便益と費用を比較検討するかもしれない。このときに得られる便益は非金銭的なものだが、それでも長期的利益に対する効果と比べれば不確実性は低いし、遠くもない。従業員はただちに休暇の恩恵を受けて、それに加えて大切な目的に貢献する満足感も得る。そして慈善事業側もボランティア活動の恩恵を受ける。一方、ボランティア休暇が労働者の生産性や離職の可能性に与える影響を推計することは非常に難しい。

そして重要なこととして、増幅の原則は、社会的価値を生み出す活動を行う場合はもちろん、社会的な害を生み出す活動を減らす場合にも応用できる。ニュー・ベルジャン・ブリューイング・カンパニーは増幅の効果を非常にはっきりと認めていて、同社ウェブサイトのエネルギーのセクションのタイトルには「私たちはニュー・ベルジャン、私たちは汚染します（We're New Belgium and We Pollute.）」とある。以下、このように続く。「私たちはビールを作ります。それは、エネルギーを使い、温室効果ガスを排出することを意味します」。ニュー・ベルジャンの中核ビジネスは環境に増幅的なインパクトを与えるため、汚染の抑制に1ドルを投資すれば、環境に与える便益は1ドルをはるかに上回る可能性が高い。そこでニュー・ベルジャンは、コロラド州フォート・コリンズの梱包施設の屋根に１２３５枚の太陽光発電パネルを設置した。また50エーカーの構内を従業員が移動する手段として、自動車ではなく自転車を提供している。さらに、自社にエネルギー税を課すという徹底的な方法も取った。同社は外部から電力を1キロワット時購入するごとに、エネルギー効率の改善や再生可能エネルギーのプロジェクトに割り当てる資金を貯めておく。ニュー・ベルジャンが使用する電力量を考えると、これらがすべて増幅効果を持つのである。

比較優位の原則

増幅の原則はリーダーが却下するべき活動を決定することに役立つが、これだけではまだ弱く、簡単にクリアすることができる。慈善事業への寄付は大抵この原則を満たす。例えばグリーンピースが資金不足で、資金を要する重要なキャンペーンを展開していた場合、グリーンピースにとっての1ドルはアップルにとっての1ドルよりも価値が大きい。従って、増幅の原則だけを考えるなら、アップルは利益の中からたっぷりとグリーンピースに寄付するべきである。同様に、アップルはホームレスの人々が社員食堂で（通常の食事時間以外に）無料で食事をすることを認めるべきである。なぜなら、食事が彼らに与える便益はアップルが負担する費用を上回るからだ。そこでリーダーには、意思決定の指針となる別の原則が必要である。

すでに触れたように、**比較優位の原則**では次のような問いかけをする。**私の会社はこの活動を通して他社よりも大きな価値を生み出すだろうか。**もし生み出せるなら――生み出せる場合に限り――社内でその活動を行うことによってパイが拡大する。この原則は増幅の原則に比べて条件が厳しい。なぜならステークホルダーにもたらされる便益が、1ドル（1ドルを投資する内部的費用）を上回ることではなく、他社が1ドル（社会的費用）で生み出せる価値を上回ることが求められるからだ。言い換えると、増幅の原則を他社よりも大きくクリアする必要がある。それができて初めて、単に価値を発生させるだけではなく、増やすことができる。

慈善事業への寄付は増幅の原則を満たすかもしれないが、比較優位の原則を満たさない。1ドルの寄付がグリーンピースにとって2ドルの価値があるにせよ、寄付者が投資家や従業員でもその寄付には2ドルの価値があり、有効性はまったく同じである。むしろ第2章で論じたように、個人のほうが自由に寄付先を選べるため、彼らの寄付のほうが有効かもしれない。

アップルがホームレスの人々に社員食堂で食事をさせることについてはどうだろうか。アップルが1ドルの費用を負担する食事は、空腹なホームレスの人々に1・50ドルの便益を与えるかもしれない。しかしホームレスの人々への食事提供に比較優位を持つ炊き出し所なら、1ドルで3ドルの便益を与えられるかもしれない。炊き出し所は彼らの栄養面のニーズを満たすための食事を的確に把握していて、場所も彼らの寝泊まりする場所に近い。アップルはホームレスの人々への食事提供に比較優位を持たないため、これを行うべきではない。その代わりに従業員の賃金を上げるか、投資家にもたらす利益を増やせば、彼らが炊き出し所に寄付できる。

ただし、もしアップルの社員食堂で食べ物が余り、廃棄するしかないのであれば、同社がそれを寄付することには比較優位がある。今や機会費用が存在しないため、1ドルの食事の費用は実質的に0ドルになる。アップルがこれをホームレスの人々に提供する（1・50ドルの便益を与える）のに0・30ドルの費用がかかるとしたら、1ドルで5ドルの便益を生み出せるため、アップルは余った食べ物を寄付するべきである。実際に、サンドイッチチェーンのプレタ・マンジェはこれを毎日の終わりに実行している。企業は社会貢献に比較優位を持つ可能性がある。企業は利益に集中するべきで、社会問題の解決は投資家に任せるべきだと論じたフリードマンは、この点を見逃していた。

比較優位の原則を適用する際、企業は特定のリソースで自社が生み出す価値を計算して、他社が生み出し得る価値と比べる必要はない。必要なのは、自社の比較優位が何かを**見極める**ことだけである。通常、この原則を満たせる状況は2つある。1つ目に、企業は一般的に、自社が直接的にコントロールできる活動において比較優位を持つ。慈善事業はがん研究に資金を提供したり、ホームレスの人々に食事を与えたりすることができるが、アップルのプラスチック包装に影響力を行使できるのはアップルだけである。従ってアップルはプラスチック包装の削減に比較優位を持つ。パナソニックのオフィスの立地を決定できるのはパナソニックだけだから、同社は自社の従業員の通勤時間の短縮に比較優位を持つ。そこで同社は従業員の住まいの近くにオフィスを建設し、環境には自動車通勤を減らすことを通して、労働者には通勤時間を短縮することを通して、コミュニティには従業員が学校、仲間、活動の場の近くで暮らせるようにすることを通して貢献した。

２つ目に、企業はその専門技能によって比較優位を持つことがある。発展途上国の空港まで医薬品を届けることに成功する慈善事業は多いが、それを必要としている家族や医師に届けるという最後の課題は、非常に難易度が高い。そこに取り組んだのがコカ・コーラ・カンパニーである。同社はコアコンピテンシーの1つとして物流とサプライチェーンの管理能力を確立しており、実質的に世界のどの国のどの地域にも商品を流通させることができる。コカ・コーラはプロジェクト・ラスト・マイルを通して、この専門技能をアフリカのいくつかの国の保健担当省に提供しており、そのおかげで各国は医薬品を最も効果的に——農村地帯の家庭や病院に至る、手間のかかるラストマイルも含めて——供給できる。コカ・コーラはなぜ、物流のノウハウをその他の価値ある目的、例えば学校に本を届けることなどに生かさないのだろうか。それは、飲料販売を手がける同社は冷蔵輸送に特別な比較優位があり、低温保管が求められるワクチンなどにはその専門技能が不可欠だからである。プロジェクト・ラスト・マイルのミッションステートメントには、その目的が明確に掲げられている。「アフリカのほとんどの場所でコカ・コーラの商品を目にするとしたら、命を守る医薬品がそうではないのはなぜでしょう[4]」

では、複数の活動が増幅の原則を満たしている場合に、この比較優位の原則を当てはめて、実行するべき活動を特定してみよう。ダノンはパッケージが生み出す廃棄物について、環境に増幅効果を持つ。また、同社が直接コントロールできるパッケージ素材の改善について、比較優位を持つ。つまり2つの原則を両方とも満たしているため、ダノンは2025年までにパッケージの100%を再利用可能、リサイクル可能、または堆肥化可能なものにすることを約束した。

しかしダノンが環境インパクトを抑制するだけでは不十分だ。パッケージが実際にリサイクルされることを保証しなければならない。そのためには2つのステップが必要だ。1つ目は、顧客が各自の役割を果たすように促すことである。同社はブランド力と顧客エンゲージメントが優れているため、この点で比較優位を持つ。例えば、ダノンのミネラルウォーターブランドであるエビアンが2019年4月に開始した顧客参加型の「フリップ・イット・フォー・グッド」キャンペーンでは、顧客が空きボトルを回収容器に「投げ入れる（フリップ）」動画をソーシャルメディアに投稿した。2つ目は、効果的なリサイクルシステムを構築することである。リサイクルシステムはダノンの専門技能やコントロールが及ばない分野であるため、同社に比較優位は**ない**。そこで同社はダノン・エコシステム基金を設立し、各地のコミュニティや政府と協力して、リサイクルインフラへの投資や、回収業者の安全な労働環境と公正な支払いの確保を図った。

重要度《マテリアリティ》の原則

比較優位の原則を追加しても、まだ弱いかもしれない。すでに述べたように、企業が直接影響を与えられる活動には、だいたい比較優位がある。そのため自社がコントロールできるものすべてに際限なく投資して、投資家への利益がほとんど残らない場合があるかもしれない。専門技能は比較優位の源だから、質の高い従業員を擁する企業は、社外の活動でも比較優位を持つことが多いだろう。アップルが自社のエンジニアに指示して、地元の大学で設計やイノベーションを学ぶ大学生を指導させれば、価値が生まれるだろう。だがこれをパイコノミクスの定義に合わせて表現すると、社会のために価値を生み出すが、その副産物として利益が生まれない。

4　プロジェクト・ラスト・マイルは、流通面だけでなくマーケティング面でのコカ・コーラの専門技能も活用して、例えばＨＩＶの予防・治療・介護をはじめとする医療サービスの需要を高めている。

ここで登場するのが**重要度**《マテリアリティ》の**原則**である。この原則では次のような問いかけをする。**その活動で恩恵を与えるステークホルダーは、自社にとって重要だろうか。**重要度には2つの要素がある。

1つ目は、そのステークホルダーが企業のビジネスにとってどれほど重要かを表すもので、本書では**ビジネス的重要度**と呼ぶ。重要度とはもともと、企業が開示するべきリスクを強調するための法的概念だった。例えば電力会社がカーボンフットプリントを削減しなければ、顧客、従業員、投資家に見放されるし、炭素税が利益に打撃を与える可能性があるため、電力会社にとって環境は重要である。しかしパイコノミクスでは「害を為さない」ことに加えて「積極的に善を為す」ことを重視するため、ビジネス的重要度では、その企業の将来の価値創出に対するステークホルダーの重要性も考慮する。例えばアップルにとって、先端技術を駆使して特注部品を供給するコーニングやフィニサーなどのサプライヤーは極めて重要だ。そのため、アップルはこれらの企業をアドバンスト・マニュファクチャリング・ファンドを通して支援しているが、汎用化学薬品を原料に用いるプラスチックや塗料のメーカーの場合、サプライヤーの重要性は下がる。シンガポールに本社を置くアグリビジネス会社で、ココア、コーヒー、ナッツ類、スパイス、コメなどを生産するオーラムにとって、現地コミュニティと環境は非常に重要である。コミュニティは労働者と顧客の供給源であり、土地と水は作物生産に不可欠だ。そのためオーラムの中核的パーパスである「責任ある成長」は、同社の活動地域における環境の保護とコミュニティの再生を目指すものである。これとは対照的に、オンラインサービス企業、例えば航空券検索サイトのスカイスキャナーにとってコミュニティや環境の重要度は低い。同社は世界中から従業員を雇えるし、天然資源の消費は少ないからだ。

また、重要度はステークホルダーごとにはもちろん、ステークホルダーの課題ごとに定義することも可能である。例えば環境は飲料業界にとっても鉱業にとっても重要だが、前者にとっては水の使用、後者にとっては微粒子生産が特に重要だ。多くの業界で従業員は重要だが、思考の多様性はテクノロジー産業などイノベーティブな業界で特に貴重である。顧客はあらゆるビジネスにとって重要だが、データプライバシーは金融サービスやソーシャルメディアで特に重要度が高い。

サステナビリティ会計基準審議会（ＳＡＳＢ：The Sustainability Accounting Standards Board）は、業界ごとにステークホルダーやステークホルダーの課題の（ビジネス的）重要度がどのように異なるかを示すマテリアリティ・マップを考案した。図３・１はその抜粋である。当然、同じ業界内でも重要度は企業によって異なるだろう。各社はＳＡＳＢのマテリアリティ・マップを出発点として用い、固有の状況に合わせて調整していくとよい。

企業はすべてのメンバーに責任を負うが、最も重要なメンバーが一番に優遇される。なぜなら、彼らに投資すれば最終的に利益改善につながる可能性が高まるからだ。第４章で説明するが、実際のところ、株の長期的リターンが上昇するのは重要なステークホルダーに投資した場合だけというエビデンスがある。パイコノミクスで重視するのは、万人受けを狙ってすべてのステークホルダーに無差別に投資することではなく、見極めて自制する——重要なステークホルダーとそうではないステークホルダーを見極める——ことである。

図3・1　サステナビリティ会計基準審議会のマテリアリティ・マップ

領域	課題カテゴリー	消費財	抽出物・鉱物加工	金融	食品・飲料	ヘルスケア
環境	温室効果ガス排出	□	■	□	■	▒
	大気の質	□	■	□	□	□
	エネルギー管理	▒	▒	□	■	▒
	取水・排水管理	▒	■	□	■	□
	廃棄物・有害物質管理	□	■	□	▒	▒
	生態系への影響	□	■	□	▒	□
社会資本	人権・コミュニティとの関係	□	▒	□	□	▒
	顧客プライバシー	▒	□	▒	□	□
	データセキュリティ	▒	□	▒	▒	■
	アクセス・入手可能な価格	□	□	▒	□	■
	品質・製品安全	■	□	□	■	■
	顧客利益	□	□	□	■	■
	販売慣行・表示	□	□	■	■	■
人的資本	労働慣行	▒	▒	□	▒	□
	労働の安全と衛生	□	■	□	▒	▒
	従業員エンゲージメント・多様性・包摂	▒	□	▒	□	▒

■ セクター内の半数以上の業界で重要度が高いと思われる課題
▒ セクター内の半数未満の業界で重要度が高いと思われる課題
□ セクター内のどの業界でも重要ではないと思われる課題

ここで注意が必要なのは、ビジネス的重要度と計算は微妙に異なるという点である。企業は投資によってどれだけ利益が増えるかを計算する必要はないし、投資によって利益が増える経路を特定する必要もない。もしそのステークホルダーが重要ならば、そのステークホルダーのために価値を生み出せば利益に返ってくる可能性が高いということを理解していればよい。例えばアップルのジムは、従業員の重要度を考えると、最終的に利益を改善する可能性がある。アップルは個別の健康イニシアチブの財務的効果を精査する必要はない。単純に、労働者にとって健康が重要であり、アップルにとって労働者が重要だから、健康イニシアチブをパイ拡大の活動と見なすということを理解していればよい。

企業はこれらの原則を組み合わせて、ある活動がステークホルダーにもたらす便益が自社の負担する費用を上回り、そこに自社の比較優位があり、そのステークホルダーのビジネス的重要度が高い場合にのみ、その活動に投資するべきである。１つの原則を満たしても、自動的に他の原則が満たされるわけではないため、３つの原則をすべて満たすようにするべきだ。ある企業が１ドルを支出するごとに１・１ドルを生み出す活動があって、別の企業が同じ活動で１・２ドルを生み出す場合、増幅の原則は満たすが比較優位の原則を満たさない。この数字が０・９ドルと０・８ドルだったら、比較優位の原則は満たすが増幅の原則を満たさない[5]。増幅と比較優位の原則を両方とも満たした上で、重要なステークホルダーに便益をもたらす場合にのみ、その活動を実行するべきである。こうすることで、社会に価値を生み出す副産物としての利益が生じる確率が高まる。

5　例えば、ポリスチレンのリサイクルについては現時点で費用効率の良い方法が存在しないため、企業は実行するべきではない。

図3・2は、3つの原則を満たすことで生じる好循環を示している。増幅と比較優位の原則を満たしていれば、その企業は株主が投資した1ドルごとに、ステークホルダーに相当の価値を創出する。ビジネス的重要度の原則を満たしていれば、そのステークホルダーのために創出される価値はその企業に還元され、最終的に利益をもたらす可能性が高い。

重要度は、投資家に費用負担を強いるがステークホルダーに便益を与える投資の是非を判断する指針となるだけでなく、ステークホルダー間のトレードオフに対処するときにも有効だ。2016年11月、フランスの電力会社エンジーは、オーストラリア・ビクトリア州ラトローブバレーにあるヘーゼルウッド発電所を閉鎖することを発表した。この決断により、エンジーの従業員450人と請負業者300人が仕事を失った。顧客にも痛みがあった。ヘーゼルウッド発電所はビクトリア州の発電能力の5分の1を占めていたため、平均的な家庭の電力料金が翌年16%上昇したのである。それでもエンジーがこの決断をしたのは、同じ年に、環境を優先するための変革プランを発表していたからだ。当時CEOだったイザベル・コシェルは次のように述べた。「私たちは低炭素エネルギーを生み出すことだけに投資を集中させたいと思います。(中略)ポートフォリオ全体の再設計を進めています」。ヘーゼルウッド発電所はオーストラリアの温室効果ガス排出量の3%を占め、同国最大の——世界的にも有数の

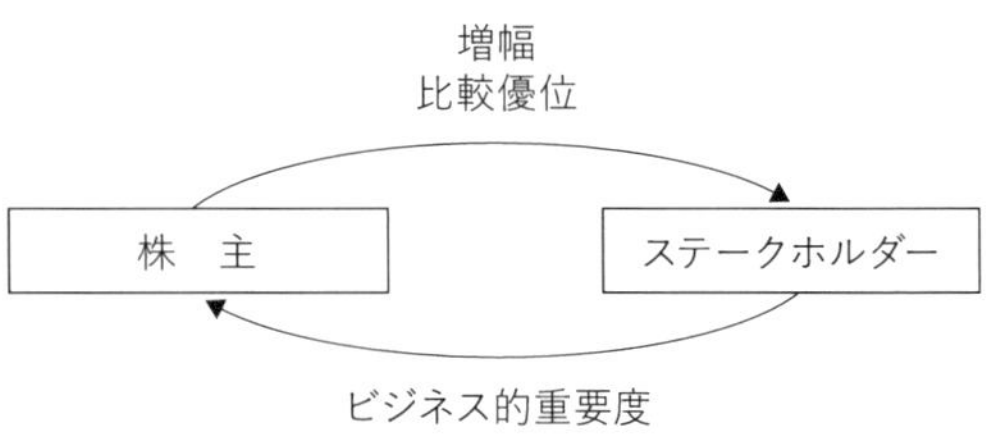

図 3.2

――汚染発生施設だった。世界自然保護基金（ＷＷＦ）は２００５年に、同発電所をＯＥＣＤで最も炭素効率の悪い発電所と名指しした。

第1章で見たように、パイコノミクスには、ある行動で損失をこうむる者に対する補償が含まれる。そのため、重要度《マテリアリティ》の原則に基づいて閉鎖を決断したエンジーは、退職金支払いのために1億５０００万オーストラリア・ドルを確保した。従業員1人当たりでは平均33万オーストラリア・ドルで、最寄りの町の住宅価格の中央値の2倍に近い金額だった。同社はさらに、ビクトリア州政府のラトローブバレー労働者移転計画にも参加し、労働者１５０人がラトローブバレーの他の発電所に再就職することを支援した。

重要度の2つ目の要素が、**内発的重要度**である。たとえステークホルダーが利益に貢献しなくても、単純に企業が気にかける存在だから重要だという場合がある。例えばプレタ・マンジェにとって、ホームレスの人々のビジネス的重要度は低いが、内発的重要度は高い。そのため同社は余った食べ物を彼らに提供する。これとは別に、企業はしばしば、自社の中核ビジネスによって被害を受けるステークホルダーに責任を感じることがある。コカ・コーラは、自社の大量の水の消費が環境に悪影響を与えていることを自覚している。そのため、水の使用量を削減することに加えて、水に関するプロジェクトを積極的に支援している。同社は２００９年にアフリカを潤すためのイニシアチブ（ＲＡＩＮ：the Replenish Africa Initiative）を立ち上げ、２００万人のアフリカの人々の安全な飲料水へのアクセスを改善するべく、２０１５年までに３０００万ドルを支出した。

パイコノミクスにおいて、内発的重要度とビジネス的重要度の役割は微妙に異なる。ビジネス的重要度を増幅と比較優位の原則に組み合わせると、社会的価値を生み出す行動で確実に長期的利益を増やすことに役立つ。それゆえ、パイが大きくなり各メンバーの分け前も大きくなるという図1・4の結果が得られるわけだ。しかし図2・2では、パイは大きくなるものの、長期的に見ても利益が抑制されるケースがあることを確認した。内発的重要度は、トレードオフが存在するときに、リーダーが利益の抑制を選ぶべき状況を見極めることを助ける。特に、パイの増分が企業にとって非常に大切なステークホルダーの手に渡る場合は、いかに利益が減少しようともステークホルダーの増分が優先されるかもしれない[6]。

つまり重要度は二車線道路である。たとえステークホルダーがあなたの助けにならなくても（ビジネス的重要度が低い）、あなたは彼らを助けることを願うかもしれない。ロイ・バジェロスがイベルメクチンを西アフリカに無償で寄付したのは、たとえメルクの利益に重要な違いを生み出せなくても、西アフリカの人々の暮らしが心配だったからだ。ところが、内発的重要度は予期せぬ形でビジネス的重要度に変わることがある。内発的に重要なステークホルダーに価値をもたらすことは、投資家、従業員、顧客、サプライヤーに刺激を与える。これはメクチザン無償供与プログラムの例で見た通りである。そうすると、利益が決して第一の目標でなくても最終的に利益が増える可能性があり、図1・4の状態になる。

このように内発的重要度は役割が違うため、増幅や比較優位の原則との組み合わせではなく、独立して使われる場合がある。増幅と比較優位の原則は、企業がステークホルダーのために生み出す価値の規模に影響を与えるが、内発的重要度は、企業がそのステークホルダーをどれだけ大切にしているかを測るものである。アップルのエンジニアは、地元の学校でペンキ塗りをしたり河川保護を支援したりすることよりも、大学生を指導することに比較優位を持つ。しかしアップルにとって地元の学校や河川のほうが大切ならば、それらの支援プログラムを立ち上げるかもしれない。投資銀行には、電力会社や製造業の企業に比べれば、カーボンフットプリントの削減に比較優位はない。投資銀行の幹部は、環境負荷の高い航空機で移動して数百万ドルの契約を勝ち取り、それで得た利益を、他社の排出削減につながるソーシャルインパクトボンドに投資するべきかもしれない。しかしその銀行が純粋に環境を大切にしていて、ささやかでも自社にできることをするべきだと考えているなら、それを理由に出張削減のポリシーを掲げるかもしれない。

では、内発的に重要なステークホルダーを誰が決めるのだろうか。投資家、リーダー、それとも従業員だろうか。理想的には、その三者全員だ。第8章で論じるが、パーパスはCEOの専権事項ではなく、従業員と協力してつくり上げるべきである。その次に、投資家との個人的な話し合いや「パーパスに関する議題」の採決を通して、投資家に意見を求めることができる。そうすると、その企業のパーパスを支持する投資家のみが最終的に同社の株式を保有する。企業は彼らに働きかけることで、自社に合った投資家を獲得できるのだ。

6　このようなレアケースを考慮すると、株主の価値は利益だけにはとどまらないため、パイコノミクスの定義を「社会に価値を生み出すことで、投資家のために価値を創出すること」と書き換えられるかもしれない。しかし株主の価値に社会的価値が含まれる場合、この定義では社会的価値の創出によって（株主にとっての）社会的価値を生み出すという同語反復になり、指針としての実用性が損なわれる。そのため本書では、全編を通してよりシンプルな定義を採用する。

以上のように、本章で取り上げた3つの原則は、レスポンシブル・ビジネスに見極めと自制が必須であることを浮き彫りにする。社会的な責任を果たすことは「何をしてもよい」という免状ではないし、能天気に利益を無視することでもない。こう考えると難しく思えるかもしれないが、一方で安心感もある。リーダーの中には、社会に対する責任を果たしたいと考えつつ、世界のあらゆる問題を解決する必要があるのではないか、後々利益を二の次にする必要が出てくるのではないかと、不安に思う者もいるかもしれない。だが、そうはならない。レスポンシブル・ビジネスは、自社が最も大きく事態を動かすことができ、自社の長期的成功に最も関係する課題に集中する。

ここに挙げた原則や見極めの重要性を考えれば、パイはフレームワークであって計算ツールではないことは明らかだ。リーダーが意思決定を行う際に、パイの絵を描き、各メンバーの分け前がどれだけ増えるかを数値化し、それを比較評価してパイが全体として大きくなるかどうかを検証する必要はない。パイの拡大とはCEOを導く頭の中のマップであり、これから見ていくように、その根拠となるエビデンスもある。リーダーは社会に価値を生み出すことを通してのみ利益を創出することを目指すべきだ。そして、ある意思決定でそれを実現できそうかどうかを検討するのに役立つのが、3つの原則なのである。

原則と説明責任

第2章で解説したように、ＥＳＶの一般的な説明の1つとして、ＥＳＶには長期的利益という単一の明確な目的があり、リーダーはそれに対して説明責任を負うというものがある。そこから少しでも逸脱すると、経営者は明確な基準を失うリスクがある。例えば、米国の年金基金、財団、大学基金の団体である機関投資家評議会（ＣＩＩ：the Council of Institutional Investors）は、ビジネスラウンドテーブル（ＢＲＴ）の声明発表と同じ日に次のような声明を発表した。「ＢＲＴが本日発表した声明について、我々は遺憾ながら不賛成を表明いたします。（中略）全員に説明責任を負うということは、誰にも説明責任を負わないことを意味します」

第1章で議論したように、典型的な「ステークホルダー資本主義」は、ステークホルダーを株主と同様に優先し、各ステークホルダーの優先度も平等に扱うことを示唆する。例えばステークホルダー資本主義に関する欧州委員会の２０２０年の研究では、従業員、顧客、環境、社会の利益と株主の利益について、リーダーが「適切なバランスを取る」ことが推奨された。平等という言葉は魅力的に聞こえるが、実際のところ何を意味するかは分かりにくい。ヘーゼルウッド発電所を閉鎖したエンジーは、環境、労働者、顧客の「適切なバランス」を取っているだろうか。もし閉鎖する場合としない場合のどちらも正当化できるなら、どう決断してもステークホルダー資本主義に合致するため、そこには説明責任が存在しないことになる。ＣＥＯの判断にすべてを任せれば、行き着くのは株主資本主義でもステークホルダー資本主義でもなく、「経営者資本主義」である。この場合、リーダーは自分の便益のために意思決定を行い、株主とステークホルダーが獲得するパイはどちらも小さくなる。

　しかし本章で示したように、パイコノミクスの下では取締役会、投資家、ステークホルダーがリーダーに説明責任を負わせることができる。ただしそれは計算することに対してではなく、原則を適用することに対してである。増幅、比較優位、重要度《マテリアリティ》の原則にきちんと従って投資が行われているかどうかを精査できるのだ。これらの原則が強調するのは、リーダーは「全員に対する説明責任」を負うのではなく、ステークホルダーの課題――自社にとって最も重要な課題や、自社が増幅的なインパクトを与えていて、解決に比較優位を持つ課題――への対処に説明責任を負うということである。そして取締役会、投資家、ステークホルダーは、似たような企業がこれらの原則を満たすイニシアチブを開始しているのに自社のリーダーが動かない場合、不実行による過ちだとして異議を申し立てることもできる。パイコノミクスの原則は、具体的だが非現実的なＥＳＶの計算と、柔軟だが恣意的なステークホルダー資本主義の判断のどちらにも偏らない。

　さらに、パイコノミクスでは説明責任が**いっそう強まる**可能性がある。株主価値は後追いで測定することしかできない。株主価値には、プロジェクトが将来的に生み出すすべての利益が含まれており、その一部はかなりの期間が経過しないと発生しないかもしれない。従って何年も待たなければ意思決定の成否を評価できない可能性もあり、それまでリーダーは説明責任を果たせない。また、将来の利益の中で、既存ビジネスや外的要因ではなく、その新規プロジェクトが創出した分がどれくらいかを切り分けることも難しい。理論的には、新規プロジェクトを開始する時点でＮＰＶ分析を行うことは可能である。しかし第２章で論じたように、たとえ内部関係者でも無形投資の将来のリターンを推計することは難しく、部外者にはなおさら難しい。どう計算するにせよ仮定の影響が大きくなるし、そうした仮定はしばしば幹部の予測に基づいていて、プロジェクトを正当化できる仮定を彼らが都合良く選ぶことも可能である。私が投資銀行に勤めていた頃、こんなジョークがあった。買収金額をどれだけ出せばよいかとクライアントに助言を求められたら、私たちは「そうですね、どれだけ出したいのですか？」と答える。買収金額がいくらになろうが、私たちは必ずそれを正当化する分析方法を考え出せたからである。これに比べて、投資が３つの原則を満たすかどうかを評価するのに必要な仮定はずっと少なく、リーダーが正当化の方法を編み出せる余地は小さい。

まとめ

- 利益は社会で重要な役割を果たすため、パイの拡大は利益を無視することではない。投資家には年金受給者や個人投資家（あるいは、彼らのために投資する投資信託）、保険会社、大学基金が含まれる。企業は利益の見込みがなければ資金を集められず、創出した利益がなければ将来の投資に資金を充てられない。
- パイの拡大は企業を拡大することではない。企業が価値を生み出せるのは、使用したリソースの機会費用を上回る価値が発生した場合だけである。無制限に投資せず、便益と費用を内部的影響ではなく社会的影響という観点で考慮するべきである。パイコノミクスは社会という視点で見る。自社が投資しないことにより、別の会社が、同じリソースを使ってより多くの価値を生み出せるかもしれない。

● 社会のための価値創出が利益も生み出すかどうかは、計算ではなく判断によって評価する。リーダーの判断の指針となる3つの原則を提示する。

○ **増幅**の原則では、その活動がステークホルダーのために創出する価値（投資家にもたらす利益ではない）が、企業が負担する費用を上回るかどうかを問う。

○ **比較優位**の原則では、その活動を通して、自社が他社よりも大きな価値を生み出すかどうかを問う。

○ **重要度**《マテリアリティ》の原則では、そのステークホルダーが自社にとって、ビジネスに影響を及ぼす（**ビジネス的重要度**）、あるいは気がかりな存在である（**内発的重要度**）という点で重要かどうかを問う。

● これらの3原則により、取締役会、投資家、ステークホルダーはリーダーに説明責任を負わせることができる。実際には、啓発された株主価値よりも仮定に依存しないという点で、説明責任が強まる可能性がある。

第４章 パイコノミクスは機能するのか

企業が善い行いと良い業績を両立させられることは、希望的観測ではなくデータが示す

パイコノミクスが概念として意味を成すにせよ、現実世界を考えると話がうまく出来過ぎているように思われる。企業がパイを成長させて、その副産物として利益が上がるならばありがたい。しかし、現実としてステークホルダーを無視しているように見える企業が多いということは、パイコノミクスは実際には機能しないのではないだろうか。パイを拡大できるとしても、そのためには多額の投資が必要で、利益が落ち込むのではないだろうか。図２・２は例外というよりも、当たり前なのではないだろうか。

第１章のメルクの物語は、パイコノミクスを支持するエビデンスのように見えるかもしれない。だが、そうではない。私が何千社もの企業を調査した中で、パイの拡大と利益を両立する最高の事例として見つけ出すことができたのだ。序章で指摘したように、どんな考え方も裏づけとなるストーリーを見出すことができてしまうのである。それに、もしかすると、メクチザン無償供与プログラムを立ち上げなければ、メルクはもっと利益を上げていたかもしれない。

そこで、本書ではおなじみのフレーズになるが、エビデンスを見てみることにしよう。パイの拡大は最終的に投資家に恩恵をもたらすのだろうか。言い換えると、ステークホルダーの価値（いわゆる「社

会的パフォーマンス」）は、株主価値（いわゆる「財務パフォーマンス」）を増やすのだろうか。これが本章のテーマである。多くの分野の厳格な研究結果――金融や経済だけでなく、戦略、マーケティング、組織行動、会計などを含む――を踏まえて、これを掘り下げていこう。

どのような研究も、社会的パフォーマンスの測定方法を決めることが最初のステップになる。社会には多くのステークホルダーが存在するため、一般的には注目するステークホルダーを１つ選ぶが、ここでは「環境」を選んだとする。そうしたら、測定対象をパフォーマンスの**インプット**（例えば企業の環境イニシアチブの支出額、エネルギー削減ポリシーの有無）とするか、**アウトプット**（例えばエネルギー消費量の削減幅、外部機関による環境記録[1]の評価）とするかを選択する。次のステップで、財務パフォーマンス（市場シェア、売上高、あるいは利益）の測定方法を決定する。最後に、社会的パフォーマンスと財務パフォーマンスの相関関係を算出する。

この相関関係は非常に重要なので、これを調査した研究が何百と存在する。研究者が違えば出てくる結論も違うだろう。では、全体的にコンセンサスが得られていることを知るにはどうすればよいだろうか。それを可能にするのが**メタ分析**、すなわち個々の論文の研究結果を集約する「研究の研究」である。ジョシュア・Ｄ・マーゴリスとジェームズ・Ｐ・ウォルシュは、１９７２～２００２年の１２７件の論文を分析して次のように結論づけた。「明らかなシグナルが浮かび上がる。（中略）企業の社会的パフォーマンスと財務パフォーマンスには正の相関があり、負の相関を示すエビデンスが非常に少ないことは確実だ」。マーク・オルリツキー、フランク・Ｌ・シュミット、サラ・Ｌ・ラインズによる別のメタ分析も、同じ結論に到達した。

しかし、メタ分析による研究が実証するのは相関関係であって、因果関係ではない。つまり**逆の因果関係**——強力な市場シェア、売上高、利益のおかげでステークホルダーに投資するリソースが得られ、それが理由で良好な社会的パフォーマンスが達成される——が成立するかもしれない。あるいは、**省かれた変数**——経営の優秀さなどの第三因子——の相互作用で、社会的パフォーマンスと財務パフォーマンスの両方が押し上げられたかもしれない。相関関係と因果関係の問題の他にも、懸念するべきことはたくさんある。

● 一部の研究の社会的パフォーマンスの測定方法に疑問の余地がある。初期の調査では、経営陣に各ステークホルダーをどれだけ大切にしているかを問うたが、この場合、事実を偽って大切にしていると答える者がいたかもしれない。また、企業の開示情報を使用する調査もあるが、企業は実際にはそうではないのに高潔さを装うこと——いわゆる「グリーンウォッシング」——ができる。ステークホルダーに対する支出など、依然としてインプットを測定する調査があるが、この場合は支出のアウトプットの状況がほとんど分からない。第3章で論じたように、単にお金を使うだけではパイは大きくならないのだ。

● 一部の研究の財務パフォーマンスの測定方法に疑問の余地がある。市場シェア、売上高、利益はいずれも、リスクを考慮に入れていない。ステークホルダー資本にフォーカスする戦略にはリスクがあ

1　（訳注）ISO14001　環境マネジメントシステムの計画どおりに適用され、有効に運用されているかどうかということを確認・測定するための文書。

る。なぜなら、もし企業が財政難に陥っても、環境記録を売って資金を調達することはできないからだ。投資家はリスクを気にかける。だからこそ、資金を銀行に預ける代わりに株に投資することに対して高いリターンを求める。

- 一部の研究は対象期間が短く、運に左右された可能性がある。これは、通常は株式のパフォーマンスは債券を上回るところ、1999～2009年について、債券投資の支持者が債券は株式に勝つと主張できるのと同じである。
- 一部の研究は単一業界のみを対象としており、その結果を他業界に一般化できるかどうかが不明である。

さらに深く

社会的パフォーマンスが財務パフォーマンスに与える影響については、まだ審判を下す者がいないため、私は自分で研究することに決めた。最初に、社会的パフォーマンスの測定方法を決定した。私が選んだのは従業員満足度、すなわち企業が従業員をどれだけ大切に扱っているかであり、非常に優秀なアウトプットの測定指標があることが決め手となった。その指標とは、カリフォルニア州のGreat Place To Work（GPTW）が作成し、1998年から毎年フォーチュン誌上で発表される「米国における最も働きがいのある会社トップ100」リストである。このリストは非常に詳細で、究極の草の根型の分析である。この調査は、あらゆる職位の従業員250人を対象に、信用、公正、尊重、誇り、連帯感に関する57項目の質問を通して行われる。「最も働きがいのある会社」は各種業界に散らばっている。1998年版でランク入りが多かったセクターは金融業（サービス）、消費財（ローテク製造業）、製薬（ハイテク製造業）だ。

入手できる最古のリストは書籍として出版された1984年版（後に1993年版も刊行）で、その後フォーチュンの特集記事となった。つまり、私が2009年まで実施した独自研究では、26年分のデータを使用した。そしてこの研究は、その後2011年まで延長した。この期間には二度の大きな不況があった。2001年のインターネットバブル崩壊と2007年の金融危機である。ESG投資が主流化したのは最近のことなので、大半の社会的パフォーマンスのアウトプット測定方法が存在したのは、2010年代――史上最長の強気相場の時期――に限られる。従って2010年代に社会的パフォーマンスによって財務パフォーマンスが改善したことを証明しても、パイコノミクスは経済が上向きの時期に機能することを示唆するに過ぎず、説得力がないかもしれない。また、パンデミックのような厳しい時期には、おそらく1ペニーでも蓄える必要があるだろう。

データマイニングと疑似相関

従業員満足度を研究した理由はもう1つある。それは、財務パフォーマンスに変換できる理由を示す明確なロジックがあることだ。今日の多くの企業にとって、従業員は最も重要な資産として捉えられる。クライアントとの関係を築くのも、新商品を発明するのも彼らである。従業員満足度が高いと、企業は最高の人材を採用して維持できるようになり、人材の意欲や生産性をさらに高めることにもつながる。これに比べると、その他の社会的パフォーマンスの要素は財務パフォーマンスとのつながりが不明瞭である。特に、重要度《マテリアリティ》の原則を満たさない場合は顕著である。例えば動物の権利保護は、多くの業界でおそらく重要とは見なされないだろう。

データマイニングの問題を避けるためには、関連性を期待できるという論理的な理由があることが大切だ。有意義な結論を明らかにする研究にたどり着けば大きな見返りがある。教授が株式リターンを予測する変数を発見すれば、論文を発表できる可能性が高いだろう。新しい投資信託の目論見書にそういう変数の発見に成功したと書かれていれば、投資家が集まってくるだろう。つまりデータマイニングの動機が存在するということだ。株のパフォーマンスを多くの変数と相関させて何百回も回帰分析を行い、有意な事柄を何とか見つけ出そうとする。

そうした変数の中には、例えばCEOの報酬や学歴など合理的なものもあるだろう。しかし、たとえ変数がCEOの靴のサイズ、名字の文字数、好きな色など無意味なものでも、回帰分析を100回行えば、5%の有意水準の場合、まったくの偶然で5件に有意性が認められる。このような偶然の結果は**疑似相関**と呼ばれる。例えば、赤を好むCEOはパフォーマンスが優れているという結果が出ても、赤を好むことがパフォーマンスを向上させる理由がないため、これは疑似相関だ。しかし関係性が明らかになった**後**なら、それを裏づける物語は必ず作り出せる。心理学の文献を調べれば、赤は優越性発揮のきっかけになるためパフォーマンスを強化するという研究が見つかるかもしれない。実際、ラッセル・A・ヒルとロバート・A・バートンによるそうした研究が存在する。あるいは、赤を好むCEOはパフォーマンスが劣るという結果が出れば、赤は失敗の危険を連想させ、恐怖を抱かせるという研究を探し出せるかもしれない。こちらも実際に、アンドリュー・J・エリオット、マーカス・A・マイヤー、アーレン・C・モラー、ヨルク・マインハートによる研究が存在する。疑似相関の中にはいくつか有名になったものがあり、その1つがスーパーボウル効果[2]である。スーパーボウルでアメリカン・フットボール・カンファレンスのチームが勝利すれば株式市場が急落し、ナショナル・フットボール・カンファレンスのチームが勝利すれば上昇するという。この効果を踏まえた投資を勧めるアドバイザーもいるほどだ。しかし、スーパーボウルの覇者が株式市場に影響を与えるという根拠はない。

こうしたデータマイニング能力は、データソースと演算能力が無限に拡大しつつある今日の「ビッグデータ」の世界では、特に大きな懸念になる。ファイナンスの教授ロバート・ノビーマークスは、この能力をパロディにして、マンハッタンの天気、地球温暖化、エルニーニョ現象（太平洋の海面水温上昇）、太陽の黒点、惑星の配置から取引戦略のパフォーマンスを予測できるという論文を書いた。彼は皮肉たっぷりに「説明変数の候補について、容易に入手できる機械解読が可能なデータが指数関数的に増えていることや、この種の回帰分析を容易に実行できることを考えると、（中略）私の成功は他者によっても再現できそうだ」と記した。

2（訳注）米国のプロフェッショナルアメリカンフットボールリーグは2つのカンファレンスで構成されている。両カンファレンスの代表で戦うチャンピオンシップがスーパーボウルである。

従って、データに注目する前に、あらかじめ社会的パフォーマンスの測定基準に財務パフォーマンスとの合理的な関連があるものを選ぶことによって、疑似相関が生じる可能性を減らすことが重要だ。

社会的パフォーマンスの測定方法が決まったので、次は財務パフォーマンスの測定方法を決定した。先行研究は市場シェア、売上高、利益に注目しており、このことが先ほど説明した因果関係の問題をもたらしていた。そこで私は将来の株式リターンを研究対象とした。これが有効なのは、株式リターンが現在から翌年までの株価（と配当）の変化を表すからだ。株式リターンが高くなるには、来年の株価が高いことに加えて、現在の株価が低いことが必須条件だ。株式市場は財務パフォーマンスを考慮するのに非常に適している――というよりも、財務パフォーマンスを重視し過ぎる点がよく批判の対象になる。ある企業の現在の株価が低ければ、おそらく、その企業の現在の財務パフォーマンスも低調だ。

これを使って、どのように因果関係に近づけるのだろうか。今年の「最も働きがいのある会社」リストに、スーパー・スーパーマーケッツという架空企業がランクインしているとする。そして、従業員満足度の高さが将来の財務パフォーマンスの向上をもたらす世界で、何が起こるかを考えてみよう。スーパー社の今日の財務パフォーマンスは平凡で、そのため株価はわずか100ドルである。それからの1年間で、意欲的な同社の従業員は利益を向上させ、株価を120ドルに押し上げる。同社の株式リターンは20％だが、株式市場のリターンは例えば7％にとどまるとする。市場に対してスーパー社の勝利である。

では次に、逆の因果関係が当てはまる――従業員満足度は、すでに良好な財務パフォーマンスの結果に過ぎない――世界ではどうなるだろうか。スーパー社は高利益を達成しているので、今日の同社の株価はすでに１１２ドルである。そして株価が１２０ドルに上昇した場合、リターンは７％となり、市場と変わらない。従って「最も働きがいのある会社」が市場に勝つのは、従業員満足度が財務パフォーマンスを向上させた場合だけであり、財務パフォーマンスが従業員満足度を向上させた場合ではない。

このように、将来の株式リターンに注目すると、**逆の因果関係**の問題が軽減するのである。だが、**省かれた変数**の問題がまだ残っている。スーパー社の株式リターンが20%だった場合、意欲的な従業員以外にも、それを支えた要因が数多く存在する可能性がある。例えば、スーパーマーケット業界全体が好調だったのかもしれない。あるいはスーパー社が小規模企業で、一般的に小型株は大型株に勝つというエビデンスがあるかもしれない。あるいはスーパー社の最近のパフォーマンスが**すでに**好調だったのに、市場がそれに気づくのが遅れたのかもしれない。あるいは私が、株式市場が利益を織り込むことに優れていると性急に考え過ぎているのかもしれない。もしかすると、今日のスーパー社の株価は１１２ドルのはずなのに、市場が間違っていてわずか１００ドルという値を付けたのかもしれない。

従業員満足度の効果を切り分けるために、私は次の２つの作業を行った。１つ目に、スーパー社だけでなく、株式市場に上場するすべての「最も働きがいのある会社」を調査した。スーパー社が市場に勝つのは、規模の小ささや最近の好調さが理由かもしれない。だが、もし多くの「最も働きがいのある会社」――規模や最近のパフォーマンスの異なる様々な業界の企業――が市場に勝っているのなら、それらに共通する１つの要因、すなわち従業員満足度の高さが理由である可能性が高い。

2つ目に、省かれた変数を補正した。何百もの「最も働きがいのある会社」を調査する意味があるのは、それらが様々な業界に散らばっていて、様々な規模で、過去のパフォーマンスも異なる場合に限られる。もし「最も働きがいのある会社」の多くがハイテク企業で、ハイテク業界のパフォーマンスが市場を上回るなら、こうした会社は従業員満足度が高くなくても優れたパフォーマンスを見せるだろう。

そこで私は、スーパー社を株式市場全体と比較しただけでなく、スーパーマーケット業界の他の企業、あるいは最近のパフォーマンスが好調な他の小規模企業とも比較した。私はすべての「最も働きがいのある会社」について、同様の調査をした。例えばこのリストに、最近のパフォーマンスが悪いオートマティック・オートモービルズという大手自動車メーカーが載っていたなら、同社を他の自動車メーカーと、あるいは最近のパフォーマンスが振るわない他の大企業と比較した。こうして各企業について固有の比較群を作成した。そして業界、規模、最近のパフォーマンス以外にも、配当、現在の評価額、株式の売買高などいくつかの因子を補正した。重要なこととして、リスクの補正も可能になった。市場シェア、売上高、利益をリスク調整する確立した方法はないが、数十年の金融研究の中で株式リターンの調整ツールは考案されている。最もよく知られるのは資本資産価格モデル（CAPM：the Capital Asset Pricing Model）だが、私が使用したのは、カーハート・モデル[3]と呼ばれる、より高度なバージョンである。

私がこの研究を完了し、結論の堅牢性を検証し、その他の解釈——ここで検討しなかったものもいくつか含む——を排除するのに4年かかった。こうして延べ１６８２期分の企業データを散々苦労して研究した結果、何が分かったのだろうか。

「米国における最も動きがいのある会社トップ１００」の株式リターンが、比較群を28年間で年率平均２・３〜３・８％上回ることが明らかになった。累積では89〜１８４％になる。

その数値の大きさに信憑性はあるか

研究者は通常、人目を引く大きな数値の結論にたどり着くことを望むものである。28年間で年率２・３〜３・８％という数字は軽視できない。ファンドマネジャーが５年連続で市場に２％の差をつけて勝利したら、素晴らしい手腕だと見なされるだろう。従って、それよりはるかに長い期間、より大きな差をつけたことは注目に値する。

だが、結論の数値があまりに大きくて信憑性に欠けるのではないかという点も検証しなければならない。市場を年率20％上回る取引戦略を発見したという研究が出たら、それを見た投資家は皆コーヒーカップを取り落とし、ツイッターで拡散されるだろう。年率２・３〜３・８％なら、そういうリターンを生み出せる取引戦略があると信じるのも分かる――株式市場には実際に割安な銘柄がある――が、どのタイミングであれ、それなりの期間に市場を毎年20％も上回る可能性はずっと低い。そのような研究はおそらく、短期間限定か、他の要素の補正をしていないものと見なされるだけだろう。それに、比較群に年率20％もの差で勝てるビジネス慣行が本当にあるのなら、それを

３（訳注）株式の期待収益率の構造を記述するモデル。

導入しない企業はたちまち市場から追い出されるだろう。

このような現実世界を考慮したサニティ（健全性）チェックが行われることは、あまりにも少ない。多くの人は、休暇の格安旅行であれ、自動車であれ、テレビであれ、「話がうま過ぎる」と思われる取引には警戒する必要があると理解している。しかしエビデンスについて同じ警戒感を持つとは限らない。発見事項――取引戦略やビジネス慣行が生み出すリターンの大きさや、ダイエット薬で減らせる体重――が印象的であればあるほど、大きな関心を呼ぶ。しかし、お金を稼いだり体重を減らしたりする機会は**ある**とはいえ、年間20％多く儲かるとか、一晩で肥満が解消するということは考えにくいのだ。

査読プロセス

メディア、コンサルティング会社、投資会社などが、ビジネス慣行や取引戦略のリターンを示す研究をひっきりなしに公開していることを考えると、私が論文を発表するのになぜ4年もかかったのかと不思議に思うかもしれない。その理由は査読プロセスの厳密さである。査読を受けるたびに、この論文の精度は私一人の努力では到底たどり着けないレベルにまで高まった。このことは、本書が主に一流の学術誌で発表された研究を参照していることの説明にもなる。

この論文を最初に提出した雑誌には、「結論は興味深いが不可解」として却下された。その雑誌の編集者と査読者が受け入れなかったのは、市場が非効率な場合に、より利益性の高い取引戦略が生まれる可能性があるという点だ。そして、仮に市場に勝利できるにせよ、従業員満足度のようなつかみどころのないもので、それを実現できるという点を疑問視した。そこで私は、従業員満足度を上げることが単なる無駄な支出にはならず、企業価値を高める可能性がある理由を、もっと明確に説明することを迫られた。また、従業員満足度に価値があるのに、市場に無視される場合がある理由も明らかにしなければならなかった。

一度却下された論文を、同じ雑誌に再提出することはできない。そこで別の雑誌に持ち込んだが、またも却下されてしまった。このときの論文は、フォーチュンが公表を始めた１９９８年以降の「最も働きがいのある会社」リストのみを対象にしていた。その雑誌の共同編集者は、結論を一般化するには研究対象期間が短く、特にインターネットバブルが含まれることを考えると問題があると指摘した。さらに、私の結論がいくつかの外れ値に左右されている——一部の「最も働きがいのある会社」のパフォーマンスが並外れて優れていたため、大半の企業はそうでもなかったのに全体として市場を上回った——可能性も不安視した。査読者は、従業員満足度が株価の好調さにつながるメカニズム、つまり「最も働きがいのある会社」の株価を上昇させる要因が何かをピンポイントで示す必要があると指摘した。もしかすると、本当は従業員満足度に価値などないのに、市場があると誤認して、従業員に優しい企業に高い評価を与えているのかもしれない。

私は再び最初に戻ると、編集者の懸念を取り除くべく、書籍版の１９８４年と１９９３年のリストも調べて研究範囲を１９８４年まで広げ、外れ値の影響も取り除いた。そしてメカニズムに関するエビデンスを追加するために、「最も働きがいのある会社」の将来の利益を研究した。もし従業員満足度が従業員の雇用、定着、動機の改善に貢献するのなら、最終利益が押し上げられるはずだからだ。だが、利益を研究してもまだ十分ではない。もし「最も働きがいのある会社」が記録的な利益を発表しても、株式市場がそれを織り込み済みなら株価は変化しないはずだ。そこで「最も働きがいのある会社」の四半期利益と、株式アナリスト（ゴールドマン・サックスやクレディ・スイスなど）による事前の株価予想を比較した。[4] すると、「最も働きがいのある会社」が組織的な意図を持ってアナリスト予想をうまく使って市場にタイミング良くサプライズを与え、自社に最も有利な反応（株価上昇）を引き出すことを組織的、計画的、意図的（systematically）に行っていることが分かった。事実、年率2・3〜3・8％のアウトパフォーマンスのかなりの部分が、決算発表当日に発生したのである。

私に残されたチャンスはあと1回だった。金融雑誌で一流と見なされるもの、すなわち、そこに論文を発表することがペンシルベニア大学ウォートン校在任中の私の実績としてカウントできるものは、3誌しかないからだ。3誌目の査読者からも多くの懸念を持たれたが、即座に却下されることはなく、少なくとも懸念事項に対処するための「修正・再提出」の機会を与えてくれた。私は、アウトパフォーマンスの差分に信憑性がある（前出囲み「その数値の大きさに信憑性はあるか」を参照）ことを査読者に納得させるとともに、株式リターンが高まった理由について、3つの別解釈に反論しなければならなかった。1つ目は、従業員満足度を銘柄選択基準の1つとしている責任投資（RI）が「最も働きがいのある会社」の株を購入し、それが株価を上昇させたというもの。2つ目は、従業員満足度の高い企業では優れたガバナンスが機能しており、それが優れたリターンをもたらしたというもの。そして3つ目は、従業員満足度はどの角度から見ても特に意味はないが、市場が金の浪費だと誤認していて、「最も働きがいのある会社」の価値を割り引いて評価している――後のリターンの上昇は、単純にその割引が解消されただけ――というものである。

私は論文に大幅な変更を加えてこれらの懸念を解決し、対処の経緯を説明する17ページのレターを査読者に提出した。しかしそれでも査読者は満足せず、さらなる改訂を求めた。そこで私は、期間を通してランク入りを維持した企業と、新たに登場／脱落した企業を比較して、結論が１９８４年の初版リストに大きく左右されないことを保証する必要があった。もし初版リストの影響が大きければ、結論を一般化できないだけでなく、「最も働きがいのある会社」が20年後にも高リターンを生み出している理由が分からないだろう。また、「最も働きがいのある会社」のアウトパフォーマンスが継続した期間も調査しなければならなかった。この点は後ほど改めて取り上げる。そして審査員たちが指摘した個々の懸念とは別に、論文に取りかかってから4年が経過していたために、結論が変わらないことを祈りつつ4年分のデータをアップデートしなければならなかった。

そしてついに、論文は受理された。

4　株式アナリストはエクイティリサーチアナリストとも呼ばれ、株式評価をレポートする。そこには一般的に、「バイ」「セル」「ホールド」の提案と将来の収益予想が含まれる。

結局、何を意味するか

疑い深い編集者と査読者に（正当に）ノックアウトされた何年もの歳月を経て、私はついに、従業員を大切に扱う企業は業績も良いことを示す論文を発表した。と書いても、何だか地味かもしれない。幸せな労働者が不幸せな労働者よりも生産性が高いことは、当たり前も同然だ。常識的に考えれば分かりそうなことを証明するのに、私は4年も費やす必要があったのだろうか。

実際には、想像とは違い、結論はまったく当たり前ではなかったのである。スーパーマーケットのコストコホールセールコーポレーションについて考えてみよう。２０１４年のコストコ従業員の賃金は時給20ドルで、小売従事者の全国平均の11・39ドルの約2倍だった。同社は従業員の90％に医療保険を提供した——その背景として、同社がパートタイムの従業員に勤続6カ月で資格を付与するのに対し、ライバルのウォルマートは2年である。コストコは米国の主な祝日に休業する。祝日は顧客も仕事がなく自由に買い物に出かけるため、特に利益が上がる。それでもコストコは、従業員が祝日を家族と過ごせるように休業するのだ。こうしたポリシーはいずれも費用がかかるため、一部の株式アナリストや投資家は怒り心頭である。ビジネスウィークに引用されたある株式アナリストは、「（コストコの）経営は（中略）従業員を重視するあまり、株主に不利益を与えている。私に言わせれば、そんな企業の株を買う意味が分からない」と嘆いた。「従業員が受け取るものはすべて、株主のポケットから出ているのに」と不満を表す者もいた。

これはまさにパイ分割のメンタリティだ。この考え方では、コストコが生み出せる価値の大きさが一定であることを前提とする。そのため従業員の分け前が少しでも増えれば、その分投資家が犠牲になる。ウォール・ストリート・ジャーナルの「コストコのジレンマ：思いやるべきは労働者かウォール街か」という記事のタイトルにも、同じメンタリティが表れている。「か」という言葉がポイントだ。

しかし、パイの大きさは一定ではない。従業員に賃金、医療保険、休日という形で1ドルを与えると、生産性や士気が上がって、その企業で勤続する可能性が高まる。その結果、彼らはパイを2ドルに拡大するかもしれない。そうすると投資家は1ドルを失うのではなく、1ドルを得ることになる。コストコの最高財務責任者のリチャード・A・ガランティは、右記のウォール・ストリート・ジャーナルの記事の中で、「私たちが創業初日から掲げてきた経営哲学は、従業員に平均を上回る賃金を支払い、生計を立てられる収入を与え、ポジティブな環境と適切な福利厚生を整えれば、より良い人材を雇用して長く効率的に働いてもらうことができる、というものです」と述べている。実際に、組織行動学者のイングリッド・スミシー・フルマー、バリー・ゲルハルト、キンバリー・S・スコットの研究によれば、「最も働きがいのある会社」で働く人は勤続意欲が高い。私が研究を開始した頃のコストコの離職率は17％（勤続2年目以降はわずか6％）で、ウォルマートの44％とは対照的だった。従業員を入れ替えるには、その従業員の年間給与の約1・5～2・5倍の費用がかかるため、従業員の交代費用を抑制することは株主のためになる。コストコのCEOのジム・シネガルに言わせれば、「私たちはウォルマートよりもはるかに良い給料を払います。これは利他主義ではなく、適切なビジネスなのです」ということだ。

組織経済学者のダニエル・H・サイモンとジェド・デバロは生産性と士気に注目し、これらが高いと顧客満足度も向上することを突き止めた。その理由はおそらく、意欲的な従業員はより良い製品を設計し、顧客とのコミュニケーションに積極的に取り組むためだという。このことは、製造業でもサービス業でも、またハイテク業界でもローテク業界でも、「最も働きがいのある会社」であることの見返りが似通っているという私の研究結果の裏づけになるかもしれない。私は当初、従業員満足度というものは、例えばアップルのような、従業員がイノベーションを通して業績に大きな影響を与えられる企業でより重要になるのではないかと考えた。ところが実際には、小売業など、ポジティブな顧客体験を提供する上で従業員が重要な役割を果たすセクターにおいても、従業員満足度に同等の価値がある。

つまり、先ほどの「か」という言葉を「と」に置き換えられる。従業員を、活用するべきリソースや極力削減するべき費用としてではなく、企業のパートナーとして扱うことで、労働者とウォール街が共に恩恵を受ける。パイの拡大は絵空事ではない。労働者に投資することは投資家のためになる。

従業員からさらに広げて

私の研究は労働者を大切に扱うことが長期的に投資家のためになることを明らかにしたが、他のステークホルダーについては触れていない。幸いにも、類似の方法論でそれらを調査した研究が存在する。マーケティングリサーチャーのクロース・フォーネル、スニル・ミタス、フォレスト・V・モーゲソン三世、M・S・クリシュナンは、顧客満足度と株式リターンの関連性を調査した。1997～2003年の期間で比べると、米国顧客満足度指数の上位20%の企業は、ダウ・ジョーンズ工業株価平均の2倍弱のリターンを上げた。この結果もまた、当たり前だとは言えない。値引きをしたり、各顧客に合わせた商品や無料アフターサービスを提供したりすれば、顧客満足度は高まるだろう。だが、これらの施策はいずれも利益を減らす可能性がある。ここで、先ほどのビジネスウィークの引用文の省略部分を埋めてみよう。例のアナリストの不満の全文は、コストコの「経営は顧客と従業員を重視するあまり、株主に不利益を与えている」だった。

環境面については、イノベスト・ストラテジック・バリュー・アドバイザーズの「環境効率」基準が、企業の物品・サービスの価値をそれらが生み出す廃棄物と比較して評価している。イェロン・デルウォル、ナジャ・グンスター、ロブ・バウアー、キース・クーディクは、1995～2003年の期間について、同基準で上位の企業の株価のパフォーマンスが下位の企業を年率5％上回ることを発見した。

1つのステークホルダー集団に注目する方法とは別に、企業のパフォーマンスをステークホルダー横断的に集約するアプローチもある。ESGデータの主要プロバイダーの1つであるKLD（現在はMSCI傘下）は、7分野（コミュニティ、ガバナンス、多様性、従業員関係、商品特性、環境、人権）の51のステークホルダーの課題に基づいて、企業を採点している。大学教授のモザファー・カーン、ジョージ・セラフェイム、アーロン・ユンは、2307社の1992～2013年のデータを調査した。その結果、KLDスコアが高い企業のパフォーマンスは市場を1・5％上回るに過ぎず、これは統計的に有意ではない（言い換えると、差が小さいため単なる偶然の可能性がある）。この研究がパイコノミクスを強力に支持するとは言えなそうだ。

ところが、意外にそうでもない。**重要度《マテリアリティ》の原則**を思い出してほしい。最終的に投資家が恩恵を得るのは、重要なステークホルダーに価値を提供した場合に限られる。この研究の執筆者らは、第3章で紹介したサステナビリティ会計基準審議会のマテリアリティ・マップを用い、各企業の業界ごとに51の課題を重要／非重要に分類した。重要課題のスコアが高く、非重要課題のスコアが低い企業のパフォーマンスは市場を4・83％上回っており、これは統計的に有意である。従って実際には、企業はあらゆる分野で卓越しているよりも、一握りの分野で卓越し、その他の分野では自制するのがよいということだ。投資家の長期的な価値は、ステークホルダーに対する無差別な投資ではなく、重要なステークホルダーに的を絞った投資によって生まれるのである。

この結論については少し時間を取ってじっくり考える価値があるだろう。一部の投資家は企業をチェックボックス方式で評価する。ステークホルダーの項目に付くチェック印が多いほど、投資にふさわしい銘柄と見なされる。しかし、企業があらゆるステークホルダーを優先すれば、株主の優先度が下がるかもしれない。全員にすべてを与えようとする企業は、結局、誰にも何も与えない可能性がある。

ここまでに紹介した研究はいずれも株主のリターンを調査するものだが、マイケル・ホーリング、ジン・ユウ、ヨセフ・ツェヒナーが調査したのは社債の利率である。社会的責任を果たすことの利点として一般的に言われるのは、企業の資金調達費用が抑えられることだ。これはおそらく、パーパスを持つ企業がより安全な投資先と見なされるためである。株主が企業に出資するときに期待するリターンは確認できないが、債券保有者については利率という形で確認できる。マイケル、ジン、ヨセフは、社会的パフォーマンスが全体的に良好な企業の利率が低くなることを発見した。これはレスポンシブル・ビジネスの大勝利のように見える。

しかし彼らがさらに研究を深めると、最も関連が強いのはＫＬＤの商品特性分野のスコアであることが分かった。環境、コミュニティ、人権のスコアはむしろ、統計的に有意とまではいかないものの利率の上昇と関連する。そして重要な特性は時間とともに、また業界によって変化する。経時的に見ると、リセッション期には従業員関係の重要性が弱まる。しかし人手不足が生じる好況時には、従業員関係のスコアが良いと利率が低くなる。これはおそらく人材の定着や採用にプラスになるからだろう。業界別に見ると、農林水産及び鉱業では、とりわけ重要度が高いと思われる環境面のスコアの高さが利率の低さと関連する。しかし輸送、通信、貿易セクターでは、コミュニティ分野のスコアが高いと利率が上昇する。これはおそらく、非重要課題に注力する企業というシグナルになるからだろう。

ここで注意が必要だが、最後の２つの研究は、重要度《マテリアリティ》の原則の要素の１つであるビジネス的重要度が高いステークホルダーだけに集中するべきだということを示唆するわけではない。企業はいつでも、他のステークホルダー、例えば、同原則のもう１つの要素である内発的重要度の高いステークホルダーを選ぶことができる。その場合に、長期的リターンが伸びない可能性があると指摘しているだけである。株主たちが、社会的大義を追求するために長期的リターンのトレードオフを受け入れるというなら問題ない。第２章で強調したように、株主価値だけが彼らの幸福ではないからだ。ただしリーダーと投資家は、社会的パフォーマンスは財務パフォーマンスを向上させるという通説に反して、そこにはトレードオフが存在するということを認識しておくべきである。

ステークホルダーへの投資のアウトプットを研究する以外に、ステークホルダー志向のポリシーの適用状況をインプットの測定指標として調査するアプローチがある。例えば労働者のスキルトレーニングの支援、水使用効率の改善、人権基準に沿ったサプライヤー選定といった手続きがこれに該当する。ロバート・G・エクルズ、イオアニス・イオアヌー、ジョージ・セラフェイムは、企業の年間報告やサステナビリティ報告の精査と、200人を超える幹部へのインタビューを通して、これらのポリシーを企業が本当に（計画を表明するだけでなく）実行したかどうかを調査した。1992年までにこの種のポリシーを多数導入済みだった企業の1993〜2010年のパフォーマンスは、導入数が少なかった企業を2・2〜4・5％上回った。印象的なのは、1992年といえば、責任あるビジネスが主流化するずっと前だということである。その10年後でもフォーチュン500の中でサステナビリティ報告を出している企業は10社あまりだった。こうした企業は規制当局、投資家、世論の圧力でステークホルダー志向のポリシーの適用を強いられたわけではなく、ビジネスで社会に貢献したいという思いから自発的に適用したのである。

この見方は重要だ。責任あるビジネスは、いくつかの国では今もなお初期段階にある。現地の投資家は社会的パフォーマンスに目もくれず、それに対する世間の監視の目も少ない。そのような国は、1992年の米国と似たような状況である。従って、特に先見性があって自発的にパイ拡大のマインドセットを取り入れる企業は、明日の勝者となるかもしれない。ほとんどの企業は社会的価値を重視していないため、そこに注力する企業は並ぶ者のない競争優位を手に入れるはずだ。

このエビデンスを踏まえた上で、企業が追求するべきは利益か社会的価値かという第2章の議論に戻ろう。利益に還元される可能性がほとんどない、純粋な外部性は確かに存在する。しかしこれらの研究結果が言外に示唆するのは、純粋な外部性は通説よりも少ないということである。企業が一般に外部性と考えているものは、実は長期的に見ると自社に返ってきて利益に影響する。全体としてこれらの研究から導き出せる結論は、利益の地にたどり着くにはパーパスの道をたどるべし、ということである。

長期的に考える

以上の研究がまず示唆するのは、企業の成功は、その企業がステークホルダーに提供する価値と連動するということである。従って、社会貢献はビジネス運営の根幹をなすＣＥＯレベルの課題であって、ＣＳＲ部門だけに任せられるオプション的な活動ではない。

そして次に、なかなか厳しく、意表を突くような重要な視点を示唆する。パイの拡大は投資家に恩恵を与えるが、それは長期的に見た場合に限るということである。これらの研究で使用された測定基準はすべて公開情報だ。例えば「最も働きがいのある会社」のリストは、印刷版とウェブ版を合わせて２０００万人近い読者を持つフォーチュンの2月号で華々しく発表される。もし株式市場が効率的――適切に情報を取り入れることができる――なら、この雑誌が1月半ばにニューススタンドに並ぶや否や、「最も働きがいのある会社」の株価が跳ね上がるはずだ。すると、私の株式リターンの計算開始日である2月1日にはすでに株価が高いはずなので、「最も働きがいのある会社」のそれ以降のパフォーマンスは振るわないはずだ。これが意味するのは、リストの発表に対して市場は全面的には反応しないということである。

そして、市場の反応の鈍さは1月半ばから2月1日までの2週間では終わらない。私の見たところ、**4年以上**持続する。アーニングサプライズ[5]が生じたことを考えると、「最も働きがいのある会社」が期待を上回る四半期決算を発表してはじめて、市場は注目し始めたということだ。そして、専門の株式アナリストでさえ、従業員満足度が生産性を改善することに気づかなかったことも分かる。だからこそ、彼らは「最も働きがいのある会社」の業績を過小に予測したのである。

　この結論から、株式市場が何を評価し、何を評価しないかが浮かび上がる。株式市場は多くの無形資産を直接的には評価せず、後に価値という目に見える結果が現れてはじめて評価する。そのためパイ拡大のメンタリティには長期的な視野が求められる。ステークホルダーを大切に扱うことが投資家に恩恵をもたらすのは事実だが、それは長期的に見た場合に限るのだ。このことは社会的パフォーマンスの他の測定基準にも当てはまる。顧客満足度、環境効率、ステークホルダー志向のポリシーはいずれも公開情報だが、これらが株価に作用するまでには長い時間がかかる。第2章で、株主価値の最大化は短期的利益の最大化とは異なるという点を強調した。そして本章で強調するのは、株主価値の最大化は短期的な株価の最大化とは異なるという点である。長期的利益に関係し、それゆえ株主価値にも影響するいくつかの要素が、市場が効率的ではないために株価に反映されないからである。ウォーレン・バフェットは「価格とはあなたが支払ったもの。価値とはあなたが受け取ったもの」と述べた。これが株主価値を「最大化」できないもう1つの理由である。何らかの意思決定が株価に与えた影響を調べることはできるが、そこには、その意思決定が株主価値に与えた影響は反映されていないのである。

　市場の鈍さは企業にとっては苛立たしい。リーダーは、株式市場から即座に報酬が返ってこなくても、パイを拡大すればよい。しかし投資家にとっては、市場の鈍さは魅力的である。良い企業が必ずしも良い投資先とは限らない。ある企業が優秀で、皆が良い企業だと知っていたら、投資家の支出と報酬は差し引きゼロである。フェイスブックがソーシャルメディアのリーダーだからと同社の株式を購入するのは、合理的ではない。それは皆が知っているため、同社の株式は高額だ。良い投資先とは、皆が思っているよりも優秀な企業である。ステークホルダー資本はそうした隠れた財宝の最たるもので、最終的には利益につながるにもかかわらず、市場はそれを理解していない。一部の投資家は――先のビジネスウィークのアナリストと同様に――パイ分割のメンタリティに陥って、ステークホルダーの価値はリターンの犠牲の上に成り立つと考えている。あるいは、ステークホルダー資本の重要性を理解していても、それを考慮に入れることが難しい。例えば、ある企業の従業員のエンゲージメントの高さを把握しても、その情報を踏まえて評価用スプレッドシートのC23のセルをどう変えるべきかが分からない。

このことは社会的パフォーマンスの測定基準の妥当性に大きく影響する。従来の見方では、社会的な基準と金銭的な基準は対立すると考える。社会的目標（職場慣行の改善など）を追求するためには、株主は金銭的リターンを犠牲にしなければならない。すると社会的基準を検討するのは、社会的目的と金銭的目的の両方を掲げる「社会的責任投資をする投資家」のみということになる。しかし各種研究の結論を踏まえれば、金銭だけを目標とする投資家も、これをぜひ検討するべきだ。社会的パフォーマンスは通常「非財務要素」に分類されるが、長い目で見れば財務要素になることが多いのである。そのため

5 （訳注） これまで市場では認識されていなかった企業の経営情報に対して株価が反応すること。

国連責任投資原則は「社会的責任投資」と「責任投資」を対比させていて、後者は純粋に金銭的な目的を達成するために社会的基準を用いることを指す。

しかし私は、国連のもっと先を行こうと思う。私たちは「社会的」という言葉だけでなく、「責任」という言葉も削除できる。社会的パフォーマンスなど、金銭的な重要性のある要素を検討することは「責任投資」だけの話ではない。それはごく単純に投資である。実際のところ、市場の値付けが不十分な要素を選んだときに市場に勝てるというのが、責任投資に限らず、投資の原則である。その意味では、見過ごされがちな社会的基準のほうが、金銭的基準よりも優れているかもしれない。

この見方は投資家教育にも影響してくる。資産運用会社、ビジネススクール、専門機関は、典型的には投資家にバランスシートや損益計算書の分析方法を教えることを重視するが、その教育内容を社会的パフォーマンスにまで広げる責任がある。さもなければスタッフ、卒業生、会員らは仕事を失うことになるだろう。ここ数年、財務パフォーマンスに基づいてコンピューターで銘柄を選ぶ「スマートベータ」ファンドが大きく成長しており、２０１７年12月に1兆ドルを突破した。人工知能に仕事を奪われたくないなら、ファンドマネジャーや投資アナリストは機械にできないことを分析する能力を身につける必要がある。

混乱を避けるために、本書では引き続き、標準的な用語に準じて、社会的基準を用いることを「責任投資」と呼ぶ。しかし今後の書籍ではその必要がなくなることを願いたい。この用語が姿を消したときにはじめて、責任投資が主流になったと言えるだろう。「財務実績投資」などという用語が存在しないのは、投資判断で企業の財務パフォーマンスを考慮するのは当然だと見なされているからである。いつの日か、企業の社会的パフォーマンスにもこれが当てはまるようになるだろう。

責任投資を実践するファンドの1つがパーナサス・エンデバー・ファンド（旧称パーナサス・ワークプレイス・ファンド）である。2005年に始まったこのファンドの投資基準はただ1つ――従業員満足度である。同ファンドのアドバイザーの1人は、「最も働きがいのある会社」リストの最初の1984年版と1993年版の共同執筆者を務めたミルトン・モスコヴィッツだ。2017年までの同ファンドのリターンは年率12・2%で、これに対しS&P500は8・5%だった。同年には投資調査会社のモーニングスターが、大型グロース株に投資するすべてのファンドの中で、エンデバー・ファンドが初年から10年目までの全年度において、単独で最高のパフォーマンスを達成したことを明らかにした。

危機における責任投資

責任投資に共通する懸念の1つが、経済が上向きの時期にしか利益を生まないのではないかということである。厳しい時期には資金の余裕がなくなり、企業は短期的な生き残りに集中するべきだからだ。しかし、危機に陥りビジネスに対する信頼が低下したときにこそ、責任を果たすことの価値が増すのではないかという見方もある。社会への貢献を通して信頼を築いてきた企業は、他社にはない有利な立場で嵐を乗り切れるかもしれない。

果たしてどちらの見方が正しいのか、ここでもやはり、エビデンスを見てみよう。カール・V・リンズ、ヘンリ・セルヴァース、アン・タマヨは1673社の2007〜2013年のデータを研究した。彼らもモザファー・カーンと共同執筆者による重要度の研究と同様に、KLDスコアの高い企業が一概に市場に勝利するとは言えないことを発見した。しかし金融危機の期間に絞ると、高スコア企業のパフォーマンスが低スコア企業を4〜7%上回ることが分かった。興味深いことに、株式リターンを説明する要因として、ステークホルダー資本は現金残高とレバレッジ——企業が危機を乗り越えられるかどうかを決定する、おそらく最も重要な要素——の半分の影響力を持っていた。高スコア企業は利益性、売上高の伸び、従業員1人当たりの売上高という点でも優位だった。また、かなり時期を隔てたエンロン及びワールドコムの不正会計事件に伴う危機でも、これらの企業のパフォーマンスは優れていた。

パンデミックはどうだろうか。パンデミックの発生直後、責任投資（RI）やESGスコアが高い企業のパフォーマンスが優れていることを告げる研究がいくつも発表された。これらの研究はメディアで広く報じられ、視聴者に受け入れられた。しかしそこには確証バイアスが働いた可能性がある。ある研究は、2020年2月後半〜3月後半の期間に責任ある企業のパフォーマンスが優れていたことを明らかにし、大々的に報じられた。だが、仮に逆の結論が出ていたら、責任あるビジネスの支持者たちは対象期間が短すぎると攻撃しただろう。パフォーマンスを評価するのに1カ月ではあまりにも短いからだ。従って、彼らは自分たちにとって好ましい発見事項に対しても、同じく懐疑的な目を向けるべきだった。別の分析によれば、ESGのパフォーマンスが好調だったのはすべて、業界効果——ESG投資のポートフォリオはハイテク株がロング（買い）、エネルギー株がショート（売り）である——か、他の変数を補正していないことが理由である。

本書の執筆時点で、パンデミック期に責任あるビジネスのパフォーマンスが優れていたかどうかを結論づけるのは時期尚早だ。学者の中には優れていたと主張する者もいれば、逆の結論を出す者もいる。私たちに分かっているのは、ステークホルダー投資が、好況時にしか意味のない贅沢な行為だという懸念に反して、過去の不況時に利益を生んだということである。しかし、金融危機とエンロン及びワールドコムの事件がビジネスに対する世間の信頼を揺るがしたことを考えると、信頼できる企業が優れたパフォーマンスを示したのは納得できる。逆に、新型コロナウイルス感染症のパンデミックは企業が引き起こしたものではないため、ビジネスに対する信頼の低下にはつながらなかったはずである。確かに、中には無責任な振る舞いをした企業もあったが、その他の企業は立派に対応してきた。コロナ危機の中で社会的パフォーマンスが財務パフォーマンスを支えたと断定するには早いが、損害を与えたというエビデンスはまだない。

因果関係をさらに確実にする

社会的パフォーマンスを市場シェア、売上高、利益ではなく将来の株式リターンと関連づけると、因果関係に近づくことができる。しかし、これは完全な証明にはならない。私は業界、規模、最近のパフォーマンスなど多くの要素を補正したが、補正できるのは観測可能な要素だけである。例えば経営の質など、観測できないものは補正できない。ここで役立つのがアーニングサプライズの分析である。アナリストは日頃から企業のリーダーと話して常に評価を下しているため、彼らが収益予測を行う際に経営の質を考慮していると仮定するのは合理的である。それでも「最も働きがいのある会社」が彼らの予測を上回るとなると、経営の質の他に、利益を牽引する何かがあるはずだ。しかし、これも仮定に過ぎないし、それを直接検証する方法はない。

因果関係にたどり着くための別のルートとして、ある企業の社会的パフォーマンスが報道されたときの株価の動きを研究する方法がある。報道は企業の社会的パフォーマンスの情報を突然変えるものであり、経営の質、財務パフォーマンス、その他諸々と関連づいている可能性は低い。イベント分析のもう1つの利点は、イベントにはポジティブなものとネガティブなものが両方あることだ。前のセクションで挙げた研究は、社会的パフォーマンスのポジティブな測定基準（例えば「最も働きがいのある会社」リスト）を用いるものが典型的で、パフォーマンスが良い場合に恩恵があることは分かるが、悪い場合に害があるかどうかは分からない。

フィリップ・クルーガーは1542件のネガティブなステークホルダーイベントを研究し、これらによって株価が平均1・31％、金額にして9000万ドル下落することを明らかにした。コミュニティや環境に関連するネガティブなイベントのインパクトが最も大きく、下落幅は3％を超える。戦略論の教授のキャロライン・フラマーは、環境関連のイベントに注目した。ポジティブな報道（例えば、ある企業がリサイクルプログラムを導入）は株価を平均0・84％上昇させたが、ネガティブな報道（例えば有害廃棄物の放出）は0・65％下落させた。実際、ネガティブなステークホルダーイベントが、一分の隙もないように見えた世界的企業の評判に傷をつけ、ひいては投資家に打撃を与え得ることを示す例は枚挙にいとまがない。フォルクスワーゲンが排出ガス試験で不正を働いた、フェイスブックがユーザーデータをケンブリッジ・アナリティカに提供していた、ウェルズ・ファーゴが架空口座を開設していたという報道により、それぞれ280億ユーロ、950億ドル、350億ドル相当の時価総額が消し飛んだ。

しかしイベントを研究しても、まだ因果関係を確定するには至らない。明らかに社会的パフォーマンスに関するイベントが報じられたとしても、それは経営陣の全般的な能力ゆえに起きたことかもしれないし、市場もそう捉えて反応するかもしれない。例えば、ある企業が有害廃棄物を放出した場合、CEOはもっと全般的な意味で自社の動きをコントロールできていないのかもしれない。そのためキャロライン・フラマーは、別の論文で、まったく違うアプローチを用いて探究を深めた。彼女が研究したのは、株主が企業に特定の行動方針を要求する投資家提案だ。要求する行動には、例えば配当の引き上げなど金銭的なものもあるだろうが、キャロラインは社会的パフォーマンスに関連する提案に注目した。2018年の米国の株主決議の中で、こうした課題に関するものは43％だった。提案は株主総会で全員の投票により採決される。提案は拘束力を持たないため、可決しても企業には無視する選択肢があるが、可決した提案の52％が最終的に実行される。

最近の例を2つ紹介しよう。次の提案は、自動車のシート及び電気システムのサプライヤーであるリア・コーポレーションに対するものである。

株主は、貴社が前述のＩＬＯ人権基準及び国連人権に関する多国籍企業の責任に関する規範に基づく行動規範を、貴社の各国のサプライヤーにおいて、また貴社の各国の生産施設において実施することを

約束し、それらの基準の遵守状況に関する外部の独立監視プログラムに取り組むことを求める。

もう1つはHCCインシュアランスに対するものである。

株主は経営陣に、性的指向及び性自認に基づく差別を禁止する前述の原則に基づく雇用機会平等ポリシーを実行することを求める。

株主提案は企業の社会的方向性を突然変えるが、これが（例えば）突然の経営の質の変化と同時に発生する可能性は低い。とはいえ、それだけでは因果関係の問題を回避することにはならない。提案を出したのは熱心な大口投資家かもしれない。であるなら、パフォーマンスが改善したのは、この提案に限らず、この投資家のより全般的なエンゲージメントのおかげかもしれない。そのため、キャロラインは**回帰不連続デザイン**と呼ばれる方法論を用いる。彼女は僅差で可決された提案（得票が50％をわずかに超えたもの）と、僅差で否決された提案（得票が50％をわずかに下回ったもの）を比較する。リアに対する提案は49・8％で否決され、HCCインシュアランスに対する提案は52・2％で可決された。僅差の場合、実質的に可否は偶然で決まるも同然である。熱心な投資家の関与で可否が決することは考えにくい。なぜなら、そうした関与があれば得票は49・8％から（例えば）70％に伸びるはずで、52・2％にはならないからだ。

キャロラインは1997〜2012年の27229件の提案を丹念に調べた。そして、提案が僅差で可決された場合、僅差で否決された場合よりも株式リターンが0・92％増加することが分かった。可決された提案は52％の確率で実行されることから、株主価値は平均で0・92÷0・52＝1・77（％）の増加となる。重要なのは、この増加がパイの分割ではなく拡大によって生まれることである。業績、労働生産性、売り上げの伸びにも改善が見られるため、社会的志向が従業員と顧客にも刺激を与えると考えられる。

規律ある投資の重要性

パイコノミクスは、ステークホルダーに投資することによって最終的に株主に恩恵をもたらすことができると説くが、そうした投資に規律が必要であることも強調する。第3章で、リーダーが投資の是非を判断する際の指針となる3原則を紹介した。

これらの原則の重要性を示すエビデンスは何だろうか。モザファー・カーンと共同執筆者、そしてマイケル・ホーリングと共同執筆者らは、重要度《マテリアリティ》の原則の意義に光を当てた。ある投資が生み出した社会的価値を外部の研究者が推定することは非常に難しいため、増幅と比較優位の原則を調査するのは容易ではない。しかし、比較優位の原則に明確に反する一般的な投資——慈善事業への寄付——の効果については研究できる。

第2章で、経営者が慈善事業に寄付する場合に、投資家、従業員、顧客の望みではなく、個人的に優先する社会的課題の解決を支援できることについて議論した。実際、ロナルド・W・マスリスとサイード・ワリド・レザによれば、企業の62％が、自社のＣＥＯが理事、取締役、あるいは顧問を務める慈善団体に寄付している。それだけではなく、米国企業が自社の幹部や取締役の名義で行う寄付は、支払いの一形態と見なされるため、公開が求められる。そのおかげで、ロナルドとワリドはこうした寄付の企業価値への影響を研究することができた。企業が自社の取締役と関わりのある慈善団体への寄付を開示する場合、その第一報の公表時に株価は０・87％下落する。これを企業の平均時価総額１０４億ドルに当てはめると約９０００万ドルだ。面白いことに、平均寄付額は１００万ドルほどである。ＣＥＯが退任まで毎年寄付を続けると投資家が予想したとしても、到底９０００万ドルには届かないだろう。では、なぜ企業価値がそこまで下落するのだろうか。それは寄付が氷山の一角に過ぎないからだ。関わりのある慈善団体に寄付をするＣＥＯは、他にも様々な形で原則を満たさない支出をし、結果として価値を損なっている可能性がある。

イエ・ツァイ、ジン・シュ、チュン・ヤンは、企業の社外取締役と関連する慈善団体への寄付に的を絞った。社外取締役の仕事は、企業リーダーに業績の説明責任を果たしてもらうようにすることである。しかし彼らと関わりのある慈善団体に寄付をすれば、温情が生まれるかもしれない。実際にイェ、ジン、チュンは、それによってＣＥＯの報酬が９・４％増えることを明らかにした。報酬の増分は、慈善団体と関わりを持つのが報酬委員会——取締役会の内部機関で、報酬を決定する——の委員の場合はさらに大きくなり、委員長とつながっている場合に最大となる。さらに悪いことに、経営者が取締役会メンバーの大半について、それぞれと関連のある慈善団体に寄付をしている場合、その経営者が業績不振を理由に解任される可能性は低くなる。この利己的な行為は投資家を犠牲にし、株式リターンが年率

2・4%減少する。

これらの研究から浮かび上がるのは、ステークホルダーに対する企業の投資を――特に例の3原則に沿っているかどうかを――取締役や株主が注意深く検証することの重要性である。リーダーには、たとえ原則を満たさなくても特定の投資を行うことに個人的なインセンティブがあり、それが実行されるとパイは小さくなるのである。

コインの裏面

では、なぜパイコノミクスがもっと広がらないのだろうか。それには、エビデンスがすべて一方通行とは限らないことを理解しなければならない。

先ほど私は、責任投資の成功例としてパーナサス・エンデバー・ファンドに言及した。しかし、これはあくまで1つのファンドであり、エビデンスではない。反証に最も苦労する点の1つが、ESGファンドが全体として市場に勝っていないことである。ルーク・レンネボーグ、ヤンケ・R・テルホルスト、チェンディ・チャンは、米国と英国、そして欧州とアジアの一部の国について、ESGファンドが年率2・2~6・5%のアンダーパフォーマンスだったことを明らかにした。ただし、この差はリスクを調整すると有意ではない。彼らはまた、これとは別のメタ分析でESGファンドのパフォーマンスを非ESGファンドと比較し、英国と米国では同等、欧州とアジアでは下回ったと結論づけた。公共投資を民間投資に変える「インパクト投資」は、金銭的目的とともに社会的目的を持つ。ブラッド・バーバー、アデア・モース、保田彩子は20年間の１５９のインパクトファンドを研究し、それらのパフォーマンスが従来型のベンチャーキャピタルファンドを年率３・４％下回ったことを明らかにした。

こうした発見について、ＥＳＧの支持者の一部は見て見ぬふりをする。ある人はフィナンシャル・タイムズで、「ＥＳＧ戦略のアウトパフォーマンスは疑いようがない」と述べた。残念ながらこのような主張は正しくないが、確証バイアスのために無批判に受け入れられることが多かった。私たちは倫理的な投資が機能する世界に暮らしたいし、善人に成功してほしい。そして第2章と第3章で議論した厄介なトレードオフに対処する必要はないふりをすることもできる。[6] フォーブスの記事は、ＥＳＧのアウトパフォーマンスを明らかにする未発表のメタ分析を取り上げて、[7] こう歓迎した。「これが新たなレポートの前提である。そしてそのレポートは、より良いビジネス、より良いコーポレートガバナンス、サステナブルな未来に関心を持つ人々との多くの対話から判断するに、正確なものである」。しかし、あるレポートが「正確なもの」かどうかは科学的厳密性で決まるのであって、「より良いビジネスに関心を持つ」——従って、その結論を好意的に捉える傾向がある——人々が正確だと見なしたから決まるわけではない。英国のハロルド・マクミラン政権の信頼を失墜させた１９６３年の裁判で、マンデイ・ライス・デイビスが証言した言葉はよくパロディにされるが、それに倣えば「彼らなら、そう言うでしょうね」といったところだ。

従って私たちは、大半のＥＳＧファンドはアウトパフォーマンスにならないという事実を真剣に受け止めなければならない。ただし、パイコノミクスを実践していないＥＳＧファンドも多いかもしれない。企業が社会のために価値を生み出すかどうかを評価する際、多くのファンドはスクリーニング（ふるい分け）を行う。チェックボックスに印がつかない（例えば取締役会の多様性に欠ける）、あるいは不適当なチェックボックスに印がつく（例えば石油・ガス産業に属する）銘柄はふるい落とされる。実際のところ、第2章で言及したＥＳＧ戦略への投資額35兆３０００億ドルの中で、最も一般的に採用されていたアプローチ（19兆８０００億ドル相当）がスクリーニングだ。この手法には３つの欠点があり、そこからＥＳＧファンドの平均パフォーマンスが低い理由を説明できるかもしれない。

１つ目に、チェックボックス方式は表面的で、良くても中途半端、悪くすればごまかしが起きやすい。中途半端になる例として、多様性の指標として取締役会のマイノリティメンバーの割合が使われることがあるが、これは取締役会の思考の多様性、反対意見を出せる文化、それらの全社的な浸透度の説明にはほとんどならない。ごまかしの例として、多様性のことをあまり重視していない企業が、チェックボックスの印がほしくてマイノリティのメンバーを指名する場合があるかもしれない。

２つ目に、チェックボックス方式は画一的である。この方法では、社会的パフォーマンスが良ければ必ず投資家に恩恵があることを前提にするが、これはパイコノミクスの要点である重要度《マテリアリティ》の原則を無視している。どのステークホルダーが重要かは企業によって違い、モザファー・カーンと共同執筆者の研

6　素晴らしいことに、フィナンシャル・タイムズはその後、このエビデンスの曖昧さを強調する投書を掲載した。David Tuckwell, 'Case on ESG Investing is Far from Closed', Financial Times (28 November 2017).（２０１７年11月28日付、『ＥＳＧ投資の優劣に結論を出すのはまだ早い』、デイビッド・タックウェル）

7　このメタ分析は社会的パフォーマンスと株式リターンの関連性を研究する。これに対し、本章で先に紹介したマーゴリスとウォルシュ（２００３年）及びオルリツキー、シュミット、ラインズ（２００３年）のメタ分析は、その他の財務パフォーマンスの指標を研究する。

究が示したように、重要ではないステークホルダーの課題に投資してもリターンは改善しない。

そして、おそらく最も重大な欠点として、チェックボックス方式は包括的ではなく部分的である。もし1つのチェックボックスに印が付かなければ、その他の分野のパフォーマンスがいかに優れていようとも、その企業は自動的にふるい落とされる。特に、ほとんどのチェック項目は「積極的に善を為す」ことよりも「害を為さない」ことを重視するため、業界によっては丸ごと除外される可能性がある。最もよく見られるスクリーニングにエネルギー銘柄の除外があるが、ローレン・コーエン、ウミット・G・グルン、クオック・グエンによると、エネルギー業界の企業は他のどのセクターよりも「グリーン発明」（環境問題を解決するイノベーション）の件数が多く、発明の質的にもほとんどのセクターを上回っている。エネルギー企業は「茶色」の化石燃料資産と「グリーン」な再生可能エネルギーの投資プロジェクトのポートフォリオに含まれる。その場合、前者のマイナス面よりも後者の有望性が選ばれるかもしれない。

業界自体が除外されなくても、「害を為さない」の項目によって、大きな価値を生み出している企業でも除外される可能性がある。第2章で、アップルが成長と発展の機会のある刺激的な労働環境を提供していることを取り上げたが、多くの社会的パフォーマンス測定基準はこうした要素を捉えない。その代わりに、典型的には従業員紛争を重視するが、これはアップルにとってやや分が悪い分野である。同社は以前から、長時間労働や厳しい職場文化、アップル製品のサポートを行っているジーニアスバー労働者への最低賃金の支払い、サプライヤーの工場の劣悪な職場慣行が批判されており、これらが原因で自殺に追い込まれた従業員もいると言われる。こうした紛争はもちろん深刻な懸念であり、責任ある投資家は大いに関心を持つべきだが、同時にプラス面を検討せずに評価を下すべきではない。何もかも完璧な企業は存在しない。ある従業員にとっては要求が高くやる気を引き出される文化でも、別の従業員にとってはストレスまみれの苦しい環境かもしれない。従業員満足度の評価は複雑であり、印で判定する1つのチェックボックスに収めるのは無理なのだ。第6章で論じるが、社会的パフォーマンスを適切に評価するには、実際に手足を動かす——例えば対象が小売チェーンなら店舗を訪問する——必要がある。しかし一部の投資家は、保有する銘柄が多いためにそうする余裕がなく、代わりに机上で判断する。

1つのステークホルダーに対する企業の貢献を測定するだけでも困難だが、パイには多数のステークホルダーが含まれる。果たしてアマゾンはパイを拡大する企業だろうか。多数の商品を低価格で入手できることは顧客にとって恵みであり、同社のオンラインプラットフォームのおかげで商品の仕様やレビューの比較もできる。同社は2020年の年次報告で、2億人のアマゾンプライム会員が買い物のオンライン化で節約した時間の価値について、会費のコストを差し引き、1時間当たり10ドルと控えめに見積もった上で1260億ドルと推計した。同社は一等地に物理的な店舗を置かない（代わりに土地の希少性が低い場所に倉庫を置く）ことで環境に貢献し、顧客が中古品を捨てる代わりに転売できるようにする。しかし従業員の扱いについては、良し悪しが複雑に入り混じる。アマゾンの倉庫には、長時間の重労働、けがの発生頻度の高さ、スキル開発の乏しさがついて回る。労働者の中には、トイレが遠いために、職務怠慢の処分を受けることを恐れて瓶で用を足す者もいると言われる。これとは逆に、2021年のリンクトインの調査で、アマゾンは米国の働きたい企業ランキングの第1位に選出された。アマゾンがもたらす顧客への恩恵は大量の段ボール包装や輸送リソースと天秤にかけて評価しなければならないため、同社の環境に対する全体的な影響も、同様に明確ではない。

　パイコノミクスはトレードオフを伴う。その対処にリーダーの判断が求められるのと同様に、その評価には投資家の判断が必要だ。「責任」と名のつくファンドがアンダーパフォーマンスの場合、それは社会的パフォーマンスが財務パフォーマンスに悪影響を与えるからではなく、社会的パフォーマンスを適切に評価していないからである。責任投資（ＲＩ）に対する**スクリーニング**、つまり**消去法**のアプローチは単純に投資家の選択肢に制約を与えるため、その概念からしてアウトパフォーマンスを実現することはない。その代わりに第9章で、社会的パフォーマンスと財務パフォーマンスを並べて検討する新しいＲＩのアプローチ、すなわち**インテグレーション**（**統合**）を議論する。インテグレーションには、投資家が参照できる情報の幅を広げる――特に市場が見逃しがちな情報を取り込む――という点で、大幅なアウトパフォーマンスを実現するポテンシャルがある。

　つまり、多くの責任**投資家**は責任**投資**を正しく実行していない可能性があるため、彼らの成績を見ても責任投資のパフォーマンスはほとんど分からない。ＲＩは様々な意味を持つので、「ＲＩは機能する」とか「ＲＩは機能しない」といった説明にはあまり意味がない。これは「食べ物は体に良い」「食べ物は体に悪い」と言っても、食べ物によりけりで意味がないのと同じである。同様に、責任**投資家**の成績を見ても、責任ある**企業**のパフォーマンスはほとんど分からない。ＥＳＧファンドは社会的パフォーマンスだけを評価するわけではなく、リーダーシップや戦略といった従来の基準にも注目する。当然そうするべきだが、従来型ファンドでもしばしば見られるように、評価方法が間違っている場合がある。従来型ファンドもアンダーパフォーマンスになる場合があるが、だからといって投資家が銘柄を選択する際にリーダーシップや戦略を無視するべきだということにはならない。

これとは別に、「罪深い」産業のアウトパフォーマンスという不都合な真実がある。ハリソン・ホンとマーチン・カスペルシックは、アルコール、タバコ、ゲーミング産業の42年間のパフォーマンスが、最も密接に関連する「罪のない」産業（炭酸飲料、食品、娯楽、ミール）を年率3・2％上回ったことを明らかにした。しかしそれは、パイの分割（依存性のある商品を販売して顧客から搾取する）によってもたらされたわけではない。もしそうなら利益が高まるはずだが、この論文ではそれは示されていない。その代わりに彼らが示したのは、「罪深い銘柄」が年金基金や大学など機関投資家に回避されていたことである。これはおそらく、社会的規範の制約でこうした銘柄を保有できないからだ。「罪深い銘柄」を保有できるのは一部の（社会的規範に束縛されない）投資家に限られ、該当する投資家はリスクのある大きなポジションを持つ。従って、高リターンは単純にリスクの補償である。

最後に、パイコノミクスを支持するこれらの研究は、一般化できない可能性がある。本章で取り上げた論文はすべて株式リターンのある上場企業を研究しており、逆の因果関係の問題を減らしてリスクを調整することができる。しかし、ほとんどの研究は利益性の改善も示しているため、その結論は非公開企業（株価がない）にも拡大できる可能性が高い。また、パイコノミクスに関する概念的な議論――例えば、他の方法では候補から外されかねない長期的投資をいかに実現するか――は、公開企業だけに当てはまる話ではない。ただし、非公開企業における社会的パフォーマンスと財務パフォーマンスの関係はまだ厳密には示されておらず、今後のデータでそれが明らかになることを願っている。

さらに、これらの結論は他国に拡大できない可能性がある。私はルシウス・リーとチェンディ・チャンとともに、「米国における最も働きがいのある会社」の研究の対象を世界に広げた。「最も働きがいのある会社」のリストは世界45カ国で発表されている。その中で、現地に本社を置く上場企業（米国企業の子会社ではない）が十分に揃うのは17カ国だった。すると米国版の結論はおおむね通用し、17カ国のうち12カ国では米国よりも「最も働きがいのある会社」のパフォーマンスが優れていた。

しかし常に通用したわけではない。「最も働きがいのある会社」のパフォーマンスは、フランスやドイツなど労働市場に対する規制が厳しい国々では振るわなかった。この結果は納得できる。これらの国ではすでに、労働者の妥当なウェルビーイングが法的に（解雇保護などを通して）保証されている。平均的企業でも従業員を大切に扱っているとしたら、トップ企業は従業員満足度に過剰に投資しているかもしれない。

この結論は2つの理由で重要である。1つ目として、本書はエビデンスを土台にするが、そのエビデンスにも限界があることを浮き彫りにする。エビデンスは証明ではない。証明は普遍的なものである。円の面積が半径の2乗×円周率（π）であることを示したアルキメデスは、これが紀元前3世紀のギリシャにある円だけでなく、現代のギリシャにある円、そして世界中にある円でも成立することを証明した。これに対しエビデンスは、それが得られた国あるいは産業にしか当てはまらないかもしれない。米国における「最も働きがいのある会社」のアウトパフォーマンスのエビデンスがあっても、フランスでそうなるとは言えない。それに、当てはまる期間もそのときだけかもしれない。将来的には、株式市場が従業員満足度のメリットをすばやく把握するようになり、「最も働きがいのある会社」リストの発表後に、投資家がランク入り企業の株を購入しても、高リターンを得られなくなるかもしれない。２つ目として、この結論は――第３章で強調した点でもあるが――社会的価値の追求を無制限に行うべきではないことを示す。社会的便益で費用を正当化できる境界を超えて投資すれば、パイは拡大するどころか縮小するだろう。

以上の様々な調査から、どのような結論が引き出せるだろうか。パイコノミクスは出来過ぎた夢物語ではない。ステークホルダーに貢献すれば、実際に、より高い長期リターンが投資家にもたらされる。ただし、どのような場合も必ずそうだというわけではない。従って、企業は社会に価値を生み出すことを第一の目標とするべきだが、分別のある方法でそれを実行することが重要だ。このアプローチの土台として、第一部では概念と原則を紹介した。第二部ではエビデンスに基づいた改革方法を、第三部では行動計画を紹介していこう。

まとめ

● 社会的パフォーマンスと財務パフォーマンスの正の相関関係が、多くの研究で明らかになっている。しかし、それは**逆の因果関係**（原因と結果が入れ替わる）の可能性もある。財務パフォーマンスは常に現在の株価に織り込まれているはずなので、将来の株価の変化を研究することで、逆の因果関係の問題を軽減できる。

● 「米国における最も働きがいのある会社トップ１００」の企業の28年間の株式リターンは、比較群に対して年率平均2・3〜3・8%のアウトパフォーマンスだった（合計では89〜184%）。また、将来的に生み出した利益はアナリスト予想を上回った。

●顧客満足度、環境効率、ステークホルダー志向のポリシー、重要なステークホルダーの課題に対するパフォーマンスが良いことも、優れた長期的株式リターンと相関関係がある。しかし、重要度を無視してすべてのステークホルダーの課題で優れたパフォーマンスを上げた場合、相関関係は生じない。

●企業がステークホルダーのために生み出す価値は現時点で測定できても、その価値が株価に表れるのは数年先である。そのため、投資家や社会は長期的視野でリーダーを評価するべきである。

●社会的パフォーマンスの改善を意図する株主提案が可決されると、株式リターンは増加する。僅差で可決された提案と僅差で否決された提案を比較することにより、**省かれた変数**——株主提案と社会的パフォーマンスの両方を推進する因子——の問題に対処できる。

●責任投資ファンドのパフォーマンスは市場を上回らないことが一般的だが、これは投資基準として劣っているというよりも、社会的パフォーマンスの測定が非常に難しいことが原因である。これは、チェックボックス方式のアプローチで社会的パフォーマンスを評価することの危険性を浮き彫りにする。

●ある業界や国で社会的パフォーマンスと財務パフォーマンスに相関関係があっても、それ以外の条件では成立しないかもしれない。また、無制限に社会的パフォーマンスを上げることが、必ずしも財務パフォーマンスを改善するとは限らない。

第二部

何がパイを拡大するのか
——エビデンスの探究

第二部では、何がパイを拡大させるかについてのエビデンスを検証する。企業が社会に価値を生み出す方法は、今や無限に存在するといってよい。優れたリーダーシップ、最先端の生産技術、研ぎ澄まされたマーケティングは間違いなく有益である。しかし本書ではこれらのメカニズムは取り上げない。なぜならパイコノミクスに独自の視点があるわけではないからだ。優れたリーダーシップ、生産技術、マーケティングが望ましいことは本書を読まなくとも皆が知っている。これらは投資家とステークホルダーの両方に価値を生み出すため、その価値を理解するのにパイ拡大のメンタリティは必要ない。

その代わりに本書では、パイの決定要素の中から役員報酬、投資家のスチュワードシップ、株式の買い戻しの3つに注目する。これらはステークホルダーを犠牲にしてリーダーと投資家に恩恵を与えるものと見なされていて、とりわけ論争を呼びやすい。そのため世界各国で主な改革案の焦点になっている。だが、これらの要素をパイコノミクスの視点で――パイの大きさが一定ではないことを理解して――見てみると、考え方は一変する。リーダーや投資家が享受する恩恵を、ステークホルダーを犠牲にして生み出す必要はない。それは皆のためにパイを拡大した結果として生まれるものなのだ。これは単なる希望的観測ではなく、厳密で大規模なエビデンスの裏づけがある。データを丹念に調査してみると、有力な改革案を形成している報酬、投資家、株式の買い戻しに関する多くの固定観念が、実際には正しくないことも分かるだろう。

第5章で検討する役員報酬については、労働者を犠牲にして経営者を富ませるものという見方がある。第6章で論じるスチュワードシップ――投資家の監視とエンゲージメント――については、企業に長期的成長よりも短期的利益の優先を強いるものだという議論がある。第7章で分析する株式の買い戻しについては、本来ステークホルダーのために投資されたはずの資金を、株主が現金化しているとの指摘がある。

これらの懸念に根拠があることは認めざるを得ず、こうしたメカニズムが悪用される可能性はある。しかし、これらを適切に設計して実行すればパイを拡大できるというエビデンスも提示したい。重要なのは「適切に設計して実行する」ことであり、現時点ではそうなっていない場合もある。そこで私は、報酬、スチュワードシップ、株の買い戻しに関する現在の慣行を大幅に改善する方法を提案する。つまり、これらの改革が必要だという一般の意見には私も賛成するが、パイは拡大できるということを理解したとき、私たちが遂行するべき改革の姿は大きく変わってくるのである。

第5章　インセンティブ

長期的な価値創出に報い、短期的な操作を抑制する

２０１０年４月、バート・ベヒトは英国民の最大の敵となった。レキットベンキーザーのＣＥＯだった彼は、不正を働いたり、顧客に損害を与えたり、労働者を不当に扱ったりしたわけではない。多くの人から見て、彼の犯した罪はもっと重かった。彼が２００９年に９２００万ポンドの報酬を受け取り、英国の役員報酬の最高記録を更新したと報道されたのだ。

メディアはすぐさま激しい怒りを表明した。ある新聞は、バートの報酬が「あまりに衝撃的で、ベッドで横になる必要があるかもしれない」とし、もし高い報酬を得ると宇宙人になるとしたら「バート・ベヒトは皇帝ダーレクだ」と書いた。そしてとどめの一撃として、バートの報酬を２００７年の金融危機の原因となったと言われる銀行家のボーナス――読者の怒りを煽ることは間違いない――と結びつけ、「銀行家が享受していた過剰な報酬が他のセクターにも拡大している」という懸念を表した。この新聞は、「少なくとも銀行家は素人には理解できない何かをしている」ので、バートと比べれば銀行家の高額報酬には**まだ**正当性があると指摘した。レキットが販売するのは債務担保証券（ＣＤＯ）や流動利回りオプション証券（ＬＹＯＮ）ではなく、消毒液のデトール、のど飴のストレプシル、染み抜きのバニッシュなど、頭字語ではなくそのまま呼ばれる家庭用品だ。従って、その業務は「ロケット科学ほ

ど難しくはない」というわけだ。

人前に出ることを好まない仕事人間のバートは、こうした1つひとつの辱めをひどく嫌った。1年後の2011年4月14日、彼は予告もなく辞職した。しかし彼が去っても戦勝パレードは行われなかった。1年前に現実世界を知らない宇宙人だと彼をこき下ろしたジャーナリストが、彼が恥じ入って辞職したのは自分の手柄だと主張することはなかった。所得均衡に向けて9200万ポンド分前進したことを祝う論調もなかった。

なぜなら、厳然たる事実があったからだ。バートの辞職を受けてレキットの市場価値は18億ポンド減少した。これは彼の2009年の報酬の約20倍である。バートを失ったことによるパイの縮小は、他のステークホルダーに再分配できたバートの1切れよりも桁違いに大きかったのだ。一部のエクイティアナリストはレキット株の売りを推奨した。例えばインベステックはバートの辞任を「非常にネガティブなイベント」とし、「彼の影響力の大きさを誇張し過ぎることは難しく、レキットは今、不確かな未来に直面している」と指摘した。

とはいえ、アナリストがこのような不安を表明し、市場も18億ポンドの価値の下落という形で暗にそれを示したからといって、バートの価値の証明にはならない。もしかするとバートの巨額の報酬に惑わされて、市場が彼を特別だと誤認したのかもしれない。しかし、この不安が妥当だったことは、レキットのその後のパフォーマンスで立証された。2011年までの5年間で、同社の売り上げ、営業利益、純利益はそれぞれ年率14・0%、21・4%、21・0%伸びていた。その後の5年間では、この数字が0・0%、マイナス1・1%、マイナス0・2%に落ち込んだのだ。雇用の面から見ると不振はさらに明らかで、従業員数がすべての年で２０１１年を下回った。

　バートはレキットベンキーザーの仕事に心血を注いでいた。彼は１９９５年にベンキーザーのＣＥＯに就任すると、１９９９年のレキット＆コールマンとの合併後も新組織を率いて、15年にわたって同社の舵取りを担った。そして彼は象牙の塔に閉じこもるＣＥＯではなかった。自宅を自ら掃除して「掃除をするベヒトさん」と呼ばれていたし、顧客に現場で働きかけるという比喩的な意味でも、自分の手を汚すことを厭わないＣＥＯだった。バートはこう説明した。「私は店で買い物客に話しかけます。なぜその商品を選んだのかと尋ね、彼らの家を訪問して、そのような方法で洗濯している理由を調査します。こういうことをするのが嫌なら、この仕事をするべきではありません」

　彼のリーダーシップは明らかな成果を上げていた。１９９９年の合併後、レキットの株価は7ポンドから、例の報酬の発表日には36ポンドを超えるまでに急上昇した。配当を除いても２２０億ポンドの価値を投資家にもたらしたことになり、10年間のレキットのパフォーマンスはＦＴＳＥ１００企業の中で第4位だった。さらに重要なのは、バートがパイを大きくする人物だったことである。株主が得た利益は、価格のつり上げではなく、すべてのステークホルダーに価値をもたらして獲得したものだ。

　顧客はバートのもとで恩恵を受けた。家庭用品などありふれたものだと思うかもしれないが、レキットはイノベーションで知られるようになった。同社は２００９年にジ・エコノミストのイノベーション賞を獲得し、ハーバード大学やＩＮＳＥＡＤのイノベーションのケーススタディの題材になっている。レキットは単に金をばらまいたわけではない。競合するヘンケル、プロクター・アンド・ギャンブル（Ｐ＆Ｇ）、ユニリーバと比べると、同社のＲ＆Ｄ費用はむしろ少なかった。商品新発売の派手な宣伝もしなかった。バートの任期中に立ち上げられた新ブランドは洗剤のシリットバンだけである。バートはその代わりに、既存商品を少しずつ着実に改善することを選んだ。彼は自らのアプローチを、単発ホームランではなかなか勝てないが、ヒットをつなぐと勝利に近づく野球になぞらえた。

バートはレキットのイノベーションを、デトール、ストレプシル、バニッシュなど、目下の市場規模は大きくなくても優れた成長ポテンシャルを持つ19の「パワーブランド」に集中させた。すでに試行錯誤を終えている洗濯用洗剤を惰性に任せて販売していれば、苦労はなかったかもしれない。しかしこの市場はすでに飽和状態で、満たされていない顧客のニーズは存在しなかった。そこでバートは自動食洗機用の商品に移行し、家事をシンプルにすることに乗り出した。人々はそれまで、粉末洗剤、塩、リンス剤という3種類の商品を食洗機で使用していた。レキットは2000年に、粉末洗剤とリンス剤を1つにしたフィニッシュ・パウダーボールの2イン1タブレットを発売した。その翌年、塩を追加したフィニッシュ・3イン1・ブリリアントを投入した。そして2005年に、グラスプロテクト成分を配合したフィニッシュ・4イン1を追加した。これらのイノベーションはどれも、イベルメクチンのように河川盲目症を治したりはしない。だが日々の家事労働を、ひいては何百万もの人々の日常生活を、ほんの少し快適にしたことは確かである。

イノベーションの成果が顧客に恩恵を与える一方で、イノベーションのプロセスは従業員に力を与えた。バートが作り上げた起業家精神のある文化とフラットな組織構造のおかげで、レキットの発明は研究所だけでなく社内の至るところで生み出された。従業員らがフィナンシャル・タイムズに語ったように「自分で自分の会社を経営しているような感覚」があった。あらゆる職位の労働者がアイデアを出すことを奨励され、それを試行するときに要する委員会の承認は比較的少なかった。バートは従業員がリスクを取ることを望み、そのためには失敗を許容する必要があることを理解していた。デトールのイージーモップは失敗に終わったが、それを先導した幹部はその後も同社で活躍した。バートは同社の人材に人数とスキルの両面で投資した。人数面では２０００年代に50％の増員を果たし、スキル面では若手管理職に頻繁に勤務国や役割を変えることを奨励して、起業家的な思考を養うことを促した。彼は多様性の力を見抜いていた。２００８年のレキットのグローバル執行委員会のメンバー９人の出身は７カ国で、米国のマネジャーの上位10人の出身も７カ国だった。

環境面でも恩恵があった。レキットは２００８年に、パッケージを広口ボトルからチャック付きパウチに変更して、プラスチック使用量を70％削減したバニッシュ・エコパックを発売した。２０００〜２０１１年に、レキットはカナダで５４０万本の植樹を行い、温室効果ガス排出量を48％削減し、生産単位当たりのエネルギー使用量を43％抑制した。バートの指揮のもと、レキットは英国のビジネス・イン・ザ・コミュニティのコーポレート・レスポンシビリティ指数の首位に立ち、米国環境保護庁の安全な洗剤スチュワードシップ・イニシアチブで最高位を与えられた。

つまりバートは社会を犠牲にしてパイの１切れを得たわけではなかった。それは10年以上に及ぶ価値創出の副産物だったのだ。ところがバートの報酬について書いた記事の中で、彼がどれだけパイを大きくしたかという点に言及するものは少なかった。しかも、バートが手にした金額は、主張された金額よりもはるかに少なかった。記事の見出しは彼が１年で９２００万ポンドを稼いだと書いたが、彼の２００９年の働きの「補償」はわずか５００万ポンドだった。残りの８７００万ポンドは、彼が

1999年以降に受け取った株式とオプションの売却によるものである。この株式とオプションは10年の働きの結果であって単年の利得ではなく、彼が2009年の初めに辞めたとしても彼のものだった。バートはすでに所有していたものを売っただけだ。自分の銀行口座からお金を引き出しても、得をしたり裕福になったりしないのと同じことである。実際、バートはこの報酬を早ければ2003年に換金することもできた。そうしていれば単年の金額が大きくなることは避けられただろう。しかし彼は必要期間よりもはるかに長くこれらを保有して、レキットの長期的パフォーマンスに対する責任を自らに課し続けたのだ。

現金化した8700万ポンドのうち8000万ポンドは、株式とオプションの付与後にレキットの株価が上がったために発生したものだ。バートはこの株式とオプションを獲得するために10年間働く必要があっただけでなく、ここまで価値を上げるためには、その10年間で類まれな成功を収めなければならなかった。もしレキットの業績が振るわなければ、彼が現金化できた額ははるかに少なくなり、世間のバッシングは避けられても社会が代償を負っただろう。そして、株価の上昇はバートだけの功績ではなかった。レキットの成功には従業員が大いに貢献したし、株式市場全体の上昇もあった。この重要な複雑性については後ほど議論する。ここでのポイントは、リーダーがどれだけパイを大きくしたかを評価せずに、その報酬を過剰だと決めつけることはできないということである。

実際にバートは、現金化と同時にそれ以上の金額（1億1000万ポンド）を、セーブ・ザ・チルドレンや国境なき医師団などを支援する自身の慈善信託に寄付した。従ってバートが手にした1切れもまた社会に還元されたのだが、この点はメディアで報じられないことが多い。バートの行動は特異なわけではない。２１１の個人とカップルが、自身の財産の過半を寄付することを約束するギビング・プレッジ（誓約）に署名している。約束された額は現時点で計５０００億ドルを超える。

バートの辞職はレキットにも社会にも代償をもたらした。世間のバッシングが起こったとき、バートを批判したのは政治家たちであって、主な株主は誰一人彼を責めなかったのも当然だ。９２００万ポンドを負担したのは投資家だが、彼らはバートが２２０億ポンドの価値創出に尽力したことを評価していたのである。彼の辞職の一因になったかもしれない激しい批判は、パイの拡大を妨げるパイ分割のマインドセットの最たる例である。

バートの物語は、役員報酬に対する多くの人々の見方と一致する。ビジネスが社会と乖離していることを示すエビデンスとして、何よりも取り上げられるのは報酬額である。米国の場合、S&P５００企業のCEOの２０１９年の報酬の平均（中央値）は１４８０万ドルで、従業員平均の２６４倍だった。この格差は、42倍だった１９８０年の６倍に拡大している。英国の場合、FTSE１００企業のCEOの２０１９年の報酬の中央値は３６０万ポンドで、従業員の中央値の１１９倍だった。こちらの格差は15倍だった１９８０年の８倍だ。英国のシンクタンクであるハイ・ペイ・センターは、毎年1月4日を「太った猫の日」――CEOの報酬の日割り額が平均的な従業員の年収を超える日――としている。報酬の高騰は最近の現象であり、CEOの才能を考えれば高い報酬をもらうのも当然だという主張はたちまち論破されそうだ。リーダーの才能が１９８０年よりも明らかに向上しているわけではない。それならば、なぜ報酬格差が6倍、8倍と拡大したのだろうか。

企業による他の意思決定は、商品の発売、価格戦略、さらにはカーボンフットプリントに関するものでさえ、役員報酬ほどの関心を――そして怒りを――呼ぶことはない。かつての政治家は医療改革や教育改革を公約して有権者の支持の獲得を図った。今ではそこに役員報酬改革も加わっている。2016年の米国大統領選挙キャンペーンで、ドナルド・トランプとヒラリー・クリントンの意見が一致した数少ない論点の1つが、役員報酬が高過ぎるということだった。クリントンは「米国の平均的なCEOが典型的な米国人労働者の300倍も稼ぐというのは、何かがおかしい」と嘆いた。トランプはさらにあからさまに、CEOの高い報酬を「まったく話にならない」「恥さらし」だと指摘した。序章で指摘したように、第46代米国大統領のジョー・バイデンは、CEOの報酬の急騰を緊急に改革するべき課題だと強調した。フランスの左翼党党首であるジャン・リュック・メランションは、組織内の最高給与と最低給与の差を20倍以内に制限することを求めている。同様に、2017年1月には、当時英国の労働党党首だったジェレミー・コービンが最高賃金の設定を提案した。

改革案は提出されただけでなく、可決されている。2013年、スイスでは国民投票で「ぼったくり報酬」に関する憲法改正案が承認された。これにより企業幹部の契約時ボーナスと退職金が禁止され、投資家には拘束力のある報酬決議で幹部の報酬パッケージを拒否する権利が与えられた。違反すれば最長3年の禁固刑が科せられる。2014年にはEUが、銀行の上級幹部のボーナスに給料の2倍という上限を課した。2016年にはイスラエルが、銀行家の報酬について、最低賃金の労働者（または250万シェケルの低いほう）の35倍を超える額の税控除を撤廃した。

CEOの報酬が論争を呼ぶ理由はいくつもある。まず、リーダーに何百万ドルもの報酬を支払うことで、従業員の給料やR&D投資に使えたはずのリソースが奪われる。下手をすると、CEOはボーナス目標を達成するために賃金カットや投資の縮小を行うかもしれない。そしてCEOが何百万ドルもの報酬を受け取れば、1970年代半ばから広がり続ける収入格差のさらなる拡大に直接加担することになる。

これらの懸念はどれも深刻だ。だからこそ、最も質の高いエビデンスを用いて真剣に検証する必要がある。では、リーダーの報酬はステークホルダーを犠牲にするという最初の懸念から見ていこう。米国最大の労働組合組織である米国労働総同盟産業別組合会議（AFL‐CIO）は、「彼らにはもっと多く、私たちにはもっと少なく」という見出しでエグゼクティブ・ペイウォッチのデータを公開している。フォーブスは「CEOは労働者を犠牲にしてパイを過剰に奪っている」と主張する記事を掲載した。

しかしこの議論はパイ分割のメンタリティに立脚している。パイの分け方を変えて再配置できる金額はごくわずかである。S&P500企業の株式価値の中央値は240億ドルだ。たとえCEOが無報酬で働くことを厭わなくても、再配置できる1480万ドル分の報酬は、せいぜいパイの0・06%である[1]（英国の場合、FTSE100企業のCEOの報酬は360万ポンドで、企業規模の中央値83億ポンドの0・04%に相当）。経営幹部全体の報酬を合計し、さらに下位の役職へのトリクルダウン効果を考慮

1　0・06%は株主価値に対する比率なので、かなり大きく見積もった数字である。パイには株主とステークホルダーの価値の両方が含まれる。

に入れたとしても、社会的パフォーマンスの向上による価値創出——前章で議論したように数％に達する——と比べれば、やはり大したことはないだろう。作家のヤロン・ブルックとドン・ワトキンズが指摘した通り、パイ分割のメンタリティは、富のほとんどが土地という形で存在し、分配できる量が固定的だった数百年前ならば意味があった。しかし現在の富のほとんどは金融資産であり、金融資産は創出できる。リーダーに多額の報酬を支払うからといって、従業員の給料を減らす必要はない。同様に市民の幸福を左右する富以外の要素も改善できる。例えば気候変動が抑制されれば、ＣＥＯも労働者も同じように恩恵を受ける。

　これは報酬の多寡を気にするなということではない。どのような節約方法であれ（例えばエネルギー使用量の削減）、たいてい２４０億ドルで割れば微々たるものである。ここで強調したいのは、報酬にいくら支払ったか（**報酬額**）は、報酬がどのように行動に作用したか（**報酬体系**に依存）ほど重要ではないということだ。ロビン・フッドのように金持ちから奪い取って貧しい者に与える必要はない。貧しい者を助ける最善の道は、小人の靴屋のように、直接的に価値を生み出すことである。

　報酬体系は価値創出を促進することもあれば、抑制することもある。従って２つ目の懸念——報酬パッケージがＣＥＯの行動を歪め得る——が生じるのは至極当然だ。マイケル・Ｃ・ジェンセンとケヴィン・Ｊ・マーフィーが、１９９０年にハーバード・ビジネス・レビューで発表した影響力のある記事のタイトルのように、「どれだけ支払うかではなく、どのように支払うか」が重要なのだ。本書の結論はこうである。**報酬改革の目標は、報酬額の抑制ではなく、リーダーが社会のための長期的価値を創出する動機づけであるべきだ。**

報酬体系の特徴の中でも特に重要なものが３つあり、いずれも望ましい社会的成果をもたらす。**感度**は**説明責任**、**簡素さ**は**対称性**、**期間**は**持続性**につながる。順番に説明しよう。

感度

ＣＥＯの報酬はパフォーマンスに**感度**良く連動させるべきである。オフィスに姿を現すだけで何百万もの支払いを受けるべきではない。そういう理由で、私たちは報酬を補償ではなく褒賞と捉える。「補償」という言葉は、リーダーの激務は大変苦しいものだから埋め合わせが必要だという考え方を示唆する。これは言葉だけではなく報酬の設計哲学にも関係する話である。補償とは**苦労**に対して与えるものである。だが、プライベートジェットで会議に行く人というイメージもあるＣＥＯが、（例えば）海底油田で働く潜水士よりも苦労しているかどうかは明確ではない。そのため、補償という基準では決してＣＥＯの報酬額を正当化することはできない。これに対して褒賞とは、**価値創出**に対して与えるものである。報酬は**苦労**の補償ではなく、**価値創出**を褒め称えるものであるべきだ。

パイは多くの要素で構成され、それらの重みづけの仕方が不明確なため、価値の創出を測定することは難しい。第４章のエビデンスが示すように、**長期的**株式リターンは、株主価値だけでなくステークホルダーの価値に関する様々な指標を捉える。パイを分割する行動（例えばＲ＆Ｄや従業員トレーニングの削減）を取れば、たとえ短期的に株価が上昇しても、長期的株式リターンは減少する。長期的株式リターンは、（ビジネス的）重要度《マテリアリティ》の原則に沿って最も重要なステークホルダーに最も大きな重みづけをする。これらの理由から、外部性を考えると完璧とは言えないまでも、長期的株式リターンは、利用できる範囲で最善のパイの測定指標である。

リーダーに長期的株式リターンに対する**説明責任**を果たさせる最も良い方法は、パフォーマンスと無関係に支払われる給与を減らし、株式での支払いを増やすことである。ここで注目してほしいのは、報酬額を重視する一般的な視点では、こうした方策が見逃される可能性があることだ。1480万ドルという報酬額を見ても、それが1400万ドルの現金と80万ドルの株式なのか、80万ドルの現金なのかは分からない。ところが、この2つのパターンでは、パフォーマンスに対するCEOの説明責任に与える影響が大きく異なる。前者の場合、CEOは給与で働く役人である。後者の場合、CEOはオーナーであり、スタートアップ企業の創業者と同様に、将来の成功のために文字通り投資を受ける。パイを大きくしない限りCEOの収入は増えない。もしパイが縮小すれば、CEOの分け前も小さくなる。**感度**は**説明責任**につながるのである。

現実世界でリーダーは経営者のように報酬を受け取っているだろうか。常識的にはそうではない。英国下院議員のクリス・フィルプは2016年のレポートで、「CEOの高額報酬とパフォーマンスに、もはや強い関連性がないことを示す明確なエビデンスがある。そして2件の学術研究が、CEOの高額報酬とパフォーマンスに負の相関があるという事実を明確に証明している」と主張した。これらの研究は米国のデータを使用している。役員報酬に関する2019年の英国下院のレポートは、別の英国の論文を引用して、「企業の財務パフォーマンスとCEOに支払われる金額との間に知覚可能な関連性はない。いずれにせよこの関係性が統計的に弱い、または存在しないことを示唆する学術的エビデンスがある」と断言した。これらのレポートの他にも、この3件の研究は実践者に広く引用されてきた。それはおそらく、CEOは高額報酬を受けるに値しないという一般的な信念を裏づけるものだからだ。

しかし序章で議論したように研究の質は千差万別であり、ある研究が何らかの結論を主張したからといって、それが真実だとは限らない。実際に、これら3件の論文はすべて基本的な過ちを犯しているため、いずれも未発表である。報酬とパフォーマンスの関連性を計算する際、CEOがある特定の1年に**新たに**受け取った報酬の金額しか考慮していないのだ。これではどの年も大した変化はない。アップルのスティーブ・ジョブズが、パフォーマンスにかかわらず年俸1ドルだったのは有名な話である。しかし新たに受け取る金額はリーダーのインセンティブの重要な源泉を無視している。それは**すでに**保有する自社株であり、これがかなりの規模に達することもある。ジョブズは固定給が1ドルだったにもかかわらず、パフォーマンスを重視した。なぜなら内発的な動機に加えて、彼は亡くなった2011年10月時点で20億ドル以上の資産をアップル株に投資していたからだ。より一般的に言えば、フォーチュン500社の平均的なCEOは6700万ドルの株式を保有しているため、株価が10%下がれば670万ドルの損失になる。これは税引き前の報酬が1000万ドル減ることに相当する（この損失を相殺するためのキャピタルゲインが得られない場合）。英国では、この数字は66万ポンドと120万ポンドになる。PwCは次のように指摘する。「報酬を分析する際に、ある1年間の支払い額だけを用いて、それ以前に付与された株式を無視するのは、配当金に基づいて投資リターンを分析するが、キャピタルゲインを無視するようなものである。要するに意味を成さない」

このような見落としは多くの発言にも見て取れる。米国上院議員のバーニー・サンダースはこう述べた。「経済の破壊に加担したウォール街のCEOに与えられるのは前科ではありません。昇給です」。これは怒りの表明という価値はあるが、単純に言って正しくない。それに根拠となるエビデンスにも言及していない。ベア・スターンズのCEOだったジミー・ケインは、かつて保有していた10億ドルの株式を、最終的には6000万ドルで売却した。リーマン・ブラザーズのCEOだったディック・ファルドは9億ドル超の株式を保有していたが、同社の破綻により価値を失った。確かに、これらのCEOはその後も変わらず裕福だったから、規制当局はさらなるペナルティを科す力を持つべきではないかという疑問はもっともだ（この点については第10章で改めて取り上げる）。だが、彼らが金融危機で得をしたという主張は誤りである。

というわけで、ほとんどのCEOは大量の自社株を保有する。そのことは実際にパフォーマンスを向上させるのだろうか。では、エビデンスを見ていこう。ウルフ・フォン・リリエンフェルト・トールとステファン・ルエンジは、23年分以上のデータについて、CEOの自発的株式保有と長期的株式リターンの関係を研究した。その結果、CEOの保有株式が多い企業の株式リターンは、少ない企業を4〜10％上回った。これはパイの切り分け方を変えて得られる最大0・06％分よりもずっと大きい。CEOの報酬を減らして節約するよりも、CEOに適切なインセンティブを与えたほうが、はるかに大きな価値が生まれるのだ。このような企業は、パイの拡大に合わせて、総資産利益率、労働生産性、コスト効率、投資の面でも恩恵を享受した。

もちろん、相関関係は因果関係を意味するわけではない。インセンティブが機能した、つまりCEOが現時点で多数の株式を持つため将来の株価が上がるように努力したというのは、1つの解釈である。

しかし、ひょっとすると因果関係は逆かもしれない。リーダーが将来の株価が高くなると予測して、報酬を現金ではなく株式で支払うように取締役会に要求したり、自分自身で株を購入したりするのかもしれない。どちらの場合も現在の保有株式は多くなる。

１つ目の解釈が正しいかどうかを検証するために、ウルフとステファンは、インセンティブの影響力が大きいと思われる――他にパフォーマンス不振の責任が問われる要素が少ない――状況で、その効果が増すかどうかを研究した。例えば、その企業の株式を保有する機関が少ない、業界の競合企業が少ない、買収防衛力が強い、創業者がＣＥＯを務めている、最近の売上成長率が好調といったケースである（最後の2つのケースは取締役がＣＥＯを解任する可能性を抑える）。これら５つのケースではいずれも、株式保有と長期的リターンの結びつきがより強く、前者が後者の原因であることが示唆される。

インセンティブによるパフォーマンスの向上は明確に確認できるわけではない。リーダーは十分な内発的動機を持つべきだから、インセンティブは無関係だという一般的な議論がある。例えば、製薬会社のＣＥＯは、私腹を肥やすためではなく、市民の健康に変革をもたらすために新薬を開発するべきである。２０１５年7月にジョン・クライアンがドイツ銀行のＣＥＯに就任したとき、「ボーナス付きの契約を打診された理由が分からない。受け取る報酬の多寡によって努力したり手を抜いたりするということは、どの1年もどの1日も決してないと私は約束する」と述べた。この言葉はインセンティブが不要だということの「エビデンス」としてよく引用されるが、金銭面の説明責任を課されなくても同じように働くというクライアンの主張は証明することが不可能だ。クライアンはこう発言したものの、当初は契約のボーナス条件を受け入れた。しかし彼の任期中にドイツ銀行は毎年損失を出し、彼にはボーナス放棄のプレッシャーがかかった。

内発的動機が重要であることに疑いの余地はない。もし自社のCEOの内発的動機が不十分だったら、その人物は適任者ではない。解決策はその人物を解任することであり、より多くの株式を与えることではない。しかしウルフとステファンの結論が示唆するのは、十分な内発的動機があるのは前提として、インセンティブにはやはり追加的な効果があるということだ。

人は自分がオーナーであれば行動が変わる。借家人は家主の物件を大切に扱わなければならないが、誠実で良心的な借家人でも、自分自身が家の所有者となったら、よりいっそう大切に扱うだろう。内発的動機は、リーダーを良好なパフォーマンスの維持に駆り立てるはずだ。しかし最高のパフォーマンスを上げるには、例えば過去の過ちを認めるとか、自分が考えた戦略を破棄するといった厳しい意思決定を求められることが多い。誠実なリーダーでも、常にこのような難しい行動を取るとは限らないかもしれない。そこで相当数の株式という形で内発的動機を補完すると、良好なパフォーマンスが最高のパフォーマンスに変わる可能性がある。これがウルフとステファンが見出した結論だ。

インセンティブは価値の創出を促すことに加えて、価値の破壊を抑制する。第一部を思い出してみると、慈善寄付は比較優位の原則を満たさないが、CEOにはそれを実行する個人的動機がある。第4章で取り上げたロナルド・マスリスとワリド・レザの研究によれば、CEOの保有株式が10％増加すると、企業の寄付の可能性が40％下がる。CEO自身が株主の場合、株主の金を支出することに慎重になるのだ。

インセンティブに反対するもう1つの議論は、インセンティブはパフォーマンスと無関係ではなく、影響はあるがマイナスに働くというものである。インセンティブがあると労働者は評価対象のパフォーマンス指標だけに集中するため、逆効果だということが多くの研究で示されている。1902年、ベトナムを統治していたフランスの植民地政府は、ネズミ駆除業者にインセンティブを与えて駆除数を増やそうとした。ネズミの死骸が山積みになっては困るため、政府はネズミの尾を持ってきた者に報酬を与えることにした。だがこれは、駆除業者がネズミを生かしたまま尾を切断する――ネズミを繁殖させ続けて、より多くの尾を切れるようにする――ことを助長した。より現代的な例を挙げれば、生徒の成績で教師の給与を決めると、教師が学習に対する情熱や目上の者への敬意を教える代わりに、テスト対策を重視する可能性がある。これらの問題を簡潔に表すのが、スティーブン・カーの古典的論文のタイトル「Bを望みながらAに対し報酬を与える愚かさについて」である。

しかしこれらの研究は、典型的にはCEO以外の労働者、つまり包括的なパフォーマンス測定指標がない人々を調査対象にする。例えば試験の成績は、教師に対する社会の期待のごく一部しか捉えない。しかしCEOの場合、ステークホルダーと株主の価値を両方含む長期的株価という、かなり包括的なパフォーマンス指標が存在する。

ウルフとステファンの研究は、インセンティブの重要性に加えてCEOの重要性も証明する。高額報酬に対するよくある批判の1つが、たとえ企業が好調でも、それに関してリーダーが果たす役割は小さいというものだ。その企業には他に何千人もの労働者がいて、そのリーダーが就任する前からすでに繁栄していたかもしれない。こうした他の要素が重要なのは明らかだが、ウルフとステファンは、リーダーも重要だということを証明する。彼らはCEOの株式保有だけを基準にし、他の要素を可能な限り一定に保って企業を比較した。すると、CEOが多くの株式を保有する場合、それだけで長期的リターンの向上につながった。ちょうどスポーツチームの監督を代えるだけで、選手が同じでもパフォーマンスを劇的に改善できるのと同じである。

他にもCEOの重要性を示すエビデンスがある。ティージャン・ティアムがプルデンシャルを辞めてクレディ・スイスのCEOに就任することを発表したところ、プルデンシャルの株価は3・1%（13億ポンド）下落し、クレディ・スイスの株価は7・8%（20億ポンド）上昇した。もっとも、これは1つのエピソードに過ぎない。もしかするとプルデンシャルの株価が下がったのは、ティージャンが価値を創出したからではなく、彼の退任が同社の隠れた問題の存在（**省かれた変数**）を示唆したためかもしれない。相関関係を因果関係に変えるために、ダーク・イェンター、イゴール・マトヴェーエフ、ルーカス・ロスは、CEOが死去したときに何が起こるかを調査した。辞職とは違って死は自由意志によらないため、社内の問題が原因になる可能性は低い。比較的若いCEOが亡くなった場合は株価が4・2%下落し、年配のCEOが亡くなった場合は株価が3・6%上昇した。私たちの目的に照らして考えると、ここでの重要なメッセージは、若いCEOのほうが年配のCEOよりも優秀な傾向があるということではなく、CEOの選び方に意味があるということだ。優れたCEOとそうではないCEOの差は約7・8%（4・2%+3・6%）で、これはCEOの報酬額をはるかに超える。**良いCEOを雇うには金がかかるが、悪いCEOを雇えばもっと高くつく**ということだ。

まだ納得できない読者もいるかもしれない。先ほど私はCEOの死について、社内の問題が原因になる可能性は低いと書いた。だが、もしかすると社内の問題のせいで心臓発作を起こしたかもしれない。

その場合、CEOの死が原因でパフォーマンスが低迷したのではなく、パフォーマンスの低迷が死を招いたことになる。そこでモーテン・ベネッドセン、フランシスコ・ペレス・ゴンザレス、ダニエル・ウルフェンソンは、CEOの家族の死について調査した。こちらは会社のトラブルによるストレスが原因になった可能性は低い。CEOの配偶者、両親、子ども、兄弟が亡くなれば、CEOの意識はそちらにとらわれる。もしCEOが重要でなければ、他の幹部で穴埋めができるだろう。しかしそうはならず、同研究によれば収益性が基準値から12％落ち込んだのである。例外として、CEOの義母が亡くなった場合は利益が向上した（ただしこの効果は統計的に有意ではない）。

リーダーは重要な貢献者だが、1人で企業のパフォーマンスの全責任を負うわけではない。実際に現在の報酬体系ではこのことが考慮されており、米国の大企業の場合、企業価値の増分のうちCEOが受け取るのは0・4％未満である。そして、後ほど詳しく説明するが、パフォーマンスが改善すれば従業員も報われるべきである。

簡素さ

2015年、BPは65億ドルという同社史上最大の損失を出した。2014年に38億ドルの利益を上げたことを考えると、まさに運命の急展開である。BPは、純利益に相当する「基調的取替原価利益」という別の測定指標のほうが、ディープウォーター・ホライズンの事故や石油・ガス価格の下落といった単発の事象が除外されるため妥当だと主張した。しかしその場合でも、1株当たりの損失は66セントから32セントに半減するだけだ。投資家は14％の株価下落に悩まされ、５４００人の従業員が仕事を失った。

ところがＢＰはＣＥＯのボブ・ダドリーの報酬を１６４０万ドルから１９６０万ドルに増やしたのである。それに対して投資家は何もできなかった。株主の59％が報酬パッケージに反対票を投じたが、この投票結果は勧告的で拘束力はなかった。ＢＰはこの報酬について、前年に投資家の96％が承認した報酬ポリシーに従っているだけだとして、支払いを強行した。[2] そしてＢＰは正しかった。

ダドリーのパフォーマンスが悪かったと判断するのは簡単そうなのに、なぜそのポリシーでは20％の報酬アップという結果になったのだろうか。それは彼の報酬パッケージが単純ではなく、非常に複雑だったからだ。ダドリーの総報酬は６つの要素で構成されていた。ここでは簡潔に説明するために、２つだけに注目しよう。１つ目の要素は**パフォーマンス・シェア**である。ここまで議論してきた通常の株式とは異なり、「ベスト（権利確定）」される、つまりダドリーが受け取るパフォーマンス・シェアの株数は、株主総利回り（ＴＳＲ：株価の上昇と配当）、営業キャッシュフロー、安全・事業リスク、相対的埋蔵量置換率、主要プロジェクトの引き渡しといった複数のパフォーマンス指標で決まる。パフォー

2　英国では投資家は2種類の報酬決議を行う。1つ目は、その企業が今後どのように報酬を支払うか――例えば報酬とパフォーマンス指標の連動のさせ方や、退職時の支払いの有無――を定める、将来のポリシーに関するレポートの決議である。企業は少なくとも3年に1度、拘束力のある決議を行う必要がある。ＢＰで２０１４年に96％の支持を得たのはこちらのレポートだ。２つ目は、過去1年に取締役会がどのように実際の報酬を決定したかを説明する、過去の実施状況に関するレポートの決議である。投票は毎年行われ、結果は勧告的なものである。ＢＰで２０１５年に59％が反対したのはこちらのレポートだ。

マンスの測定指標にはそれぞれ目標値があり、所定の計算式に基づいて各指標を組み合わせ、重みづけをする。この計算式により、ダドリーが主要分野で失敗したにもかかわらず、彼に受け取る権利がある最大報酬の78%に当たる710万ドルの株式という数字がはじき出されたのだ。

２つ目の要素はダドリーの現金ボーナスで、こちらはさらに多くの測定指標が絡んでいた。図５・１はＢＰの２０１５年の年次報告から抜粋した、彼が１４０万ドルの報酬を得る根拠を説明する表である。

頭が混乱しただろうか？　そうだとしたら、あなたの会社は素晴らしい。社会、メディア、そして大口機関投資家でさえ、ダドリーの報酬がここまで高額に

2015年度年間現金ボーナス

測定指標 ◎グループの主要業績評価指標	安全性			価値					ボーナス合計
	◎一時防護施設からの内容物の損失[a]	◎ティア１プロセス安全性イベント	◎記録対象傷病事案の頻度[b]	◎営業キャッシュフロー	◎基調的取替原価利益	純投資（有機的）	企業・機能コスト	◎主要プロジェクトの引き渡し	
目標最大値の**重みづけ**	10% 20%	10% 20%	10% 20%	20% 40%	20% 40%	15% 30%	10% 20%	5% 10%	100% 200%
補正済み結果（%）	20	20	20	36	40	30	20	5	191%＝スコア1.91

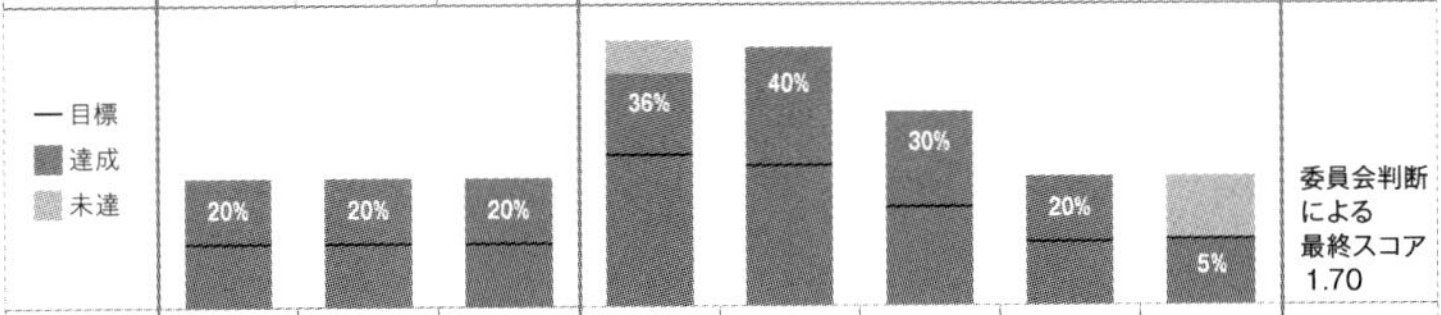

最　大	２１５件	20件	0.２３５／20万時間	１９７億ドル	50億ドル	マイナス24%	11.8%改善	6プロジェクト	
計画／目標	２５３件	29件	0.２６１／20万時間	１７２億ドル	42億ドル	マイナス18%	5.9%改善	4プロジェクト	
閾　値	２９１件	38件	0.２８７／20万時間	１４７億ドル	34億ドル	マイナス7%	改善なし	2プロジェクト	
結　果	２０８件	20件	0.２２３／20万時間	１９１億ドル	59億ドル	マイナス27%	17.6%改善	4プロジェクト	

a　20ページのＬＯＰＣ ＫＰＩに基づき調整。ＬＯＰＣは最大２３５。
b　記録対象傷病事案の頻度にバイオ燃料は含まない。

図 5.1　エグゼクティブディレクターの現金報酬の計算方法
ＢＰの2015年版年次報告書及びForm20-Fより

なる理由を理解できなかった。ロイヤル・ロンドン・アセット・マネジメントで責任投資を統括するアシュリー・ハミルトン・クラクストンも、そうした投資家の1人である。彼女はこう説明した。「この報酬アップ提案は理不尽かつ配慮も欠けています。BPが過去最悪の損失を報告した年に、ダドリー氏の報酬を大幅に増やす決断をするとは。(中略)取締役会が浮世離れしていることの表れです」

しかし他の多くの課題と同様に、何でも一方通行で議論できるとは限らない。BPのパフォーマンスは、ある分野では低迷したが、別の分野では好調だった。労働者の勤務時間当たりの負傷率は23%減少しており、安全性はディープウォーター・ホライズン事故以降の重要な戦略的優先事項だった。BPの株価は14%下落したが、実際には18%下落した同業銘柄の中ではアウトパフォーマンスだった。このことから、BPの不振が、ダドリーのコントロールの及ばない石油価格の下落にいかに影響を受けたかが分かる。

従って、ダドリーの1960万ドルの報酬が正当化されるかどうかという点で、合理的に考えても意見は一致しないかもしれない。そこで本章は彼の複雑な報酬体系に注目する。これはBPのみならず、多くの企業に当てはまるものである。典型的なボーナスは、いくつかのパフォーマンス指標に従って支払われる。複数年にわたって計算される指標もあり、この場合のボーナスは**長期インセンティブプラン**(LTIP)と呼ばれる。各指標(例えば利益)には、リーダーがボーナス獲得のために達成するべき下限閾値(例えば40億ポンド)がある。これを達成したときに、例えば100万ポンドが獲得できるとしよう。単に良好なパフォーマンスではなく最高のパフォーマンスを上げることが望ましいので、利益が40億ポンドを上回ればボーナスは増えていく。とはいえ、あまりに高い報酬は望ましくないので、利益が60億ポンドに達したときの200万ポンドをボーナスの上限とする。これを説明したのが図5・2である。[3]

パフォーマンス・シェアも同様に機能する。図5・3では、利益が40億ポンドに達すると、CEOが10万株（1株10ポンドで100万ポンド相当）を受け取る。利益が増えるにつれてCEOの獲得株数は増えていき、利益が60億ポンドになったときの28万株を上限とする。利益が60億ポンドを超えると株数は増えないが、その価値は増える（利益が増えれば株価が上がるため）。

各種の検討事項のバランスをとる必要があるため、報酬体系が複雑になるのは仕方がないようにも思える。優れたパフォーマンスを上げた場合にのみCEOが報われるという点で、インセンティブ支給の下限閾値を設定することは欠かせないと思われる。この閾値は公平性も維持する。一般従業員は平均的な成績ではボーナスを得られないから、リーダーもそうあるべきだ。下限目標は、難易度は高いが達成不可能ではないレベルにうまく設定する必要がある。そうしなければ何の動機づけにもならない。ダドリーの場合、負傷率が23％低下したことはボーナス支給に値する改善だっただろうか。それははっきりしないため、細かい調整が必要かもしれない。

40億ポンドの目標を超えた後の傾斜には、さらなる改善を促すのに十分な角度をつけなければならない。とはいえ、あまりに急な角度にすれば、CEOの得る利益が過度に大きくなる。さらに、報酬が際限なく増えないように上限閾値も設ける必要がある。従って、パフォーマンスの1つの側面について、

3　x軸の縮尺は正確ではない。

図 5.2　ボーナス／長期インセンティブプラン

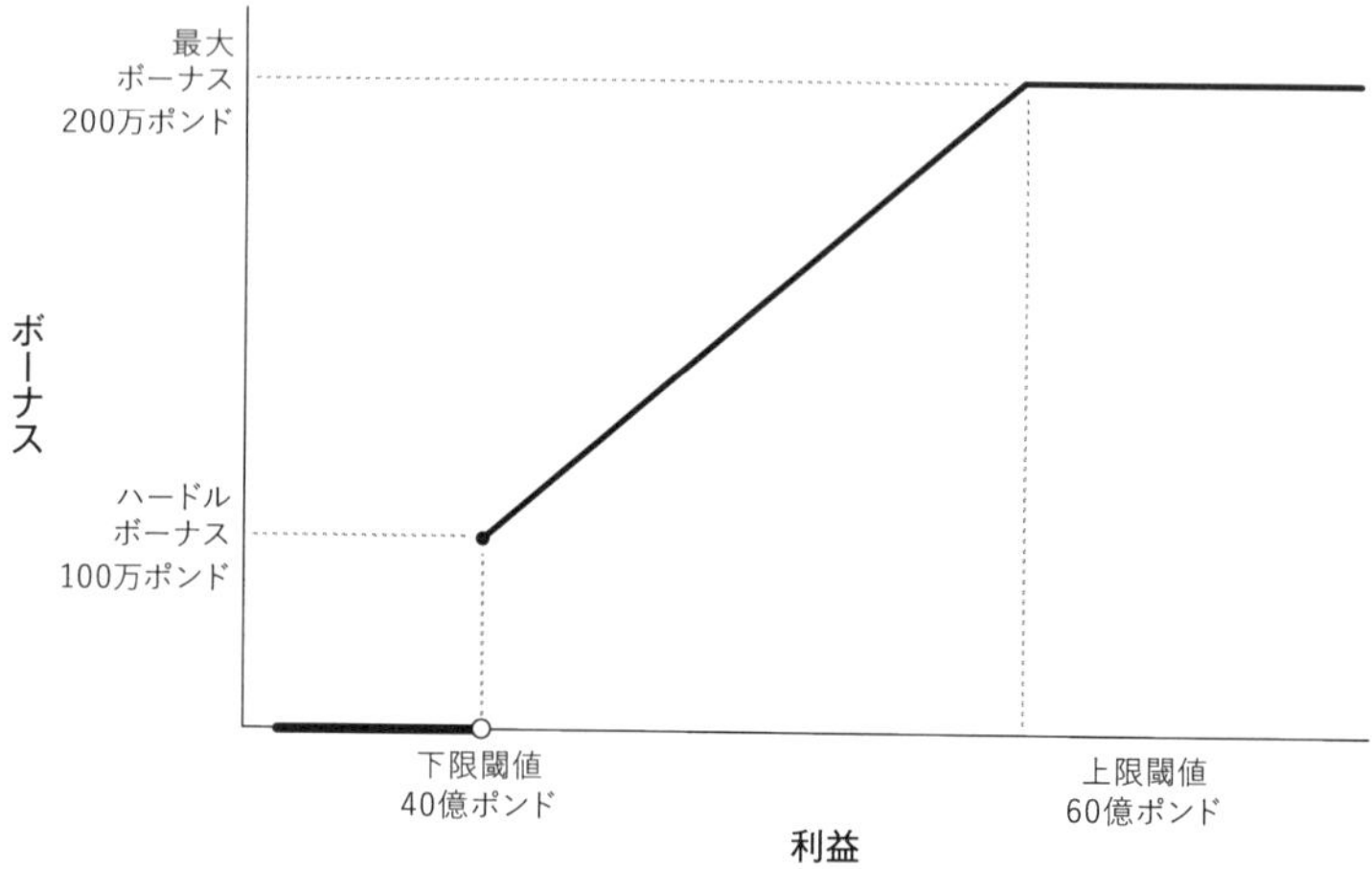

図 5.3　パフォーマンス・シェア

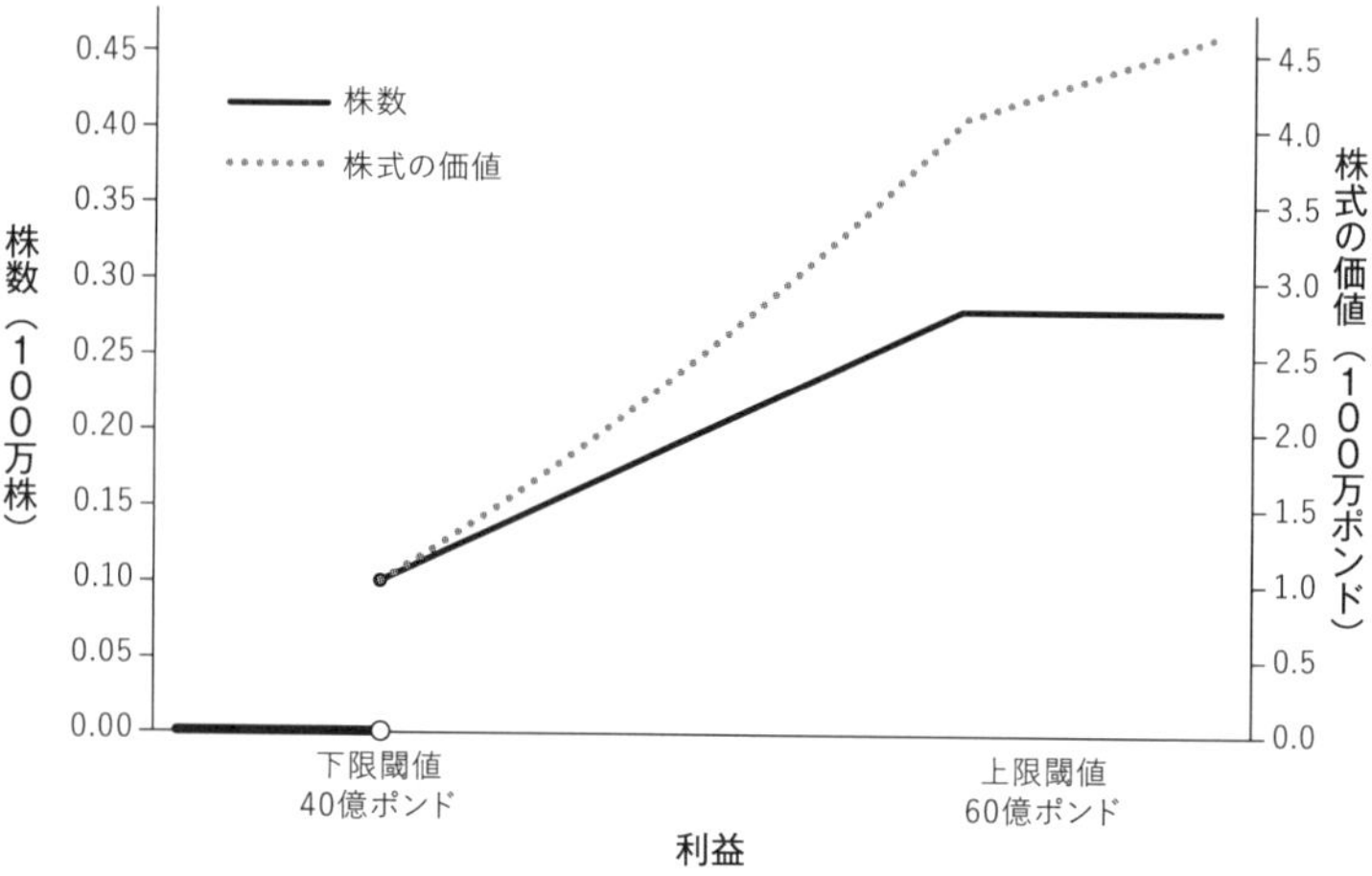

２つの閾値と傾斜を決める必要がある。

しかし複雑性はそれだけでは済まない。ＣＥＯの仕事は多面的であり、そのパフォーマンスを１つの測定指標（利益など）に集約することは不可能だ。短期的な行動により利益が膨張する場合もあるため、相対的埋蔵量置換率[4]など、長期的な財務指標があると良い。パイを拡大する企業は、より広く社会に貢献するべきだから、安全性をはじめとする非財務指標も必要だ。財務／非財務の包括的な指標がそろったら、次はそれらの重みづけが必要である。利益が52％、安全性が27％、置換率が21％ではどうだろうか。それとも別の計算式が良いだろうか。ここでも巨大なスプレッドシートが答えを出してくれるかもしれない。

この問題は非常に複雑なので、取締役会は解決策を検討するために専任の「報酬委員会」を設置する。報酬委員会は助言を得るために報酬コンサルタントを雇用し、そのコストは典型的なフォーチュン１００企業の場合で年間25万ドルだ。すでに議論した通り、インセンティブが企業価値に与える影響は非常に大きいため、もし複雑にしたおかげで効果が上がっているなら、その時間や労力には意味がある。これまでの議論を踏まえると、そうなるはずである。

だが、本当にそうだろうか。エビデンスを見ていこう。ベンジャミン・ベネット、Ｊ・カー・ベティス、ラダクリシュナン・ゴパラン、トッド・Ｔ・ミルボーンが９７４社の15年間のデータを研究したところ、企業が下限閾値にぎりぎりで達する確率が、ぎりぎりで未達になる確率を大幅に上回ることが分

4　新たに発見された石油・ガス埋蔵量を、既存埋蔵量から採取された石油・ガスの量との比率として測定する。

かった。これはインセンティブが機能していることを示唆するようだ。意外でも何でもないかもしれないが、パフォーマンス目標は、リーダーが目標を達成することを後押しするのである。

しかし価値創出を後押しするわけではない。スティーブン・カーの言葉を借りれば、パフォーマンス目標はAに対して報酬を与えるが、社会や投資家の望みはBである。そこでベンジャミン・ベネットら研究者は、CEOが目標を達成するために実践した行動を研究した。ぎりぎりで目標を達成したリーダーは、ぎりぎりで達成できなかったリーダーと比べてR&D活動がかなり少なく、R&Dを削減することで目標に到達したことがうかがわれる。また、彼らは裁量的会計発生高も多い。これは会計方針を利用して報告収益を増やす1つの方法である。[5] 従って、「長期」インセンティブプランは、実際には評価期間の終わりが迫ると短期主義を招くのである。このことは、目標ベースのすべてのアプローチが抱える根本的な問題を浮き彫りにする。つまり目標設定のない分野が蔑ろになることである。たとえボーナスに非財務要素（例えば安全性）が含まれていても、この問題が、その他の非財務分野（例えば企業文化）のアンダーパフォーマンスを助長するかもしれない。

また別の問題として、CEOが過剰なリスクを取る可能性がある。例えば、利益が40億ポンドにわずかに足りず、CEOがボーナスを得られない可能性があるとする。そしてこのCEOが、ある高リスクなプロジェクトを手がけていて、利益が30億ポンドになる可能性と45億ポンドになる可能性が半々だとする。プロジェクトを実行した場合の予想利益は37億5000万ポンドで、プロジェクトを実行しない場合の40億ポンド弱を下回る。つまりこれは会社にとって不適切なプロジェクトである。しかしリーダーにとっては適切なプロジェクトだ。もしプロジェクトが成功して利益が45億ポンドになれば、

１２５万ポンドのボーナスを獲得できる。失敗すればボーナスは出ないが、プロジェクトを行わなければ、どのみち何も得られない。ボーナスの存在がリーダーを極端な賭けに走らせ、パイを縮小させてでもリスクを取ることを促すのである。これは**非対称性**を招く。

そして問題は下限だけにはとどまらない。利益が60億ポンドを超えると、そこから先はボーナスが上がらない。するとＣＥＯは、イノベーションに取り組む代わりに、惰性に任せて過度に保守化する可能性がある。このリーダーがある高リスクなプロジェクトを抱えていて、利益が70億ポンドになる可能性と55億ポンドになる可能性が半々だったとする。この場合、予測利益は62億５０００万ポンドだから適切なプロジェクトである。このプロジェクトに成功すれば、リーダーは最大限のボーナス（２００万ポンド）を受け取るが、これはいずれにせよ獲得できた額である。プロジェクトに失敗すれば、ボーナスは減額される。そのため、リーダーは逆向きの極端な賭けに走り、パイが拡大するにもかかわらずリスクを避けるのである。実際にベンジャミン、カー、ラダクリシュナン、トッドは、所定の目標を超えたところで報酬の増加ペースが鈍る場合、リーダーが達成する成果は目標値と一致あるいはわずかに超える程度となり、それ以上に増えないことを発見した。

このような閾値は意味がない。企業のパフォーマンスが優秀（70億ポンド）だと、良好（60億ポン

5　収益と現金が生じるタイミングが不一致の場合に発生する。例えば、雑誌社は事前に購読料の支払いを受けるが、それが「収入になる」のは将来的に毎月の雑誌を発送したタイミングである。会計発生高の発生にはいくつもの正当な理由があるものの、それらはいずれも、利益目標をぎりぎりで達成した企業の会計発生高が、ぎりぎりで達成できなかった企業を大幅に上回ることの説明にはならない。

ド）な場合と比べて社会の利益となる。しかしボーナスに関しては、企業のパフォーマンスが優秀でも良好でも差はない。

ボーナスがただ1つのパフォーマンス指標で決まる場合でさえ、これほどの問題が生じるのである。企業に複数のパフォーマンス指標があれば、それらの重みづけの方法がはっきりしないために複雑性はさらに増す。アデア・モース、ビクラム・K・ナンダ、アミット・セルは、リーダーが最も力を発揮する領域を優先するために、重みづけが事後に変更される場合があることを突き止めた。システムが複雑になればなるほど、手を入れられる領域が増えるため、たやすく操作できるのだ。

解決策は何だろうか。それは簡素さだ。つまり、計算式で決まるボーナスを、数年間売却できない普通株（「譲渡制限付株式」と呼ばれる）で置き換えることである。この株式の価値には、**何もしなくても**パフォーマンスに対する感度がある。数年という期間の株価に依存するため、複雑なパフォーマンス条件に対応したり、特定の測定指標、重みづけ、閾値を選んだりする必要はない。

譲渡制限付株式は3つの面で**対称性**をもたらす。1つ目に、パフォーマンスが報酬に及ぼす影響がすべてのパフォーマンスレベルで一貫する。それを示したのが図5・4の点線の傾斜で、40億ポンドの利益目標を廃して株数を半分にした状態を表している。パフォーマンスがどのレベルでも、利益が増加すれば必ずリーダーの報酬は増え、減少すれば必ず報酬は減る。目標達成のタイミングで報酬が急増することがないため、目標を目指してR＆D支出を減らしたりリスクを冒したりする動機は消える。パフォーマンス目標を達成することではなく、パフォーマンスの流れを生み出すことに対してリーダーは報酬を得るのである。

２つ目に、譲渡制限付株式は、特定のパフォーマンス指標を重視することで生じる非対称性を回避する。長期的株式リターンには、企業価値に影響を与える行動が、ステークホルダーに作用するものも含めてほぼすべて反映される。そして各行動の重要度に応じて重みづけされるため、恣意的な重みづけの仕組みは不要になる。だが付与する株数を決めるには、やはり判断が求められる。長期的株式リターンにも反映されない外部性を取締役会が考慮するのはこのタイミングである。後ほど簡単に触れるが、制限期間の長さを決める際にも判断が必要である。とはいえ、複雑だった問題が、付与する株数と制限期間の長さという２つの要素に単純化される。

対称性の３つ目の特徴として、譲渡制限付株式は従業員にも付与できる。このことにより、皆の尽力で成し遂げた成功を確実に共有できる。エンジニアリング企業のウィアー・グループは、２０１８年に役員報酬に譲渡制限付株式を導入し、それと同時に従業員向け

図 5.4　譲渡制限付株式

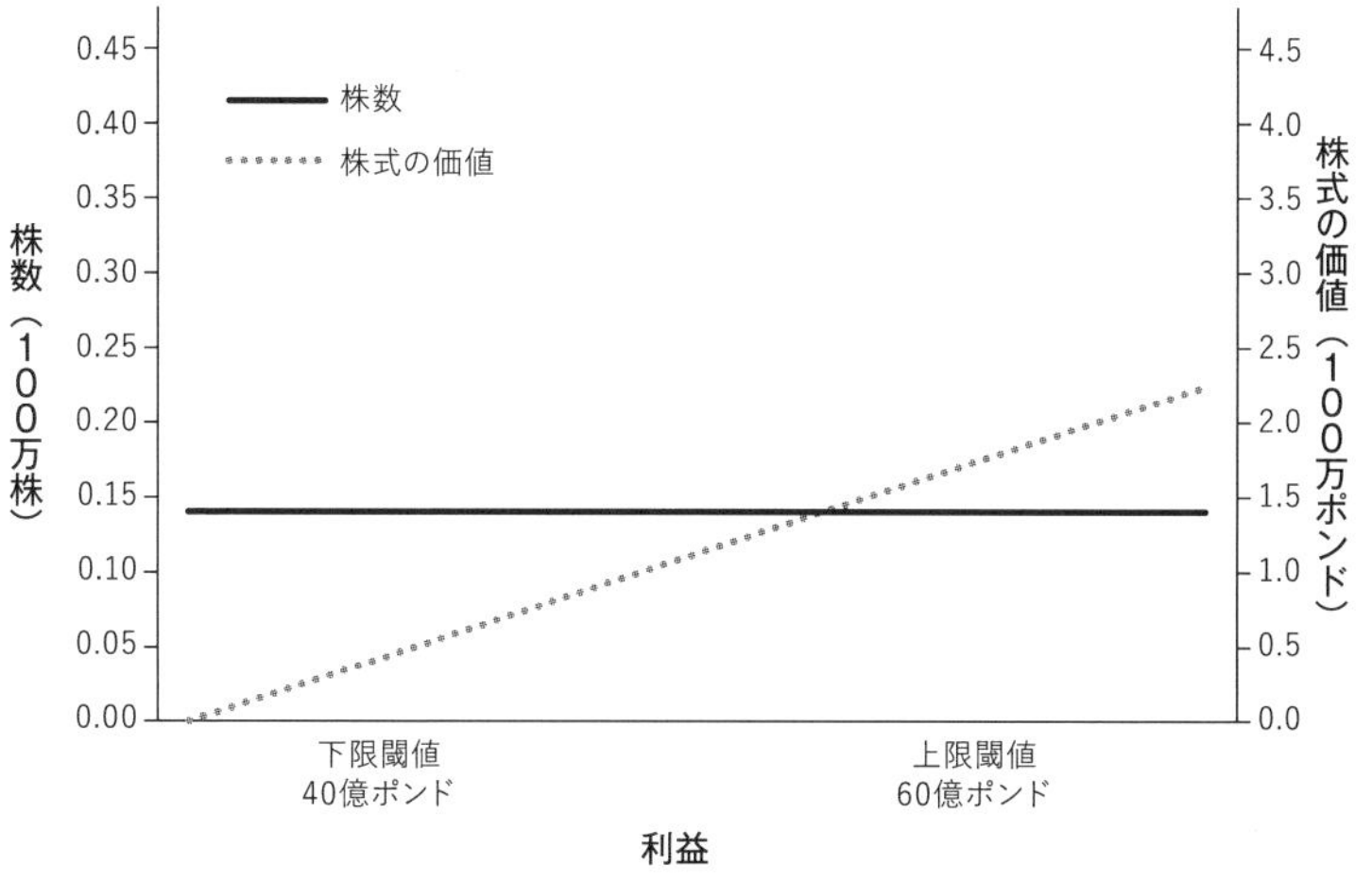

に全従業員株式所有制度を開始した。企業の成功は当然CEOだけの功績ではない。バート・ベヒトは革新的な文化を作り上げたが、フィニッシュの新商品や、プラスチック使用量を減らしたバニッシュのパッケージを設計したのは従業員たちである。リーダーと労働者の双方に株式を付与する場合、労働者の利益なくしてリーダーが利益を得ることはない。しかしリーダーがボーナスを得て、労働者が株式を得る場合、株価が下がってもボーナスが支払われる可能性があり、「我々と彼らのルールは別」という懸念につながる。

実際にエビデンスによると、幹部以外を対象とする株式制度は、一般的に優れたパフォーマンスと相関関係がある。E・ハン・キムとペイジ・P・ウィメットは、こうした株式制度の目的が買収防衛や現金の維持（株式は賃金の代替になるため）ではなく、従業員と成功を共有したいという思いを動機としている場合、この相関関係が強まることを示した。ヤエル・V・ホフバーグとローラ・リンゼイは、従業員のアイデアや努力が特に大きな影響を与えるような、成長機会の充実した企業において、この効果がさらに強まることを明らかにした。重要なのは、株式付与が特定集団（例えばR&D部門）だけでなく全社に広く実行されないと、メリットが発生しないという点だ。このことは、従業員に株式を与えると各自が職務に熱心に取り組むだけでなく、同僚への支援、高い規範の維持、パフォーマンス重視の文化の形成が組織全体で促されるという考え方と一致する。また、これを裏づける情報として、小規模企業——個人の努力と他者に対する支援や監視が、全社のパフォーマンスにより大きく作用する——では、広範囲に株式を付与する効果がより強くなる。

幹部に株式で報酬を与えることには潜在的な懸念がある。実際のところ、完璧な報酬プランなど存在しないだろう。だが哲学者のヴォルテールが言ったように、完璧は善の敵である。そして、よく挙げられる懸念の多くは、実際には想像よりも軽微である。その中のいくつかを検証してみよう。

・長期的株式リターンもまた、幹部のコントロールの及ばない要因、例えば株式市場の上昇などに左右される。従って、幹部は棚からぼたもちで報酬を得る。

市場の好調さは皆に恩恵を与える。企業はサプライヤーからの原料調達を増やし、新たな労働者を雇用する。既存労働者が株式を付与されていれば恩恵を受けるし、投資家にも利益がある。好況時にはパイ全体が大きくなるため、リーダーの保有株式の価値が上がるのは他のメンバーの分け前を奪ったからではない。報酬が株式ではなく現金で支払われる場合も、ＣＥＯはそれをより広範な株式市場に投資する可能性が高く、やはり好況の恩恵を受けるだろう。ＣＥＯにしてみれば、部分的にでも自分で価値をコントロールできる自社に投資したほうが、価値をコントロールできない他社に投資するよりもはるかに良い。

非常に重要なのは、この効果が逆向きにも働くということである。株式市場の下降局面では、投資家もステークホルダーも損害を受ける。リーダーも、自社のパフォーマンスと結びついた資産を多く持つ場合は同じである。しかし現金で支払いを受けている場合は、そうはならない。

以上の議論はあるにせよ、世間の目を考えると、棚ぼたで生じる報酬にはやはり不安が残るかもしれない。２０１７年12月、英国の住宅建設会社パーシモンは、ＣＥＯのジェフ・フェアバーンの株式オプションが1億1100万ポンドに上ることを発表した。これが批判を呼び、会長のニコラス・リグリーがフェアバーンの高額報酬の責任を取って辞職した。このオプションが付与された2012年2月以降にパーシモンの市場価値は80億ポンド増加したが、その大半は、低金利と英国政府の「ヘルプ・トゥ・バイ」制度のおかげで住宅市場が好調だったために実現した。もしフェアバーンが2012年にオプションの代わりに現金を受け取り、それをパーシモンに投資したとしても、同程度の金額を稼いでいただろう。逆に、もし金利が上がって住宅市場が崩壊したら、彼のオプションの価値はなくなっていた。しかし、このような主張に耳を傾ける者はいなかった。実際に起こった現象は、別の状況で起こり得た現象よりも格段に目立つのである。

世間の目を気にするならば、同業他社と相対評価したTSRに価値が連動するインデックス株を利用するという解決策がある。これにより、CEOのコントロールが及ばない業界の好調さのおかげで報酬が発生することを阻止できる。だがデメリットとして、CEOが不況から守られる。不況で従業員が職を失ったり、投資家が蓄えを失ったりすることを考えると、これは不公平に思われる。

- **ボーナスがあると、幹部がその獲得のためにするべきこと――利益40億ポンドあるいは売上成長率5%という目標の達成――が明確になる。長期的株式リターンは遠い未来に実現するため、幹部には目標を達成する方法が分からない。**

これはその通りであり、**それこそが重要なポイントである。**短期目標は達成方法が明確だからこそ、操作を助長する。長期的株式リターンを道具的な方法で改善することは非常に難しい。これはパイ拡大の副産物として生じるものなのだ。目標を撤廃すると、リーダーは目標達成を目指すことから解放されて、価値を創出する自由を得る。価値を創出すれば通常は長期的なリターンが改善するため、リーダーは評価は後からついてくるという安心感を持ってこれを実行できる。株式を保有するＣＥＯは企業のオーナーの１人であり、自身のボーナスの最大化に集中する雇われの部外者ではなくオーナーとして思考し、行動する。

・株式ベースで支払うと、役員報酬が際限なく増える。企業価値は無限に上昇する可能性があるから、役員が保有する株式の価値も無限に増える可能性がある。

パイコノミクスで強調するのは、最大の問題はリーダーにたっぷりと報酬を支払う——パイの大きな１切れを与える——ことではなく、そもそもパイを拡大しないことだという点である。株式ベースの報酬では、リーダーの報酬が増えるのは価値が生み出されたときに**限られる**。それは社会を犠牲にして得たものではなく、価値創出の結果である。上限を設けると、その近辺まで来たＣＥＯは、ベンジャミン・ベネットと共同執筆者らの研究が示すように惰性に任せるかもしれない。

・パフォーマンス・シェアの閾値を撤廃したら、役員はパフォーマンスと無関係に株式を受け取ることになる。実質的にただで株式を受け取れるのだから、富とパフォーマンスの結びつきは相当弱くなる

だろう。

役員に株式で支払うことは、ただで報酬を与えることではない。企業はCEOの給与を下げて、報酬パッケージの総額が変わらないようにするべきだ。この点が見過ごされがちである。バート・ベヒトの報酬は、「1999年の会社設立時の、安い株がただで手に入る制度のおかげで生まれた」という批判を浴びた。しかし、バートの株式はただで配られたわけではない。レキットベンキーザーは1999年に、彼に現金だけで報酬を支払う代わりに、現金支給を減らし、一部を株式として支払ったのだ。これは実際のところ、CEOに全額を給与として支給し、その金で株式を買わせることと似ている。この方法はしばしば改革案として出されるが、そうすると、株価が底を打ったら購入するという時間的猶予をリーダーに与えることになる。単純に最初からCEOに株式を与える方法なら、このような操作は不可能だ。

そして、富とパフォーマンスを結びつける目標を設定する必要もない。投資家の中には、パフォーマンスと無関係に一定の株数が付与される譲渡制限付株式を、固定給と呼んで反対する者もいると聞く。しかし株式の価値はパフォーマンスに大いに左右されるため、これは意味の通らない主張である。思い出してほしいのは、米国のCEOの場合、たとえパフォーマンス条件がなくても、株価が10％下落すれば670万~1000万ドル相当の報酬カットと同じだということである。目標値によってCEOが説明責任を果たせるのは、長期志向の投資家が関心を持たないパフォーマンス指標に限られる。閾値をクリアできない場合に報酬を大幅に減らせば、それをクリアしようという短期的な動機を与えるだけである。

実際のところ、パフォーマンス条件がない株式とは投資家が保有する株式とまさに同じ――これも**対称性**の1つの特徴――であり、CEOと投資家の立場が完全に一致する。CEOが投資家とまったく同じように支払いを受けることになる。投資家のリターンは複雑な計算式で決まるのではなく、株価に連動して増減する。利益が閾値を上回ったときに投資家にいきなり株式が与えられたり、閾値を下回ったときに株式が没収されたりすることはない。従ってCEOもそうあるべきだ。

そして株式がただではないのと同様に、目標値もただで撤廃するべきではない。目標が撤廃されれば株式を没収されるリスクがなくなるため、CEOはその代わりに株数が減ることを受け入れるべきである。ウィアー・グループが2018年にLTIPから譲渡制限付株式に移行したときは、50%の割引率を適用した。だがもっと良い代替策

図 5.5　ボーナス／LTIPを譲渡制限付株式に置き換える

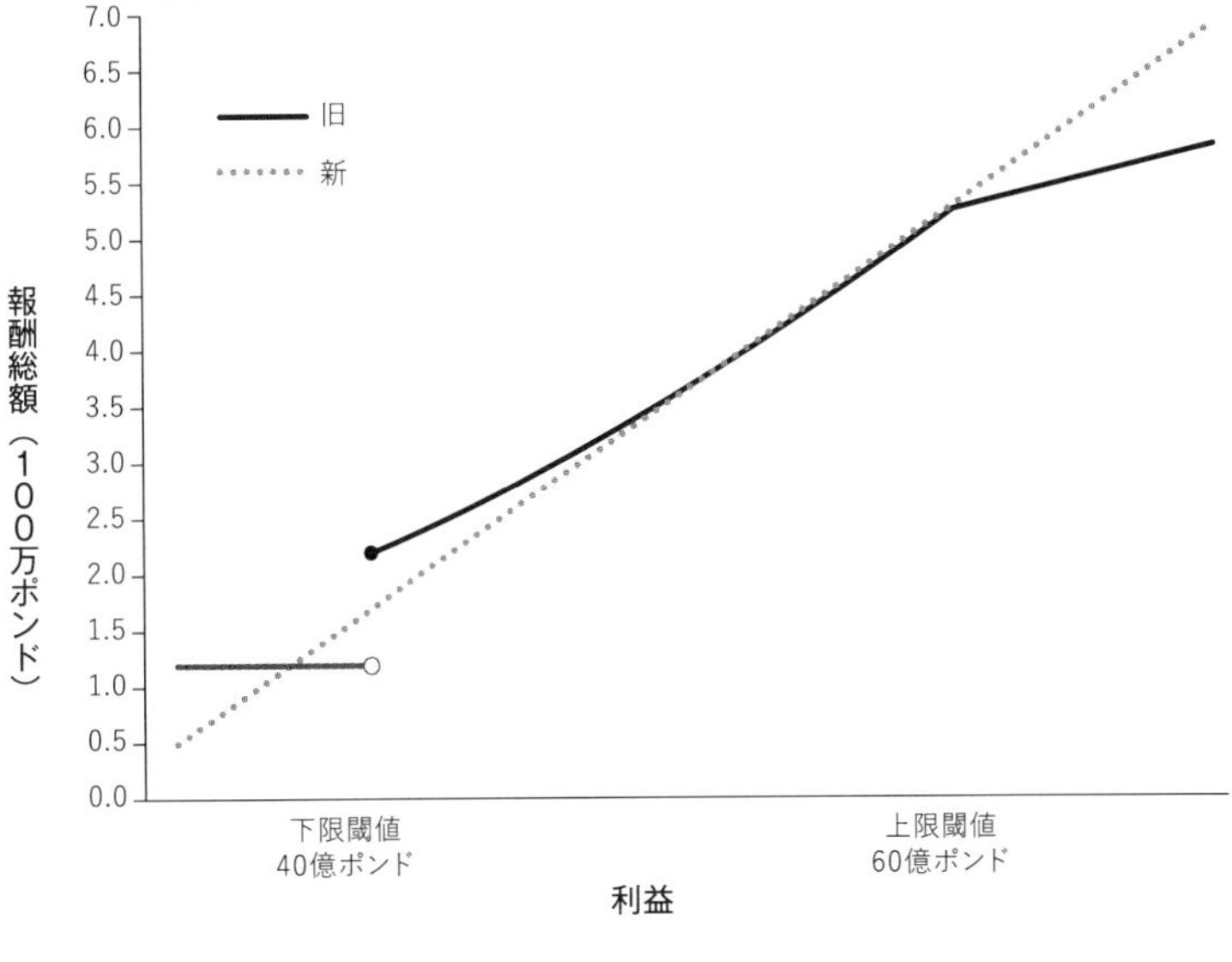

は、株数を**増やして**給与を減らすことかもしれない。図5・5の実線は、120万ポンドの給与と、図5・3のパフォーマンス・シェアを組み合わせたパッケージを表している。点線は、50万ポンドの給与と、図5・4の普通株を株数を増やして組み合わせた新たなパッケージを表している。

CEOはこれを受け入れるだろうか。受け入れるべきである——報酬総額の削減を意図する改革案と比べるならばなおさらだ。第一に、給与は減少するが、株数が増えてパフォーマンス条件がないという点でバランスが取られるために、報酬額の期待値が減ることはない。グラフの線は、部分的に実線よりも高いところもあれば低いところもある。第二に、リスクにさらされる報酬の傾斜が不連続に上昇することがない。従来、恣意的な閾値（40億ポンド）のポイントでCEOが負っていた大きなリスクが、すべてのパフォーマンスレベルに分散する。

譲渡制限付株式に基礎条件をつける

目標が撤廃された場合、CEOはパフォーマンスが振るわなくても株式を受け取る。この株式の価値は低く、図5・5が示すように、この場合の報酬総額はパフォーマンス条件付きで給与が高い場合を下回る。しかし、パフォーマンスが悪いのにCEOが株式を維持しているという世間の視線は懸念するべきかもしれない。パフォーマンス条件付きならば給与がもっと上がっていたという可能性に気づかないかもしれない。批評家は、棚ぼたで得る報酬の場合と同じように、別の状況で何が起こり得たかということには、なかなか目が行かないのである。

この世間の目が不安なら、パフォーマンス上の大きな失敗があった場合に株式を剝奪するという「基礎条件」をつけて株式を付与できる。基礎条件は目標と似たものだが、はるかに低い基準である。目標は高く設定して優れたパフォーマンスだけが報われるようにするべきだが、このことは、パフォーマンスが平凡な場合に目標を達成するための操作を助長する。基礎条件はパフォーマンスが悪くない限り達成可能なレベルに設定し、操作の必要がないようにするべきである。例えばウィアー・グループの基礎条件には、重大なガバナンスの欠陥がないことや、借入契約条項に違反しないことが含まれる。基礎条件をクリアすることは容易なので、目標ではなく基礎条件を設定する場合、当然ながらCEOは給与が下がることを受け入れるべきだ。

役員報酬をボーナスやLTIPではなく譲渡制限付株式で与えるという考え方は、勢いを増しつつある。2017年4月に英国下院が出した企業統治に関する報告書は、パフォーマンスの動機づけという点での「LTIP」の効果について、ひいき目に見ても根拠がなく、最悪の場合は逆の動機を生み出して、近視眼的な意思決定を促しかねないと結論づけた。この報告書は、LTIPを「所定期間を経過しないと売却できない株式」で置き換えることを推奨した。同月、ノルウェーの政府系ファンドがCEO報酬に関する方針説明書を発表し、「年間総報酬のかなりの部分を株式として提供するべきである。（中略）いわゆる長期インセンティブプランのパフォーマンス条件は、しばしば効果がなく、不均衡な結果をもたらす場合がある」と提言した。2019年9月、米国機関投資家評議会は役員報酬に関するポリシーの大幅な見直しを行い、単純な株式を用いることのメリットを強調した。近年ではいくつかの英国企業が譲渡制限付株式を採用している。

だが大半の企業はまだである。その理由の1つが、譲渡制限付株式について概念的議論とエビデンスの両方で誤解があることだ。このセクションでは、この点を明らかにすることを試みる。そうした誤解とは裏腹に、実際には導入時の課題は克服できないほど大変なものではない。ウィアー・グループ報酬委員会の委員長のクレア・チャップマンが、2018年に、LTIPを譲渡制限付株式に置き換えるための協議を開始したところ、多くの投資家が懐疑的であることが分かった。そこで彼女は、ウィアーのアンカー投資家のほぼ全員と、インスティテューショナル・シェアホルダー・サービシーズ（ISS）及びグラス・ルイス――共に投資家に議案に対する投票行動をアドバイスする議決権行使助言会社――と会合や電話会議を行い、常にエビデンスに基づいてその理論的根拠を説明した。ハーバード・ビジネス・スクールのケーススタディは次のように説明する。「チャップマンは議論の全体を通してデータとエビデンスの重要性を強調した。『私たちに皆の意見に対処する余裕はなく、確実なファクトベースで対処する必要がありました。そうしなければ、株主に対して戦略的に一貫した態度を通せる見込みはほとんどなかったでしょう』」

しかしこれらの会合は、単なる説得の場ではなく、聞くための場でもあった。クレアとウィアーの同僚たちは、投資家らの懸念を聞き、当初の提案を改訂した。そして2回目の投資家協議を行い、フィードバックに耳を傾けて、さらに提案を修正した。その結果、ウィアーは英国企業として初めて、譲渡制限付株式について両議決権行使助言会社から賛成推奨を獲得した。提案は2018年4月に92％の支持を受けて承認された。

期間

譲渡制限付株式に関する重要な論点は、長期的に見ると、株価には株主だけでなくステークホルダーの価値も反映されるということである。ポイントは「長期的」という言葉である。株価は短期的な操作が可能である。例えばR&Dを削減すれば短期的な利益が増え、それによって株価も上がる。市場はこのような行動を見抜いて、利益を額面通りに捉えないようにするべきではないだろうか。サンジーブ・ボジラジ、ポール・リバー、マーク・ピッコーニ、ジョン・マキニスは、R&D費や広告費を減らす、あるいは会計発生高を増やすことによってアナリスト予想をわずかに上回った企業と、R&D費や広告費が多い、あるいは会計発生高が少なかったために予想にわずかに達しなかった企業を比較した。予想を上回った企業の短期的パフォーマンスは下回った企業よりも2～4%優れており、市場が収益の増加を額面通りに受け取ったことがうかがわれる。ところがその後の3年間を見ると、前者のパフォーマンスは後者を15～41%下回っており、そうした操作が長期的な価値を損なったことが示唆される。

このような実行による過ちを阻止し、パフォーマンスの**持続性**を確保するために、株式の付与は数年間という視野で行うべきである。第3章で紹介したアンジェロ・モジロ――カントリーワイドがサブプライムローンに突き進むことを指揮した人物――を思い出してほしい。この進出は、モジロの掲げた市場シェア目標の達成を後押ししただけでなく、短期的収益も生み出し、株価を上昇させて彼に富をもたらした。金融危機が発生する2007年8月までの9カ月間で、彼は1億4000万ドルの株式を売却した。カントリーワイドの株価はその後の5カ月で70%下落し、バンク・オブ・アメリカに買収されることとなった。モジロは個人的に、サブプライムローンが最終的に債務不履行に陥ることを認識していたが、その前に株式を換金できるとも考えていた。

株式の売却を制限すれば、不実行による過ち――成果が表れるまでに時間がかかる投資を行わないこと――も阻止できるはずだ。第4章で見たように、従業員満足度が株価に十分に反映されるまでには5年かかる。CEOが3年後に自由に株式を売却できる場合、従業員満足度をわざわざ改善しようとはしないかもしれない。

適正な制限期間は企業によって異なり、一律には決められない。例えば製薬会社など、CEOの行動がとりわけ長く影響を与える場合は、この期間を長くするべきである。また、最低でも業界サイクル1回分よりも長くし、CEOが一時的な株価上昇時に換金できないようにするべきである。エクソンモービルの幹部の株式報酬は、5年後に半分、10年後に半分の権利が確定するため、幹部は原油価格のサイクルを通して株式を保持する必要がある。

そして重要なこととして、実行による過ちと不実行による過ちの両方を阻止するには、リーダーの退職後も含めて株式の売却を制限する必要がある。そうしなければ、後任者に損害の後始末をさせるような短期的行動を取ったり、後任者に成果が転がり込むような投資を避けたりするかもしれない。ジェームズ・C・コリンズは著書『ビジョナリー・カンパニー2―飛躍の法則』で、良いリーダー（ラバーメイドのスタンリー・ゴールトのように、その人物が指揮しなければ企業が成功しない）と、偉大なリーダー（ジョージ・W・メルクのように、その人物が去った後も企業が長く繁栄し続けるため、いなくなっても困らない）の違いを述べた。私たちは偉大なリーダーを求めるが、私たちの敬意の表し方で報われるのは良いリーダーだ。つまり私たちは、あるCEOが去った後に企業が不振に陥ったら、そのCEOの優秀さが会社に不可欠だったのだと考える。リーダーに辞職後まで株式の保有を求めることは、リーダーが偉大さを目指す動機になる。これではリーダーの負うリスクが大き過ぎるという反論があるかもしれない。しかしこうすることで、リーダーに、自身が去っても揺らがない強固な長期的ファンダメンタルズ――後継者育成計画も含めて――を確立し、リスクを軽減しようという意識が働くのである。それだけでなく、もしCEOに現金化を認めれば、売却額の大半を株式市場に――パフォーマンスをまったくコントロールできない対象に――投資するかもしれない。

企業は次第に、辞職後の株式保有要件を導入するようになっている。ユニリーバの前CEOのポール・ポールマンは、2019年の辞職後1年間は年間基本給の5倍相当の株式を維持し（500万ポンド超の株式保有要件）、2年目も同2・5倍相当を維持しなければならなかった。2018年の英国コーポレート・ガバナンス・コードの改訂は、辞職後の株式保有要件に関する正式なポリシーの策定を企業に求めるものである。

クローバック（回収）

リーダーに長期的な説明責任を負わせるには、クローバックを適用するという方法もある。短期目標を達成したリーダーに報酬を与えて、後日、目標達成方法が不適切だったことが判明した場合に、ボーナスをクローバック（回収）するということである。これに関して米国では2007年に最初の和解案件があり、ユナイテッドヘルスの前CEOであるウィリアム・マグワイアが、バックデートと呼ばれる手口で報酬額を増やしたとして、同社に4億6800万ドルを返還することになった。英国ではバークレイズが、金利不正操作と債務返済保証保険の不適切販売について罰金を科されたことを受けて、スタッフの3億ポンド分のボーナスを回収した。

クローバックのレトリックは魅力的で、悪行を働いたリーダーに罰を与えられるような印象がある。だがこれは、馬が逃げてから馬小屋の扉を閉めるようなものである。クローバックとは、リーダーの報酬を性急に――優れた短期パフォーマンスだけを見て、それをもたらした要因が分かる前に――支払って、不正操作が判明したら金を取り戻そうとすることである。それよりも最初から扉を閉めておく、つまりリーダーが数年間は報酬を売却できないようにしておくほうが、ずっと良い方法だ。クローバックには法的措置が必要になるため、実行するコストが高い。そして、もっと深刻な問題として、クローバックは適用範囲が非常に狭い。バックデートなど明らかな不正がある場合には適用できるが、R&D費の削減といった近視眼的な行動は決して不正とは言えないため、線引きがずっと曖昧になる。第3章で議論したように、投資の抑制が価値を生むこともあるからだ。職場文化を改善しないといった不実行による過ちには、ほぼ間違いなく適用できない。

短期保有の株式がリーダーの短期的行動を引き起こすというエビデンスがあるのだろうか。説得力のあるエビデンスを見つけることは、因果関係vs相関関係という課題に必ず突き当たるため難しい。例えば、幹部が株式を売却するときに投資が減ることを示せても、そこには両方を促進する省かれた変数があるかもしれない。CEOは、先行きが厳しいと判断して投資を合理的に縮小し、それとは別に自身の株式を売却するかもしれない。

そこで、ヴィヴィアン・W・ファン、カタリナ・ルウェレンと私は別のアプローチを取った。私たちは短期的なインセンティブを、CEOが実際に売却した株数ではなく、権利確定が予定されていた株数(売却制限期間の終了間近の株数)を使って測定した。制限期間が終了すると、CEOは資産分散のために株式を売却することが一般的である。そのためCEOは、株式をより高く売却できるように、権利確定の直前に株価を押し上げるかもしれない。重要なこととして、権利確定を迎える株数は、数年前にどれだけの株式を受け取ったかで決まるため、現在の業績見通しとは無関係である。

私たちは2000社以上を調査して、ある四半期に権利が確定する株式が多いほど、投資成長率が鈍化することを発見した。この結果は極めて強固だった。5つの異なる投資指標に当てはまった上、時間の経過ではなくパフォーマンス目標の達成によって権利が確定するパフォーマンス・シェアを除外しても成立したのである。

この結果は何を意味するのだろうか。1つ目の解釈として、CEOが短期的収益を膨張させるために、優良プロジェクトをむやみに削減していることが考えられる。しかし2つ目の解釈として、不良プロジェクトを効率良く削減しているとも考えられる。無駄なプロジェクトを特定して終了するには労力がかかるし、それを実行するCEOは嫌われるかもしれない。CEOは株式を売却する間際に、厳しい決断をする気になるのかもしれない。もしそうならば、短期的なプレッシャーによって、注意が散漫になる代わりにやる気が引き出されることになる。これはどこか、レポートの締め切りが迫った学生たちが覚悟を決めて先延ばしをやめるのと似ている。

権利確定を理由にＣＥＯがしっかりと働くとしたら、そのＣＥＯは無駄な投資を削減するだけでなく、他の支出を抑制したり売り上げの成長を加速させたりして、パフォーマンスを改善することが期待できる。しかしそれを示すエビデンスは見つからなかったため、投資の減少は全体的な効率向上プログラムの一環ではなく、近視眼的なものだと考えられる。この解釈を支持するものとして、ＣＥＯが罰を免れる可能性が高い――例えば退職間近のため、適切な投資を中止して評価を落としてもあまり困らない――場合ほど投資の減少幅が大きくなる。

トミスラフ・ラディカとザカリアス・ソートナーは、様々な状況で短期株式が短期的行動の原因となることを裏づける、独自の証拠を発見した。因果関係を明らかにするために、彼らは米国の会計基準ＦＡＳ　１２３Ｒの影響を調査した。２００５年6月に実施されたこの会計基準の変更により、幹部の未確定ストックオプションの分だけ企業の利益が減少することになった。これを避けようと多くの企業がオプションの早期確定を認めたため、ＣＥＯには投資を削減して株価を押し上げようという動機が生まれた。考え得る懸念として、２００５年に発生した他のイベントが、投資に対する企業の動機に影響を与えた可能性がある。そこでトミスラフとザカリアスは、会計年度末が6~12月の企業（２００５年から新基準を遵守しなければならない）と、会計年度末が1~5月の企業（新基準を２００６年から遵守すれば良い）を比較した。すると、オプションの権利確定が企業の投資削減につながることが明らかになった。

これら2本の論文のように短期株式の費用を研究することに加えて、長期株式の便益を研究することもできる。第4章で、社会的パフォーマンスの改善を意図する株主提案に関する論文を書いたキャロライン・フラマーを紹介したが、彼女はプラティマ・バンサルと組んで、関連テーマ――長期的インセンティブの増加を意図する株主提案――を研究した。彼女らは同様の「回帰不連続デザイン」アプローチを用い、得票が50％をわずかに上回って可決された提案と、わずかに下回って否決された提案を比較した。１９９７～２００１２年の８００件以上の提案を調査した結果、僅差で可決した提案によって長期的な収益性と売上成長率が改善したことが分かった。また興味深いことに、短期的にはパフォーマンスがわずかに悪化しており、長期的思考のために短期的な犠牲が求められることが明らかになった。しかし恩恵が犠牲を上回り、全体として企業価値は上昇するのである。

私たちはここまで、長期的株式リターンをパイの大きさの代替値として使ってきた。しかし、純粋な外部性が考慮されていないため、パイと相関関係があるだけで完全に一致するわけではない。キャロラインとプラティマは、ステークホルダーの測定指標についても調査した。すると環境、顧客、コミュニティ、そしてとりわけ従業員に関するスコアが改善することが分かった。彼女らは、ステークホルダーと投資家の両方に恩恵を与えるイノベーションについても研究した。長期的なインセンティブがあると、企業はより多くの特許、より質の高い特許、より革新的な特許を生み出す。

これらの3つの研究は、報酬の期間の重要性を際立たせるものだ。報酬額を抑制すれば、より多くのニュースで取り上げられるだろう。しかし報酬の期間を広げれば、ＣＥＯの投資意欲に作用するため、社会に与える影響ははるかに大きくなる。実際、２０１８年の英国コーポレート・ガバナンス・コードは、最短の期間を3年から5年に拡大した。ＣＥＯは相当量の自社株を保有するべきだとした、ノルウェーの政府系ファンドの報酬原則を思い出してほしい。この原則では「辞職か退職かにかかわらず、株式の売却を少なくとも5年間、できれば10年間制限する」ことも推奨している。同様に、米国機関投資家評議会は、2019年9月に譲渡制限付株式を支持して役員報酬ポリシーを改訂した際、「権利確定の開始は5年後、完全な権利確定は10年後（雇用終了後も含む）にする」可能性を示唆した。

次の表は、長期的株式の主な3つの特徴と、それらが生み出すポジティブな結果をまとめたものである。

報酬の特徴	報酬の結果
感度	説明責任
簡素さ	対称性
期間	持続性

報酬格差

ここまでは、パイの拡大につながる3つの報酬改革案について議論してきた。すなわち、リーダーを重要なオーナーにすること、複雑なボーナスを廃止して報酬を簡素にすること、報酬の期間を広げることである。ここからは、よくある報酬改革案——善意の提案だが、パイの分割に基づくため裏目に出る可能性がある——を見ていこう。

　この改善策で問題視するのは、CEOと平均労働者の報酬格差である。その基本的な考え方は企業に報酬格差を開示させることであり、米国では2018年、英国では2019年からこれが要請されている。世界経済フォーラムは2020年に、「4大」会計事務所（デロイト・トウシュ・トーマツ、アーンスト&ヤング、KPMG、プライスウォーターハウスクーパース）とともに、全企業に報告を推奨する一連のステークホルダー資本主義の指標を公開した。そこに「中核」指標として報酬格差が含まれている。一部の投資家はこれをさらに進めて、報酬格差を投資基準の1つにしたり、実際に格差の縮小を目指したりしている。ブラックロックは2017年、300を超える英国企業に送った書簡で、CEOの昇給は、労働者の賃金が同等に増加しない限り認めないと書いた。メディアは報酬格差の大きい企業をしきりに批判し、政策決定者もそれを罰する方向に動き始めている。オレゴン州ポートランド市議会は2016年に、報酬格差が100倍を超える企業に10%、250倍を超える企業に25%の割り増し税を課すことを決めた。サンフランシスコ市も2020年に同様の法案を可決した。

　報酬格差の開示要求の背後には、格差が大きいのは不公平だという考え方がある。実際に、第4章では従業員を公平に扱うことの重要性を強調した。彼らにリーダーの264分の1以下の給料しか支払わないのは、間違いなく公平性の対極ではないだろうか。不公平にパイを切り分ければ、労働者が意欲を失ったり文化が損なわれたりして、やがてパイは小さくなるかもしれない。そう考えると、政府だけでなく、投資家も報酬格差を十分に監視することが賢明だと思われる。

　しかし公平と平等は同じではない。公平とはパフォーマンスにふさわしい評価を受けることである。私が教え子の全員に、成績と関係なく同じ評価を与えたら、平等かもしれないが不公平である。イェール大学の心理学者であるクリスティナ・スターマンズ、マーク・シェスキン、ポール・ブルームは、「人々はなぜ不平等な社会を好むか」と題した包括的なメタ分析で、市民は不平等ではなく不公平を嫌うと結論づけた。ＣＥＯの文脈で考えると、公平とは貢献に比例して報酬が支払われることである。報酬は**価値創出に報いる**べきである。

これは長期的株式を付与することにより達成される。ＣＥＯの正しい比較基準は、従業員がどれだけ報酬を得ているかではなく、どれだけパイを拡大したかである。実際、報酬格差の大きい企業に対する典型的な批判は、リーダーの高額報酬がパフォーマンスにふさわしいかどうかを問わない。２０１７年、ＪＰモルガンのＣＥＯであるジェームズ・ダイモンは、３６４倍という報酬格差をひどく非難された。だがそれまでの2年間で、同社の株価は62％上昇していた。

報酬格差とは、ＣＥＯと従業員の間でどのようにパイを切り分けているかを測るものである。その他のステークホルダーは無視される。そしてもっと重要なこととして、パイの大きさも無視しており、その結果、リーダーが社会に価値を生み出す主な方法――パイを拡大すること――も無視される。すべての関係者が幸せになるパレート改善が実現していても、報酬格差が悪化して見える場合がある。例えば、ある企業が80億ポンドの価値を創出し、ＣＥＯが４００万ポンド、平均労働者が3万２０００ポンドを得るとしたら、格差は１２５：１である。ＣＥＯのイノベーションによってその企業が１２０億ポンドの価値を生み出し、ＣＥＯが６００万ポンド、従業員が4万ポンド得るとする。この場合は皆が恩恵を受けるが、格差は１５０：１に拡大する。パイコノミクスはリーダーに価値創出に対する説明責任を負わせるが、報酬格差はその代わりに、従業員よりも報酬をもらい過ぎないことに対して説明責任を負わせるのである。

これは架空の例ではない。サブリナ・T・ハウエルとJ・デビッド・ブラウンは、政府のR&D助成金を獲得した米国企業が、その成果のかなりの部分を労働者と分け合うことを発見した。従業員の給料は平均16%増加するが、創業者の増分はもっと大きい。なぜなら、創業者が会社に与える影響はより大きいため、パフォーマンスが改善したときも悪化したときも、それが報酬に敏感に反映されるのである。従って全員が豊かになった場合でも報酬格差は拡大する。実際に、序章で触れたように、報酬格差が拡大すると企業の価値が上がり、パフォーマンスが向上することを示した研究もある。オルブンミ・ファレエ、エブル・レイス、アナンド・ベンカテスワランが執筆した同論文は、米国のデータを用いている。これとは別の研究で、ホルガー・M・ミュラー、ペイジ・P・ウィメット、エレナ・サイメンツィは、英国において、報酬格差の大きさが強固な評価額、利益性、長期的株式リターン、アーニングサプライズと関連することを示した。例えば報酬格差が上位3分の1の企業のパフォーマンスは、他の株式リターンの決定要因を補正すると、下位3分の1の企業を年率9・7～11・8%上回った。興味深いことに、インゴルフ・ディットマン、マウリツィオ・モントーネ、ユーハオ・チュも、英国、米国と社会規範の異なるドイツにおいて、報酬格差とパフォーマンスの正の関係を立証している。

また、報酬格差は企業間で比較できないという課題がある。ゴールドマン・サックスの報酬格差（2019年に178：1）はウォルマート（983：1）よりも小さいが、これはゴールドマンのCEOの報酬が控えめだからではなく、同社の従業員の給料が高いからである。同じ業界内でも、報酬格差は企業のビジネスモデルによって変わる。ゴールドマン・サックスの格差はJPモルガン（393：

1）より小さいが、これは後者がリテール銀行のJPモルガン・チェースを保有するからだ。ダンキン・ブランズの格差（42：1）はチポトレ・メキシカン・グリル（1136：1）よりも小さいが、これはダンキンがダンキン・ドーナツやバスキン・ロビンスのレストランをすべてフランチャイズで展開しているのに対し、チポトレはフランチャイズを行わず、低賃金の接客スタッフを直接雇用しているからだ。パートタイム労働者を多く雇用する企業、低賃金の仕事を外注または自動化する企業、あるいはトレーニング、休暇、労働環境よりも高い給与の支払いを優先する企業は、常勤労働者の平均給与が高くなり、結果的に報酬格差が小さくなるだろう。実際のところ、リーダーは報酬格差を操作するために、これらの手段を使うかもしれない。

イーサン・ルーアンは、報酬格差の良し悪しを仮定する代わりに、企業の置かれた状況を踏まえた**適正な**報酬格差を研究した。彼は、現地の経済状況（例えば現地の業界平均給与）、企業の特徴（例えば収益性と売上成長率）、労働力の構成（例えばR＆D部門で働く従業員の比率）を踏まえて、従業員の給与の適正水準を推計した。同様に、企業の特徴を踏まえてCEO報酬の適正水準も推計した。そうすると、企業の実際の報酬格差を、説明できる要因と説明できない要因に分解できる。要因を説明できない場合は企業パフォーマンスが悪化しており、不当な不平等が害をもたらすことが明らかになった。しかし要因を説明できる場合はパフォーマンスが改善しており、不均衡が企業価値にプラスになることが裏づけられた。これは全体的な報酬格差を取り上げた前出の3件の研究とも一致する。イーサンの研究が強調するのは、企業間あるいは同じ企業の今と昔の報酬格差を、状況を考慮せずに比較することの危険性である。

不平等についてはどうだろうか。社会福祉はパイの大きさだけでなく、その分配方法に依存する。しかし、S&P500企業の500人のCEOが受け取る報酬が、米国の成人2億5000万人の不平等に及ぼす影響は微々たるものである。スティーブン・N・カプランとジョシュア・ラウは、プライベートエクイティファンド、ベンチャーキャピタルファンド、ヘッジファンド、弁護士の報酬のほうがCEOよりも上昇ペースが速いことを示した。米国居住者の長者番付であるフォーブス400には、公開会社のリーダーよりも、ヘッジファンド、プライベートエクイティファンド、不動産投資などの投資家のほうが、はるかに多くランクインしている。

企業以外でも報酬は上昇している。例えばサッカーのポルトガル代表で、2018〜2021年にユベントス・フットボールクラブに所属したクリスティアーノ・ロナウドを考えてみよう。ロナウドは素晴らしい選手だが、ヨハン・クライフよりもずっと優れていると主張することは難しい。クライフは史上最高のサッカー選手の1人と広く評価され、1970年代にバロンドール（世界年間最優秀選手）を3度受賞した。しかしロナウドは2020年に、エンドースメント契約を除いても3100万ユーロを稼いだ。彼の給料は、クライフの全盛期の年俸60万ドルと比べてはるかに高い。インフレを調整しても、クライフの年俸は2018年換算で270万ユーロである。この差の理由は、サッカーが今や、テレビ広告や世界市場への拡大によって数十億ドル産業になったことにある。ロナウドと、その次に優秀なミッドフィールダーの才能の差がほんのわずかだとしても、そのわずかな差がユベントスの利益に巨大な影響を与え得る。もしロナウドのゴールによってユベントスがチャンピオンズリーグへの出場を果たせるのなら、そこには数億の値打ちがあるのだ。従って、最高の才能には最高の報酬を支払う価値がある。実際に、スケーラビリティ（拡張可能性）のあるほぼすべての専門的職業で、報酬の上昇が見られる。「ハリー・ポッター」の作者のJ・K・ローリングがジェーン・オースティン[6]よりも明らかに才能があるとは言えないが、彼女の作品は世界中でヒットし、映画化され、グッズも生産できることから、収入ははるかに多い。俳優、ミュージシャン、さらにはリアリティー番組のスターたちも、昔よりも影響力が格段に大きくなっているため、格段に高い報酬を要求できる。

このような視点で見れば、CEO報酬が大幅に上がった理由も説明できる。昔よりも現在のCEOのほうが才能があると主張することは難しい。その代わりに、才能の重要性が増しているのだ。サッカー産業が格段に大きくなったのと同様に、企業も大きくなった。企業も世界市場で競争するようになり、テクノロジーの急速な変化に対応できない企業は実質的に淘汰されることもある。これはブラックベリーとアップルの差である。従ってサッカーと同じように、最高の才能には最高の報酬を支払う価値がある。S&P500企業の平均規模は240億ドルだ。つまり、あるCEOが次善の候補よりもほんの少し才能があって、企業価値への貢献が1%多いだけでも、それは2億4000万ドルになる。そうすると俄然、1480万ドルの給与がそれほど大逸れたものではないように思えてくる。

このような議論を展開したのが、経済学者のザビエル・ガベックスとオーギュスタン・ランディエが執筆した、今世紀屈指の影響力を持つ金融論文である。ザビエルが40歳未満の金融経済学者による傑出した研究に贈られるフィッシャーブラック賞（数学界のフィールズ賞のようなもの）を受賞したのは、この論文が理由だと言われている。しかもこれは単なる抽象理論ではなく、検証が可能である。彼らは1980〜2003年の米国のCEO報酬の上昇を、企業規模の拡大で完全に説明できることを示した。ジュリアン・ソヴァーニャが加わって２００４〜２０１１年のデータを研究した改訂版によれば、その後の変化も企業規模と連動していた。２００７〜２００９年には企業規模が17％縮小し、ＣＥＯ報酬は28％減少した。

ＣＥＯの活躍の場が世界に広がったことから、彼らは一般市民から見れば高額な報酬でも、相場より低いことを理由に辞職することがある。２０１９年10月21日、ナマル・ナワナは、報酬が不十分であることを理由に英国の医療機器企業スミス・アンド・ネフュー（Ｓ＆Ｎ）を辞した。彼の基本給は１５０万ドルで、すべての目標を達成すれば６００万ドルまで増加した。これは従業員の平均給与５万５０００ドルをはるかに上回る。だが、これは適切な比較ではない。ナワナの前職は米国の診断機器企業アリアーで、報酬は２０１５年が１１１０万ドル、２０１６年が８６０万ドルだった。彼は報酬が下がることを承知で、彼の言葉によれば「純粋にこの機会に惹かれた」ためにＳ＆Ｎに参加した。つまりＣＥＯは、刺激的で楽しめる仕事のためなら報酬カットも受け入れるということだ。とはいえ、他の従業員と同様に、受け入れられる減額幅には限度がある。ナワナの場合、取締役会が主張した削減額が単純に大き過ぎたのだ。ナワナがＣＥＯを務めた18カ月で、Ｓ＆Ｎの株価は40％上昇した。そして彼が去るとパイは縮小した。辞職の発表を受けて株価は９％下落し、14億ポンドの価値が失われたのである。

６（訳注）イギリスの小説家。「高慢と偏見」など、主に18世紀から19世紀のイングランドにおける田舎の中流社会を主な舞台とした作品で知られる。

このロジックがＣＥＯに当てはまるのに、従業員には当てはまらないのはなぜだろうか。それはＣＥＯの行動にスケーラビリティがあるからである。ＣＥＯが新たな生産技術を導入したり企業文化を改善したりすると、それを全社に展開できるため、大きな会社ほどその影響は大きくなる。24億ドルの企業の１％は２４００万ドルだが、２４０億ドルの企業なら2億４０００万ドルだ。大半の従業員の行動には、それほどスケーラビリティがない。あるエンジニアが10台の機械を保守管理する力を持っていて、8万ドルの価値を創出する場合、会社の保有する機械が１００台、１０００台でも、生み出す価値は同じである。

以上のことから、２つの結論を導き出せる。１つ目として、ＣＥＯの高い報酬は社会全体の一般的なトレンドの一部である。役員報酬が上昇するのは内輪で取締役会がリーダーの言うがままに判を押しているからだというストーリーは魅力的だが、必ずしもそうではない。２つ目として、不平等の問題は、ＣＥＯ報酬の高騰が示唆するよりも深刻で広範囲だということである。スケーラビリティのある専門的職業はどれも報酬を上昇させてきた。そのため、**企業内**の収入格差に対処しても、**社会の中**の収入格差を是正するには無力である。社会に存在する不平等には、ＣＥＯだけに注目するのではなく、より制度的な方法——例えば年収１００万ポンドを超える者の所得税や、相続税の税率引き上げ（意欲を損なうほどの増税は避ける）——で取り組むべきである。そうすれば、公開企業のＣＥＯだけでなくスケーラビリティのあるすべての専門的職業を含めて、収入格差に対処することができるだろう。

パンデミックによるリモートワークの増加を考えると、このようなスケーラビリティとその結果としての不平等は、これから拡大の一途をたどるだろう。銀行家、弁護士、コンサルタントは、以前ほど出張しなくてもよくなり、より多くのクライアントに助言ができる。ビジネススクールの教授は、今や講堂の収容人数の制約を受けずにオンライン講座で何千人もの学生を教えられる。フィットネスジムのカリスマインストラクターも、スタジオの広さに縛られない。パンデミック時には、有名トレーナーのジョー・ウィックスのワークアウト動画を数百万人が視聴した。この動画は無料だったが、こうしたスケーラビリティは、スーパースターにとっての収益化の機会と、同業者との共食いの可能性を浮き彫りにした。

以上のすべてのエビデンスを踏まえて、役員報酬改革とは何を意味するだろうか。現在の改革は報酬額を厳しく制限することを目指すが、これはパイの切り分け方を変えるだけである。そして私の知る限り、CEO報酬をカットして投資家やステークホルダーの価値が増えるというエビデンスはない。もっと重要なのは報酬体系――感度、簡素さ、期間――である。これによって、リーダーがパイを拡大して投資家とステークホルダーの両方に恩恵を与えたときにのみ、報酬を与えることを保証できるのだ。CEOの分け前を減らすことよりも、CEOが他のステークホルダーの分け前を増やすように後押しすることを、改革の目的とするべきである。

報酬額が問題になる局面

本章では一貫して、報酬体系は報酬額よりも重要だと論じてきた。報酬体系がパイ拡大の動機を与えるのに対し、報酬額はパイの切り分け方に注目するからだ。そして、才能あるCEOは給与を大きく上回る価値を生み出せるため、報酬額とステークホルダーの価値は必ずしもトレードオフ関係ではないという議論をしてきた。

しかし、CEOの報酬額が実際に問題になる重要な局面がある。それはパイが縮小する不況期だ。不況期には、パイの切り分け方が2つの理由でパイの大きさに影響する。1つ目として、CEOが報酬カットを受け入れることにより、解雇や自宅待機を強いられる労働者が減る。CEO報酬は企業価値に比べれば微々たるものだが、不況期の企業の手元資金と比べれば相当の額かもしれない。これを削減することにより、実際に従業員に命綱を与えられる。第1章で紹介したように、バリー・ウェーミラーは金融危機を受けて事務員からCEOに至る全員の給料を削減し、1人の失業者も出さなかった。2つ目として、報酬カットは、CEOがステークホルダーや投資家とともに不況に立ち向かい、皆と苦しみを共有する覚悟があることを表すシグナルになる。これは士気を向上させ、チーム意識を育む。新型コロナウイルスのパンデミックを受けて多くのリーダーが数カ月分の給料を返上した。FTSE100企業では4分の1のCEOが20%以上の報酬カットを受け入れた。重要なのは、ここでの削減対象が株式ではなく現金給与であり、リーダーのインセンティブには影響しなかったという点だ。

通常ならば幹部は給与削減に反発して辞職するかもしれないが、パンデミック期に採用活動を行う企業はまれだった。企業にはその資金がなく、CEOの交代でさらなる混乱を招きたくもなかったためだ。従って責任あるビジネスは、偉大なリーダーを維持することの重要性を認識するだけでなく、人材維持に関する懸念が小さく、他の投資を維持することのほうが重要な局面も見極めるべきである。

まとめ

●役員報酬に関する一般的な批判や改革案は、報酬額に注目する。これはパイの分割に基づいている。報酬を減らすことで他のステークホルダーに再分配できる価値はごくわずかである。CEO報酬は平均賃金に比べれば高額だが、企業価値に比べれば微々たるものである。

●報酬の費用（**報酬額**）よりも、報酬の効果――リーダーが長期的価値の創出を通してパイを拡大するようになるか、短期的目標を追求してパイを縮小するようになるか――のほうが、はるかに重要である。報酬改革の目標は、報酬額を引き下げることではなく、リーダーの価値創出を促すことであるべきだ。

●報酬の効果は**報酬体系**に依存し、報酬体系には3つの特徴がある。

○パフォーマンスに対する報酬の**感度**は**説明責任**につながる。リーダーは大量の株式を保有するため、一般に考えられているよりも感度ははるかに高い。株式保有は将来の株式リターンと大いに関連しており、その関係性は因果関係である可能性が高い。

○報酬の**簡素さ**は**対称性**につながる。複雑な目標ベースのボーナスは、リーダーが目標のパフォーマンス指標だけを重視することを助長する。下限閾値に近づいたときに過度のリスクを取ったり、上限閾値に近づいたときに惰性に任せたりする可能性もある。

○報酬の**期間**は**持続性**につながる。リーダーの株式保有期間を長くすることで、実行による過ち（価値を破壊する短期的な行動を取る）と不実行による過ち（長期的な投資を怠る）の両方を抑制できる。

●報酬格差はパイの分割に基づく考え方で、比較対象にならない2つの数値を比較する。リーダーの報酬は、労働者の報酬ではなくパフォーマンスと結びつけて考えるべきである。役員報酬とは関係なく、従業員は公平な支払いを受けるべきである。たとえ同じ業界内でも、企業間で報酬格差を比較することはできない。格差に注目すると数値の操作を助長しかねない。

●幹部だけではなく全従業員に株式を与えると、皆が貢献して実現した価値を分かち合えるため、公平性の問題に対処できる。

●CEOだけでなくスケーラビリティのあるすべての専門的職業で、報酬は大幅に上昇している。そこには、彼らの価値創出のポテンシャルが拡大しているという、おそらく正当性のある理由がある。パンデミック後はリモート環境への移行が進み、希少な才能のスケーラビリティはさらに拡大するだろう。従って不平等の問題には、CEO報酬の規制を試みるだけでなく、より制度的な方法――例えば年収100万ポンドを超える者の所得税率の引き上げ――で対処するべきである。

●不況時には報酬額が問題になる。財務的な制約が厳しくなるため、CEO報酬の削減により従業員の雇用を守ることができる。さらに、他のメンバーが苦しんでいるときに報酬をカットすることにより、チーム意識が育まれる。

第6章　スチュワードシップ

経営陣を支援することも、対立することもある熱心な投資家の価値

１９９５年、フィデリティ・バリュー・ファンドは米国人の最高の投資先だった。マネジャーのジェフリー・W・ウッベンが実権を握ってからの5年間、同ファンドのパフォーマンスは同類ファンドを上回り、それに乗じようとする新たな個人投資家が多数集まった。新たな資金の流入によってファンドは50億ドルにまで成長した。これはジェフリーにとって、この上ない恵みだったはずだ。

ところが、落とし穴が待ち受けていた。ファンドが1つの銘柄で巨大なポジションを持つことは、リスクが膨らみ過ぎるため避けねばならない。それに米国の法律では10％を超える出資者は「インサイダー」に分類され、株式の売却に制限がかかるため、ファンドへの出資者が資金を引き揚げようとしたときに困ったことになる。そのため新たな獲得資金は別の銘柄に投資せざるを得ず、ジェフリーと彼のチームの投資は過度に薄く分散するようになった。ジェフリーはこう語った。「毎日資金が流入してファンドが希薄化し、最後には１２０ものポジションを扱うようになって、もはや自分の最高のアイデアに集中することはできなくなりました。何度落ち着かせてもファンドはまた成長し、結局１２０のポジションになるのです」

最高のアイデアに集中するために、ジェフリーはアクティビストファンドのバリューアクト・キャピ

タルを共同で立ち上げた。こちらは10～15銘柄に絞ったポートフォリオを運用している。**アクティビストファンド**は単に株を買って値上がりを待つのではなく、**エンゲージメント**[1]あるいは**アクティビズム**と呼ばれる方法で、企業の経営方針に影響を与えようとする。[2]株主アクティビズムについては、恣意的に選ばれたエピソードに基づく誤った解釈が広まっている。ベストセラー小説で映画もヒットした『野蛮な来訪者―ＲＪＲナビスコの陥落』は、ＫＫＲ[3]によるＲＪＲナビスコの買収を、野蛮な侵略者が文明都市を蹂躙するような無慈悲な抗争として劇的に描いた。このような物語が、アクティビストの一般的イメージ――労働者の首を切り、顧客に法外な価格を押しつけ、Ｒ＆Ｄを切り捨てる企業の略奪者――を広めている。

これに対し、企業幹部や政策決定者は野蛮人からの防衛策を推進している。フランスは２０１４年に、株式保有が2年に満たない投資家の議決権を半分にする、いわゆるフロランジュ法を制定した。一部の企業、特にフェイスブック、グーグル、スナップといった新しいテクノロジー企業は「デュアル・クラス・シェア（ＤＣＳ）」を採用する。これは外部投資家に売る株式の議決権を、創業者らが持つ株式の10分の１に――スナップの場合はゼロに――するものだ。

アクティビズムが激しい闘争になる事例も実際に存在するが、多くの場合、こうした戦いは価値を奪うのではなく、創出する。『野蛮な来訪者』では、真の野蛮人は門の内側にいた。それは夢想的なプロジェクトに資金を費やしていたＲＪＲナビスコの幹部であり、そうした事業の１つである無煙タバコのプレミアは、取締役会の知らないうちに数年で８億ドルを浪費していた。何よりひどかったのは幹部特権の乱用である。同社はプライベートジェットを10機保有し、パイロットが36人いた。それを使って幹部だけでなくCEOの犬まで連れて（乗客名簿に「G・シェパード」と記載）ゴルフ大会に出かけたり、格納庫の調度品に60万ドル、周囲の造園に25万ドルをかけたりしていたのだ。KKRは、こうした投資家の――そして社会の――リソースの乱用を止めるだけで、相当の価値を生み出した。

しかしエンゲージメントの大半はもっと地味で、一般に考えられているよりもはるかに協調的である。パイコノミクスが強調するように、投資家もリーダーも同じチームの一員なのだ。バリューアクトにおけるジェフリーと彼の同僚は、パイを大きくする人物である。彼らが選んで保有する10〜15銘柄は、パイをもっと大きくできるポテンシャルがあると彼らが確信した銘柄だ。そして彼らは各企業に働きかけて、ポテンシャルの実現を支援するのである。

バリューアクトがアドビの回復を支えたのは、その最たる例である。ゼロックスの同僚だったジョン・ワーノックとチャールズ・M・ゲシキは1982年にアドビを設立し、ポストスクリプト――プリンタに複数のフォントや図形オブジェクトを処理させる技術――を開発した。その将来性の大きさを見たアップルのCEOのスティーブ・ジョブズは、わずか1年後、アドビに500万ドルの買収提案を持ちかけた。ジョンとチャールズはそれを拒否し、アップルに19%の株式と、ポストスクリプトの5年間のライセンスを売った。ポストスクリプトは、アップルがプリンタのレーザーライターに使用したこともあって、1987年にはコンピューター印刷の初の業界標準になった。2年後、アドビは画像編集ソ

1（訳注）機関投資家等が投資先企業や投資を検討している企業に対して行う「建設的な目的をもった対話」。
2 より対立的な姿勢を取る場合は後者を使うことが一般的だが、本書では置き換え可能な用語として扱う。
3（訳注）様々な資産クラスの運用を行っている世界有数の投資会社。

フトウェアのフォトショップを発表した。そして1993年に、スプレッドシート、プレゼンテーション、資料を、共有が容易な汎用フォーマットに変換するポータブル・ドキュメント・フォーマット（PDF）を発表した。その後も勢いは衰えず、2005年に競合するマクロメディアを買収して最高潮に達した。これにより、ウェブデザインソフトウェアのドリームウィーバー、映像や音声の配信規格であるフラッシュなど、新たな商品ラインナップが手に入った。同社の株価は1999年初めから2007年末までに584％上昇した。

しかしその後、アドビは失速し始める。同社は、マクロメディアを統合したクリエイティブ・スイート製品の販売不振に苦しめられた。初期のポストスクリプトの成長の触媒役となったアップルからも、2010年に痛打を浴びた。アップルは自社製品をフラッシュに対応させず、競合するHTML5に対応させることを選んだのだ。その結果、アドビは2008年、2009年、2011年の3回にわたり、合計2000人の人員削減を強いられた。

バリューアクトはこれらの問題と、それ以外にも様々な問題を十分に認識していた。同社はアドビを、デスクトップ製品ばかり重視し、モバイル革命に乗り遅れ、ソフトウェアのライセンス供与ではなく旧態依然の販売モデルに固執している時代遅れの企業と見なした。しかしその一方で、市場が気づいていないアドビのポテンシャルも見出して、同社に出資した。2011年9～12月に、バリューアクトは5％の株式を取得した。アドビの経営陣は、バリューアクトが大口投資家になって以降、同社と「頻繁に対話」して、「自社のビジネスや戦略に関する彼らのインプットが有益である」ことが分かったと表明した。2012年12月、バリューアクトの出資比率が6・3％となったところで、アドビはバリューアクトのパートナーのケリー・J・バーロウを取締役に指名した。

リングサイドの席を確保したバリューアクトは、社名が約束する通り、価値を創出するための行動に取りかかった。それは手っ取り早く大金を稼ぐという一般的なイメージとはほど遠い、長期戦となった。ジェフリーはこう述べた。「私に手っ取り早いヒットは必要ありません。（中略）まぐれ当たりを待っていても始まりません。自分でそこに行き、情報を入手し、持続性のある長期計画に取り組む必要があります」

アドビは放っておけばフラッシュを復活させようとしたかもしれない。マクロメディアに34億ドルを投じたアドビは、その損失を諦めてマクロメディアの買収は間違いだったと認めることを躊躇した。韓国企業のテウがベトナムの自動車市場から撤退しようとしなかったのと同じである。バリューアクトはマクロメディアの買収に関与しておらず、思い入れもなかったため、第三者の視点を提供することができた。バリューアクトはアドビに、フラッシュに別れを告げて、ＨＴＭＬ５を敵視せずに受け入れることを促した。そこでアドビは、ＨＴＭＬ５や他のオープンテクノロジーを使ったコンテンツの制作を開始し、２０２０年最後の日をもってフラッシュの提供を永久に停止した。

アドビの変革はフラッシュだけにとどまらなかった。モバイル革命で後れを取ったアドビは、より新しく優秀なモバイルアプリの開発に着手した。そしてサブスクリプションベースの収益モデルに移行することにより、海賊版を抑制し、一度限りの売り上げよりも安定的な収益を確保した。このことはアドビの財務部門を喜ばせただけでなく、第5章で議論した短期目標の撤廃と同じように、イノベーションも促進した。フォトショップの開発者であるトーマス・ノールはこう説明する。「エンジニアはこの変

図 6.1　アドビ対S&P500情報技術株指数のトータルリターン

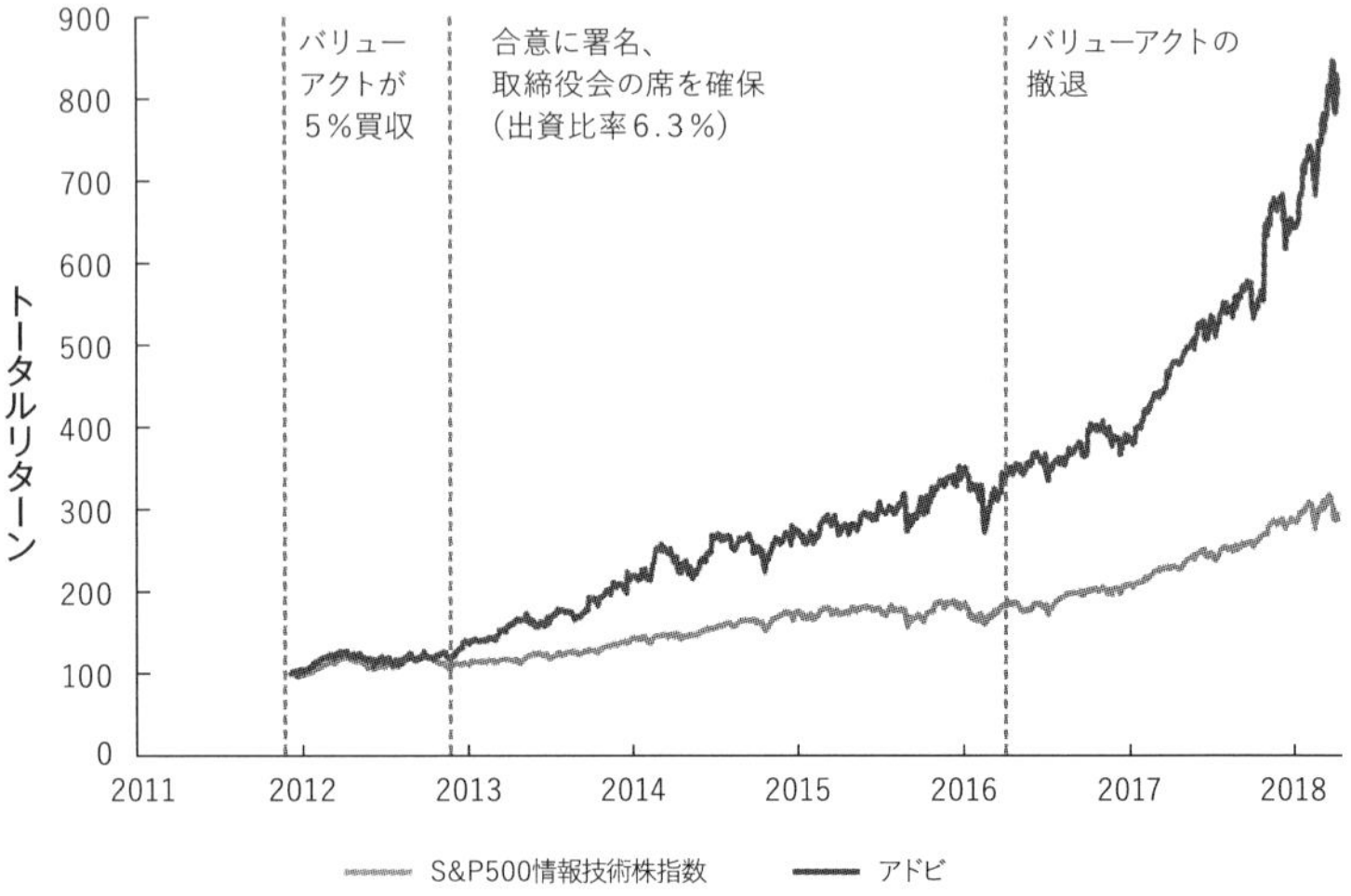

化に大賛成でした。以前は新機能を２年ごとに考案して、優れたデモンストレーションをする必要がありました。そうした機能を根拠に新バージョンを購入してもらわなければなりませんから。（中略）しかし今では、人々が実際に利用して、それがなければ困ると思うような機能を開発することが動機になっています。デモで見栄えのする製品ではなく、ユーザーにとって価値のある製品をエンジニアに作らせることのほうが、動機としては適切だと思います」

　アドビの収益は２０１１年の42億ドルから２０１７年には73億ドルへと拡大した。図６・１に示すように、アドビの株価は７年間の低迷の後、バリューアクトが最初に参画した２０１１年12月から撤退した２０１６年３月までの期間に３倍以上も上昇した。ステークホルダーにも恩恵があった。ＨＴＭＬ５に進出したことにより、顧客はアドビ製品をアップル製品に組み込めるようになった。そしてモバイルアプリのおかげで、アドビ製品を様々なデバイスで使用できるようになった。２０１１年から２０１７年の間にアドビの従業員は1万人から1万８０００人に増え、納税額は2億２００万ドルから４億４３００万ドルに急増した。

しかもバリューアクトは、自社が投資している間に見返りが得られる業績改善だけにフォーカスしたわけではなく、さらに先も見ていた。アドビの株価は同社が手を引いた後の2年間で2倍に上昇したのである。バリューアクトはなぜアドビ株を売却したのだろうか。それは、アドビを成長軌道に乗せることに成功し、他の企業にパイ拡大の機会を見出したからである。２０１６年9月、バリューアクトはシーゲート・テクノロジーの株式を４％購入した。投資家は敵だという一般的な見方とは対照的に、シーゲートはバリューアクトに株式の購入を働きかけ、取締役会に「オブザーバー」席（すべての議論への参加を認めるが議決権はない）を用意した。同社ＣＥＯのスティーブン・Ｊ・ルツォは「バリューアクトが投資先企業にコミットして長期的価値の創出に成功していることを踏まえて、シーゲート側から出資者になってほしいと持ちかけました」と説明する。

とはいえ、バリューアクトがアドビを回復させたことは、都合よく選んだエピソードに過ぎない。アクティビストが長期的価値を犠牲にして短期的利益を押し上げた例もある。カール・アイカーンはトランス・ワールド航空の20％の株を取得し、利益性のある資産を売却して同社を破綻に追いやった。普通はどうなのだろうか。バリューアクトの行動は例外だろうか、それとも当たり前だろうか。出資先企業の改善に成功する投資家もいれば、失敗する投資家もいるのはなぜだろうか。株主が企業の経営方針に影響を及ぼさずに、その企業のパフォーマンスを強化することはできるだろうか。本章ではこのような問いを検証していく。

ヘッジファンドのアクティビズムがもたらす長期的メリット

最初の問いから始めよう。バリューアクトは例外的存在なのだろうか。この答えを出すために、まずはバリューアクトがどのようなタイプの投資家なのかを理解する必要がある。同社はある種のアクティビスト投資家、すなわちアクティビストヘッジファンドである。**ヘッジファンド**は株式の購入はもちろん空売りもする。**投資信託**は典型的には購入しかしない。ヘッジファンドの特徴として、最も知られていて悪名高いのは空売りだが、パイコノミクスの観点ではそれは彼らの最も重要な特徴ではない。それよりも重要な特徴が2つある。1つ目として、投資信託が毎年運用資金の1％ほどの手数料をクライアントに課すのに対し、ヘッジファンドは2％を課し、それに加えて――これが重要なのだが――ファンドの利益の20％を運用成果報酬として受け取る。2つ目として、投資信託が市場を上回ることを目指すのに対し、ヘッジファンドは市場との比較評価はせず、切り離して評価する。そのため市場が低迷していてもプラスのリターンを生み出すように努力する。

アクティビスト投資家が株主の中でも最悪の種族と見なされているとしたら、アクティビストヘッジファンドはとりわけ害をもたらすタイプである。おそらく強力な成果報酬と、いかなる状況でもリターンを上げる必要性が、短期的利益を膨張させることへと彼らを駆り立てるのだ。作家のピーター・A・ジョルジェスクはこう書いている。「株主アクティビストは（中略）むしろテロリストのような存在で、恐怖で管理し、企業の土台となる重要資産を奪い取り、（中略）本来長期的な価値を創出できたはずの現金をあらゆるところから搾り取る」。２０１６年、米国上院議員のタミー・ボールドウィンとジェフ・マークリーは、アクティビストヘッジファンドを取り締まるためのブロコウ法を提案し、次のように主張した。「アクティビストヘッジファンドは私たちの社会で短期志向を先導しています。証券取引法の緩さにつけ込んで、公開企業の大量の株式を獲得しています。（中略）私たちは、労働者、コミュニティ、納税者を犠牲にして私腹を肥やすことしか考えていない一握りの投資家に、社会がハイジャックされるのを許すことはできません」。このような懸念は深刻であり、もしそれが事実ならば早急に解決するべきだ。

しかし、本当に事実だろうか。ではエビデンスを見ていこう。ファイナンス教授のアロン・ブラブとウェイ・ジャンは10年以上にわたり、様々な共著者との一連の論文を通してヘッジファンドアクティビズムの影響を研究してきた。アクティビストヘッジファンドは投資業界の中の小さな一部に過ぎず、それだけでは到底本章のテーマにならない。しかしパイを分割する投資家の典型例であるため、この調査には重要性がある。だが、エビデンスを見てみると、彼らはしばしばパイを大きくする。

ある投資家が米国企業の株式の５%を取得して、その経営方針に影響を及ぼそうとする場合、「スケジュール13D」という書類の項目４に、達成したい変化を記載して提出しなければならない。アロンとウェイ、そして法学者のフランク・パートノイとランドール・トーマスは、アクティビストヘッジファンドが提出した１０００件以上の13Dを分析した。すると、13Dによって株価が平均７%上昇し、長期的にも反転しないことが分かった。また別の研究で、アロン、ウェイ、そしてルシアン・A・ベブチュ

図 6.2　ヘッジファンドが収益性に与える影響

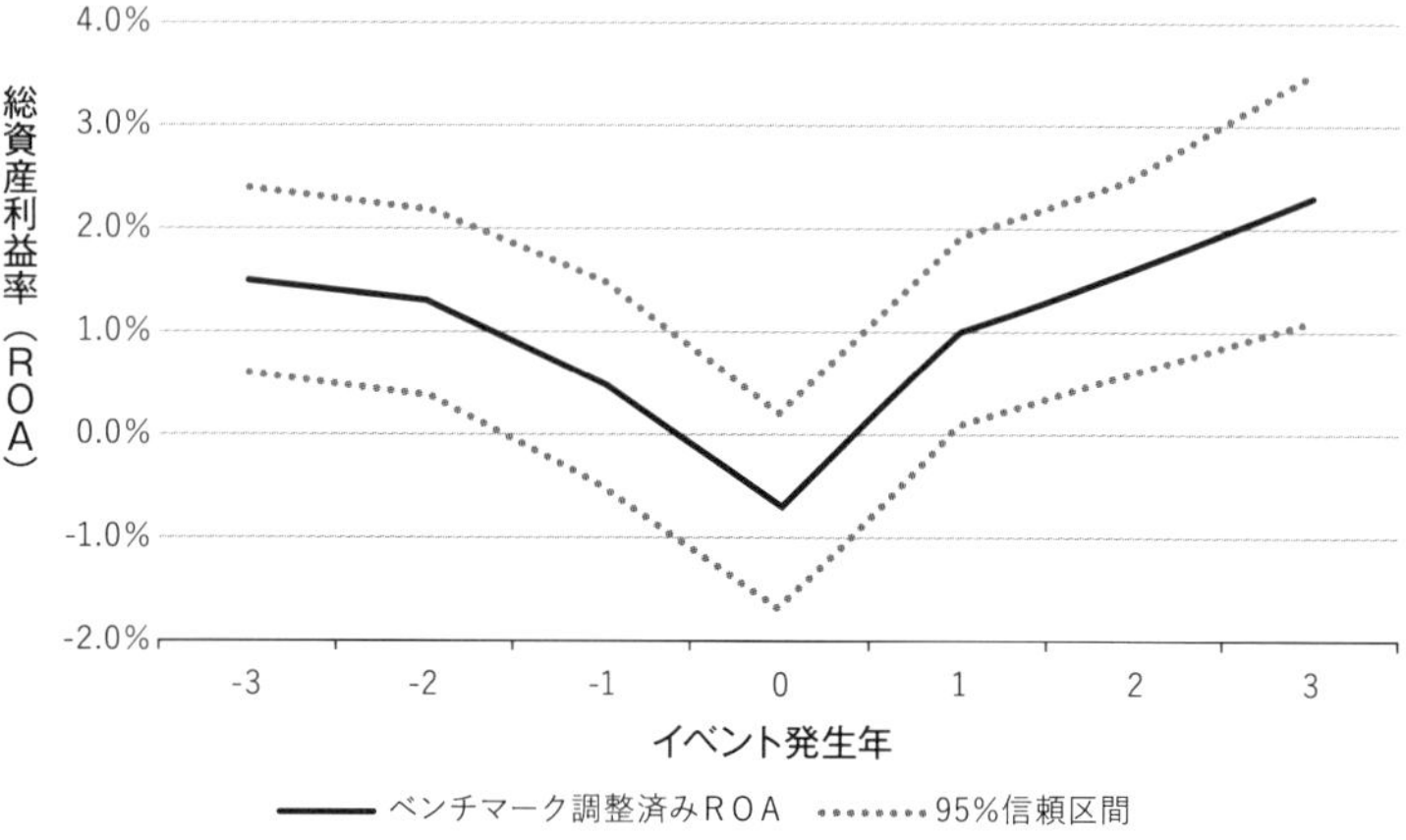

クは、ヘッジファンドの撤退後も3年にわたり株価の上昇が続くことを発見した。アドビの例もこれと同じであり、よくある「ヘッジファンドは価格をつり上げて売り逃げる」という懸念とは相反する。アクティビスト投資会社エリオット・マネジメントの創業者であるポール・シンガーが主張するように、「だめになった戦略の修正、無駄な合併の解消、パフォーマンスの悪い資産の再配置、無能な経営陣や取締役会の入れ替えの効果は株価にただちに表れるかもしれないが、この即効性のために長期的な便益が損なわれることはない」のである。さらに、ヘッジファンドの典型的な企業所有期間は1～2年なので、長期的改善が実行できるほど長く関与しないという懸念も軽減される。

とはいえ株価の上昇は、実際のパフォーマンスの改善ではなく、単にヘッジファンドが配当を搾り取ったり節税目的で負債を積み上げたりした結果として、生じる場合もある。そこでアロン、ウェイはヒョンソブ・キムとともに、ヘッジファンドが収益性に与える影響を調査した。図6・2は非常に多くのことを物語る。

「イベント発生年」は投資家が13Ｄを提出した年で、実線は業界と相対評価した総資産利益率（ＲＯＡ）を表す。ヘッジファンド参加前にはＲＯＡが大きく下降しており、ヘッジファンドの狙いがアンダーパフォーマンスの企業の改善であることを示唆する。13Ｄの提出後にＲＯＡは回復し、しかもそれは一時的な盛り上がりではない。[4] 回復力は年を追うごとに増し、その効果は５年後を見ても続く。

もっとも、収益性の向上はパイ拡大の決定的なエビデンスではなく、他のステークホルダーが犠牲になっている可能性もある。例えばヘッジファンドの短期的な要求の結果、その企業では従業員の過重労働、品質面の妥協、サプライヤーからの搾取が生じているかもしれない。さらに掘り下げて、収益性向上の根本的な理由を見極めるためには、個別の製造「工場」レベルの生産性に関する情報を得なければならない。しかし、そのようなデータは年次報告や公的書類には記載されていない。それらは機密情報であり、米国国勢調査局に保護されている。

そこでヒョンソブは、情報にアクセスするために手を尽くした。彼はまず、この調査が有益であることを国勢調査局に納得させるための詳細な提案書を書いた。幾度もの書き直しと再提出を経て、何とか提案書は受理された。次に、身元調査や連邦政府の調査官との面接を求めることができる、国勢調査局特別「宣誓」研究員資格の取得を申請した。

そしてようやくデータへのアクセス権を手に入れたアロン、ウェイ、ヒョンソブは、ヘッジファンド

4　生産性の変化がヘッジファンドのアクティビズム以外の要因で生じた可能性がある。「95％信頼区間」は、ランダム変動を考慮してもアクティビズムの影響があり得る範囲を示す。下の点線も１年目以降はゼロを下回っていないことから、ランダム変動を考慮しても、アクティビズムが収益性を改善することが分かる。

図 6.3　ヘッジファンドが工場の生産性に与える影響

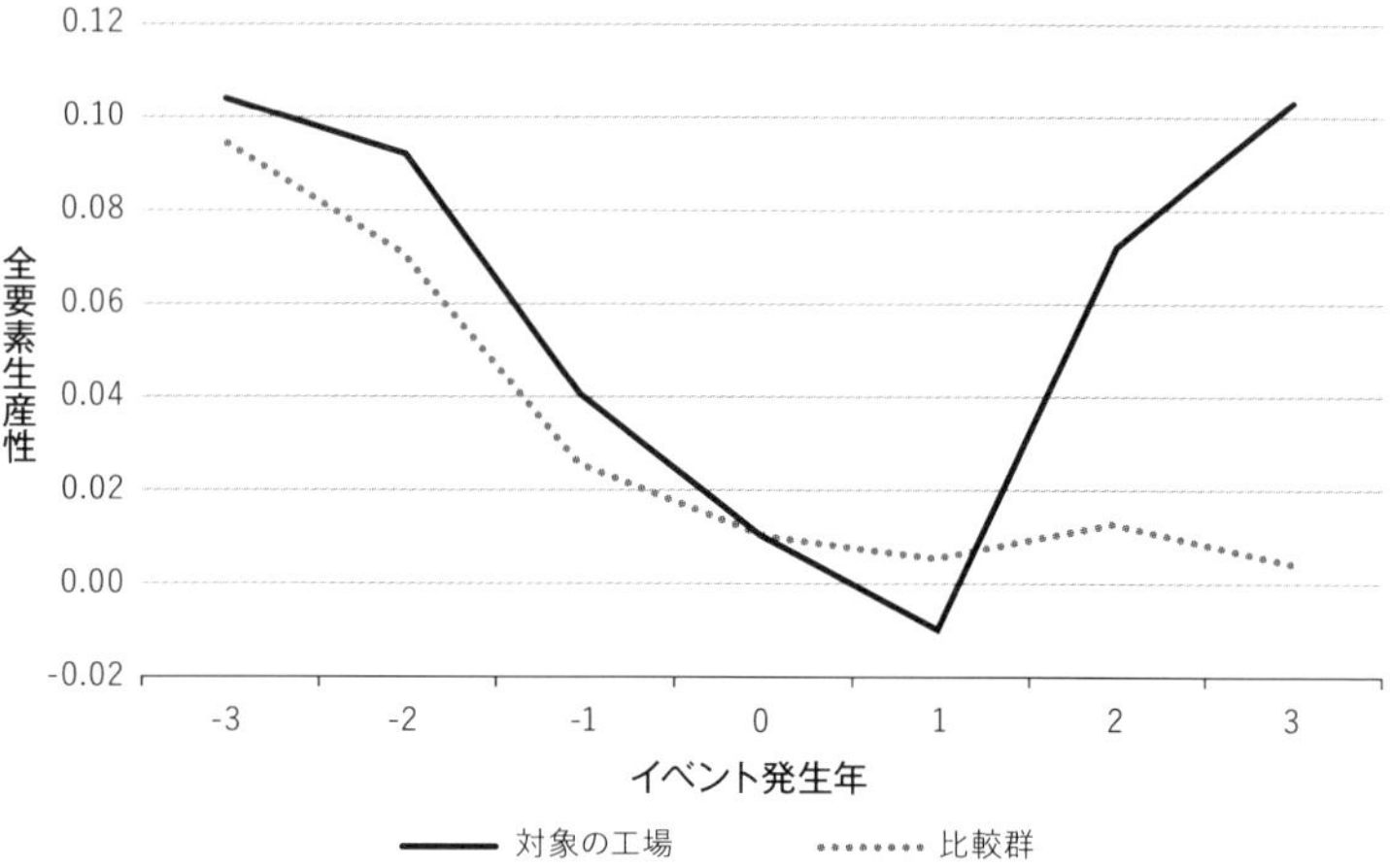

の標的になった工場で全要素生産性が向上する一方、同等にパフォーマンスは悪いが標的にならなかった工場では、回復が見られないことを突き止めた。この回復は、どのみち発生したであろう単なる揺り戻しではなかったわけだ。図6・3の実線は標的になった工場、点線は標的にならなかった同等の工場の生産性を追跡したものである。[5]

まだ疑問は晴れないだろうか。全要素生産性は賃金（その他インプット）に対するアウトプットを測定する。もしかするとヘッジファンドは、工場を搾取労働の場に変え、賃金を減らし、労働時間を増やしているかもしれない。そこでアロン、ウェイ、ヒョンソブは、労働時間当たりのアウトプットを表す労働生産性にも切り込んだ。すると13D後の3年間で、労働生産性は8・4〜9・2％上昇していた。実際には労働時間は長くならず、賃金も減っていなかった。

しかし、ヘッジファンドに関する一般的な懸念がすべて間違いとは言えないのではないだろうか。実際、間違いではない。研究者らは、ヘッジファンドが企業の工場売却を主導することを発見した。アセットストリッパー（資産収奪者）という批判については、その通りである。

ただし、ちょっとした引っ掛けがある。国勢調査のデータを使うことにより、研究者らは新たなオーナーの下での工場の生産性を追跡できるようになった。すると、生産性は改善する。しかし、ヘッジファンドの関与なしに工場が売却された場合、生産性は改善しない。つまり、ヘッジファンドが主導する資産売却は短絡的ではなく、それらを有効活用できる買い手への再配置なのである。これは比較優位の原則に沿った行動で、工場を手放さない――それを使った他の企業の価値創出を妨げる――ことで社会が負う機会費用が考慮されている。有望な選手がチームのスターティングメンバーに入れない場合、才能がもったいないから移籍させるべきだという理屈は広く受け入れられているが、資産や事業の売却になると、しばしばこれが通用しない。

企業の投資はどうなるだろうか。短期主義に関する懸念とは裏腹に、企業のIT支出は増加する。これは生産性向上の1つの理由かもしれない。しかし社会にとってもっと重要なのは、波及効果を生み出すイノベーションである。アロン、ウェイ、ソン・マ、シュアン・ティアンのさらなる研究によると、ヘッジファンドの標的になった企業は、標的にならなかった企業と比べてR&Dが平均20％減少する。これは動かぬ証拠ではないだろうか。アクティビズムに関する最大の恐怖の1つが裏づけられる。米

5　y軸の目盛りは、生産性の測定値を標準偏差が1になるように調整した「標準化」全要素生産性を表す。実際の標準偏差は0・32である。従ってy軸の値が0・1上がることは、全要素生産性の3・2％の増加（0・1×0・32＝0・032）に相当する。

国上院議員のボールドウィンとマークリーは、ブロコウ法を提案する際、「アクティビストの標的になった企業は投資とR&Dが減少する」と主張した。彼らが何かの研究を引用することはなかったが、正しい主張だったことが分かる。

しかしここでも、ちょっとした引っ掛けがある。R&Dのインプットは減少したが、R&Dのアウトプットは増えたのだ。企業が申請した特許の数は15%増え、申請された特許の引用数(特許の質の指標になる)も15%増えた。企業は少ない元手で多くを生み出している。つまり投資家は、小麦粉をオーブンの天板以外の場所にばらまくことを止めさせるのだ。

これは重要なポイントである。投資家、ステークホルダー、政策決定者はしばしば、投資の多寡を短期主義の指標にする。例えば世界経済フォーラムのステークホルダー資本主義の指標(第5章で紹介)は、設備投資とR&D支出の両方を企業が報告するべき「中核」指標に含めている。しかし、投資額はいくら支出したか(**インプット**)を測定するに過ぎず、その資金で何をしたか(**アウトプット**)は測定しない。単にお金を使うだけなら、何のスキルも必要ない。第5章で、バート・ベヒトが金のばらまきをせずに——彼のR&D支出は競合他社を下回った——パワーブランドに集中することによって、レキットベンキーザーのイノベーションを改革したことを思い出してほしい。

アロン、ウェイ、ソンは、工場の再配置の例とまったく同じように、エンゲージメントを通して特許や発明家の再配置が活発化したことを明らかにした。企業は自社の特許を——中でも自社の技術的専門性(比較優位)との関連性が薄いものを——売却する。売却された特許は、その後、影響力を増す。つまり引用数が増える。離職した発明家は、新たな雇用主の下で、より多くの優れた特許を生み出す。発明家が離職しなかった場合も、ヘッジファンドの標的にならなかった企業にとどまる発明家よりも生産性が上がる。

これらの企業はどのようにして、生産的で革新的な企業へと魔法のような変化を遂げるのだろうか。その変化はトップから始まる。CEOの中には会社を去る者もいる。残った者は、第5章で推奨したように株式保有を大幅に増やす。新たな取締役は、より優れた資質と、技術あるいは業界に関する高い専門能力を持つ。[6]

そしてアクティビズムは、標的企業の範囲を超えて、より広く社会に恩恵を与える。恩恵は競合企業にまで波及する。ハディイェ・アスランとプラビーン・クマールは、競合企業が競争力を保つための行動を起こすことを発見した。そしてニコライ・ガンチェフ、オレグ・グレディィル、チョティバック・ジョティカスティラによれば、その理由はヘッジファンドが自社に出資してくるのを防ぐためである。

6　これらは相関関係だろうか、それとも因果関係だろうか。おそらく、投資家は企業のパフォーマンスが改善することを予測し、それを期待するからこそ大量の株を購入するのだろう。だが、これではエビデンスレベルの説得力を持つことは難しい。投資家は無理にでも、労働生産性やイノベーション効率が改善すること、不採算工場や中核ではない特許を売却すること、一部の発明家が離職しても残った者の生産性が上がること、CEOが交代し新たな取締役が指名されることを予想せざるを得なかったのかもしれない。研究者らは様々な論文で、因果関係を示唆するために大量の検証を行った。例えば、項目4に書かれたエンゲージメントが、アンダーバリュエーションや資本構成に関するものではなく、より敵対的、あるいは経営の課題（戦略や資産売却）に関するものだった場合、生産性はより力強く向上する。投資家が13Dの前からかなりの株式を保有していた――ファンドは出資を増やさないが、13Dによってエンゲージメントの意図を告知した――場合も、生産性は向上した。ヘッジファンドが撤退する際、項目4の変化の達成に成功していない場合は市場の反応が悪く、それらの変化が付加価値を生んだ可能性が示唆される。

同業企業は自社の生産性、コスト効率、資本配分を改善するとともに、価格を引き下げ、製品の差別化を進めて顧客に恩恵をもたらす。

エンゲージメントの価値

アクティビズムに関する研究結果は、投資家に対する従来の見方を根本から覆す。投資家は個人投資家のために利益を生み出す必要があるため、ステークホルダーから搾取するのではないかという不安がある。しかし図2・1で示したように、パイの分割で生み出せる利益には限界がある。大部分の投資家は、投資先企業が確実に長期的価値を生み出せるようにするしか長期的リターンを得る方法はないと理解している。つまり一般に考えられているよりも、はるかにステークホルダーの立場に近いのだ。実際、第4章で取り上げたキャロライン・フラマーの調査は、株主がステークホルダーの処遇の改善を求める決議を企業に提出することを明らかにした。もっと最近の研究によると、このような提案の過半数は、宗教団体や慈善団体ではなく資産運用会社によって提出される。同様に、ビジネスラウンドテーブルが「企業のパーパスに関する声明」の改訂版を発表すると、多くの株主が、企業の誓約を実践する方法を明確にさせるべく、声明への署名を求める決議を提出した。

しかしCEOやその顧問はしばしば、アクティビストを企業を襲う敵と見なす。アクティビスト反対派の著名な弁護士で、序章でも紹介したマーティン・リプトンは、「攻撃（attack）」という単語とその変化型を18回使ってアクティビスト対策の計画書を書いた。ところがエンゲージメントは長期的株式リターン、収益性、生産性、イノベーションを改善する。これはまさにリーダー（そして社会）が実現したいことである。企業幹部が取るべき初動は、再編提案を「攻撃」と見なしてただちに防衛態勢を取り、相手が間違っていると主張することではなく、ひょっとすると正しいかもしれない新たな可能性を歓迎することである。アクティビストの異議申し立ては耳が痛いものかもしれないが、だからといって、その価値を無視するべきではない。アクティビストはアンダーパフォーマンスを主な攻撃対象にしているように見えるため、それを攻撃するという点では、企業は彼らに同調するべきである。

2014年、英国の建設大手カリリオンの投資家らは、同社の巨額の負債、年金赤字、キャッシュフロー創出力の弱さを不安視し、戦略の変更を提案した。しかし経営陣はこれを攻撃と見なして無視した。カリリオンは2018年1月に破綻し、投資家だけでなく社会に損害を与えた。同社の破綻により3000人の雇用が失われ、2万7000人の退職者の年金が危機にさらされ、一部のサプライヤーが破産に追い込まれたのである。英国政府のある報告書は、「もっと早い段階で主要投資家の助言を前向きに受け入れていれば、後の崩壊の予兆となる暗雲を避けられたかもしれない」と指摘した。

では、ビジネスの内情を知らない投資家は、どのように有益な見解を提供できるのだろうか。新たな戦略のアイデアに関するブレーンストーミングや、競争上の脅威に関する議論の場で、独立した立場で相談役を務めるのは1つの方法だ。投資家はその企業のために日々働いているわけではないが、その外部者としての視点が、CEOにありがちな、現状維持――自身が策定した戦略や買収したビジネス――への固執を克服することに役立つのだ。寓話にもあるように、鍋の水に入れられたカエルは、だんだん熱せられて水が沸き始めても気づかない。しかし外にいる者は、あぶくが出ているのを見て気づくことができる。アクティビストのウィリアム・アルバート・アックマンはこう説明する。「アクティビストが追加する価値とは、（中略）自己満足した企業の目を覚まさせ、眼の前にある競争上の脅威や、自己満足のせいでビジネスに入り込んだ非効率性に気づかせることによって、何万人もの失業者を生む次なるコダックの消滅を回避する手助けができることです」

政策決定者は、実際に熱心な投資家の価値を理解しつつある。１９９０年代初め以降、日本は長びく不況に苦しめられてきた。当初は「失われた10年」と呼ばれていたが、その長さのために「失われた20年」と呼ばれるようになった。収益性は深刻な低迷を続けていて、その要因の１つは、企業が革新的な投資機会を見つけることよりも、現金を蓄えるという安易な選択肢を選ぶことにある。元首相の安倍晋三は、投資家のエンゲージメントを活発化させることが解決策になると考え、投資家の権利の強化に取り組んだ。その成果の１つが２０１５年に制定された日本版コーポレートガバナンス・コードである。

しかし、ほとんどの問題と同様に、エビデンスはすべて一方通行とは限らない。アロンとウェイはヘッジファンドを総合的に研究したが、エビデンスは普遍的ではないということを思い出してほしい。ヘッジファンドではない投資家、例えば年金基金や投資信託によるアクティビズムでは、もっとばらついた結果になる。過去のアクティビズム研究を対象にしたデビッド・L・イェルマックの２０１０年の調査（アロンらのヘッジファンドの研究に先行する）は、「これまでの機関投資家アクティビズムの成功は限定的」だと結論づけた。

従って、第４章で議論したＥＳＧ投資が常に利益になるとは限らないのと同様に、エンゲージメントも常に利益になるとは限らない。その理由も似通っている。ＥＳＧはチェックボックス方式で実行されることがある。例えば、報酬の期間は考慮せずに報酬格差を基準に銘柄を選ぶといった方法だ。同様にエンゲージメントもチェックボックス方式で実行されて、期間のような奥深い課題よりも比率に注目し、手っ取り早い勝利を追求する可能性がある。重要なのは単にエンゲージメント活動をすることではなく、エンゲージメントの質なのだ。

エンゲージメントを強化するものとは

アドビのようなエンゲージメントにおいて、アクティビストヘッジファンドが特に効力を発揮する理由は3つある。重要なこととして、これらはいずれもヘッジファンド特有の理由ではなく、他の投資家にも適用可能である。1つ目は、**ポートフォリオの集中度**である。バリューアクトは10〜15銘柄しか保有しないため、1銘柄の出資比率が大きくなる。これによって、保有するすべての企業に対して細かいところまで関与する動機が生まれる。

これは多くの投資信託には当てはまらない。投資信託には主に2つのタイプがある。**インデックスファンド**は1つの指数と連動する。例えば米国の大企業上位1000社で構成するラッセル1000指数などである。ファンドマネジャーが能動的に銘柄を選ぶわけではないため、これらのファンドは一般的に非常に低コストで、年間運用手数料は0・1%前後である（2018年9月、フィデリティは手数料ゼロのインデックスファンドを開始した）。もう1つは**能動的に運用するファンド**、いわゆる**アクティブファンド**である。アクティブファンドはベンチマーク指数を1つ定め、それとは異なる銘柄を選ぶことによって、ベンチマークを上回るリターンを上げることを目指す。ファンドマネジャーやアナリストチームに報酬を支払う必要があるため、手数料は1％になるかもしれない。

アクティブファンドは理論上は好きな銘柄を自由に選択できるが、実際にはインデックスに近い銘柄を数百保有し、アンダーパフォーマンスになるリスクを軽減する。このような「クローゼット・インデックス」の場合、ファンドは広く薄く手を広げるために、各銘柄に有意義なエンゲージメントをすることはできない。モーニングスターによれば、欧州大型株ファンドの20％がクローゼット・インデックスに分類できる。そのうえ、分散型ファンドでは、実際にはエンゲージメントを抑制する動機が働く。ある企業がファンド構成の2％、ベンチマーク構成の3％を占めている場合、その企業の価値を上げればファンドのアンダーパフォーマンスにつながるだろう。

同様の問題は年金基金でも生じる。米国では、年金基金は分散投資を求める「プルーデントマン（思慮深い者）」ルールに従わねばならない。実行による過ち——不適切な銘柄への投資——だけを心配するなら、分散化は思慮深い行為かもしれない。しかしパイコノミクスがより重視するのは、不実行による過ちを避けることである。この視点から言えば、過度の分散は思慮が浅い。ファンドが何百もの銘柄を保有する場合、各銘柄を深く理解できる可能性は低く、価値創出の機会をいくつも見逃してしまうだろう。人生において、過剰な分散化が思慮深いと見なされる分野は少ない。何百もの約束をしたら1つひとつに十分な時間をかけられないということは、当たり前のように理解できる。ところが投資家はこの点を見落とすことがある。

ヘッジファンドは指数との比較で評価しないため、集中的なポートフォリオを持つ。もし10％の損失を出したら、指数が15％下落していても、それを言い訳にはできない。なぜなら市場環境にかかわらずリターンを上げることをミッションに掲げているからだ。従って、どの銘柄も信念を持って保有している。ベンチマーク指数の構成銘柄だという理由で自動的に選んだのではなく、ファンドがその長期的ポテンシャルを確信しているという点で、意図的な選択である。こうして大量の株式を保有すると、それがエンゲージメントの動機になる。

アクティビストヘッジファンドが効力を発揮する理由の2つ目は、その強力な金銭的インセンティブである。あるヘッジファンドと投資信託が、ともに1億ドルの株式を保有しているとしよう。ヘッジファンドのエンゲージメントにより企業価値が5％上がれば、それが500万ドル増加する。ファンドは初年度に、この増分から110万ドルを獲得する（20％の運用成績報酬として100万ドルと、2％の年間手数料として10万ドル）。年間手数料が1％の投資信託の場合、獲得金額は5万ドルであり、報酬は22分の1である。エンゲージメントには金も時間もかかるため、こうした報酬は重要だ。ニコライ・ガンチェフの推計によれば、最終的にプロキシファイト（取締役の座をめぐる公開の争い、いわゆる委任状争奪戦）になる平均的アクティビストキャンペーンのコストは、1000万ドルを超える。エンゲージメントは協調的に始めるべきだが、経営陣が譲歩しない場合、対立はコストはかかるものの有効なエスカレーションの仕組みである。

一部の個人投資家は、ヘッジファンドの20％の運用成績報酬に良い顔をしないかもしれない。一般市民がCEOの高額報酬に反発するのと同じである。しかし、運用成績報酬は誰かを犠牲にして生まれるわけではない。ヘッジファンドがパイを拡大したときにだけ獲得できるものである。それだけでなく、

第5章で提唱した長期的インセンティブと一致するのだが、ヘッジファンドの従業員が報酬を受け取るのは、通常は数年後である。

3つ目の理由は、アクティビストヘッジファンドがエンゲージメントにつぎ込む大量のリソースだ。これは投資プロセスの柱の1つである。投資信託の中には、コストの低さを最大の売りにして、エンゲージメントを支出を増やすだけの無駄な活動と見なすものもある。しかしエンゲージメントはコストではなく利益の源なのだ。

ヘッジファンドを超えて

希望が見えるのは、この3つの特徴がいずれもヘッジファンドに特有のものではないことだ。他の投資家も同じ手法を取り入れることができるし、優秀な投資家の多くが実践している。第9章で議論するが、投資家は、ファンドマネジャーに長期的パフォーマンスに応じた報酬を与え、エンゲージメントに大量のリソースを投じるべきである。アクティブファンドは、指数に連動するのではなく、銘柄を絞り込んで保有するべきだ。これはヘッジファンドにとって特別なことではなく、集中的でインセンティブとリソースを持つ投資家の1つの特徴に過ぎない。

実際、これらの特徴を持つヘッジファンド以外の投資家を分析すると、より優れた成績を出していることが分かる。英国の機関投資家ハーミーズは、クライアントの資金に加えて、ブリティッシュ・テレコムとポスト・オフィスの年金基金を運用する。同社は1998年、主要ファンドが過度に分散しているという懸念に対処するためにＵＫフォーカスファンドを立ち上げた。その名が示す通り、このファンドは少数の銘柄を保有し、銘柄数はいつでも13を超えることはなかった。そしてエンゲージメントに熱心で、回復の見込みがあると確信できる不採算企業だけに出資した。従業員の基本給は低いものの、強力な報酬制度があり、ずば抜けたパフォーマンスを上げればボーナスが7桁に達する場合もあった。

同ファンドのエンゲージメントの意図は、比較優位の原則を適用し、非中核資産を売却することだった。マルコ・ベヒト、ジュリアン・フランクス、コリン・メイヤー、ステファノ・ロッシは、エンゲージメントが目標を達成した場合に株式リターンが平均5・3％上昇することを明らかにした。そして、エンゲージメントは協調的なものよりも敵対的なもののほうがリターンが大きく、ハーミーズが硬直した経営陣の拙劣な意思決定を覆していったことがうかがわれる。エンゲージメント前の2年間で悪化していた収益性は、その後の2年間で回復した。

エルロイ・ディムソン、オウザン・カラカス、シ・リによる別の研究は、環境・社会的課題に関するエンゲージメントに特別な専門性を持つ、ある投資家を調査した。このようなアクティビズムはステークホルダーに恩恵を与えることを目的とするが、投資家にも恩恵がある。株価はその後の1年間で2・3％上昇し、エンゲージメントが所期の目標を達成した場合は7・1％上昇した。利益も改善した。

プライベートエクイティファンドもヘッジファンドと似たような特徴を持つが、それがさらに顕著である。典型的には、株式を多数保有するだけでなく過半数を取得し、取締役の座も獲得するため、経営に対してより大きな影響力を持つ。世間一般の評判は、ヘッジファンドと同様にすこぶる悪い。しかし、いくつかの研究が証明するように、プライベートエクイティファンドが買収した企業は利益が増え、生産性が上がり、特許の質も向上する。

ステークホルダーにも恩恵がある。ジョナサン・B・コーン、ニコル・ネストリアク、マルコム・ウォードローは、米国労働統計局の職業性傷病調査から工場レベルのデータを取得して、労働災害を研究した。年間平均で労働者の6・7%が負傷するが、プライベートエクイティファンドによる買収の後は、これが0・74~1%に低下する。もしこの減少が米国全体で発生したら、労働災害が65~88万件減ることになる。シャイ・バーンスタインとアルバート・シーンは、米国食品医薬品局の飲食店保健調査記録を入手し、買収後に飲食店の清潔性、安全性、保守管理が改善することを突き止めた。この効果は、プライベートエクイティファンドの支配がより強力な直営店のほうが、フランチャイズ店よりも顕著である。このことから、ファンドがどのみち改善することを見越して飲食店を買収したのではなく、ファンドの介入が改善をもたらしたことがうかがわれる。

アシュワニ・アグラワルとプラサナ・タンベは、プライベートエクイティファンドが「害を為さない」から「積極的に善を為す」への転換を通してIT投資を増やし、例えばコンピューター支援設計（CAD）をはじめとする移転可能なスキルを従業員に与えることを明らかにした。彼らは米国有数のオンライン就職活動サイトの専有データを取得し、従業員のその後のキャリアパスを追跡した。従業員には、雇用期間と賃金の両方が伸びるという恩恵があり、これはファンドが撤退した後も継続する。そして買収後のIT投資が大きいほど、またIT関連業種の従業員ほど、この効果は強い。

そして顧客にも恩恵がある。チェザーレ・フラカッシ、アレッサンドロ・プレビテロ、アルバート・シーンは小売業界を対象にし、200万品目について店舗レベルの価格と販売数の月次データを入手して研究した。買収が行われなかった同等の小売業者と比べて、買収された企業は、その後の売上高が50％上昇した。価格の変化はほとんどなく、売り上げの上昇は価格のつり上げによるものではない。むしろ、新製品の発売や地理的拡大がその要因だった。

一般型エンゲージメント

バリューアクトがアドビで実行した、あるいは右記の論文が研究したアクティビズムは**特化型エンゲージメント**である。この場合、最善の行動は状況によって異なる。バリューアクトはアドビ固有の問題を深く理解し、収益モデルの変更など、同社に合わせた解決策を判断する必要があった。

しかし、この種のエンゲージメントだけが価値を生み出すわけではない。もっと汎用的に実行できる改善策もあり、本書ではそれを**一般型エンゲージメント**と呼ぶ。報酬の期間を延ばしたり、炭素排出量の開示を奨励したりすることは、多くの場合好ましい方法である。従って投資家は、深い分析をしなくとも、このような変化を要求できる。特化型エンゲージメントが個別企業の戦略や経営を始点とする「ボトムアップ」式であるのに対し、一般型エンゲージメントは複数の企業に幅広い課題を当てはめる「トップダウン」式である。

インデックスファンドが特化型エンゲージメントを行うことは難しい。指数を構成する全銘柄を保有するため、特定企業に注目するには幅が広すぎるからだ。しかし一般型エンゲージメントの実行という点では有利な立場にいる。エンゲージメントを行う資産運用会社（例えばバンガード、ブラックロッく、ステート・ストリート）はしばしば投資先企業の最大株主であり、強力な議決権を持つためだ。2019年8月、米国ではインデックスファンドの合計規模がアクティブファンドの合計規模を初めて上回った。その10年前の段階では、インデックスファンドは3番目の規模に過ぎなかった。

インデックスファンドは実際にガバナンスを発揮したのだろうか。イアン・R・アペル、トッド・A・ゴームリー、ドナルド・B・ケイムは、回帰不連続デザインのアプローチを使って因果関係を証明した。ラッセル1000指数は米国の公開企業の規模上位1000社、ラッセル2000指数はそれに続く2000社で構成される。ある銘柄が、ラッセル1000の最後尾になるかラッセル2000の先頭になるかは実質的に無作為に決まるが、それがインデックスファンドの出資に与える影響は大きい。規模が1000番目の企業はラッセル1000構成企業の中で最も小さいので、この指数に連動するインデックスファンドの出資比率は低いだろう。規模が1001番目の企業はラッセル2000構成企業の中で最も大きいので、この指数を追跡するファンドの出資比率は高まるだろう。

イアン、トッド、ドナルドによれば、ラッセル2000の上位銘柄に対するインデックスファンドの出資比率は、ラッセル1000の下位銘柄に対する出資比率を66％上回る。そしてこの差が、ガバナンスの改善、収益性の向上、時価総額の増加と結びついている。さらに、経営陣の提案に対する支持率の低さと、ガバナンス関連の株主提案に対する支持率の高さにもつながっている。これはインデックスファンドが議決権を通して一般型エンゲージメントを強化するという見方と一致する。また別の研究で、ファティマ・ザハラ・フィラリ・アディブは、より大きな価値を創出する提案は支持率がより高く、議決に関するインデックスファンドの手腕がうかがわれることを示した。

これらの結果は重要だ。アクティブファンドは「良い」、インデックスファンドは「悪い」と分類したがる評論家もいるが、そうした二分法は正確ではない。投資家によって専門とするエンゲージメントの種類は様々だ。政策決定者や個人投資家が投資家に期待するべきは、ありとあらゆるスチュワードシップを実践することではなく、最も専門とするメカニズムに集中することである。この点は第９章で改めて取り上げて、投資家がいかにスチュワードシップを実践できるかを議論する。

投資家の権利

エンゲージメントの価値に光を当てる別のアプローチとして、アクティビズムの実例ではなく、投資家の権利——企業経営に対する株主の影響力——を研究する方法がある。

企業が投資家の影響力を抑えるために導入できるメカニズムはいくつかある。その１つがスタッガードボード（期差選任取締役会）である。例えば、パオロというＣＥＯがいるとしよう。彼は堕落していて、不適切な買収、贅沢なオフィス、そしてもちろん自分の給料に会社の金をつぎ込んでいる。しかも彼はずる賢い。彼が取締役として選んだアミット、サラ、デルフィンは、いずれもビジネススクール時代からの友人で、個人的に裕福になりたいという彼の計画を応援している。そして彼は、この取締役の選任の時期をずらした。アミットの改選は今年行われ、サラは来年、デルフィンは再来年である。アクティビストは、パオロを解任するために、自社の人材を取締役会に送り込もうとするかもしれない。しかし、毎年３分の１の取締役しか改選されないので、アクティビストが過半数を占めるためには、もう

1年待って2回目の選任も勝ち取らなければならない。パオロは投資家から保護され、価値の破壊を続けられるのである。

しかしスタッガードボードは悪ではないかもしれない。パイを分割するリーダーを守るのではなく、もしかするとパイを拡大するリーダーを短期的損失による解任から守って、長期的投資にフォーカスする自由を与えるかもしれない。[7] では一体どちらだろうか。エビデンスを見ていこう。ポール・A・ゴンパーズ、ジョイ・イシイ、アンドリュー・メトリックが書いた影響力のある論文は、スタッガードボードの他、株主から経営陣を保護する23のメカニズムのデータを収集した。その結果は驚くべきものだった。保護メカニズムが最も少なく、従って投資家の権利が最も強い企業のリターンが、その逆の企業に年間8・5％の差をつけて勝利したのだ。また、売上高や収益性の伸びという点でも優れていた。

ポール、ジョイ、アンドリューは、デュアル・クラス・シェアに関する別の研究を行い、企業価値が大幅に低下することを発見した。そしてロナルド・マスリス、コン・ワン、フェイ・シエが、この低下の原因を明らかにした。デュアル・クラス・シェアは高いＣＥＯ報酬、不適切な買収、拙劣な投資判断と関連しており、これらが経営陣を保護し、帝国建設を許していることがうかがわれる。

こうした発見事項は重要であり、現在の一般的な考え方とは逆行する。株主が短期的利益を追求してステークホルダーの価値を搾取する、あるいはＣＥＯのビジョンを妨げるといった主張を根拠にして、投資家の権利の制限を求める声は多い。ＣＥＯ（特に創業者）と投資家に対するイメージの違い——起業家はアイデアを生み出し、投資家は誰かのアイデアを利用して金を稼ぐ——もあって、そうした物語には人気がある。

起業家が社会の中で誰よりもパイを大きくするということは、ほぼ間違いないだろう。しかしパイコノミクスで強調するのは、起業家のビジョンと投資家の監視のバランスの大切さである。自動車にアクセルとブレーキがあるのと同じことだ。誰も意見のできない創業者の存在が有望なビジネスを衰退させた教訓的事例を踏まえると、このバランスは非常に重要である。例えばエコノミストが説明したように、テウの創業者のキムは、周りに相談するよりも「直感に任せて場当たり的に投資判断をしがち」だった。２００８年２月、ヤフーのジェリー・ヤンは、マイクロソフトからの４７５億ドルの買収提案を拒否した。彼はヤフーを自分の会社と見なし、その支配権を譲ることを嫌ったのだが、ヤフーは本来それを所有する株主の会社である。11月には、ヤフーの価値はマイクロソフトの提案額の３分の１にまで落ち込み、デトロイトの２つの年金基金が、マイクロソフトの提案を拒否したことは投資家に対する受託者義務違反だとしてヤフーを提訴した。ウーバーのトラビス・コーデル・カラニックの強硬なワンマン型リーダーシップは、性差別的と言われる職場文化、主な幹部の退職、規制当局による罰金、世間的な評判の悪さを招いた。グルーポンの共同創業者のアンドリュー・メイソンは、２０１０年にグーグルからの60億ドルの買収提案をはねつけた。売上高の伸び悩み、会計上の修正再表示、プロ意識に欠ける行動――オフィスでゴリラの衣装を着たり、インタビューでグーグルに売却しなかった理由を聞いた

7　短期的プレッシャーからの隔離が重要ならば、任期を3年にして、すべての取締役を同じ年――3年後、6年後、9年後――に改選するアプローチのほうが適切かもしれない。この場合、取締役は1年間ではなく3年間のパフォーマンスに説明責任を果たすことになり、短期的プレッシャーは軽減する。しかし、3年後に依然としてパフォーマンスが低迷していれば、取締役が全員、議決により解任される可能性がある。

相手をにらみつけたりするなど――を受けて、ＣＮＢＣのハーブ・グリーンバーグは２０１２年12月にメイソンを「今年の最悪のＣＥＯ」と呼び、グルーポンの価値は30億ドルを割り込むまでに激減した。彼が２０１３年2月28日に更迭されると、グルーポンの価値は4％上がり、同年を80億ドルで終えた。

投資家の権利に関する研究は、相関関係を明らかにするという点で重要だ。そして次の２つの論文は、因果関係へと前進するものである。ビンセンテ・クニャト、ミレイア・ジネ、マリア・グアダルーペは、第4章のキャロライン・フラマーの研究と同様に回帰不連続デザインのアプローチを用いるが、社会的パフォーマンスではなくガバナンスの強化を求める提案を分析する。すると、提案を実行することにより、株価が平均２・８％上昇する。買収と投資は減少するが、長期的企業価値は上昇する。これが示唆するのは、価値を創出するプロジェクトではなく、帝国建設行為が切り捨てられたということだ。ジョナサン・B・コーン、スチュアート・L・ギラン、ジェイ・C・ハーツェルが研究したのは、２０１０年8月に米国証券取引委員会（ＳＥＣ）が採択したプロキシ・アクセス・ルールである（ただし２０１１年7月に控訴裁判所により無効と判断された）。このルールがあれば、投資会社が取締役の選任決議に自社の候補を出しやすくなっただろう。このルールが持ち得た効力を高めるようなイベントの発生後には株価は上昇し、効力を抑えるようなイベントの発生後には株価が下落した。その反応は業績不振の企業でより強く、投資家の力で不振が制御されることを示唆している。

ここからは、投資家がより広い社会に影響を与える方法について見ていこう。アレン・フェレル、ハオ・リャン、ルーク・レンネボーグは37カ国を調査し、投資家寄りの法律と、ステークホルダー価値の11の測定指標――労使関係、コミュニティの関与、環境志向など――の間に正の相関関係があることを発見した。I・J・アレクサンダー・ダイク、カール・V・リンズ、ルーカス・ロス、ハンネス・F・ワグナーは、41カ国を分析し、機関投資家による出資が、社会や環境に関する様々な指標（再生可能エネルギー使用率、雇用の質、人権など）の改善と結びついていると結論づけた。その効果は、社会規範の厳しい国、例えばドイツ、オランダ、北欧諸国の投資家が関わる場合により大きくなり、投資家が自国の規範を投資先の企業に輸出していることがうかがわれる。

ビジネスで社会に貢献したければ、株主の権利を抑制するべきだと主張する評論家が多いことを考えると、投資家が自身とステークホルダーの両方のためにパイを拡大するということは驚きである。実際、「ESG投資」という言葉は矛盾をはらむように見えるかもしれない。ガバナンスの要素は企業が株主の利益のために行動しているかどうかを測定し、環境と社会の要素は企業がステークホルダーのために行動しているかどうかを測る。パイ分割のメンタリティでは、これらの要素が反対方向に働くからだ。しかしパイ拡大のメンタリティでは矛盾にならない。3つの要素（E、S、G）がすべてパイを拡大できるのである。唯一の矛盾は、ESG投資の支持者の一部が、株主の権利の抑制を求めていることだ。

しかし、エビデンスは一方通行とは限らない。右記の研究は一般論として何が起こるかを調査するが、エビデンスは普遍的ではない。特定のケースでは株主の力を制限することに価値があるかもしれない。ウィリアム・C・ジョンソン、ジョナサン・M・カーポフ、サンホ・イは、買収防衛によって、ステークホルダーとの長期的関係を強化できることを示唆する。2000年、IBMは委託製造会社ペムスターの最大の顧客だった。IBMは、ブラジルでの製造業務を開始して製造ノウハウを共有するために、ペムスターとチームを組んでいた。このような関係には、ペムスターが知識だけ受け取って逃げたり、突然値上げしたりしないという信頼が必要である。

ペムスターが同年に上場すると買収されるリスクが生まれた。新たなオーナーは、IBMへの納品価格を上げて両社の関係から利益を搾り取ろうとするかもしれない。[8] そこでペムスターは5つの買収防衛策を講じた。ウィリアム、ジョナサン、サンホによると、企業が大口顧客、依存するサプライヤー、戦略的同盟を持つとき、買収防衛を実行した場合にのみ上場時の評価額が上がる。K・J・マーティン・クレマーズ、ルボミール・P・リトフ、シモーネ・M・セペは、企業がスタッガードボードを導入した場合にのみ評価額が上がることを明らかにした。

買収防衛だけが長期的関係を維持する方法ではない。後ほど検証するが、投資家が十分な情報を得ていれば、それで事足りる場合も多い。ともかくこれらの論文は、情報の不十分な投資家は企業のステークホルダー関係の価値を無視し、破壊的な形で介入する可能性があるという考え方と一致する。つまり、投資家の権利の設計には企業や国ごとに見られる違いが反映されるため、一律には決められない。また、同じ企業でもタイミングによって変わるかもしれない。例えば上場間もないころはステークホルダー関係を保護するため、成熟したら関係の確立につなげるための保護が必要だ。投資家からの保護は状況によっては正当かもしれないが、規制当局の課題として、これがパフォーマンスの悪いリーダーの自己保身に悪用されないようにする必要がある。

モニタリング

エンゲージメントは**スチュワードシップ**の1つの形である。メリアム・ウェブスター辞典によるスチュワードシップの定義は「信託された資産を注意深く責任を持って管理すること」である。投資家は個人投資家の資金を信託されている。これを責任を持って管理することには、その資金の投資先企業の長期的パフォーマンスを改善することが含まれる。従って本書では図6・4に示すように、個人投資家の方向ではなく、企業の方向を向いてスチュワードシップを定義する。**スチュワードシップは、企業が社会のために生み出す価値を高める投資アプローチである。**企業のパフォーマンスを所与のものと捉え、過小評価されているパイを見つけて利益を得ようとすることではなく、パイを拡大して企業のパフォーマンスを向上させることを目指す。

スチュワードシップの中ではエンゲージメントが最もよく知られているが、それ以外の形もある。投資家は、企業の長期的価値を詳細に分析する――短期的利益だけでなく、無形資産、戦略、パーパスに目を向ける――という形でもスチュワードシップを実践できる。このような行動を、本書では**モニタリング**と呼ぶ。追って説明するが、投資家がこう

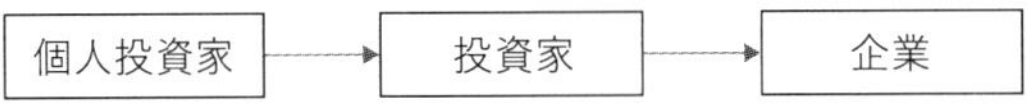

図6.4　投資の連鎖

8　この不安は非合理的な新オーナーの場合にのみ当てはまることに注意するべきである。合理的な新オーナーならば、ステークホルダーとの関係の価値を理解して維持するだろう。実際に買収取引ではしばしば、こうした関係の価値を踏まえて上乗せ価格が支払われる。

した分析を通して企業の経営方針に影響を与えなくとも、単純に企業の株式のバイ、ホールド、セルの判断に生かすだけでもパイは大きくなる。

ジェフリー・W・ウッベンのメンターの1人である伝説的投資家のピーター・リンチは、モニタリングに大いに成功した人物だ。1977〜1990年にフィデリティ・マゼラン・ファンドを運用した彼は、29%という年間平均リターンを記録し、13年のうち11年でS&P500指数を上回った。著書『ピーター・リンチの株式投資の法則』で、ピーターは次のように記している。「すべての株の背後には企業がある。それが何をしているかを見極めよう。（中略）企業経営の成功と、数カ月の、時には数年の株の成功に、まったく相関関係がないことは珍しくない。しかし長期的に見れば、企業の成功とその企業の株の成功は100%相関する」

例えばある小売銘柄の購入を検討する場合、ピーターはその企業の店舗に出かけて、顧客や従業員がどう扱われているかを自分の目で確かめた。彼は投資のアイデアを、「1カ月の投資家向けカンファレンスで披露されるものよりも現実味がある候補」が出店するバーリントン・モールから得ることを好んだ。そして年間200社以上を訪問した。あるとき、ピーターは妻と子どもたちに連れられて、社会的責任を果たす化粧品メーカーのザ・ボディショップに立ち寄った。彼はたちまち、店舗運営の素晴らしさ、スタッフの熱心さ、客足の多さに心を奪われた。彼はそれをきっかけに同社を数カ月かけて深く分析し、大量の株を購入した。

ピーターの投資の中でも一番有名なのはクライスラーかもしれない。そしてこれは彼の投資アプローチを如実に表す例である。1982年、ピーターは米国の景気回復を受けて循環株に投資したいと考え、自動車銘柄の購入を決めた。当時の主な企業は3社だった。次の表は各社の財務状況を示している。

	ゼネラルモーターズ	フォード	クライスラー
1982年の米国市場シェア	44%	17%	9%
1981年の利益	3億3300万ドル	マイナス11億ドル	マイナス4億7600万ドル
1982年の利益	9億6300万ドル	マイナス6億5800万ドル	マイナス6億6900万ドル*

*資産売却による2億3900万ドルの一時的な利益を除く。

どの企業を選ぶだろうか。考えるまでもないように思われる。ゼネラルモーターズ（GM）は明らかに市場のリーダーであり、リセッション入りした1981年にも利益を確保し、リセッション終了後にはそれを3倍に伸ばしていた。しかし、そのGMをピーターはアンダーウェイトとし（彼は自動車業界に対して強気な見方をしていたため、多少は購入した）、損失を出している他の2社を大幅にオーバーウェイトにした。ピーターは利益だけでなく戦略やリーダーシップにも目を向けたのである。彼はGMが「傲慢」で近視眼的で、地位にあぐらをかいていると結論づけた。

ピーターはフォードにもかなりの出資をしたが、一番に選んだのはクライスラーだった。彼は1982年春、クライスラーは1981年の損失で破綻の可能性もあるというのがウォール街の一致した見方だった時期に、同社株の購入を開始した。6月、ピーターは後に語った「私の21年の投資キャリアで最も重要な日」に、クライスラーの本社を訪問して発売予定の新型モデルのラインナップを見た。そこに、後に市場で大きな存在感を放つことになる史上初のミニバンがあった。その将来性を確信したピーターは同社に徹底的に賭けることにし、7月にはクライスラーがフィデリティ・マゼラン・ファンドの資産の5％——SECの定める上限——を占めた。

ピーターが正しかったことは歴史が証明した。業界に対する賭けは見返りを生み、5年後にはGMでさえ株価が3倍になった。しかし銘柄ごとの賭けははるかに巨大な見返りを生んだ。フォードの株価は同期間に17倍に、クライスラーは50倍近くにまで高騰したのである。

モニタリングは企業のパイ拡大をどのように後押しするのだろうか。ピーターによるクライスラー株の購入は、クライスラー株を売却した株主が犠牲になって、ピーターが儲けただけの話ではないのだろうか。実際には、モニタリングはパイコノミクスに不可欠である。投資家が企業の長期的価値を真に理解しない限り、企業と協力し合ってパイを拡大することはできない。

短期主義の問題については、すでに本書の中で何度か議論してきた。問題の核心は**情報の非対称性**である。投資家は企業の短期的パフォーマンスの情報を持っている。これはヤフーファイナンスで配当、利益、収入を見れば分かることであり、たやすく収集できる。しかし長期的パフォーマンスについては、収集に時間がかかるため情報量が少ない。ピーターは自ら動いて、企業と顧客の関係、企業文化、製品パイプラインを見極めなければならなかった。

モニタリングをしない投資家は、短期的利益の振るわない銘柄を、その理由が長期的投資の影響によるものかどうかを確認せずに切り捨てるかもしれない。これは株価の下落を招き、それによってCEO

の保有株式の価値は低下し、CEOが解任される可能性が高まる。投資家がCEOを長期的価値ではなく短期的利益で評価するということが分かっていれば、リーダーは短期的利益を優先するだろう。ジョン・R・グレアム、キャンベル・R・ハービー、シバ・ラジゴパルは、401人の最高財務責任者（CFO）を対象とした影響力のある調査で、回答者の80%が、利益ベンチマークを満たすために裁量的支出（R&Dや宣伝の費用）を削減すると答えたことを明らかにした。あるCFOが指摘したように、市場は「まず売って、後から質問する」からだ。

だからこそモニタリングが重要である。まず質問する——利益の低さの理由が経営ミスなのか、投資なのかを理解する——時間を取ることにより、投資家は短期的プレッシャーからリーダーを守ることができる。クライスラーは、ウォール街が破滅のシナリオを煽り立てても意に介さなかった。株式を保有するのは同社ではなくピーターだから、焦点は彼がどう投票するか、そして持ち分を維持するか売却するかということだった。クライスラーは、ピーターが目下の損失ではなく、製品パイプラインを気にかけていることを理解していた。

モニタリングは、株価を守ること以上に、企業の未来を守ることができる。クラフト・ハインツは2017年2月、ユニリーバに対し、当時の株価に18%上乗せした価格での買収提案を行ったが、ほとんどの投資家は興味を示さなかった。投資家らはユニリーバの長期的戦略——環境フットプリントを半減し、顧客のウェルビーイングを改善することを目指すサステナブル・リビング・プランを含む——を詳細に調査し、これが株価には現れていないことを理解していた。クラフトに対する投資家の答えは明らかだった。ロイヤル・ロンドン・アセット・マネジメントのサステナブル投資責任者のマイケル・

フォックスは、「レベルの低い企業なら受け入れる額だったかもしれませんが、ユニリーバのレベルの企業の場合、適正価格とはかけ離れています」と述べた。クラフトは2日後に提案を撤回した。

忍耐は必ずしも美徳ではない

株式をずっと維持して決して売らないのが理想の投資家だと思うかもしれない。そのような投資家は、その忍耐強さを美徳と見なして「ペイシェント・キャピタル（忍耐強い資本）」と呼ばれ、その奨励を意図する政策がある。株式を2年以上保有する投資家の議決権を2倍にする、フランスのフロランジュ法についてはすでに取り上げた。同様にトヨタ自動車は、5年間株式の保有を続けることを条件に「ロイヤリティ配当」を支払う新型株を発行した。ヒラリー・クリントンは2016年の大統領選挙キャンペーンで、2年以内に株式を売却した場合の譲渡所得税率を大幅に引き上げることを提案した。明確に忍耐が奨励されていることに加えて、政治やメディアの圧力も存在する。パンデミック期には多くの評論家が、株式を売らないように努力して「米国／英国／自国の企業を応援する」ことを投資家に求めた。株式を売るのは非愛国的かもしれない。

しかし、忍耐は常に好ましいとは限らない。忍耐強い投資家を称賛することは、投資家の**株式保有期間**と投資家の**志向**とを混同しているため、根本的な欠陥がある。前者は、ある投資家が株式を保有してから売却するまでの期間の長さを表す。後者は、投資家が株式を売却する基準――長期的価値か短期的利益か――を表す。

バンガードの元ＣＥＯのウィリアム・マクナブは忍耐を支持し、次のように主張した。「私たちが一番好む保有期間は永遠です。皆さんが四半期利益目標を達成するときに、私たちは株式を維持します。達成しないときも維持します。皆さんの企業を気に入っていれば株を維持します。そして気に入らなくても維持します。誰もが皆さんの株に殺到してくるときも維持します。誰もが出口に走るときも維持します」。このことは、バンガードが主に運用するインデックスファンドならば合理的である。しかしアクティブ投資家の場合、企業のパフォーマンス――社会に価値を生み出しているか、搾取しているか、あるいはその企業を「気に入っている」か「気に入らないか」――にかかわらず長期的に株式を保有することは、忍耐強さと呼ぶべきではない。それは、企業のモニタリングを怠る無責任な投資家である。同様に、投資家は何も考えずに「四半期利益目標を達成するときに株式を維持する」べきではない。その企業がどのようにその目標を達成したのかを調査し、もしそれが良好な投資を破棄して達成したものだったら、行動を起こすべきである。

フォルクスワーゲンの「忍耐強い」株主、例えばポルシェ家やニーダーザクセン州は、ハンドルを握ったまま寝ていて、同社の排出ガス試験の不正を止める手を打たなかった。コダックの投資家は１９８０年代から１９９０年代にかけて、同社がデジタルカメラに投資していないという事実に気づかず、安穏と高利益を享受していた。実際のところ、ソニーがマビカを発表した１９８１年以降、同社はほとんど対策を取らなかったにもかかわらず、[9] 市場評価額は16年後の１９９７年に過去最高の３１０億ドルを記録した。惰性に任せてパイを拡大しないのはリーダーの最悪の行動の１つだが、それと同様に、惰性に任せてモニタリングをしないのは投資家の最悪の行動の１つである。

劣悪な製品を売る、環境を汚染する、あるいは労働者にひどい扱いをするような企業からは、顧客は離れるべきだという議論には大半の人が同意する。同様に、企業の責任を問うための投資家のダイベストメント（投資撤退）については、大半の人が合理的な方法だと見なしており、忍耐を称賛することは筋が通らない。**一般型ダイベストメント**には、その企業が属する業界や国、あるいはその他の全企業に適用可能な基準（例えば取締役会の多様性の欠如）を理由にして、企業を売却することが含まれる。1980年代に発生した南アフリカからのダイベストメントキャンペーンは、同国政府に影響を与えてアパルトヘイト政策を終了させることを目指すものだった。しかし投資家にとっては、企業固有の要素、例えば企業の社会貢献、無形資産、戦略的方向性などに基づいた、**特化型ダイベストメント**を行う必要性のほうが大きいかもしれない。企業が属する業界や国のことなら顧客も知っていて、それを根拠に不買運動を行うことができる。しかし顧客には、より複雑な個別企業の課題を評価する力はそれほどない。大口投資家は、経営陣との接点やモニタリングに対する強力な金銭的インセンティブを持つという点で、こうした評価に比較優位がある。

従って、株式の売却は短期主義的な行動ではなく、規律に沿った行動かもしれない。経済学者はこれを「撤退による統治」と呼ぶ（一方、エンゲージメントは「発言による統治」と呼ぶ）。撤退を効果的に行う上で重要なのは、その根拠とする情報、つまり投資家の**志向**である。もし投資家の売却の根拠が短期的利益ならば、リーダーは短期的利益を優先するようになるため、実際には損害を与える。しかし、売却の根拠が長期的価値ならば、CEOは長期的価値の創出に責任を果たすことが求められていると理解できる。例えばフォードは2015年に過去最高益を報告し、2016年もそれに次ぐ利益を出した。ところが、その2年間に同社の株価は21％下落した。それは電気自動車や自律走行車への投資が不十分だという懸念があったためである。利益は急増したものの、株価の下落を受けて、CEOのマーク・フィールズは2017年5月に解任されることになった。同様にパンデミック期には、四半期利益よりも重要ステークホルダーを優先している企業を投資家が売却することは好ましくない。しかし逆の行動をしている企業から撤退することは、非愛国的な行為ではなく、社会的に望ましい。そうすることで、投資家はテクノロジーや製薬といった成長セクターに資本を再配置できるのだ。

従って、投資家が株式を長期間保有しているかどうかではなく、長期的情報を利用しているかどうかを問うことが非常に重要である。後者を確実に問うためには、どうすればよいだろうか。それはエンゲージメントを促進する場合と同じで、投資家が大量の株式を取得することである。私は論文の中で、大口投資家（ブロックホルダーとも呼ばれる）に、短期的利益の先を見て、企業を真に理解するために必要な時間をかける意欲があることを明らかにした。出資規模がモニタリングの動機になるのに対し、ロイヤリティ配当や売却時の課税は、投資家がその銘柄のマイナス要素を把握したときの売却コストを高めるため、モニタリングを抑制する。

9　コダックがその代わりに取った数々の行動からは、デジタルテクノロジーの脅威を深刻に捉えていなかったことがうかがわれる。1989年、CEOのコルビー・H・チャンドラーが引退した際、同社は後任として、デジタルテクノロジーの可能性を強く信じ、後にサン・マイクロシステムズの社長になるフィル・サンプラーではなく、従来のフィルム事業の代表だったケイ・ウィットモアを選んだ。1996年、同社は5億ドルをかけて、撮った写真をフィルムに感光させる前にプレビューできる機能を備えたアドバンティクス・プレビューのフィルムとカメラを発売した。この機能にはデジタルテクノロジーが使われていたが、コダックはこれを伝統的なフィルム事業を置き換えるものではなく、強化するものと捉えていた。

これに関連することだが、私たちは投資家には忠実さが必要だと考えている。しかし**無条件**の忠実さ——企業が長期的価値を創出しているかどうかにかかわらず、その企業にとどまること——は経営陣を守るだけである。それよりは**条件付き**の忠実さ——企業がパイを成長させている場合に限り、短期的利益が低迷してもその企業にとどまること——のほうがずっと良い。ユニリーバの株主がクラフトの買収提案を拒否したのは、ユニリーバがサステナブル・リビング・プランに投資しているために本来の利益が出ていないことを理解していたからだ。もし利益の低さが経営の拙さの結果だったら、彼らは株式を売却したかもしれない。企業が未来に投資している場合の忠実さと、そうでない場合の撤退が組み合わさっているのが、適切なスチュワードシップの特徴である。このことはブロックホルダーと、パフォーマンスと無関係にリーダーを守る無条件の保護——例えばデュアル・クラス・シェア、スタッガードボード、ロイヤリティ配当——との重要な違いでもある。例えば、フロランジュ法により、ヴァンサン・ボロレは、メディア企業ビベンディへの出資比率が14・5%に過ぎないにもかかわらず同社の支配権を掌握し、帝国建設的な買収を行い、外部の監視の目を免れた。

長期的懸念に基づいた短期的意思決定の価値は、エンゲージメントだけではなく取引にも当てはまる。本書では、長期的要素に基づいてエンゲージメントや取引を行うことを「長期志向」という言葉で説明する。一般に投資家が株式を長期的に保有することを「長期」投資と言うが、本書ではこれを**低回転**投資と呼ぶことにする。

ウォーレン・バフェットは長期志向の投資家である。彼は大量の株式を取得することによって、企業を情報不足の株主の短期的要求から守り、ブランドを確立する自由を与える。しかし彼はやみくもに忠実なわけではなく、もしリーダーが近視眼的な行為をすれば、厳しい決断も辞さない。2000年、バフェットの投資持株会社であるバークシャー・ハサウェイは、ほぼ例外なく独立系の販売店経由で商品を販売していた塗料会社のベンジャミンムーアを買収した。1883年の創業以来、同社は基本的にムーア一族が経営してきた。バフェットは、同社が販路をホームデポやロウズ――より高い利益が見込める大規模チェーン――に切り替えないかと、販売店が懸念していることを知った。そこで販売店に、彼らを見捨てないことを約束する動画を送った。

12年後、ベンジャミンムーアのCEOのデニス・アブラムズがロウズと販売契約を結ぼうとすると、バフェットは彼を解任して契約を阻止した。この契約は短期的利益を増やす可能性があったし、アブラムズは5年の任期で好業績を残し、2009年のバークシャーの年次報告でバフェットも称賛していたにもかかわらずである。解任は短期的な行動と見なされるが、売却と同じく、長期的要素に基づいて行うことができる。それとは別に、この事例は、長期的関係の維持に必ずしも買収防衛が必要なわけではなく、多くの場合、投資家が十分な情報を持っていれば事足りることを示す。

企業がすべての従業員のエンゲージメントを奨励するべきであるのと同様に、政策決定者はすべての投資家によるエンゲージメントを促進するべきである。従業員協議の場から新規採用者を除外すれば、貴重なアイデアの源を利用できないだけでなく、そもそも、企業の仲間になることで生まれるクリエイティブな思考を妨げるだろう。同様に、投資家が完全な議決権を得るまでに何年も待つようであれば、彼らはすでに保有している企業を改善させられないし、そもそも問題を抱えた企業を買うことを躊躇するだろう。また、モニタリングとエンゲージメントはスチュワードシップの別個のメカニズムではなく、補完し合うものである。発言の力は、しばしば撤退の脅威があるからこそ発揮される。頑固なリーダーも、業績不振が続けば投資家に売却されると分かれば耳を傾けるだろう。顧客離れを恐れる企業が顧客のフィードバックに耳を傾けるのと同じである。

情報としての株価の役割

企業の短期的利益ではなく、長期的価値を株価に反映させるような投資家取引には、リーダーに長期的価値を優先する動機を与える以上のメリットがある。第3章で議論した利益とまさに同じように、長期的価値を反映する株価は有益な**シグナル**となる。シリコンバレーの企業の株価の高さは、優秀な大学生がコンピューター科学を学び、炭鉱ではなくテクノロジー業界に進むことを後押しする。サプライヤーは、評価の高い企業に納める原料を製造するためなら多額の投資を厭わない。取締役会は、先行的な株価を、CEOを解任するかどうかの指針とする。

そしてリーダー自身も、株価を投資判断の指針にするかもしれない。エビデンスによれば、自社の株価が高い場合、CEOは良い投資機会だと推察して投資を増やす。しかし、投資家が長期的情報を取得し、それに基づいて取引することができない場合、株価は不十分なシグナルとなって意思決定を誤らせる可能性がある。コダックの投資家は、同社がデジタルカメラに投資していなかったにもかかわらず同社の株式を保有し続けて、高い株価を維持した。このことが、コダックがフィルム戦略を継続し、サプライヤーがフィルムの原料を生産し続け、人々が同社に入社あるいは勤続することを後押ししたかもしれない。もし投資家が株式を売却して株価が下がっていたら、経営陣は惰性から抜け出したかもしれない。

コダックの件はそれだけで大きなトピックなので、本書ではこれ以上踏み込まない。興味を持った読者は、私がある学術誌にフィリップ・ボンド、イタイ・ゴールドスタインとともに執筆した『The Real Effects of Financial Markets（金融市場の真の効果）』を参照してほしい。これは金融市場の取引がいかに企業の意思決定を改善するかという点について、様々な調査を研究したものである。

モニタリングの価値：エビデンス

それではエビデンスを見ていこう。経営陣とのミーティングの価値を研究した調査がある。マルコ・ベヒト、ジュリアン・フランクス、ハンネス・F・ワグナーは、ある世界的な資産運用会社（スタンダードライフ）が、2007〜2015年に企業との間で非公式に行ったミーティングに関する専有データを取得した。[10] このようなミーティングは有益であり、その結果を踏まえて、同社の株式アナリストはしばしば当該企業に対する社内の格付けを変更した。銘柄の格下げ（「バイ」から「ホールド」あ

10　2017年にスタンダードライフはアバディーン・アセット・マネジメントと合併し、合同の投資部門は現在アバディーン・スタンダード・インベストメンツと呼ばれている。

るいは「ホールド」から「セル」）をすると、その見立て通り当該銘柄は格下げの1日前から5日後までに3・5％下落した――変更は正当だったのだ。しかもスタンダードライフに一部銘柄の売却を促して、損失を0・3〜0・4％減らす効果もあった。格上げについても、より小幅だったものの同様の結果が出た。

中でも顕著な例が、2015年12月に行われた、カリリオン――スタンダードライフが最大株主として10％を保有していた企業――の会長とのミーティングだった。スチュワードシップの専門家であるスタンダードライフ側のアナリストは、カリリオンの同年の業績不振について、会長が平然としていることを感心しなかった。「彼は元気いっぱいな様子だった。この季節にはあり得ないほど日焼けしているように見えた。（中略）レソトに行き、タイのスパでの休養を挟んで帰国したところだった。子どものための慈善組織の会長として（中略）会社を離れて南アフリカに行っていたのだ」。このアナリストは、会長が社外で様々なことに関与していること、そしてカリリオンで実際に起きている物事を十分に把握していないことを併せて指摘した。その2週間後、スタンダードライフの社内アナリストはカリリオンを「ホールド」から「セル」に格下げし、同社のファンドの大半がカリリオンのポジションを平均26％処分した。この売却には先見の明があった。本章ですでに触れたように、カリリオンは2018年1月に破綻したのである。

マルコ、ジュリアン、ハンネスが、ある一投資企業が多数の企業との間で行ったミーティングを研究したのに対し、デビッド・M・ソロモンとユージーン・F・ソルテスは、ある一企業（名称非公開）が多数の投資家との間で行ったミーティングに関する専有データを取得した。具体的には投資家の数は

３４０、期間は６年間である。彼らも同じく、ミーティングの有益さを明らかにした。その企業とミーティングをした投資家が、同じ四半期のうちに同社の株式を購入した場合、翌月の株価は上昇した。逆に売却した場合、株価は下落した。

つまり投資家は情報を踏まえた取引の恩恵を受けているわけだが、これは企業の短期主義を招かないだろうか。短期的取引に対する批判は今に始まったものではない。戦略研究の権威であるマイケル・Ｅ・ポーターは、影響力のある１９９２年の記事で、投資家が長期的に株式を保有してめったに売却しない日本の出資構造を歓迎した。しかし、その後の「失われた20年」を見ると、日本経済は過去に考えられていたほど模範的ではない。日本のパフォーマンスがぱっとしない理由は多々あるだろうが、流動性――投資家が保有株式を取引する際の容易さ――のメリットについては直接的なエビデンスがある。因果関係の特定を図るために、ある一連の研究は、米国の主要証券取引所の十進法化を利用した。

十進法化の効果は次の通りである。すべての証券取引所には「ティックサイズ」――株価の最小変動単位――がある。米国の３つの証券取引所、すなわちニューヨーク証券取引所（ＮＹＳＥ）、アメリカン証券取引所（ＡＭＥＸ）、ナスダック証券取引所（ＮＡＳＤＡＱ）はいずれも、２０００年まで１ドルの16分の１を最小ティックサイズとしていた。例えばＩＢＭの株価が20ドルで、ある投資家がこれを売る場合、19ドル15／16（19・９３７５ドル）でしか売れないため、売却のコストは高い。２０００年８月から２００１年４月までに、これらの３つの証券取引所は最小ティックサイズを１セントまで引き下げた。これにより価格の低下は19・99ドルにとどまるため、売却のコストは小さくなる。ビビアン・Ｗ・ファン、トーマス・Ｈ・ノー、シェリ・タイスは、十進法化によって企業価値が上がったことを示した。スリダール・T・バラート、スダルシャン・ジャヤラマン、ベンキー・ナガルは、ブロックホルダーを持つ企業やCEOの株式保有が大きい企業で、この改善幅が大きいことを立証した。これは、撤退による統治が改善の重要な促進要因であることを示唆している。ビビアン・W・ファン、エマニュエル・ズールと私は、十進法化によって、そもそも投資家による大量の株式の取得が容易になったことを発見した。

取引を容易にする流動性ではなく、実際の取引を調査した研究者もいる。重要な問いは、取引を動かす原動力は何かである。利益をはじめとする公開情報への条件反射だろうか、それとも株主による個別の分析だろうか。スターリング・ヤンとチェ・チャンは、高回転投資家が独自の情報に基づいて取引を行い、実際に低回転投資家よりも的確に情報を得ていることを明らかにした。高回転（あるいは「短期的」）株主に対する一般的な批判とは一致しないが、この結果は筋が通る。株主が市場で得る以外の知見を多く持ち、それに基づいて行動した結果として高回転が生じている可能性がある。ルボス・パストール、ルシアン・A・テイラー、ロバート・F・スタンボーは、投資信託が取引量を増やした期間に利益性が上がることを明らかにした。そして数々の研究が、大口投資家による取引が極めて詳細な情報に基づいていることを示している。デビッド・R・ギャラガー、ピーター・A・ガードナー、ピーター・L・スワンは、短期的取引が株価の情報性を高め、ひいては企業のパフォーマンスを高めることを発見した。

最後に紹介する研究は、ブロックホルダーがつくと企業の行動がどう変わるかを調査した。この場合、企業は利益を操作することが減り、発表済み利益の修正を要する可能性が低くなる。これはブロックホルダーが利益の水増しを見抜くことが分かっているからかもしれない。またR&D投資が増え、生み出す特許も増える。ブロックホルダーは、企業がアナリストの利益予想を達成するためにR&D投資を削減することを抑制する。一方、ばらばらの投資家たちはそうした行為を助長する。

このような結果は、ブロックホルダーのスチュワードシップによって、企業の長期的思考が可能になって生まれたのかもしれない。あるいは、長期的思考の企業だからブロックホルダーを引き付けたという可能性もある。前者の因果関係が成り立つことを示唆するのがフィリップ・アギオン、ジョン・ファン・リーネン、ルイジ・ジンガレスで、彼らは企業がS&P500指数の構成銘柄に追加されたときに起こることを調査した。この場合、機関投資家はより多くの株式を保有するようになる。そのことが、企業がより質の高い特許をより多く創出することへとつながる。

本章で取り上げた研究にはいずれも固有の発見事項があるが、すべてをまとめると、大きく２つの結論が導き出せる。第一に、株主の優位性の支持者は投資家は明らかに善だと主張し、反対する者は全面的に悪だと主張するが、すべての投資家をひとまとめにすることは不可能である。ベンチマークにこだわってパフォーマンスと無関係に株式を保有し続けるクローゼット・インデックスの投資家と、すべての保有銘柄を深く理解し、価値創出のために経営陣と協力する投資家とでは、住む世界がまったく違うのだ。第二に、投資家はステークホルダーの敵と見なされがちだが、エビデンスが示唆するのは、大口の長期志向の投資家はパイを大きくし、皆のために恩恵を生み出すということである。社会は、株式を受動的に保有し続けているだけかもしれない忍耐強い投資家を歓迎するよりも、スチュワードシップの役割を真剣に捉える投資家を奨励するべきである。そうすることで、将来の偉大な企業を作り上げることに貢献できる。

まとめ

- **投資家はエンゲージメント／アクティビズム**または**モニタリング**という形で**スチュワードシップ**――企業が社会のために生み出す価値の向上――に取り組む。
- 投資家の**エンゲージメント**に対する一般的な批判は、投資家がステークホルダーを犠牲にして私腹を肥やしているという、パイ分割の考え方に基づいている。しかし実際には、ヘッジファンドのアクティビズムが、パフォーマンスの悪いリーダーの解任、労働生産性の向上、イノベーション効率の改善を通してパイを拡大するということを大規模なエビデンスが示唆している。
- ヘッジファンドは**特化型エンゲージメント**に効力を発揮する。その理由は、ポジションを集中させていること、強力な金銭的インセンティブを持つこと、エンゲージメントに大量のリソースを投じることである。これらの特徴は他の投資家にも当てはめられる。プライベートエクイティファンドはその一例であり、これらは一般に、ステークホルダーと株主の両方に価値をもたらす。
- インデックスファンドは**一般型エンゲージメント**に効力を発揮する。その理由は、典型的に大きな議決権を持つことと、何百もの株式にベストプラクティスを適用できることである。
- 投資家の権利を拡大するとアクティビズムが促進され、一般的には長期的パフォーマンスの向上につながる。投資家からの保護は、特定の状況――例えばステークホルダーとの関係が特に重要な場合――には価値を追加するかもしれない。

●投資家は、**モニタリング**――短期的利益の先を見て、企業のポテンシャルを理解すること――によって、リーダーを短期的な利益目標達成のプレッシャーから守り、長期的価値を生み出す自由を与えることができる。モニタリングには、企業が未来に投資している場合の忠実さと、短期的利益を追求あるいは惰性に任せている場合の撤退の組み合わせが求められる。

●投資家の株式の**保有期間**と、投資家の**志向**を区別することが非常に重要である。株式の売却は、長期的展望の分析に基づいたものであれば短期主義とは限らない。理想の投資家は、単に株式を長く保有するのではなく、**長期志向**を持つ。株式の柔軟性が高まると投資家の取引が促進されるが、エビデンスによると、これは企業価値の向上や優れたスチュワードシップと関連がある。ブロックホルダー（大株主）の存在は、企業の投資の増加や利益操作の減少と関連がある。

第7章　自社株買い

節度を持って投資し、社会のその他の領域に価値創出のリソースを解放する

医療保険会社のヒューマナにとって、２０１４年は残念な1年となった。同社の1株当たり利益（EPS）は、２０１３年の7・73ドルから7・34ドルまで落ち込もうとしていた。投資家が損をするのはもちろん、EPS目標7・50ドルを報酬条件としていたCEOのブルース・D・ブルサードにとっても相当の痛手だった。第5章で見たように、企業幹部は時折、ボーナスの閾値をクリアするために会計ポリシーを変更する。そしてブルサードもその手を使った。彼は、その年に発生した債務の返済は一度限りの支出だとして、EPS計算から除外するべきだと主張した。だが、その場合もEPSは7・49ドルにとどまり、目標にわずかに届かない。

ブルサードにはもう1つの秘策があった——自社株買いである。彼は２０１４年最終四半期に5億ドルの株を買い戻すことにより、発行済み株式を減らした。これで**1株当たり**利益はさらに2セント増加して7・51ドルとなり、念願の7・50ドルをクリアしたため、ヒューマナが注力するべき分野——市民の健康の保証——のパフォーマンスは低迷したにもかかわらず、ブルサードは１６８万ドルのボーナスを獲得した。

ヒューマナのエピソードは大半の人々の自社株買いのイメージに合致する。過剰なCEO報酬を究極のパイ分割行為と見なすなら、それに次ぐのが自社株買いだろう。自社株買いとは、企業に余剰の現金があるときに、それを投資や賃上げに回さずに、既存投資家から株式を買い戻すことである。

CEOには、たとえ価値を損なおうとも自社株買いを行う動機がある。多くのボーナス制度はパフォーマンス指標の1つにEPSを含めている。それはEPSが、パイを拡大する様々な行為――例えば収益向上のための品質改善や、コスト削減のための生産効率改善――によって上昇する数値だからだ。しかしヒューマナの例のように、自社株買いで株式発行数を減らすことにより、企業は実際のパフォーマンスの改善を伴わずに人為的にEPS目標を達成することができる。

自社株買いはステークホルダーを犠牲にして投資家や企業幹部に有利なパイの分割をすることであり、パイコノミクスとは相容れないように思われる。ウィリアム・ラゾニックは2014年にハーバード・ビジネス・レビューに掲載した影響力のある論文の中で、2007年の金融危機から米国経済が回復するにつれて企業の利益は急拡大したが、それが自社株買いに費やされたために一般市民が恩恵を受けていないと論じた。S&P500企業は2003～2012年に2兆4000億ドルを自社株買いに使った。配当を加えれば、純利益の91％が投資家に渡ったことになる。ラゾニックは「そのため生産能力を高める投資や従業員の賃上げに充てる資金はほとんど残らなかった」と指摘する。従って自社株買いは、実際にはパイの切り分け方の変更よりも、もっとひどい行為なのかもしれない。投資を妨げてパイを小さくするからだ。

リーダーはしばしば、妥当な投資機会がないと言って自社株買いを正当化する。しかし、そこでアイデアを考え出すのがCEOの仕事ではないだろうか。それをしないのは不実行による過ちだと思われる。もし自社株買いよりも優れた案を1つも思いつかないなら、その人はCEOにふさわしくない。

以上の理由から、政治家は――意外なことに右派も左派も――自社株買いの制限を求めている。2019年2月、民主党の上院議員チャック・シューマーとバーニー・サンダースが自社株買いの規制案を公表すると、1週間後に共和党の上院議員マルコ・ルビオも独自の提案を発表した。英国政府は2017年、自社株買いが「余剰資本の割当対象から生産的投資を締め出す可能性がある」として調査を開始した。自社株買いで恩恵を受けると思われる投資家さえ、他のステークホルダーの利益を奪うことに罪悪感があるようだ。ブラックロックを率いるラリー・フィンクは、2014年3月の企業経営者宛のレターで「配当金や自社株買いを増やすために、設備投資を削減し、あまつさえ債務を増やす企業が多過ぎます」と書いた。

本章では、もう少し微妙なニュアンスを含めた見方をする。今回も厳密な学術研究を土台とするが、それに加えて、英国政府が私とPwCを指名して共同で行った自社株買いに関する調査も利用する。PwC関係者、同調査に携わった政府担当者、その他多くの情報提供者と議論を重ねられたことに感謝する。自社株買いが、時に価値を破壊する可能性があることは、私も認めなければならないだろう。そして、パイを拡大する企業は啓発された株主価値（ESV）を実践する企業よりも、自社株買いを大いに減らすべきだと主張したい。しかし、自社株買いを適切に行えばパイは拡大し得るという点も強調するつもりだ。

もちろん「適切に行えば」と「拡大し得る」という言葉が重要である。そこで大規模なエビデンスを用いて、すべてとは言わないものの多くのケースで自社株買いが価値を生み出すことを示す。とはいえ政策決定者が何もしなくてもよいわけではなく、最後には改革案も提示する。

ここからは、自社株買いをパイコノミクスの視点で見た場合に、従来の常識とは違う結論に達することを説明する。まずは、パイ分割とパイ拡大のメンタリティのどちらを持つかを問わず、自社株買いの実際の働きに対する誤解から懸念が生まれている状況を見ていこう。これは自社株買いの擁護ではなく、改革案を提示するに当たって、その働きを理解しておくことが必要なのだ。

自社株買い：間違った認識を正す

自社株買いは投資家への無料のギフトである

自社株買いの批評家は、これを投資家にとっての無料のギフト、あるいは棚からぼたもちの恩恵と見なしている。自社株買いをテーマにしたある記事には、「議会、銀行株主に５３０億ドルのギフトを提供」というタイトルがついている。「シェル、忍耐強い株主に１９０億ポンドの思いがけない贈り物を開始」という記事もある。用語のせいで認識が歪められているかもしれないが、株の買い戻しは「支払い」の一形態である。しかし投資家が何かをただで得られる無料のギフトではない。投資家は現金を手にするが、それと引き換えに株式の保有を諦めなければならない。これは銀行に負債を返済中の企業が、今日銀行に現金を渡して、その代わりに将来銀行から請求される金額を減らすようなものである。

借金の返済を銀行への無料のギフトだと主張する者はいないだろう。

自社株買いは投資家が換金するために必要である

批評家の中には、自社株買いが無料ギフトではないことは認めるが、換金の仕組みだと主張する者もいる。株式を売る投資家は、もはやその企業の長期的な将来性に興味を持っていない。もしかするとその投資家は、株式購入後の数カ月で株価が上がったために、換金機会になる自社株買いを望んでいるかもしれない。

だが、投資家は株式市場でいつでも株を売却できるのだから、この議論も見当外れである。企業に買い取ってもらう必要はない。[1]

賃金を犠牲にして、純利益を自社株買いに費やしている

純利益の91%が投資家に支払われていて、「生産能力を高めるための投資や従業員の収入アップに充てるための資金はほとんど残らなかった」というラゾニックの計算は、動かぬ証拠として広く引用されている。例えば、上院議員のシューマーとサンダースが自社株買い制限法案を立ち上げたとき、彼らは「企業の利益の90%超が自社株買いと配当に使われている場合、そこには懸念するべき理由がある」と書いた。

しかし、この計算はごく基本的な過ちを犯している。純利益とは、賃金、従業員のための他の支出（研修や健康増進プログラムなど）、無形投資（R＆Dや広告）を差し引いた**後の**残りである。実際、2014年にヒューマナの利益が低迷した大きな理由の1つは医療保険取引所への投資であり、それを踏まえると、このエピソードのニュアンスも変わってくる。

つまりラゾニックの議論は意味をなさない。例えば、すでに料理を食べ終わった子どもの皿を指して、「この子の皿には何もない。十分に食べられなかった」と主張するようなものである。

自社株買いは投資ではない

確かに自社株買いは**実物**投資ではなく、スタッフのトレーニングやブランドの宣伝、工場建設に支出するわけではない。しかし、今日お金を使って明日の価値を生み出す行為は、何であれ投資である。自社株買いは**金融**投資だ。これを行うことで企業が将来支払う配当金が減り[2]、将来の実物投資のための現金が残る――これは借金を返して将来の利息の支払いを減らすのと同じことである。

1　このニュアンスを踏まえれば、自社株の買い戻しは短期的に株価を押し上げるため、投資家は高値の売却が可能になる。追って説明するが、エビデンスによれば、自社株買いは短期的な株価以上に長期的な株価を上昇させる。従って、株式を売る株主は長期的な利益を逸し、維持する株主が最も大きな恩恵を受ける。

2　本章では後ほど、企業がまずは配当の維持に、その次に投資に現金を使うことを明らかにしたブラブ、グレアム、ハービー、ミケイリー（2005年）の調査に簡単に触れる。つまり配当金を減らせば投資のための現金を確保することができる。企業が配当金を支払わない場合は、代わりにキャピタルゲインとして投資家にリターンを与える必要がある。

一般市民が将来に備える場合、実物投資と金融投資の両方を考えるだろう。もし自宅をリノベーションして価値を生み出す方法（実物投資）があるのなら、それを実行するべきだ。それが終わったら、様々な金融投資――銀行預金、投資信託、株式――を検証して、最善策を選ぶだろう。

それと同じことが企業にも当てはまる。CEOが付加価値を生む実物投資をすべて実行したら、次は様々な金融投資――銀行預金、投資信託、さらには他社の株式――を検証する。これらの投資のリターンは、CEOのパフォーマンスとは無関係である。従って、もしCEOが自分の手腕と長期的な価値創出戦略に全面的に自信を持っているなら、最も魅力的な金融投資先は自社の株式だ。**株式の買い戻しは、自社株への投資なのである。**これはCEOが戦略に自信を持っているというシグナルを発信する。そのため、CEOが自身の資金で株式を購入することは、通常は良い兆候である。

利益は投資家ではなくステークホルダーが手にするべきだ

自社株買いに対する別の批判として、もし企業が予想外の高利益を上げたのなら、それを投資家だけではなくステークホルダーにも与えるべきだというものがある。自社株買いが投資家に利益を「与える」わけではないことは先ほど説明した。また、従業員には投資家と同等に増益分を受け取る権利があるという主張は、実際には正しくない。

従業員はその懸命な働きによって、利益の増加に大きな役割を果たす。同じことは、原料を提供するサプライヤーや現金を支払う顧客にも当てはまる。そして、他にも資金の使い道がある中、リスクを取ってその企業に賭けた投資家にも当てはまる。

企業の利益は多くのメンバーの貢献によって生み出されるため、成果は全員で分け合うべきだ。実際にそうなっていて、投資家がリターンを得るのと同様に、労働者は給料を、サプライヤーは代金を、顧客は商品やサービスを受け取っている。投資家とステークホルダーの違いは、前者だけ貢献が報われるということではない。両者ともに報われるが、投資家の報酬がリスクを伴うのに対し、ステークホルダーの報酬は一般的に安全だという点が違う。

住宅に例えて説明しよう。ある人が住宅の売却を考えていて、高く売れるように、まず屋根を張り替えることに決めたとする。そこで建築業者を雇って、作業料を支払う。建築業者は間違いなく住宅の売値に貢献する。業者がより熱心に作業すれば、屋根の質が上がり、売値も上がる。

しかし売却価格は業者のコントロールの及ばない多数の要素に左右される。例えば住宅市場の状況はどうか、内覧時の家のコンディションは良好に保たれているかといった点である。建築業者への支払いを住宅の売却価格によって決めれば、業者側のリスクが大きくなる。従って通常は、住宅の売却価格にかかわらず業者は固定料金を受け取り、住宅所有者がすべてのリスクを負う。これによって建築業者は住宅市場の崩壊から保護される。住宅所有者が全体的な住宅価格の下落に悩まされても、業者は支払いを受けられる。逆に、もし住宅市場が好調ならば、その恩恵は住宅所有者が手にすることになる。

これは企業の場合も同じである。従業員は商品の設計、製造、販売に力を尽くし、その見返りに給料を受ける。重要なのは、たとえ景気が急に悪化しても、商品が値下げされても、まったく売れなくても、給料は回収されないということである。投資家は食物連鎖の最下層にいる。利益とは、皆がすべての支払いを受けた後の残り物なのだ。不況期でも労働者やサプライヤーは支払いを受けるが、株主のリターンはしばしばマイナスになる。逆に好況期には株主がその恩恵を受ける。これは単純にリターンの分割の仕方の問題であり、ステークホルダーの請求権は安全で、投資家の請求権はリスクをはらむ。[3] **重要なのは、自社株買いをしなくても、増益分は投資家の手に渡るということである。**増益分が企業内にとどまったとしても、その保有者は依然として投資家だ。これはちょうど、住宅所有者がたとえすぐに家を売却しなくても、価格上昇の恩恵を受けるのと同じである。つまり自社株買いは、増減した利益の分割の仕方とは関係ない。

そして、ステークホルダーに固定的な請求権を与える以外にも、分割方法は考えられる。例えば、住宅の屋根は売値に大きく影響するので、業者の念入りな仕事を引き出すためには、料金の固定部分を減らし、その分を売却価格に連動させることができる。同様に、第5章では従業員に株式を付与することを推奨した。だがこの分割方法では、好調時には従業員に分け前が渡るが、不調時には従業員がリスクにさらされる。[4] それでも従業員は、高リスクなこの方法を進んで受け入れるかもしれない。しかし、この分割方法は労働者が分け前を得るかどうかに依存しており、企業が自社株買いをするか、それとも社内で余剰の現金を再投資するかは問われない。

すでに強調したように、パイコノミクスで重視するのは企業が契約上の最低限の義務を果たすことではない。固定給の場合でも、賃上げ、トレーニングプログラム、より良い労働条件といった形で、従業員との利益の共有を選択することはできる。実際、パイコノミクスはこのような現金の使い方を「投資」に分類する。たとえ明確に利益につながらなくても、ステークホルダーに恩恵を与える行動は投資に含まれる。本章では全体を通して、自社株買いと、この広義の投資との間で行われる企業の選択について検討する。

自社株買いが利益から始まることを考えると、また別の懸念が解決する。自社株買いは、そもそも企業が利益を出していなければ実行できない。従って自社株買いは、CEOの高額報酬と同様に、ステークホルダーを犠牲にして成り立つというよりも、パイ拡大の副産物であることが多い。追って議論するが、企業のパフォーマンスが低調な場合、自社株買いは真っ先に排除される選択肢の1つである。

本セクションでは自社株買いに関するいくつかの誤解を解決したが、その他の懸念は依然として残る。例えば、自社株買いに使った資金を投資に回せた可能性があることは事実である。ここからは、こ

3　従業員もリスクを負っていると主張する人もいるかもしれない。経済状況が悪ければ、企業が倒産して失業する恐れがあるからだ。しかしその場合も、従業員は**過去**の貢献――実行済みの仕事――に対する支払いを受けられるだろうが、投資家は過去の投資に対するリターンを得られない。もちろん従業員にとっては、企業が存続して雇用が守られれば**将来**的にも貢献して給料を得られるため、それに越したことはない。そう考えると、従業員は継続的雇用という形で企業の好調さの恩恵を共有するという点で、一度限りの取引をする建築業者とは異なる。

4　企業が好調な場合にのみ従業員に分け前を与え、ダウンサイドリスクを負わせない方法があると考える人もいるかもしれない。例えば労働者に年間5万ドルの給与を支給し、利益が10億ドル以上の場合はその一定割合を追加することとし、利益が10億ドル未満でも5万ドル分は確保するという労働契約が考えられる。しかし、このような契約にもダウンサイドリスクがある。例えば、利益が2分の1の確率で10億ドルを下回り、その場合は労働者は分け前を得られず、逆に10億ドルを超えた場合は分け前として2万ドルを得られるとする。利益の分け前の期待値は1万ドルとなり、労働者の得る合計報酬額の期待値は6万ドルとなる。だが、このような契約の代わりに、企業は固定給として6万ドルを与えることもできる。従って最初の契約には、最終的に企業の利益が低調だった場合に、従業員への支払いが6万ドルではなく5万ドルになるというダウンサイドリスクがある。

うした正当な懸念があるにもかかわらず、自社株買いが十分にパイ拡大の行為になり得るという点を、パイコノミクスの視点を使って証明する。

パイコノミクスの視点で見る自社株買い

ステークホルダーへの支払いを終えた後に残る利益は、すべて再投資するべきだと考えたくなるものだ。上院議員のウォーレンが指摘した、「自社株買いは企業にとって一時的な興奮剤になる。短期的に価格を上げるが、企業の価値を高める真の道は未来に投資することであって、それを実践していることにはならない」という懸念を思い出してほしい。

しかし第3章で強調したように、**パイの拡大は企業を拡大することではない。**すべての投資は、別の用途に回せたかもしれないリソースを使用するため、社会的機会費用を伴う。テウやカントリーワイド（米国の住宅ローン大手）は、成長を追求する中で、この費用にほとんど注意を払わずに投資を進めたために、社会に多大な損害をもたらした。

重要なのは、企業が価値を創出できる投資機会には――リーダーがいくら頑張ろうと、どれだけのアイデアを持っていようと――必ず限りがあるということだ。家の売却価格を上げたい住宅所有者は、屋根を張り替えたり、サンルームをつけたり、キッチンをリフォームしたりするだろう。しかしそれらを実行した後は、費用に見合う投資先はなくなる。そこで、残った現金は株式市場に投資する。アイデアにあふれた映画監督は、撮影シーンを追加したり、シーンに特殊効果を施したりすることを考えるかもしれない。しかし、価値を損なわずに追加できることには限界がある。そこで、残った現金は債務の返済に充てる。それと同じことが企業にも当てはまる。小売チェーンは、まずは最も魅力的な立地をいくつか選んで、新たな店をオープンするかもしれない。しかし一定のところまでくると、魅力的な候補地がなくなるか、経営に無理が出て適切な運営ができなくなるだろう。そこでＣＥＯは、残った現金を株式の買い戻しに使う。

パイコノミクスを実践する企業と、ＥＳＶを実践する企業の間には重要な違いがある。そしてこの違いは、自社株買いに対する一部の批判を正当化する理由になる。ＥＳＶでリーダーが投資を行うのは、少なくとも概算で利益が増える見込みがある場合である。このアプローチでは、リーダーは適切な投資機会はそれほどないと考え、大規模な自社株買いを行うのが当然だと判断するかもしれない。しかしパイを拡大するリーダーは、たとえ最終的な利益の増加が見通せなくても、社会のために価値を生み出す投資を行う。すると一般論として、ＥＳＶを追求するリーダーよりも投資が多く、自社株買いが少なくなる。従って、他に投資機会がないと考えて自社株買いを行うＣＥＯは、アイデア不足という批判を受ける**可能性がある**。利益には明確につながらないが社会に価値を生み出すプロジェクトを見逃しているからだ。

しかしパイコノミクスの場合でも、価値を創出する投資の候補は有限である。増幅、比較優位、重要度《マテリアリティ》の各原則を満たすプロジェクトの数は限られている。従って自社株買いは必ずしも、ＣＥＯのアイデアが尽きた、あるいは株主の価値だけを最大化しているという意味ではない。ＣＥＯはすでに、将来のリターンに明確につながらない投資、例えば給与や労働環境の改善などを多数実行してきた可能性がある。だが、それ以上の賃上げは――後で給与を引き下げるのは非常に困難だということを考えれば特に――自社の将来を危うくすると判断したのかもしれない。パイを拡大するリーダーは、社会のために価値を生み出すプロジェクトと、そうではないプロジェクトを見極めることができる。そして後者を却下することによって節度を示し、パイを拡大する。

しかし多くのCEOは、そうした節度を示していない。第3章を思い出してほしいが、CEOはたとえ自社の拡大が価値の破壊につながっても、自分の名声と報酬を押し上げるためにそれを実行する可能性がある。同様に、従業員の給料を上げることは、CEOが自らの報酬を上げることの正当化に使われるかもしれない。社会が報酬格差に厳しい目を向けているならば、なおさらだ。従って投資ではなく自社株買いに現金を使うことは、一般的なイメージとは異なり、実際にはCEOの個人的利益に反する可能性がある。

エビデンス

ここまでは、パイコノミクスにおける自社株買いの役割について、概念的な議論をしてきた。**もしリーダーが価値を創出する投資をすべて実施済みならば、自社株買いは最善策である。**しかし、この「もし」が厄介だ。この条件を満たしているかどうかを、どう判断できるのだろうか。CEOはEPS目標を達成したいがために、適切な投資を破棄しているかもしれない。

おそらく自社株買いに対する最大の批判は、これが一時的な「興奮剤」であり、「短期的に価格を上げる」ことが長期的に価値を破壊するという点かもしれない。ビジネスに対する昨今の不信感を背景に、ＣＥＯは社会を犠牲にして私腹を肥やすという一般的なイメージがある。企業幹部が時折、自らの報酬を増やすために近視眼的な行動を取るという第5章のエビデンスを踏まえると、それも無理はない。しかし自社株買いについていえば、こうした主張がエビデンスを確認せずに広く行われている。

そういうわけで、エビデンスを確認しよう。自社株買いは確かに短期的な株価を上昇させるが、それだけでなく、長期的株式リターンをもさらに大きく増加させる。デビッド・Ｌ・アイケンベリー、ジョセフ・ラコニショク、テオ・フェルメーレンによる影響力のある論文は、自社株買いをした企業のその後4年間のパフォーマンスが、他の同等企業を12・１％上回ることを明らかにした。この研究の発表は１９９５年で、米国企業を分析したものだが、アルベルト・マンコーニ、ウルス・ペイヤー、テオ・フェルメーレンが31カ国を対象に実施した２０１８年の調査により、この結論がほぼ世界各国で当てはまることが示された。

そして、意外なことにヒューマナもその例の１つである。悪質な操作をしたように見えるかもしれないが、このストーリーには実はもっと微妙なニュアンスがある。同社が5億ドルの自社株買いを発表した２０１４年11月7日の株価は１３０・56ドルだった。自社株買いが完了した２０１５年3月16日の株価は１７４・31ドルで、ヒューマナの平均支払い額は１４６・21ドルに過ぎない。つまり、ヒューマナの価値に対してブルサードが持っていた自信は正しかったのだ。自社株買いはブルサードに１６８万ドルのボーナスをもたらしたが、株式を維持した投資家には９６００万ドルの恩恵があった。長期的な恩恵はさらに大きく、同社の株価は２０２０年末には４００ドルを超えたのだ。ブルサードは、株式を維持した投資家を犠牲にしてボーナスを得たわけではない。唯一の敗者は、ヒューマナのポテンシャルに気づかずに株式を売った株主である。[5]

この例でもまた、パイ拡大のメンタリティの重要性が浮き彫りになる。私はフィナンシャル・タイムズの「米国は自社株買いを規制するべきか」をテーマにした討論に呼ばれ、「反対」派として参加したが、「賛成」派は「自社株買いに携わる内部関係者が、その実行によってしばしば個人的に利益を得ることを、研究が示している」と主張した。この主張を検証する際に目安として役に立つのが、懸案の行為を「適切なプロジェクトに携わる」と置き換える方法である。もし「適切なプロジェクトに携わる内部関係者が、その実行によってしばしば個人的に利益を得ることを、研究が示している」ならば、これを規制しようという話にはならないはずだ。重要なのは、その行為がパイを拡大するか縮小するかであって、リーダーが大きくなったパイの分け前を得るかどうかではない。実際には、公正な報酬制度はCEOの適切な行動に報い、不適切な行動を罰するのである。

その他、自社株買いと投資の関連性に注目した調査もある。グスタボ・グルヨンとロニ・ミケイリーは、成長機会が乏しい場合に企業の自社株買いが増えることを示した。また、エイミー・ディトマーは余剰資本があるときに自社株買いが行われることを明らかにした。ただ、これは相関関係でしかない。因果関係に近づくためには、企業の内部に入り込んで、実際に自社株買いをどう判断したのかを確かめる必要がある。投資と比べて自社株買いの優先度は高いのだろうか、それとも低いのだろうか。

まさにこれを実行したのがアロン・ブラブ、ジョン・R・グレアム、キャンベル・R・ハービー、ロニ・ミケイリーによる影響力の大きい研究で、彼らは米国の最高財務責任者（CFO）384人を対象に、自社株買い（及び配当）の意思決定の仕方を調査した。ここで、ＣＦＯたちが嘘をつくのではないかという懸念が浮かぶのは自明である。もしかすると嘘があったかもしれない。だが、ＣＦＯたちは配当を減らさないために投資を控えたことを認めており、彼らが短期主義を認めようとしないという懸念は軽減する。目を引くのは、ＣＦＯたちが、自社株買いを行う場合に減配のプレッシャーはないと答えている点である。彼らが株式を買い戻すのは、すべての好ましい投資を実行した後に現金が残った場合のみである。**自社株買いのために投資が抑制されるのではなく、投資機会の少なさが自社株買いにつながるのだ。**ＰｗＣと私は、英国政府の研究に協力して74人の企業幹部に同様の調査を行ったが、結論は同じだった。自社株買いによって、望み通りの投資ができなくなると回答したのは１人だけだった。

ただしこのエビデンスは、企業の自社株買いの規模が適切であることの証明にはならない。もしかすると企業幹部は、投資家のリターンに明確に結びつく投資を「好ましい」と定義していて、ごくわずかな投資しかしていないかもしれない。そうだとしても、投資不足の理由は自社株買いではなく、ＣＥＯがパイコノミクスではなくＥＳＶを実行しているからだ。たとえ自社株買いを禁止しても、ＥＳＶを行うマネジャーの投資額は増えず、余剰の現金は社内に蓄えるか負債の返済に充てるだろう。なぜなら、彼らは良好な投資機会はもう残っていないと考えて、自社株買いをしていたからだ。従って自社株買い

5　ただし、ヒューマナが7・50ドルのＥＰＳ目標を根拠にブルサードにボーナスを与えたことの理由にはならない点に注意が必要だ。もしブルサードが受け取ったのがボーナスではなく長期株式でも、彼は自社株買いの恩恵を受けただろう。自社株買いの適正規模は、ヒューマナの割安な株式を購入する投資機会と、実体のあるプロジェクトへの投資機会によって決まる。買い戻しの規模は、単にＥＰＳ目標を達成できるかどうかではなく、この２つの投資機会のトレードオフ評価をして決めるべきである。

はそれ自体が問題なのではなく、より根深い問題の1つの症状である。これを解決するには、対症療法――特別な自社株買い防止策を打つ――ではなく、問題そのもの、つまり企業がパイ拡大のメンタリティを持っていないことに対処する必要がある。これが、第二部のこれまでの章と第三部の狙いである。

大局的に見る

パイコノミクスは、投資を行う企業ではなく社会という視点に立つため、投資の社会的機会費用を非常に重視する。ある企業が労働力や原料といった物理的リソースを使用しなければ、それを他社が使用して価値を生み出すことができる。これは財務的なリソースの場合も同じである。自社株買いでは企業からお金が出ていくが、そのお金は経済から出ていくわけではなく、別の場所で投資される。主な違いは、投資先を決める者が企業のＣＥＯではなく、株主だという点である。株主はその企業の外でも投資できるため、投資機会の選択肢ははるかに多い。実際、一般市民が銀行預金や投資信託を利用して老後に備えても、家をリフォームして雇用を創出していないと非難されることはない。彼らが蓄えた金は消えるわけではない。銀行や投資信託がそれを運用するのである。

投資家が自社株買いに応じて株式を売却するのは、現金をため込むことが目的ではない。従って、他により良い投資機会がない限り、彼らは株を売らないだろう。スタートアップ企業はベンチャーキャピタルの資金提供を受けるが、ベンチャーキャピタルの資金源は機関投資家であり、機関投資家は公開企業の株式を保有する。節度を示して自社株買い（あるいは配当の支払い）を行うのは成熟した企業である。そうすることで、投資家が資金をベンチャーキャピタルにつぎ込み、将来性のある企業へと資金を回せるのである。企業がまずは社会のための価値創出の副産物として利益を生み出し、それからパイを拡大するあらゆるプロジェクトに投資し、最後に残りの現金を支出すれば、他社の価値創出を促す好循環が回り始める。これとは対照的に、現金は自社のもので投資家のものではないと考えて社内にため込むと、このような再配置が阻害される。第６章で言及した日本の低迷の一因となってきたのが、このため込みである。資本は希少なリソースであり、資本を最も効果的な用途に配置する制度は国レベルの競争優位である。

自社株買いで支払いを受けたファンドは、その資金を小さな非公開会社だけでなく、中規模の公開企業への投資にも再利用する。この資金の流れを追ったファイチー・チェンは、企業が配当の支払いまたは自社株買いを実行した場合、現金を得た投資家が、それを別の株式に再配置することを明らかにした。そして再配置を受けた株式は値上がりし、その企業が将来株式を発行する確率が高まる。ジェシー・フライドとチャールズ・C・Y・ワンは、米国のS&P500企業では買い戻した株式が発行株式数を上回るが、S&P500以外の企業（より規模が小さく、一般的により良い投資機会がある）では、これが逆になることを突き止めた。

この研究結果は、自社株買いだけでなく、金融業界自体が社会にほとんど価値を生み出さないという懸念を解消する。金融業界は巨大であり、2018年のデータによると米国では1兆5000億ドルの規模がある。同業界は屈指の給与水準を誇り、膨大な利益を生み出し、政府の救済措置の恩恵を受けるが、物品は生産しない。金融業界を擁護する者は、資金提供を通して他社がそれを実行できるようにしていると主張する。しかし米国や（最近では）英国の場合、株式市場での調達額と自社株買いの支出額はほぼ同じである。つまり実際には、株式市場は正味の資金提供者ではない。

もっとも、**正味の**資金の流れに注目するのは正しくない。希少な資金を、それを最も必要としている企業に割り当てることが株式市場の役割だ。比較的機会の乏しい企業が余剰の現金を支出して、比較的機会に恵まれた企業が投資を増やせるようにするのも、その1つである。資金提供額がプラスマイナスゼロということは、資金を調達した企業と還元した企業があることと矛盾しない。これは貿易収支がプラスマイナスゼロの国が貿易をしていないわけではなく、国内のある企業は大量に輸入し、別の企業は輸出している可能性があるのと同じである。実際にジョセフ・W・グルーバーとスティーブン・B・カミンによれば、国レベルで見ると、自社株買い（あるいは配当の支払い）が多い経済の投資が少ないというエビデンスはない。

自社株買いvs配当

企業がパイを拡大する投資をし尽くしたとしても、残された選択肢は自社株買いだけではない。2つ目の選択肢として、有害な事態に備えるために、そして将来投資する際に資金調達に時間と費用をかけずに機敏に動くために、余剰の現金をバッファとして維持することもできる。しかし米国企業の現金残高は2019年時点で5兆2000億ドルと、2007年の水準を58％上回る。つまり、企業はすでに大抵の衝撃に耐えられるだけのバッファを持っていた。このことは、自社株買いをすると投資のための現金が枯渇するという懸念とも矛盾する。ウォーレン・バフェットは、バークシャー・ハサウェイの2016年の株主向けレターにこう書いた。「(自社株買いを) 生産的努力のための資金を流用する企業の悪行と見なして、非米国的と呼ぶ勢いの人もいます。しかし、それはまったく見当違いです。今や米国企業も個人投資家も、適切に分配されるべき資金をふんだんに持っています。魅力的なプロジェクトが資本不足のために潰れたというケースを、私はここ数年1つも把握していません（もし候補があったら電話をください）」

パンデミックは、企業が「資金をふんだんに持って」いるというバフェットの主張の誤りを証明しただろうか。米国の航空業界は500億ドルの救済措置を要した。これについて批評家は、同業界が過去5年で自社株買いと配当に450億ドルを費やしたのが原因であり、代わりに現金を蓄えていたら救済の必要はなかったと主張した。しかし、パンデミックを予測できた者はほとんどいない。後からならば何とでも言える。重要なのは、その時点で現金を支払うことが適切な判断だったかどうかである。ブラックジャックで手札が12のときにカードを追加し、絵札が出て負けたとしても、カードを引いた時点でその判断が不適切だったわけではない。

企業は間違いなく、妥当なレベルのリスクを防御するための現金のバッファを持つべきである。しかし、万一の事態もすべて防御しようと「満ち足りた牛」のように現金をため込むべきではない。これはブラックジャックのプレーヤーが、絶対に21を超過しないことをゴールにするべきではないのと同じである。そのような行為は、投資家が現金を成長企業に提供することを妨げる。実際、パンデミックの前は多くの市民がカーボンフットプリントの大きい航空業界の縮小を求めていて、エクスティンクション・レベリオンは短距離路線の禁止を提案した。株主配当も、衰退産業から発展産業へと社会の希少な資本を再配置するという形で、これを後押しした。

また、リーダーのポケットにうなるほど現金があると、むやみに使いたくなって帝国建設の野心を強める可能性がある。テーブルの上に携帯電話が置いてあると、手にとって確認しがちになるのと同じである。2010年代のほとんどの期間で、ヤフーの価値は傘下部門の総和を下回ったが、その一因は同社が不適切な買収に現金を浪費するのではないかという懸念にあった。エイミー・ディトマーとヤン・マート・スミスによれば、ガバナンスの貧弱な企業では1ドルの現金は0・42〜0・88ドルの価値しかない。これで分かるように、現金を浪費したり、ため込んだりせず、単純に払い出すだけで解放できる価値が存在する。

3つ目の選択肢は投資家への配当として資金を支出することだ。ほぼすべての国で、配当の支払いは自社株買いを大きく上回る。配当は、他の場所での投資を可能にする点で自社株買いと類似し、現金のため込みと異なる。しかし自社株買いにはいくつかの優位性がある。第一に、柔軟性が高い。ひとたび配当を支払えば、その後も配当の維持に注力することになり、将来の投資が制約される可能性がある。ウェイ・リとエリック・ライは、減配した場合に株価が4%下落することを示した。これは、アロン・ブラブと共著者が調査したCFOが減配に非常に消極的だったこととの説明となる。これとは対照的に、自社株買いのポリシーは投資機会に合わせて臨機応変に変更でき、株価への打撃に悩まされることもない。ある年に自社株買いを実施しても、その後利益の落ち込みや、すべてを投資に充てる必要性が生じれば、翌年は買い戻す株式をゼロにできる。パンデミックに見舞われた２０２０年第２四半期、Ｓ＆Ｐ５００企業は自社株買いを55％減らして生命線を保ったが、配当金は６％しか減少しなかった。ムラリ・ジャガナサン、クリフォード・Ｐ・スティーブンズ、マイケル・Ｓ・ワイスバッハは、より視野を広げて、利益が減ると自社株買いが減ることを突き止めた。

第二に、自社株買いはターゲットが絞られている。自社株買いでは、投資家が株式を売却するかどうかを選択する。売却を選ぶのは、他に最高の投資機会がある者か、同社の株式に対する評価が最も低い者である。従って自社株買いを通して、その企業の長期戦略を最も支持していない投資家を排除し、同社を信頼する投資家だけを残すことができる。これに対して配当金は、他に適切な現金の使い道を持たず、ため込むだけかもしれない者も含めて、すべての投資家に支払われる。

第三に、自社株買いは配当金と異なり、所有権の集中化につながる。自社株買いが行われると、ＣＥＯも株式を維持した投資家も、その企業に対する出資率が上がるため、価値創出の意欲が増す（第５章、第６章を参照）。実際、１９８０年代にウォーレン・バフェットはガイコの所有権を自らに集中させるために、同社の自社株買いを実施した。

最後に、自社の株価が割安な場合、自社株買いは優れた投資になる。第４章と第６章で、株式市場が企業の長期的価値を十分に評価できない可能性について説明した。これを解決する方法の１つは、ＣＥＯが口だけでなく実際にお金を出して自社の株式を購入することである。自社の現在の株価が割安な場合、それを購入すれば利益になる。それだけでなく、過小評価されているというシグナルを発して市場による是正を促すことにもなる。経営者が株式の過小評価を是正するために自社株買いを活用できるなら、過小評価をそこまで気に病む必要はない。このことは経営者を解放し、利益を生むまでに時間がかかる投資を推進する自由を与える。

責任ある企業の配当ポリシー

パイコノミクスにとって、配当金の柔軟性のなさは深刻な障壁である。なぜなら、企業が配当を維持するために、パイを拡大する投資を却下する可能性があるからだ。中には価値を創出するプロジェクトの乏しさを理由に高い配当を出してきた企業もあるだろうが、構造的変化を起こせば、そうしたプロジェクトはふんだんにある。例えば、電力会社の中には、再生可能エネルギーの開発という魅力的な――そして緊急の――機会がありながら、配当を維持するために、それを推進できない企業があるかもしれない。

私たちが本書を通じて強調してきたように、企業には株主に対する責任がある。しかし配当金の支払いは、実際には投資家のプラスにならないかもしれない。株主が重視するのはトータルリターン――配当とキャピタルゲイン――だが、前者は後者を犠牲にする。1ポンドの配当金を出す場合、単純に株価は1ポンド目減りする。これは、ATMでお金を引き出したときに、ポケットに現金が入る代わりに口座残高が減るのと同じである。もし1ポンドの配当金が価値を創出するプロジェクトに投資されていれば、1ポンドを超える価値を生み出しただろう。従って、実質的に投資家は損をする。

とはいえ、流動性を必要とする株主もいる。例えば退職者に年金を支払わなければならない年金基金がそうである。しかし流動性は、株式を売却することによって自力で生み出せる。例えばある年金基金が１００ポンドの資金調達を必要としていて、１株10ポンドのある企業の株式を１００株、合計１０００ポンド分保有しているとする。この企業が１株当たり１ポンドの配当金を支払えば、年金基金のニーズは満たされる。しかし株価は９ポンドに下がるため、同基金の持ち株の価値は９００ポンドになる。もしこの企業が配当を出さなければ、株価は10ポンドを維持しただろう。その場合、基金は10株を売って１００ポンドを調達できる。そして、手元に残るのは１株10ポンドの株式が90株で、これも９００ポンドである。

配当金に依存して流動性を確保する方法は、投資家のパッシブな態度を促す。投資家は、どの企業を売却するべきかを見極める必要もなく、座したまま配当金で義務を果たすことができる。企業が配当金を支払うときに、実質的に株主の代わりに売却の判断をしているわけだ。３％の配当利回りとは、投資家が毎年、その企業のパフォーマンスに関係なく持ち株の３％を売却するという意味である。配当金にそこまで依存しないのであれば、アクティブな投資家は真にアクティブになって、保有するすべての株式の詳細を把握しなければならない。株価は高いが長期的見通しが良くない企業を見つけ出し、そうした企業だけを売却して、将来のために投資している企業を保有し続けるとよいだろう。第６章で議論した通り、このようなモニタリングは、ひいてはリーダーに長期的なフォーカスを持つことを促す。

解決策は何だろうか。それは投資家が、配当金についても自社株買いと同様の柔軟性を示すことである。つまり、企業が**まずは**価値を創出する投資をすべて実行して、それから余った現金を配当金あるいは自社株買いの形で支払うのを認めることである。実際のところ、このような柔軟性は一度限りの「特別配当」としてすでに実現されているため、通常の配当にも応用できると考えるのが自然だ。そしてアマゾン、フェイスブック、テスラなどの投資家は無配当さえ認めている。その現金が企業内で再投資されて利益を生むことを確信しているからだ。もし彼らが無配当を前向きに受け入れるなら、臨時配当も前向きに受け入れるべきである。[6] さらに、柔軟な配当とは低配当とは限らない。現在の硬直的な配当ポリシーのもとでは、配当を増やせばそれが新たな配当水準になるため、企業は余剰の現金があっても増配を行わない可能性がある。配当が柔軟ならば、余剰現金を配当金として支払うことに前向きになるかもしれない。もし状況が悪化すれば、あるいは良い投資機会があれば、来年は減配できると分かっているからだ。

もちろんこれは、CEOが投資家への説明責任を果たさずに、気まぐれに減配できるようにするべきだという意味ではない。配当の利点の1つは、企業に現金の支払いを強制して、絵空事のようなプロジェクトに浪費させないことである。しかし現時点では、企業が減配すれば、市場はそれが正当かどうか問うことなく「まず売って、後から質問する」。適正な投資規模は、昨年の配当がいくらだったかではなく、良好なプロジェクトがいくつ存在するかで決まる。減配が行われた場合、株主は反射的に反応するのではなく、それによって蓄えた現金を企業がどう使っているかを精査するべきだ。また、企業がパイを拡大する投資を犠牲にして配当を維持していると感じたら、CEOに積極的に働きかけて、減配を受け入れる意思を伝えることができる。

自社株買いが価値を破壊する可能性と、その解決策

エビデンスによれば大半の自社株買いはパイを拡大するが、必ずそうなるとは限らない。そしてCEOと住宅所有者の比喩は完璧ではない。住宅所有者は家の完全な所有権を持つため、その価値を上げることに対して十分な動機がある。しかしCEOは大抵、会社のごく一部を所有するに過ぎない。CEOの報酬の一部はボーナスで支払われ、その条件として、自社株買いで達成可能なEPS目標が設定されていることがある。そのため、長期的な価値の創出ではなく、短期的な目標を達成するために、自社株買いという手を使うかもしれない。

果たしてこれは、実際に起こるのだろうか。エビデンスを見ていこう。第5章で取り上げた、ベンジャミン・ベネットと共同執筆者らの研究を思い出してほしい。ボーナス支給の条件をぎりぎりで達成したCEOと、ぎりぎりで未達だったCEOを比較したものだ。達成したCEOは未達のCEOと比べ

6　配当の優位性について、もう1つよく取り上げられるのが、投資家にとって安全な収入源になるというものである。株価は常に変動するが、企業の配当が1ポンドならば、投資家は1ポンドの収入を保証される。しかし投資家が重視するのはトータルリターンであって、配当はリターンを保証しない。株価が10ポンドから6ポンドに下落した場合、1ポンドの配当は株価をさらに5ポンドまで下落させる可能性があるため、投資家の損失の埋め合わせにはならない。トータルリターンは配当金とは別物である。このことは、例えば「配当金だけ消費していればキャピタルゲインは損なわれない」といった原則の誤りも浮き彫りにする。配当金が支払われなければキャピタルゲインはさらに増えた可能性があるため、配当金の消費はキャピタルゲインを損なうのである。投資家の財産がどれだけ変動し、それを踏まえてどれだけ消費の「余地」があるかを決定するのはトータルリターンだ。配当金とキャピタルゲインの配分がどうなるかは問題ではない。

てR&DがかなりC少なく、CEOが目標達成のために特定の行動を取ろうとすることは間違いない。しかし自社株買いはそこに含まれない。同研究は自社株買いに関して両グループに違いがないことを明らかにしている。ヒューマナは例外だったように思われる。同様に、私がPwCとともに実施した英国政府の研究によると、FTSE350企業の中で、2009〜2016年にEPS目標達成のために自社株買いを行った企業は1つもなかった。

さらに第5章では、短期的報酬のインセンティブが、ボーナスだけでなく権利確定株式（配当などの株主権利が確定した株式）――ヴィヴィアン・W・ファン、カタリナ・ルウェレンと私の研究で投資削減との関連が明らかになっている――にも起因することを指摘した。ヴィヴィアン、アレン・H・ファンと私はこれに続く論文で、権利確定株式が自社株買いの可能性を高め、当該株式の長期的リターンを減少させることを突き止めた。自社株買いは一般的に長期的な株式リターンの上昇につながるが、権利確定株式が誘発したものはそうではない。この種の自社株買い自体は問題ではないにせよ、根本的な問題――株式の短期保有――の1つの症状であり、この問題は投資削減など他の短期主義的行動の原因となる。

従って、解決策は自社株買いを制限することではない。自社株買いと投資削減は無関係である。CEOが株価引き上げの手段を自社株買いから投資削減に切り替えるなら、自社株買いの制限は投資削減の抑止にはならず、実際には助長する可能性がある。その代わりに、株式の保有期間を長くする、あるいは株式の権利確定時に取締役会が企業の決断をもっと厳密に調査するといった方法で、この根本的な問題に対処するべきだ。

ヴィヴィアン、アレンとの研究では、より深刻な慣行が明らかになった。自社株買いの直後にCEOが権利確定済みの自らの株式を売却して、自社株買いがもたらした短期的な株価の上昇の恩恵を受けているのである。このことは、SECコミッショナーのロバート・J・ジャクソンの独立した調査でも裏づけられた。例えばアンジェロ・モジロはカントリーワイドの資金を使って、2006年11月から2007年8月に24億ドルの自社株買いを実行したが、自身はその期間に1億4000万ドルの持ち株を売却した。私は先ほど、自社株買いはCEOの自社に対する自信を表すシグナルになると述べた。だが、CEOが会社の金で株式を買い戻すのと同時に、自分の持ち株を売却していたら、これは不誠実である。もしCEOが本当に自社の将来を肯定的に見ているなら、権利が確定した株式を売らずに保有し続けるはずだ。この問題の対処法としては、自社株買い後の一定期間（例えば6カ月）、幹部による持ち株の売却を禁止するという手が考えられる。

CEOの契約条件だけでなく、アナリストの収益予想を満たしたいという願望も、短期的な動機を引き起こすことがある。ヘイトール・アルメイダ、ヴャチェスラフ・フォス、マティアス・クロンルントは、自社株買いをしなくてもEPS予想をぎりぎりで満たした（自社株買いの動機はなかった）と思われる企業と、自社株買いをしなければ予想にわずかに達しなかった（自社株買いの強力な動機があった）と思われる企業を比較した。すると後者はより多くの株式を買い戻し、翌年にかけて平均で投資を10%、人員を5%削減していた。第5章で述べたように、このような削減は有効な場合（EPS予想がCEOに不採算プロジェクトの処分を促す）もあれば、短絡的な場合もあるが、この研究では両者は区別されていない。だがこの研究結果は明らかに、EPSを発端とする自社株買いは長期的価値を損ないかねないという考え方と合致する。

そうだとしても、この場合も自社株買いは、根本的な問題――アナリストのＥＰＳ予想を満たしたいという願望――の１つの症状に過ぎない。思い出してほしいのだが、サンジーブ・ボジラジと共著者たちは、このような願望を持つマネジャーが、Ｒ＆Ｄ費や広告費を削減することを明らかにした。自社株買いは、余剰の現金で行われる単なる副産物かもしれない。第８章と第10章で取り上げるが、この問題の解決策は、四半期ごとの収益報告を廃止して、根本原因――ＥＰＳ予想を満たしたいという企業の願望――に対処することである。

私たちはすでに、価値を破壊する自社株買いに、一般的な投資不足の解決策で対処するべきだということを議論した。効果が期待できる決定的かつ一般的な解決策がある。それは従業員に自社株を付与することだ。そうすると、従業員は自らの熱心な働きはもちろん、自社株買いで実現する価値の増加の分け前も獲得できる。つまり自社株買いが、株主だけでなく従業員にも恩恵を与えることになる。その企業の長期的見通しに価値を見出さない投資家から株式を買い取って、自社の将来性を信じる従業員の持ち株を増やすのである。

まとめ

●自社株買いはＣＥＯや投資家に有利なパイの分割だと見なされがちである。そのような例もあり得るが、一般的な批判の多くは誤解に基づいている。自社株買いは投資家への無料のギフトではなく、投資家が換金のために要求するものでもない。

●パイを拡大する企業は、たとえ長期的利益の明らかな増加がなくても、社会のために価値を生み出す可能性のあるプロジェクトを実行するべきである。啓発された株主価値を追求する企業と比べて、投資は多く、自社株買いは少なくするべきである。

●とはいえ、パイを拡大する企業は、余剰の現金をすべて投資につぎ込むべきではない。増幅、比較優位、重要度《マテリアリティ》の各原則を満たす投資のみ実行するべきである。それらを実行した後で、特に自社株が割安な場合に、自社株買いが正当な代替策となる。

●自社株買いを活用してパイを拡大できることを裏づけるエビデンスがある。自社株買いは短期的に株価を上げるが、長期的な株価はさらに上昇する。企業は投資機会が乏しい場合と余剰の現金がある場合に、より多くの株式を買い戻す。企業は自社株買いをする前に投資の判断をしているため、自社株買いは投資が少ないことの結果であって原因ではない。

●余剰の現金を還元する方法として、自社株買いは配当金よりも優れている。なぜなら自社株買いは柔軟性が高く、自社の長期戦略を最も支持していない投資家をターゲットとし、株式を維持する投資家（CEOを含む）に株式を集中させるからである。また、自社の株式が割安な場合は、その企業に価値をもたらす。

●エビデンスによれば、権利確定株式やアナリスト予想を発端とする自社株買いは、価値を破壊する可能性がある。しかし、自社株買いはボーナス支給条件のEPS目標を達成する目的では使われていない。

●自社株買いが価値を破壊する場合も、それは短期的なプレッシャーという根本的な問題の1つの症状であり、この問題は投資削減など他の症状も引き起こす。解決策は、この根本的な問題に対処するものであるべきだ。

第三部

パイをどのように拡大するのか
——その実践

第三部では、第一部と第二部で紹介したアイデアの実践方法について議論する。社会のために価値を生み出すのは理想だが、現実的ではないと思えるかもしれない。月曜日の朝、短期目標を達成しなければならない大事なときに、ステークホルダーに投資などしている場合ではないだろう。ここからは、どうすればこれを実現できるのかを探っていこう。

各章で注目するのは、企業（第8章）、投資家（第9章）、そして顧客、インフルエンサー、有権者としての一般市民（第10章）である。第三部で使用するエビデンスは、第二部と似通ったものになるだろう。第5章では企業が提供するインセンティブについて、第6章では投資家のスチュワードシップについて、第7章では政策によって促進／抑制される自社株買いについて議論した。第二部で得た知識を踏まえて、企業、投資家、市民がパイを拡大する方法を見ていこう。

もっとも、その境界線は曖昧だ。例えば役員報酬は取締役会が決めるかもしれないが、投資家の決議の対象になり、各国の法律の適用を受ける。スチュワードシップは投資家だけでなく企業側の参加意欲にも依存するし、規制対象になることもある。政策を課すのは政治家かもしれないが、株主や企業自身も自発的に取り入れる。

そして第二部と完全に一致するわけでもない。第二部では、パイ拡大の手法の中でも、ほとんどの人がパイの分割だと誤解しているものにフォーカスしたからだ。パイ拡大の効果を広く認められている要素は多々あって、例えば企業がパーパスを掲げることはその1つである（企業にパーパスは不要だと主張する市民はほとんどいない）。こうした要素については、メリットの証明よりもいかに実践するかが課題である。そのため、これらは第三部にのみ登場する。

第三部ではさらに、第二部で取り上げたアイデアを膨らませる。第5章で、CEOの長期的インセンティブの価値を示すエビデンスを紹介した。そこで第8章では、より一般的な観点で、長期的思考を企業に根づかせる方法を議論する。第6章で、資産運用会社によるスチュワードシップの価値を説明した。そこで第9章では、スチュワードシップがインベストメントチェーン（投資の連鎖）全体――アセットオーナー（資産保有者）、エクイティアナリスト（株式アナリスト）、議決権行使助言会社、投資顧問会社を含む――の責任であることを議論する。第7章で、価値を破壊する自社株買いはあくまで症状であり、普通はその背後に根本的な問題が存在することを明らかにした。そこで第10章では、規制によって対処可能な、より広範な市場の欠陥に光を当てる。

第8章　企業

パーパスの力と、それを実現する方法

卓越性

大地溝帯は、中東のレバノンからアフリカのモザンビークまで、２つの大陸を貫いて６０００キロメートルにわたって伸びている。途中、アフリカ屈指の山岳地帯により途切れる部分がありつつ、世界有数の深さの湖を形成している。ケニアにある湖は比較的浅く、海への流出河川がない内陸湖である。そのため乾季に水が蒸発すると、ミネラル分が非常に豊かになる。ケニア国内の大地溝帯の湖のうち、最も南にあるマガディ湖では、堆積する塩の厚さが最大40メートルにもなる。

何百万もの人々が、スリラー映画「ナイロビの蜂」に出てくるマガディ湖を目にした。だが、この湖の東岸にあるマガディの町を居住地とする人は１０００人にも満たない。その中の１人が、ヤギの取引をして家族を養うエマニュエル・シロンガだ。

多くのアフリカ人と同様に、エマニュエルにとっては現金が王様だった。ヤギや備品を買うのに必要なのは現金だった。ヤギを売って受け取るのも現金だった。彼はまず偽金でないことを確かめ、それから盗まれないように保管した。十分な金額が貯まると銀行に持っていった。しかし最寄りの銀行までは数時間かかるため、往復するだけでほぼ1日分の仕事ができなくなる。そして銀行から遠すぎる場所には住めないため、彼がヤギを放牧できる土地には制約があった。親戚に送金したいときは、現金を封筒に入れ、人を雇って地域のバスで届けさせた。時にはバスの故障で、あるいは雇った者が持ち逃げして、現金が相手に届かないこともあった。

しかし2007年、携帯電話で入出金や送金を実行できるモバイル決済サービス「Mペサ」が登場したことで、すべてが一変する。モバイルバンキングとは異なり、モバイルマネーの利用に銀行口座は必要ない。当時ケニアに銀行口座を持たない成人が1500万人いたことを考えると、これは非常に重要だ。Mペサはエマニュエルの暮らしを変えた。もう現金を使用するリスクや不便さに悩まされることはない。携帯電話で買い物や支払いができるし、Mペサの電子記録は会計管理に役立っている。送金したいときには、相手が誰でも互いの場所を問わずに送金できる。そのおかげで、彼は天職であるヤギの世話に集中できるようになった。エマニュエルはこう話した。「私たちは牧畜をしているので、緑の多い土地を探して長距離を移動しなければなりません。Mペサのおかげで、わざわざ遠くの親戚や友人にお金を持っていく必要がなくなり、暮らしが楽になりました」

人生を変えるこのテクノロジーは、どのように生み出されたのだろうか。最初のきっかけは、英国政府の海外支援機関である国際開発省（DFID）の資金援助を受けた研究者らが、ケニアの人々が現金送金の手軽な代替手段として、携帯電話の通話時間を送り合っていることに気づいたことである。アイデアをひらめいたのは政府だが、それを具現化したのはパイを拡大する企業だった。DFIDは研究者らを、英国最大の通信事業者であるボーダフォンに紹介した。同社は当時、モバイルプラットフォームを活用してケニアの人々の資金調達を改善する方法を調査していた。その後の対話の中で、ボーダフォンのグローバル決済部門の責任者だったニック・ヒューズは、携帯電話を使って通話時間ではなく現金をやり取りするというアイデアを思いついた。そうしてビジョンが生まれ、Ｍペサ（Ｍはモバイル、ペサはスワヒリ語で金の意）と名付けられた。

ボーダフォンはＭペサの成功のために尽力した。同社は従業員の労働時間と１００万ポンドの資金を投入して困難な障害を乗り越え、Ｍペサの運用開始にこぎつけた。今でこそスマートフォン経由の送金を可能にするアプリはあふれているが、Ｍペサは、当時のケニアの人々が（そして今でも多くの人々が）使用する、基本的な機能の携帯電話で動作させる必要があった。ボーダフォンは、ケニア全域で顧客がアカウントを作って出入金を行えるように、全国的な販売代理店ネットワークを構築して、代理店のスタッフをトレーニングしなければならなかった。また、モバイルマネーは自由をもたらすが、それはマネーロンダリングを容易にすることにもなるため、ボーダフォンは不正利用を防ぐためのプロセスを設計した。

ボーダフォンが２００７年にＭペサを開始して以降、市民の暮らしは様変わりした。エマニュエルのような事業者は物品を売買できるし、親が子の学費を納めたり、子が親の医療費を支払ったりすることもできる。そして誰もが将来のために貯金をすることができる。タブニート・スリとウィリアム・ジャックによれば、ケニアでＭペサが利用できるようになったことで、２０１４年までに同国の19万６０００世帯（人口の２％）が貧困から抜け出した。この効果は女性が世帯主の世帯で特に顕著だったが、それは主にＭペサが可能にしたキャリアの変化が理由である。18万６０００人の女性が農業をやめてビジネスや小売の仕事に切り替えたのである。その後、Mペサはいくつかの国に展開された。今ではアフリカ最大の決済プラットフォームであり、4000万のユーザーによる月間10億件以上の取引を支援している。

ここからは話を変えて、ボーダフォンがまったく違う形で社会に貢献している例を見ていこう。2012年、ボーダフォンは世界の通信業界で初めて、各国政府に対する納税額を記した税の透明性レポートを公開した。これは、税率の低い法域に知的財産を置いて税金逃れができる通信業界においては、特に大きな出来事だった。

この2つの行動――Mペサと税の透明性――を比べて、どちらが社会に多くの価値をもたらしただろうか。また、その行動を取らなかった場合に、より激しい市民の反発を招いた、あるいはボーダフォンのCSR評価を下げた可能性があるのはどちらだろうか。

私がこれらの質問をした相手は、ほぼ全員が同じ答えを返した。Mペサのほうが社会に大きな価値を生み出したということである。Mペサはケニアの19万6000世帯を貧困ラインから救い出し、男女の平等にも大いに貢献した。では2つ目の質問について、ボーダフォンがMペサを立ち上げなかった場合、世間の反発はどうだっただろうか。何も起こらなかっただろう。イノベーションを行わなかったという汚名を着せられることはない。そもそもメディア、政治家、一般市民は、ボーダフォンがそんな突飛なアイデア――銀行のないバンキング――を現実化するとは思ってもいなかっただろう。このことは、本書で議論してきた他の偉大なイノベーション、例えばヒト用のイベルメクチンを開発したメルクなどにも当てはまる。

しかし、税の透明性を保たなかった場合、世間の反発はどうだろうか。非常に激しかったかもしれない。実際にボーダフォンは2010年9月に、そのような反発に見舞われた。雑誌プライベート・アイに60億ポンドの税金逃れをしたと報じられ、違法ではなかったものの、世間の目には道徳にもとる行為と映ったのだ。そのわずか4カ月前に、英国財務相のジョージ・オズボーンが60億ポンドの公共支出削減を発表していた。市民の中には、この2つの出来事がつながっていると考えて、強欲な企業が納税義務を逃れたせいで国民が60億ポンドの緊縮財政に苦しめられていると主張する者もいた。こうした怒りから生まれた抗議団体のUKアンカットは、英国全域のボーダフォンの店舗で大規模な不買運動を展開した。

責任ある企業なら、当然公正な税金を支払う必要がある。そうすることで公共サービスの財源を提供し、パイの公正な分割に貢献する。[1] 実際に多くの企業幹部は、企業の責任は「害を為さない」——納税逃れをしない、労働者に不当な扱いをしない、環境を汚染しない——ことだと認識している。それはもちろん重要だが、それだけでは十分ではない。今日の社会が直面する課題の規模を考えれば、企業が単純に「害を為さない」だけでは済まない。「積極的に善を為す」ことが求められる。

そう考えると、企業がパイを拡大するための主な方法が浮かび上がる。それは**卓越性**の発揮である。企業は周辺的な社会活動を遂行するよりも、中核ビジネスで卓越性を遺憾なく発揮することによって、

1　税の透明性レポートがボーダフォンの納税額に影響することはなかったが、透明性は、ビジネスに対する一般市民の信頼を確保する上で重要だ。

より大きな価値を創出できる。卓越性の大切さを理解することは、大きく3つの理由で不可欠である。

卓越性を発揮することは、最高の形の「貢献」である

社会「貢献」はしばしば、金銭的な犠牲を払うこと、あるいはアップルが損得勘定なしでジムを建設したように明確な貢献活動を行うことと見なされる。このような行動には確かに価値があり、本書では一貫してそれを強調してきた。しかし多くの場合、**卓越性を発揮することが最高の形の貢献になる。**税の透明性の確保は重要だが、それはボーダフォンの最大の社会貢献の方法ではない。既存のモバイルサービスで卓越性を発揮し、通信業の専門知識をクリエイティブな形で他の社会問題の解決に役立てることこそが、同社の最大の社会貢献である。同様に、第1章で説明した呼吸補助装置CPAPの生産は、エンジニアリングの卓越性を見事に発揮した行動だった。メルセデスとユニバーシティ・カレッジ・ロンドンのチームが、初回のミーティングから100時間以内にプロトタイプを作り上げたのだ。

こうした考察から、第1章で触れたパイコノミクスとCSRの違いが鮮明になる。CSRは時に、中核ビジネスでパイを分割する埋め合わせとして、非中核的活動を行うことが中心になる。これに対しパイコノミクスは、中核的な専門技能を生かして卓越性を発揮し、それによって価値を生み出すことが中心である。

卓越性はいつでもどの企業でも追求できる

私たちはしばしば、河川盲目症や新型コロナウイルス感染症を治療する力を持つ製薬業界など、一部の業界の企業でなければ社会に変革は起こせないと考えがちである。ところがそうではない。体内の各器官がそれぞれの役割を果たすように、各企業も卓越した手腕で独自の役割を果たすことによって、世界に価値を生み出す。一企業が世界のあらゆる問題を解決する責任を負うわけではなく、解決に向けて自社が特別に良いポジションにいる課題に集中するのである。

ユニリーバはありふれた日用品のメーカーだが、責任ある企業の代表例と広く認識されている。ユニリーバ・サステナブル・リビング・プランの責任者を務めたスー・ギャラードは「私たちが作るのはスープや石けんです」と述べる。しかし、石けんは衛生状態の改善を通してコミュニティ全体を変えることができる。世界では肺炎または下痢が原因で23秒に1人の子どもが亡くなっているが、手洗いによって肺炎の感染を23%、下痢を45%減少させることができる。そこでユニリーバは2010年に、10年間で10億人の手洗い習慣を改善させるためのキャンペーンを立ち上げた。そして予定よりも2年早く目標を達成した。多くの欧米人は携帯電話を生活必需品だと考えているが、ボーダフォンの元企業行動担当グループディレクターであるマット・ピーコックが指摘するように、「発展途上国で誰かの手に携帯電話を持たせれば、その人の人生が変わる」のだ。つまりボーダフォンがMペサで実践したように、通信事業者は、中核的活動で卓越性を発揮することによって巨大な社会的価値を生み出せる。通勤は日々の平凡な行動の一部だと思えるかもしれないが、優れた輸送業者は市民と職場を結びつけ、家族が職場ではなくコミュニティの近くで暮らせるようにし、新たな企業の立ち上げを後押しできる。子ども向けの玩具メーカーは、明らかな社会的責任を負っているようには見えないかもしれない。しかし質の良い玩具は子どもの幸せ（そして親の安らぎ）に大きな違いをもたらし、遊びだけでなく教育にもなる。もちろん一部には、タバコ生産のように、中核的活動の社会的費用が便益を上回るケースも存在する。しかしそうした活動も、一般的なイメージよりは、はるかに大きな価値を生み出している。

すべての企業が卓越性を通して社会に貢献できることを示すもう1つの理由は、すでに専門技能を獲得しているために、金銭的コストがほとんどかからないことだ。つまり、スタートアップ企業でも、厳しい状況に置かれた大企業でも追求することができる。潤沢な資金があるときだけの贅沢な行為ではないのである。ボーダフォンはMペサの開発に100万ポンドを投じたが、同社の年間投資予算（2007年は42億ポンド）に比べれば大海の一滴だ。Mペサを開始するためには、ボーダフォンの通信分野の専門技能を新たな形で活用するためのビジョンのほうが、もっと重要な鍵だった。

卓越性はすべての従業員と関係する

卓越性は、従業員にとってはさらに大きな意味を持つ。明確な社会的役割を持たない業務も多いかもしれないが、会社や社会にとってそれらの重要性が劣ることはないからだ。業務内容に関係なく、すべての従業員は卓越性に関与することが可能であり、それを通して企業が価値を生み出す力に大きなインパクトを与えられる。予算や議事録が正確に管理されていれば、他の人々が十分な情報を得て意思決定を行うことができる。物品の調達や運転資金の管理が効率的ならば、企業のリソースをさらに有効に活用できる。

企業はしばしば、ビジョンに直結する職務の従業員を重視する。実際、ロイ・バジェロスを触発したのは昼食時のメルクの科学者たちの会話であって、給与係の会話ではなかった。しかし、一見平凡だが卓越した手腕で遂行される業務の優れた価値を認め、すべての従業員がビジネスの鍵を握る存在だと評価することが非常に重要である。第５章を振り返ると、一般従業員に株式を付与する際、特定のグループ（R＆D部門など）だけを対象にせず、組織全体に付与した場合にのみパフォーマンスが向上する。同様に、企業はミッションを日常の業務や活動と確実に結びつける必要がある。そうしなければ、ビジョンにあふれたステートメントを掲げても、給与や調達の担当者には響かないだろう。

責任ある企業に限らず、企業たるもの卓越性を求めて努力するのは当たり前ではないだろうか。それが、必ずしもそうではない。株主価値を重視する企業は、利益と明確に結びつく分野だけで卓越性を追求するだろう。パイを拡大する企業は、たとえ利益が不確実で遠くても、社会に価値を生み出す活動で卓越性を追求するべきである。さらに、社会貢献の必要性を（正しく）認識しながらも、そのためには明確な「貢献」活動に力を入れるべきだと（誤って）考える企業は、卓越性の大切さを見逃す場合がある。

同様に、利益重視の企業のR＆D部門は、既存の顧客の要求に応えることを原動力とするだろう。しかし責任ある企業のR＆D部門は、科学的なブレークスルーを実現するという高揚感に突き動かされるかもしれない。イノベーションの中には、偶然に発生して、それまで存在しなかった、そして対応を求められることもなかったニーズを満たすものも多い。３Mの研究者のスペンサー・シルバーは、航空機建造用の強力な接着剤の開発に取り組んでいたが、意図せず接着力の弱いものができた。彼はこれを「問題不在の解決策」と呼んだ。彼の同僚のアーサー・フライは、これを使えば賛美歌集に挟むしおりを失くさなくなると考え、このアイデアがポスト・イットの開発につながった。より一般的に言うと、多くの企業が得意とするのは問題の解決、すなわち市場の要求に気づいて、それに応える最善策を見出すことである。しかし、最も急進的なイノベーションが典型的に必要とするのは問題の発見、すなわち接着力の弱い接着剤の使い道のような、これまで存在しなかった新たな市場を生み出すことである。ここで重要なのは奉仕よりも卓越性であり、リーダーは常に手持ちの札は何か――社会に価値を提供するために、自社のリソースや専門技能をいかにクリエイティブに活用できるか――を問い続ける必要がある。問題を発見できなくても、一般市民はその問題を企業の責任と結びつけて捉えないため、反感が生じることはない。しかしパイコノミクスでは、自社の評判を守るだけでなく、積極的に価値を生み出すことを重視する。

報われない分野で卓越性を発揮するという原則は、個々の従業員にも当てはまる。私の職業でいえば、研究者の昇進や任期は、教育活動ではなく、ほぼ研究実績だけで決まる。私は教授になった初日、副学部長に、私の任期を決定するに当たって教育活動にどの程度のウェイトがあったのかと尋ねた。彼は「ゼロ」だと答えた。それにも驚いたが、彼が続けた説明はさらに衝撃的だった。「ゼロ、もしくはマイナスだ」。そして、教育分野であまり多くの賞を受賞すると、上層部に研究にかける時間が不十分だという懸念を持たれると警告されたのである。しかし責任ある教授ならば、外部からの報酬がなくても教育活動に真剣に取り組むだろう。知識を広めることによって社会に貢献できるからだ。実際のところ、教職員は非中核的な活動で害を為さない――例えば自動車を使わず自転車で通勤する――ことよりも、中核的な活動で卓越性を発揮する――単なる理論ではなく最新の実践的な教材で指導する――ことによって、はるかに大きな価値を生み出せる。

これに対し、卓越性よりも凡庸さを許容することは、企業が価値を破壊し得る最も重大な方法の１つである。これは一種の不実行による過ちだ。もしボーダフォンがモバイルマネーのアイデアを探究して卓越性を求めなかったとしても、メディアは反発しなかっただろう。しかしケニアの19万６０００世帯の暮らしは悪くなったかもしれない。卓越性の追求は、時に厳しい意思決定、例えばパフォーマンスの劣る従業員の解雇を伴う場合がある。もしかするとリーダーは、特定のステークホルダーを傷つけたくないなどと、社会的目的を口実にして厳しい決断を避けることを正当化するかもしれない。しかし凡庸さを許容することが社会に与える損害は、はるかに大きいものになり得る。

パーパス

卓越性の追求は有効な原則だが、それだけでは不十分である。企業には様々な活動があり、それらのすべてで卓越することは不可能だ。企業のリソースには限りがあるため、特に優位性を見出せる活動を選択しなければならない。多くの意思決定はトレードオフを伴うことから、特に貢献するべきステークホルダーを決めなければならない。このことに関連して、企業はパイを拡大するべきだという本書の中心的なアイデアは、刺激的な響きはあるが、曖昧でもある。製薬企業と輸送企業では、パイの拡大の仕方は大きく異なる。現実問題として、企業はどのように「パイを拡大する」のだろうか。

そこで登場するのがパーパスである。**パーパスは企業の存在理由——誰の役に立つのか、なぜ存在するのか、世界でどのような役割を果たすのか——を表す。**「その企業がそこに存在することで、どのように世界がより良い場所になるのか」という問いに対する答えである。企業が社会貢献を通してパイを拡大するための特定の道筋を表現するのが、パーパスなのだ。それは一般市民の健康を変える薬の開発かもしれない。人々と仕事、家族、友人を結びつける効率的な鉄道網の提供かもしれない。子どもに遊びと学びを与える玩具の製造かもしれない。

重要なのは、利益の獲得は企業のパーパスになり得ないということだ。そうではなく、利益はパーパスを目指す活動の副産物である。これは人々の使命が給料を稼ぐことではないのと似ている。人は自分が楽しめる仕事を選ぶことによって、そこで活躍し、結果的に高い給料を獲得する。電力会社AESコーポレーションの創業者であるデニス・バッキは、「ビジネスにとっての利益は、生命にとっての呼吸のようなものだ。呼吸は生命維持に欠かせないが、生きる目的ではない。同様に、利益は企業が存続するために欠かせないが、それが存在理由なのではない」と書いた。ブラックロックのCEOのラリー・フィンクは、「パーパスとは、ただ利益を追求することではなく、それを実現するための活力である」と強調した。

しかし、たとえパーパスが利益創出ではないとしても、最終的に（間接的にでも）企業の成功につながり、全従業員がそのつながりを理解できる何かであるべきだ。そうでなければ、リーダーはそれを心から受け入れることはなく、金銭的リターンを犠牲にするものと見なすだろう。例えばユニリーバは、「サステナビリティを暮らしの〝あたりまえ〟に」という同社のパーパスと最も強く結びつくサステナブル・リビング・ブランドの２０１８年の成長率が、それ以外の事業の成長率を69％上回ったことを確認した。

パーパスの力は、企業の様々なステークホルダーを１つの共通のミッションのもとに団結させるところにある。従来、ステークホルダーをまとめるのは契約だった。コースの定理を提唱したロナルド・コースを第１章で紹介したが、彼は企業を契約の網と捉え、そこでは各メンバーが契約によって与えられる報酬に合理的に反応すると考えた。例えば、営業担当者が契約獲得のために努力するのは、歩合制で報酬が支払われるからだ。しかし契約は、アウトプットを測定できる経済モデルでは有効だが、現実世界では効果がないことが多い。第一に、営業担当者の価値創出には、部下への指導や同僚への支援など測定できないものも多く、これらは契約で強制できない。パンデミックをきっかけに在宅勤務が広がった影響で、契約の効果はさらに失われている。従業員を細かく監視できないために裁量に任せる部分が増えており、パーパスによって努力を促す必要がある。第二に、契約で強制できるのは契約を遵守することであり、献身性ではない。ステークホルダーは、契約で定められた行動、あるいは報酬の対象になる行動しか取らないかもしれない。実際、従業員が経営陣に抵抗する際、規則を破るのではなく守る――契約で決められた勤務時間と作業内容を厳密に守って働く――ことはよくある手段である（「順法闘争」と呼ばれる）。第三に、リーダーには、あらゆる状況でステークホルダーに行動を指示できるだけの関連知識がない。契約で行動を規定する（あるいは、より緩やかに指針を示す）よりも、各自の判断に任せたほうがよい場合がある。例えば、オートバイの集団が先頭だけを見て追走しようとすれば、クラッシュしてしまうだろう。皆が視線を上げ、同じ目的地を設定して、そこまでのペースやルートは各自が自由に決めるようにすれば、安全に到着できるだろう。

この目的地が、企業のパーパスである。パーパスは企業の人間的な面を発揮させるため、どのような契約よりも行動を促す力が強い。ステークホルダーは、契約で得られる報酬額を道具的に計算して行動するのではなく、企業のパーパスに貢献したいという内発的な情熱で行動する。これは、株主価値ではなく社会的価値を原動力にするリーダーが、より多くの投資を行い、最終的により多くの利益を上げるのと同じである。

共通のパーパスは帰属意識を生み出し、メンバーは企業のミッションに触発されるため、たとえ他社で給与、商品、リターンを得られる可能性があっても、自らその企業の一員になることを選ぶ。パーパスがモチベーションとなって、従業員は上司の見立て以上の働きをし、顧客は安価な競合企業よりもその企業を選び、投資家は利益が振るわない時期もその企業を支えるのである。彼らは文字通りのステークホルダーとなり、企業の成功に対する利害関係——金銭ではなく個人的なものだが——を持つため、契約で強制する場合よりもはるかに大きな貢献をする。

第1章の終わりで触れたように、パーパスはミレニアル世代にとって特に重要な吸引力になる。同章で取り上げたＰｗＣとアイセックの研究は、「ミレニアル世代が望むのは雇用主を誇りに思えること、会社と自分の価値観が一致していて、自分の仕事に価値があると感じられること」だと結論づけた。デロイトの調査によると、ミレニアル世代の回答者のうち、５年後も同じ会社にとどまるつもりだと答えた者はわずか27％だったが、「企業の目的意識に満足している」場合は、この数字が88％になった。この利害関係はかなり大きい。ギャラップの推計によると、エンゲージメントの欠如によるミレニアル世代の離職は、米国経済に毎年３００億ドル以上の負担を強いているのだ。

パーパスの力を検証するために、メルクの例に戻ろう。すでに議論したように、ロイ・バジェロスは科学を駆使して人々の暮らしを変えることがメルクのパーパスだと考えていたため、イベルメクチンを無償で提供した。しかしメルクの幸運は、並外れて目的意識の高い人物が適切なタイミングでCEOを務めていたことだけではない。このパーパスは、ジョージ・メルクが１８９１年にドイツから米国に移住してメルクの米国子会社を立ち上げたときから、同社に浸透しているものだ。

イベルメクチンのストーリーが決して特殊なわけではなく、それがメルクのビジネスの進め方なのだ。メルクの歴史にはこのようなストーリーがあふれている。１９４２年の時点で、ペニシリンはまだ新しい薬だった。非常に高価だったため、研究所以外では生産されていなかった。しかし、当時もメルクの社長の座にあったジョージ・メルクは大きな決断をし、同社は世界で初めてペニシリンの大量生産に乗り出した。

当時、コネチカット州ニューヘイブンに、アン・ミラーという33歳の女性が住んでいた。夫はイェール大学でアスレチックディレクターを務めるオグデン・ミラーである。１９４２年3月14日、アンは流産の後に感染した溶血性レンサ球菌による敗血症のために、病院のベッドで生死の境をさまよっていた。40度から41度の熱が11日も続き、医師の処置は何一つ効かなかった。

しかしペニシリンは違った。メルクのおかげでアンは米国人で初めてペニシリンの治療を受け、命を救われた。治療の翌日には体温が平熱に戻ったのである。その後、彼女は３人の息子に恵まれて90歳まで生きた。

命を救う薬の製法を発見したメルクだが、それを使って利益を独占することはなかった。同社の第一のコアバリューは「私たちは事業活動を通して人々の生活を守り、改善します」だった。そこでペニシリンの製法を競合企業に明かし、他社も製造できるようにしたのである。第二次世界大戦では、これらの競合企業が一丸となって10万人の連合国兵士を治療した。ジョージ・メルクは「医薬品は人々のためにあり、利益のためにあるのではないことを決して忘れてはならない。利益は後からついてくる。それを頭に入れておけば、利益が発生しないことはなかった」と述べた。

利益の創出ではなく、人々を救うことに科学のブレークスルーを生かすという、このメルクのコミットメントにロイは魅了されたのである。１９５４年にコロンビア大学で医学博士号を取得したロイは、米国国立衛生研究所、マサチューセッツ総合病院、ワシントン大学医学部で様々な科学研究の職務についた。そこで携わったのは商業製品の開発ではなく、科学の限界を広げて一般市民と共有できる洞察を生み出すための研究だった。彼は１００本以上の論文を発表し、その業績によって後に米国芸術科学アカデミーと米国科学アカデミーの会員に選出された。従って彼が民間セクターに移るとしたら、科学を社会的利益のために活用することに同等に力を入れている企業しかなかった。

そういう企業がメルクだったのだ。彼は家族が経営していた食堂で出会ったメルクの従業員や、同社の実績に触発されて、１９７５年に研究部門のシニアバイスプレジデントとしてメルクに入社した。

ウィリアム・キャンベルによる発見の３年前のことだった。そこから先は歴史の通りである。そしてこの歴史を語る上では、イベルメクチンを人間に使うというウィリアムのビジョンと、それを無償で提供するというロイの決断が、決して特殊なものではなかったということが非常に重要だ。それらは、ジョージ・メルクの時代からメルクの組織全体に定着していたパーパスの結晶だったのだ。

パーパスはメルクのような大企業でも効果を発揮するが、スタートアップ企業でさらに力を増すことは間違いない。巨大企業の方向性を変えることよりも、最初からパーパスを浸透させることのほうが簡単だ。それに、スタートアップ企業には何百万ドルもかけてＣＳＲ活動を行う余裕はない。パーパスに触発された起業家は、個人的な大きなリスク――通常の仕事を辞職、あるいは辞退するというキャリア上のリスクや、私財を投じるという金銭的リスク――を負って新たなベンチャー企業を立ち上げる。そして、スタートアップ企業は非常に給料が安く、夜間や週末まで仕事が入り込むにもかかわらず、人々はパーパスに触発されて入社する。実績のないスタートアップ企業は通常の財務分析では評価できないため、投資家は代わりに、企業のパーパスや、それに対するリーダーの情熱を１つの材料として投資する。ポール・Ａ・ゴンパーズ、ウィル・ゴーナル、スティーブン・Ｎ・キャプラン、イリヤ・Ａ・ストレブラエフはベンチャーキャピタリスト８８９人を調査し、投資分析に正味現在価値（ＮＰＶ）を使用する者が22％にとどまることを明らかにした。経営チームの最も重要な資質は情熱だと考える者は54％で、起業経験やチームワーク／結束力を上回った。

そしてスタートアップ企業が立ち上がると、パーパスは行動を後押しする。第２章で、どのような企業でもＮＰＶの扱いは難しいという話をしたが、指針となる実績記録のないスタートアップ企業の場合はなおさら難しい。そのためNPVの代わりに、自社のパーパスに貢献するかどうかを意思決定の評価基準とする。メガネのオンライン販売を手がけるワービー・パーカーは、ペンシルベニア大学ウォートン校のMBA課程の4人の学生が2010年に立ち上げた企業である。ちなみに、そのうちの1人は、私が部長を務めた同校アイスホッケーチームのレフトウィング、もう1人はライトディフェンスだった。当時のメガネの平均価格は263ドルだった。ワービー・パーカーの価格はいくらにするべきだろうか。NPV計算をすれば、230ドル、頑張れば199ドルという結果が出るかもしれない。この場合、当初は赤字だが、顧客を集めて規模の経済を獲得することにより、2、3年後に黒字に転換する。価格を下げることで新規に獲得できる顧客の数、その中でリピーターになる顧客の数を推計する必要があるため、適正価格の計算はおそらく非常に難しい。

しかしワービー・パーカーのミッションは「デザイナーのアイウェアを革命的な価格で提供する」ことであり、このパーパスを踏まえると、価格決定はもっと簡単になった。その価格は95ドル。300ドル未満に下げようとしないブランドもある中で、3桁を切ったのはまさに革命的だった。99ドルにすれば利幅が4ドル増えたはずであり、資金繰りの厳しいスタートアップ企業にとっては大きな違いだが、そうすると顧客から余計に搾り取っているように思われた。

ワービー・パーカーが初めて利益を上げたのは8年後だったが、創業者らは「誰にでも見る権利がある」という信念のもと、創業当初から、メガネが1本売れるたびに発展途上国に1本を寄付した。ジョージ・メルクと同様に、彼らはパーパスで企業を率い、利益は後からついてくると信じていたのである。おそらくこのプログラムの効果もあって、新たな顧客や従業員が集まり、最終的に利益が拡大した。同社の時価総額は今や30億ドルである。しかし、利益を最初から予想できたわけではないため、北極星となるパーパスがなければ、価格に関するこの決断は決してなかっただろう。

スタートアップ企業が成功すると、大企業はそれを模倣するための部署を立ち上げる。[2] しかし成功を支えるパーパスが欠けているために、競争に絡むことなく終わってしまうことも多い。パーパスに基づいて企業を立ち上げると、常識はずれだが最終的に利益につながる意思決定が促され、競合企業には模倣できない長期的な競争優位がもたらされる。

パーパスを定義する

パーパスは、単にステートメント（声明）を出すことではない。詳しくは次のセクションで議論するが、企業はパーパスを**体現**しなければならない。しかし、パーパスのステートメントは出発点として不可欠だ。ハイキングをするとき、最適なルートを考える前に、まずは登る山を決めなければならないのと同じである。そこで、まずは企業がどのようにパーパスを定義できるかを探る。これから紹介するいくつかの知見は、ビジネスの中心にパーパスを置くことを目指す英国のコンソーシアム、ザ・パーパスフル・カンパニーにおいて、私が５人体制の運営グループの１人として得た教訓と、幅広いタスク

2　市場リーダーで傘下にレイバンなどのブランドを持つルックスオティカはglasses.comを開設した。最も安価な商品は90ドルである。しかしルックスオティカの最新の年次報告に、glasses.comは一度しか登場しない。これはおそらく「革命的な価格」が同社のパーパスの中核ではないからだろう。

フォースに参加する多様な企業幹部、投資家、コンサルタント、ステークホルダー代表、政治家らの知見に基づくものだ。

パーパスには関連する2つの要素――「誰」のために存在するのか、「なぜ」存在するのか――を含めるべきである。[3]「なぜ」は企業が存在する理由を説明する。既出の例でいえば、医薬品を開発するため、輸送機関を使って人々を結びつけるため、あるいは子どもを楽しませるため、となるだろう。当然「なぜ」には大きな関心が集まるが、「誰」はあまり注目されない傾向がある。「誰」は企業が特に貢献したいメンバーを明らかにする。企業はそのメンバーに貢献するために存在するので、「誰」と「なぜ」は結びついている。しかし「誰」には2つの理由で固有の価値がある。第一に、「誰」を設定することによって、より広範な社会に役立つパーパスになる。さもなければ、「なぜ」だけを土台とするパーパスは、利益獲得や競争での勝利など金銭面にだけフォーカスする可能性がある。第二に、多くの意思決定にはトレードオフが関係することから、「誰」が重要になる。ある行動の結果、パイの分け前が増える者もいれば、減る者もいるかもしれない。「誰」を決めれば、このような分け前の変化に重みづけをして、その行動がパイ全体を大きくするか小さくするかを見極めることに役立つ。「誰」で筆頭に置くメンバーを決めることは、他のメンバーを完全に無視するとか、すべての意思決定でそのメンバーを優先するという意味ではないが、実質的に、この難しいジレンマを乗り越えることと同じである。

パーパスのステートメントの大半は顧客にフォーカスする。メルクの現在のビジョンは「革新的な新薬、ワクチン、アニマルヘルス製品を通して、世界の人々の暮らしを変えること」である。鉄道会社のネットワークレイルの場合は「人を友人や家族、仕事とつなぎ、活力ある経済を支える」、玩具メーカーのマテルのパーパスは「遊びを通した学習と発達のグローバルリーダーとして、子ども時代のすばらしさを引き出すこと」だ。従って、「誰」は「なぜ」のステートメントの中ですでに明らかになっている。これらの例の場合、病気の人と動物、通勤・旅行者、そして子どもである。[4]

しかし、重要なステークホルダーは顧客だけではないため、パーパスのステートメントでは顧客以外にも目を向けるべきである。エンジーのパーパスは「エネルギー消費の削減と、より環境に優しいソリューションを通して、カーボンニュートラル経済への移行を加速するために行動する」であり、この場合は環境が強調されている。アグリビジネス会社のオーラムはサプライヤー、環境、コミュニティを強調し、「豊かな農家とフードシステム、繁栄するコミュニティ、生物界の再生」のために尽力する。サウスウエスト航空は従業員に光を当て、目指すのは「学習と人間的成長の機会が平等に与えられる、安定した職場環境を従業員に提供します。サウスウエスト航空は有効性を改善するための創造力とイノベーションを奨励します。そして何より、組織のすべての従業員に、外部のサウスウエストのお客様が

3　企業によってはパーパスの定義が異なり、「ミッション」や「ビジョン」のステートメントのほうが本書の定義に近い場合があるかもしれない。一部の企業は本書と異なる用語を使っているが、企業のパーパスの例を挙げる場合は、本書の定義に最も近いステートメントを使用する。

4　「誰」と「なぜ」のどちらが先かは企業によって異なる。なぜ自社が存在するかを先に定義し、その存在理由を踏まえて、誰のために貢献するかが自然と決まる場合もある。あるいは、まず誰に貢献したいかを決め、次に最適な貢献方法を決める場合もある。そして、ステートメントには「どのように」――その企業がこれから提供する具体的な商品やサービス――を含めないことが重要だ。なぜなら、それらは顧客の選択や嗜好に合わせて時間とともに変わるからだ。

受けるのと同じ気遣い、敬意、思いやりのある態度で接します」ということだ。

企業が「なぜ」と「誰」を決定し、パーパスを定義するにはどうすればよいだろうか。指針となる3つのポイントがある。1つずつ検証していこう。

パーパスの的を絞り、厳選する

第一の指針として、パーパスは的を絞って厳選するべきである。「パーパスを持つ」という言葉は、しばしば「利他的」の同義語として、つまりパーパスを持つ企業は社会貢献をする企業だという文脈で用いられる。しかしこれは、「パーパスを持つ」という言葉の本来の意味ではない。パーパスを持ったミーティングとは、明確な議題のあるミーティングのことである。パーパスを持って何かをするとは、意図的に行動するということである。従って、パーパスは社会的志向を持つべき——兵器を大量生産することは目的として明確だが、社会に害を及ぼす——だが、それと同時に的を絞ったものでなければならない。風に流されるまま、たまたま話題になった社会的な課題に反応するのではなく、解決に向けて自社が特に良いポジションにいる社会問題に的を絞るべきである（ただし、時間とともに問題の深刻度が変わる可能性は理解しておく必要がある）。例えるなら、1人の人間が医者、弁護士、教師、起業家のすべてになるというパーパスを掲げることはできず、どれか1つの仕事に集中するべきなのと同じである。これは制約と捉えるべきではなく、実際には解放である。第3章の終わりに言及したように、偽善者と呼ばれないためにすべてのステークホルダーに貢献する必要があると考えて、パーパスを持つことに怖気づくリーダーもいるかもしれない。しかしパーパスとはそういうものではない。

便利な経験則として、**パーパスを逆にして理屈が通る場合のみ、そのパーパスには意味がある。**多くの企業は、貢献できるステークホルダーが多ければ多いほどよいと考えて、幅広いパーパスのステートメントを掲げる。しかし「投資家にリターンをもたらしつつ、顧客、従業員、サプライヤー、環境、コミュニティに貢献する」というパーパスは感動を呼ぶかもしれないが、これらのメンバーをすべて排除するというパーパスはあり得ないだろうから、意味を成さない。このパーパスを逆にした「誰にも貢献しない」はそもそも理屈が通らないため、それを除外したところで何も言っていないに等しい。こうしたパーパスは、汎用的すぎて、どの企業にも当てはまってしまうだろう。これとは対照的に、従業員を強調するサウスウエスト航空のパーパスは、環境を強調しても理屈が通るだろうから、意味がある。なお、ここでの「逆」は、必ずしも文字通りの反対の意味（例えば「不安定な職場環境を従業員に提供します」）である必要はなく、その企業が代わりに優先する可能性のある他のステークホルダーでもよい。

同様に、ステークホルダーにとって、パーパスとは最も重要な具体的な課題を強調するものであるべきだ。「やりがいのある仕事を提供する」というパーパスは、やりがいのない仕事の提供を目指す企業などないから意味を成さないし、金銭的報酬と内発的報酬のどちらを重視するのかも明らかにしていない。これに対し、ネットフリックスのステートメントはこうだ。「すべての素晴らしい企業と同じように、私たちは最善の雇用をするように努力しており、誠実さ・卓越性・敬意・協調性を尊重します。ただしネットフリックスが特別なのは、従業員による独立した意思決定を奨励していること、オープンに広範囲に慎重に情報を共有していること、互いに極めて率直であること、非常に有能な人材だけを残していること、規則を避けていることです」。これはネットフリックス独自の内容なので意味がある。他にも、最高の人材だけを確保することよりも雇用の安定を、独立性よりも明確な指揮命令を重視する企業もあるだろう。あるいは、安全衛生や高い給与といった課題を重視する企業もあるだろう。

「**なぜ**」に話を移すと、コストコのパーパスである「質の高い商品とサービスをできる限りの低価格にて提供する」は、品質を一定以上に保ちつつ価格を第一に重視することを明らかにしているため、意味がある。小売業のパーパスとしては、「最高の質の商品とサービスを手頃な価格で提供する」も妥当だろう。ロールス・ロイスの場合はこうだ。「完璧を目指して努力する精神が、私たちを導いてくれます。ロールス・ロイスは並外れたものの永遠に変わらない表現です。そこでは私たちが行うすべてのことが、卓越することに対する努力とコミットメントを反映しています」

特定のメンバーや活動を強調すれば、他のメンバーの優先順位を下げることになるため、パーパスのステートメントを厳選するのは気が重いかもしれない。しかし、企業が直面するトレードオフは気が重いものである。範囲の広いパーパスのステートメントはトレードオフの現実にそぐわないが、的を絞ったステートメントは3つの重要なジレンマを乗り越える指針となる。1つ目は、あるステークホルダーを助けるが、他のステークホルダーに害を与えるような行動をとるかどうかである。エンジーは環境を優先するというパーパスに則り、雇用が失われるにもかかわらず、ヘーゼルウッド発電所の閉鎖という難しい決断を下した。

2つ目は、企業の限られた時間とリソースをどこに割り当てるかである。企業のパーパスから省かれた内容は、そこに盛り込まれた内容と同等に重要な場合がある。パーパスは、何をするべきかと同様に、何をするべきではないかを把握するためのものである。判断力のあるリーダーは、企業のリソースや能力の制約を認識し、何もかもはできないということを理解している。その代わりに、最も大きな違いをもたらせる分野にそれらを割り当てるのだ。リーダーシップの専門家であるクレイグ・グレッシェルの言葉をもじれば、「誰もやらないことをやるには、皆がやることをやってはならない」のである。これは効果的な戦略に似ている。レキットベンキーザーが19のパワーブランドに集中できたのは、他の商品への投資を抑制したからである。

３つ目は、どのビジネスチャンスを捨てるべきかである。ドラッグストアのＣＶＳのパーパスは「人々がより健康になれるように手助けする」だ。同社は２０１４年、ＣＶＳヘルスに改称する直前に、20億ドルを売り上げていたタバコの販売を終了した。とんでもない経営判断のように思えるが、そこには単純な根拠があった。当時のＣＥＯのラリー・メルロは「簡単にいえば、タバコ製品の販売は当社のパーパスと矛盾するのです」と述べた。ＣＶＳの売上高は２０１４年の１３９０億ドルから、３年後には１８５０億ドルに増加した。この伸びをもたらした要因は多々あるだろうが、パーパスは利益を犠牲にしないということと整合する。２０１３年、バークレイズは顧客の租税回避を支援する部署を閉鎖し、10億ポンドの収益と２０００人の仕事が失われた。ＣＥＯのアンソニー・ジェンキンズは次のように説明した。「高度で複雑なシステムに依存して、税制上の優遇措置を利用することを主な目的として取引が行われてきた分野があります。それは合法でしたが、今後、このような活動は当社のパーパスと相容れません。当社は二度と関与しません」

第一部で見たように、パイを拡大する企業は、計算ではなく判断によって意思決定を行う。パーパスが明確であればあるほど、ある活動がそれを促進するかどうか——例えば、タバコの販売が、人々がより健康になるための助けになるか——を判断しやすくなる。クローディン・ガーテンバーグ、アンドレア・プラット、ジョージ・セラフェイムによる大規模な研究は、明確なパーパスの価値を確認する。第4章で紹介した、「最も働きがいのある会社トップ100」の公開リストの調査を思い出してほしい。クローディン、アンドレア、ジョージは、このリストの作成に使用された50万人分のアンケート結果への独自のアクセス権を得た。彼らは57の設問のうち4つ——「私の仕事には特別な意味があり、『単なる作業』ではない」「私たちが成し遂げている仕事を誇りに思う」「私たちのコミュニティへの貢献の仕方に満足している」「私は、この会社で働いていることを誇りを持って人に言える」——を使って企業のパーパスの強さを測定した。すると、これらの設問のスコアの高さが、経営陣の意思の明確さと組み合わさったときにのみ、極めて良好な利益と株式リターンに結びつくことが判明した。強力かつ明確なパーパスを持つ企業のパフォーマンスは、リスク調整済みで市場を年間5・9〜7・6％上回ったのだ。

「なぜ」は比較優位を、「誰」は重要度《マテリアリティ》を土台とする

パーパスは的を絞って厳選するべきだという第一の指針に対し、第二の指針は、リーダーが的を絞る対象を決めることを支援する。「なぜ」は比較優位の原則を、「誰」は重要度《マテリアリティ》の原則を土台にするべきだ。「なぜ」から始めると、第3章では、比較優位が各企業の得意分野から生じることを説明した。そ

して本章では、企業が情熱を注ぐ分野からも生じることを指摘する。**情熱は比較優位の源である。**リーダー、従業員、投資家、その他ステークホルダーの情熱は、専門技能、土地、資本などと同じくリソースの一種である。というのも、それがあることによって他のリソースをより有効に活用できるからだ。

私はＭＩＴで博士号を取得した後、ペンシルベニア大学ウォートン校で助教として働き始めた。そこでは多くのＭＢＡ学生が、スタートアップ企業の立ち上げを夢見ていた。近年のウォートン校出身者で最も成功した起業家の１人が、フードデリバリー会社のデリバルーを創業したウィリアム・シュウだ。ＭＢＡ課程の２年間で、ウィリアムのクラスメートの１人は約50ものスタートアップ事業のアイデアを考えついた。彼は間違いなく起業家になる情熱にあふれているように見えた。卒業した彼は、50のアイデアの中から、高品質なペット用玩具の生産――ペット版のエッツィー（米国発祥のハンドメイドマーケットプレイス）のようなもの――を追求することにした。わずか数年後、ウィリアムはこのクラスメートに会い、彼が事業をやめてしまったことを知って驚いた。理由を問うと彼はこう答えた。「単純に、自分は犬が嫌いだと分かったんだ」。彼がそのアイデアを追求したのは、そこがニッチ市場で利益獲得の機会があったからであり、そのアイデアが大切なわけではなかった。彼は50のアイデアを考え出したが、スタートアップ事業で社会に貢献する方法よりも、パーティーで起業家として自己紹介できることに情熱を注いでいたのだ。

ウィリアムがデリバルーを創業したのは、フードデリバリーに対する情熱があったからだ。どのような情熱だろうか。病気の治療、スマートフォンの発明、子どもを楽しませることに情熱を注ぐことはできるだろうが、果たして食べ物のデリバリーはどうだろうか。実際、情熱の対象になる。ウィリアムの情熱は、モルガン・スタンレーでアナリストとして働いていたときに生まれた。ウィリアムと私は、モルガン・スタンレーに同じ年に入社した。もっとも彼はニューヨーク、私はロンドン勤務であり、9年後にウォートン校で初めて知り合った。アナリストは、4時間だけ眠って出社して、また日付が変わるまで働き続けることもある。しかし楽しみにできることが1つあった。それは夕食だ。午後8時以降まで会社に残るときは――ほとんど毎日そうだが――無料で食事ができたのだ。ニューヨークでは、これはご褒美だった。ウェブベースのプラットフォームであるシームレスを使って、何百ものレストランから選んで料理を注文できるからだ。そして特別に運が良ければ、自席から15分だけ離れて、ミーティングルームで同僚アナリストと上司の愚痴を言いながら食事ができる日もあるかもしれない。

しかし、3年目のアナリストとしてロンドンに赴任したウィリアムは（ちょうど入れ違いで私はMITに行った）、英国の食べ物の質の低さに関するステレオタイプがすべて真実であることを知って落胆した。そして重要なことに、共有プラットフォームも存在しなかった。アナリストたちは、ドミノ・ピザ、チリーズ・グリル・アンド・バー、中華料理のグッドフレンド、地中海料理のファースト・エディションのメニューを回し読みして注文する――それしか選択肢がなかったのだ。毎日の唯一の楽しみである、ささやかなオアシスは干上がっていた。

そういうわけで、ウィリアムはフードデリバリーに情熱を燃やすようになった。ロンドンには、はしごの最下段から落ちるまいと睡眠時間を削って長時間働く何千人もの若者がいた。しかし彼らはまともな食事もできなかったのだ。この情熱のために、ウィリアムはMBA時代に夏季インターンをした一流ヘッジファンドからのオファーを断った。その代わりに、フードデリバリーの世界でキャリアをスタートしたのである。そして、この情熱は彼の比較優位になったかもしれない。情熱に動かされた彼は実に前向きで熱心で、デリバルー創業後の９カ月間、毎日５時間を費やして自ら食事を配達した。軌道に乗るまで資金繰りが苦しかったという理由もあるだろうが、もっと重要だったのは、彼が配達員の課題を身をもって理解することを望んだからである。そして予期せぬ恩恵もあった。その頃はウォートン時代のクラスメートたちがロンドンでバンカーやコンサルタントとして働いており、彼らがデリバルーで注文し、配達を頼んでくれたのだ。彼は10億ドルのビジネスのＣＥＯになった今でも、週に１度デリバルーの配達員のシフトに入るようにしている。私がＭＢＡの学生たちを連れてデリバルーを訪問したときには、同社を理解するのに必要なことだと言って、全員に（私も含めて）配達員を体験させた。

ギグエコノミー企業の例に漏れず、デリバルーも、従業員をいかに公平に扱うかという大きな課題に直面している。しかし、ウィリアムの情熱は自ら配達員で働くという意思に変換されて、そうした課題を理解する――不規則に配達シフトに入るのと、それを主な収入源にするのとではまったく違うことは認めながらも――という点で彼の競争優位になった。

企業のパーパスにおける「**誰**」は、**重要度**《マテリアリティ》**の原則**に基づいて決めるべきである。つまり、自社のビジネスにとって重要なステークホルダー（ビジネス的重要度）と、自社が特に気にかけるステークホルダー（内発的重要度）は誰かということである。第４章で見たように、企業は投資家へのリターンの改善にもつながるという理由で、ビジネス的重要度の高いステークホルダーを優先するかもしれない。あるいは単純に、リーダー、従業員、投資家が大切にしたい相手だからという理由で、内発的重要度の高いステークホルダーに注目することもあるだろう。情熱は比較優位と同様に内発的重要度の源でもある。

ビジネス的重要度と内発的重要度が重なる場合も多い。例えば、イケアのパーパスは「優れたデザインと機能性を兼ね備えたホームファニッシング製品を幅広く取りそろえ、より多くの方々にご購入いただけるようできる限り手ごろな価格でご提供すること」であり、一般家庭が「誰」に当たることが明らかだ。これは、上流階級だけでなく一般市民にも貢献し、かつての一握りの人々の特権を大勢に楽しんでもらいたいという情熱に由来する内発的重要度であると同時に、顧客基盤が広ければ不況に強くなるという点でビジネス的重要度でもある。同様に、すでに取り上げたアグリビジネス会社のオーラムがパーパスで優先するのはサプライヤー、環境、コミュニティで、サウスウエストの場合は従業員だ。両社の優先判断も、内発的重要度とビジネス的重要度の両方に基づいている可能性がある。

パーパスは計画性と緊急性を兼ね備える

第三の指針は、**パーパスは計画性と緊急性を兼ね備える**ということである。リーダーは、パーパスが2つの形で変化することを受け入れるべきである。1つ目は、変化する状況、例えば移り変わる社会的ニーズに対応するための変化である。今日のエネルギー企業のパーパスは、以前よりもはるかに脱炭素の緊急性を強調するものになっている。このように、パーパスの明確さは重要だが柔軟性を犠牲にするべきではない。2つ目は、従業員の行動や提案に対応するための変化である。リーダーは率先して方向性を定めるべきだが、パーパスを定義するのはリーダーだけの特権ではないという点も理解するべきだ。パーパスは従業員から湧き上がってくる場合もある。彼らがパーパスの形成に貢献した場合、パーパスに対する当事者意識が生まれて、それを実践する可能性が高くなる。これを実現するためには、従業員をアイデアを実行する手段ではなく、アイデアの源として捉える必要がある。例えば、コンサルティング会社のマッキンゼー・アンド・カンパニーとディズニー・インスティチュートは、チームを組んで企業のパーパス策定を支援している。その一環で、全職位の従業員をインタビューして、彼らが何に刺激を受け、何を重視しているかを尋ねたり、ワークショップを開催して、異なる部署の従業員にアイデア交換をさせたりしている。

また、企業のパーパスは、正式な協議の場以外の従業員の行動で形成されることもある。ニック・ヒューズとそのチームは、後にＭペサとなるアイデアを検討することを決定したが、その当時のボーダフォンの主な優先事項は、買収を通して成長すること、周波数オークションで落札を成功させること、収益の見込みが最も大きい先進国で市場シェアを伸ばすことだった。しかしＭペサの成功は、ボーダフォンが革新的な方法でテクノロジーを駆使したときに生み出せる社会的価値の大きさを知らしめた。そして現在、同社は「インクルーシブでサステナブルなデジタル社会を実現して、より良い未来につなげる」をパーパスとしている。

組織の内部だけでなく外部のステークホルダーがパーパスを導くこともある。英国国民保健サービス（ＮＨＳ）の憲章には、パーパスのステートメントが含まれる。この憲章の最初の草案は内部の議論をもとに書かれており、人々の健康維持と病気の回復の支援というパーパスを重視していた。しかしその後、ＮＨＳは外部の様々なステークホルダー――市民の代表、患者、医療慈善団体、労働組合、保健当局、政治家など――との広範な協議を行った。その中で得られた多くの知見の1つが、その時が来たらきちんと死を迎えられることの重要性だった。NHSは健康を重視するサービスである以上、外部の目による検証がなければ、このニーズは簡単に見逃されてしまっただろう。この意見を取り入れて、憲章に盛り込まれたパーパスは大幅に変更され、最終的に次の内容で公開された。「NHSは国民のものです。私たちの心身の健康維持を支えて健康とウェルビーイングを改善し、病気のときには回復させ、全快できないときはできる限り元気に人生をまっとうできるようにすることがNHSの使命です」。従業員との協議と同様に、外部からの意見はパーパスのステートメントを明確にするだけでなく、パーパスを中心にステークホルダーをまとめ、その定着を後押しさせる。パーパスのステートメントに意見を提供したステークホルダーはその後も関与を続けて、パーパスを実践する――病気の予防と治療だけでなく、緩和ケアも行う――責任をNHSに課し続ける。

パーパスが決まったら、ステートメントにとどまらず、企業としてそれを体現しなければならない。パーパスの体現とは、パーパスを外部に発信することと、内部に定着させることを意味する。ここからはその実践方法を見ていこう。

パーパスのコミュニケーション

コミュニケーションの出発点は、企業が自社のパーパスを報告することである。まずは短い**パーパスのステートメント**を伝えるが、そのステートメントの実際の意味を詳しく説明する、より幅広い**パーパ**

ス**のロードマップ**も必要だ。ロードマップは、企業がそのパーパスを選択した理由――そのパーパスを実現することが、なぜ人類の繁栄と自社の成功に寄与するか――と、パーパスから除外した要素を説明するものになるだろう。これを使って、企業がパーパスを実践する方法（本章で後ほど議論する）、最も重要だと考えるステークホルダーとステークホルダーの課題、そして意思決定、トレードオフへの対処、リソース配分の仕方を概説できる。

パーパスのステートメントは、メンバー（特に従業員）に明確に伝わってしっかりと理解されるように、2〜3文に収めるべきである。一方、パーパスのロードマップは数ページに及ぶ場合があり、企業がこのプロセスを前進することを支援する。すでに挙げた例の多くはパーパスのステートメントからの引用だが、ロードマップからの引用もある。多くの企業がステートメントで顧客にフォーカスし、ロードマップでは他のステークホルダーにフォーカスする。

ステートメントやロードマップそのものよりも、それらをいかに首尾よく実践しているかを伝えることのほうが重要だ。出発点として、パーパスに関連する各種の長期目標を設定し、その進捗を報告しよう。ステークホルダー価値の非財務指標のコミュニケーションは、株主価値の財務指標を重視する通常の報告書では対応できない。より網羅的なものとして**統合報告**と呼ばれるモデルがあり、概要を表8・1に説明する。[5] 統合報告の構成方法については国際統合報告評議会（IIRC）が1つのフレームワークを提供しており、例えば企業は6つの資本（財務資本、製造資本、人的資本、社会・関係資本、知的資本、自然資本）の価値を開示するべきであるとされている。グローバル・レポーティング・イニシアティブ（GRI）は、報告するべき非財務情報と、その計算方法の指針となる基準を提供する。例えば大気汚染については、窒素酸化物、硫黄酸化物、残留性有機汚染物質の開示が推奨されている。サステナビリティ会計基準審議会（ＳＡＳＢ）は産業別の基準を提供する。例えば服飾企業はサプライチェーンの水消費、汚染、労働環境、原料調達の情報を報告し、銀行はデータセキュリティ、金融包摂、リスクマネジメントを開示するべきである。

これらのフレームワークはいずれも、企業間の報告の比較可能性を高めることに役立つ。そして各項目が明確なため、非財務報告は曖昧だという懸念も解消する。ＩＩＲＣとＳＡＳＢは２０２０年11月、比較可能性をさらに強化するために合併し、価値報告財団（ＶＲＦ）を設立することを発表した。

歴史的に、非財務指標は前述のように「害を為さない」ことに注目してきた。こうした指標は大抵一般的で、少なくとも同じ業界内なら大半の企業に適用できる。エネルギー企業の脱炭素化など、一部の企業にとっては「害を為さない」ことが実際に重要な社会貢献の方法かもしれない。しかし大半の企業にとっては「積極的に善を為す」ことのほうが重要であり、これに関する指標は、各社のパーパスに合わせた独自の内容になるだろう。例えば、アグリビジネス会社のオーラムは、研修とベストプラクティスの普及を行う自社のサステナビリティプログラムに参加した小規模農家の数を目標に掲げている。ゲーム会社のエレクトロニック・アーツは、多くの企業と同様に女性労働者の構成比率を測定するが、それに加えてプログラマーやソフトウェア開発者に占める女性の比率も測定している。これらは特に女性が少ない職種だからだ。そして独特なのは、「世界中の人々の遊び心にインスピレーションを与える」というパーパスに沿って、もともと男性中心だった顧客基盤の多様性を改善することも目標にしている点である。中国初のデジタルバンクである網商銀行（マイバンク）は、同社の融資を受けた小規模・零細企業——一般的に商業銀行のサービスが行き届かない借り手——の数と、その中で過去に銀行の融資を一度も受けたことがない顧客が占める割合を報告している。

具体的で客観的な数字は、パーパスは漠然としているという懸念を解消するため価値がある。しかし数字だけでは不完全であり、幅広い背景状況のナラティブ（物語）によって補完する必要がある。表8・1で強調しているように、非財務情報には**数字、測定基準、指標**だけでなく定性的な要素も含まれる。

表8・1　従来型の報告vs統合報告

	何を	どのように
従来型報告	株主価値（財務）	定量的（数値）
統合報告	株主価値（財務） ステークホルダー価値（非財務）	定量的（数値） 定量的（数値） 定性的（ナラティブ）

5　現在、非財務情報を開示している企業の大半は独立した「サステナビリティ報告」を用いている。それを、財務情報を記載した年次報告と並行して作成しているのだ。「統合報告」は、財務情報と非財務情報をまとめた単一の報告書を指す場合もある。多くのサステナビリティ報告は非財務情報のみを報告するが、統合報告は、それらが将来の収益性に与える影響も議論する。例えばネスレは、健康に配慮した食品のほうが、通常の商品よりも成長率と利幅が優れていることを報告している。本書では「統合報告」という言葉を、財務報告と非財務報告を、別々あるいは単独の報告書という形でまとめたものという意味で使用する。

数字の不完全さの第一の理由は、測定可能なものしか捉えられないため、プロセスよりも結果が焦点になることである。このことは2つの問題をもたらす。1つ目として、企業が「目標は達成するが的を外す」――数字を上げるために戦略的な操作をする――可能性がある。例えば若年者雇用に関する目標は、雇用の質を問わず量に注目し、自社以外でもっと活躍できるはずの若者を不完全雇用のまま維持すれば、達成できるかもしれない。グッドハートの法則にあるように、「測定が目標になると、それは適切な測定ではなくなる」のだ。企業が目標達成のために取った行動を説明するには、ナラティブが有効である。2つ目として、企業が数値操作を図らなくても、ナシム・ニコラス・タレブが著書『まぐれ―投資家はなぜ、運を実力と勘違いするのか』で強調したように、数字の良し悪しは、私たちが思っているよりもはるかに運の影響を受ける。そして企業の実際の行動の影響ははるかに小さい。数値に注目し過ぎると、企業に対する見方が短期的な偶然性に左右されることになりかねない。本来、長期的パフォーマンスを決めるのはプロセスである。

数字の不完全さの第二の理由は、企業が目標を達成できるかどうかが、その企業の努力の程度以前に、目標の難易度に依存することである。非財務目標のいくつかは達成できなくても当然だ。もしそうでなければ、十分に高い目標を設定していない。数字が目標の達成／未達を明らかにするのに対し、ナラティブはその理由を説明できる。もし軌道を外れているなら、それを回復するために何をしているかを説明できる。

そして第三の理由として、数字は現時点で達成済みのことしか捉えられないが、ナラティブは将来を視野に入れることができる。例えばイノベーションの場合、数字は取得した特許の件数を報告できる。

そしてナラティブは、最高のR&Dチームの人材の採用・育成や、リスクテイクと失敗を許容するイノベーティブな文化の形成を目指す取り組みについて説明できる。同様に、戦略的意思決定のメリットをただちに定量化できない場合も、パーパスを踏まえて決定した経緯をナラティブという形で伝えられる。Mペサはボーダフォンのテクノロジーを活用して深刻な社会問題を解決したが、それによって貧困から救い出された市民の数を、タブニート・スリとウィリアム・ジャックが推計できたのは何年も後のことである。さらに、パーパスに従う企業は、たとえ利益が見込めてもステークホルダーの害になる行動は**取らない**場合がある。しかし、そのときに回避した損害を数字で表すことは難しい。

数字の不完全さは、ESG指標と報酬を連動させるべきだという、よくある提案の危険を浮き彫りにする。これらを連動させると、CEOが自分の契約に含まれるESG指標だけに注目して、契約に含まれるESG課題の質的な面や、報酬と関連しないESG課題を軽視することにつながりかねない。第5章で取り上げたベンジャミン・ベネットと共同執筆者らの研究が示すように、報酬契約に**何らかの**目標を盛り込むと、それを達成するための操作を助長する可能性がある。その目標が金銭的でも社会的でも、このことは当てはまる。

ナラティブが非常に重要とはいえ、数字と比べると、投資家やステークホルダーに軽視されることは避けられない。メンバーの中には、数字を見たほうが早いと考えて、わざわざ考察を読もうとしない者もいるだろう。たとえ読んだとしても、それが彼らの意思決定に与えるインパクトは小さい。数字が具体的で比較できるのに対し、ナラティブは誠実な内容なのか、それとも目標未達の言い訳なのかを判断しにくい場合がある。ある業界で最も多くの雇用を創出した企業を知ることはできるが、最も強力な企業文化を持つ企業は分からない。それに、文化を改善したという主張が正当なのか、それとも雇用を増やせなかったことのカモフラージュなのかは分からない。

つまり統合報告には、ナラティブを含めることはもちろん、一部の数字を**除外する**ことも必要な場合がある。私たちはしばしば、情報は多ければ多いほど良く、たとえ数字が不完全でも何もないよりはましだから、企業はできるだけ多くの数字を開示するべきだと考える。しかしミルコ・S・ハインレ、チョン・ファンと私の研究によるとそうではない。なぜなら企業の意思決定は、その企業が公開する情報の**総量**ではなく、量的情報と質的情報の**相対量**に基づくからだ。例えば、ある企業が新規雇用の創出（量的情報の改善）と既存雇用の質の向上（質的情報の改善）のどちらかに100万ドルを支出する予定だとする。雇用の質を向上させたほうがパイが大きくなるとしたら、その企業が何も報告しない場合は、質への投資を選ぶだろう。しかし、雇用創出について報告していて、投資家やステークホルダーがその数字を注視しているとしたら、その企業はそちらに投資することを選ぶかもしれない。もちろん、雇用の質について伝えようとすることもできる。量的情報（雇用の創出）と質的情報（雇用の質）の両方が開示されるため、全体的な情報量は増加する。しかし、量的情報のほうが信頼性と比較可能性が高いため、**相対的**には量的情報のほうが目立つ。従ってその企業は、パイの拡大という意味では劣るにもかかわらず、量的情報の改善——雇用の創出——を決断するのだ。

この見方は重要だ。改革主義者の中には、情報は多いほどよいという前提のもと、非財務パフォーマンスのさらなる情報開示を求める者もいる。ここでの情報とは、典型的には世界経済フォーラムの「ステークホルダー資本主義の指標」のような数字を意味する。[6] 実際、測定の重要性を強調するために、

「測定できるものは達成できる」という言葉がよく使われる。しかしこの言い回しは、測定に過度に依存することへの警告として捉えるべきだ。なぜなら、中には測定できない要素もあり、それらは結局達成できないことになるからだ。パーパスのある企業であれば、**観察できるものは達成できる**。観察には間違いなく測定が含まれるが、それだけでなく、数字の背景状況、パフォーマンスの質的側面、当面の数値に現れないポリシーや手法の変化に対する理解も含まれる。

財務情報に関しては、すでにほとんどの人が数字の不完全さに気づいている。ポール・ポールマンは2009年、ユニリーバのCEOに就任したその日に、四半期ごとの収益報告を行わないことを決定した。報告のプレッシャーによって長期的価値の優先度が下がる恐れがあったからだ。四半期の収益目標を達成できなかった場合、長期的価値に投資しているためだと説明できたとしても、そのようなナラティブは数字ほど目立たない。さらに言えば、第6章で見たように、最高財務責任者（CFO）の80％が、利益ベンチマークを満たすために投資を削減する可能性を認めている。この調査は、どう行動する可能性があるかをCFOに尋ねたものだが、実際の彼らの行動を調べた2件の研究で、四半期報告が投資を減少させることが確認されている。これを受けて、インベストメント・アソシエーション（英国投資業界の業界団体）は2016年、企業に長期的価値に集中する自由を与えるために、四半期報告の発行をやめるように呼びかけるキャンペーンを開始した。実際、ユニリーバの株価はポールの10年の任期中に150％上昇し、FTSE100の2倍のリターンを達成した。

6　こうした「指標」の中には名前に反して定性的なものもあるが、ほとんどは定量的である。

非財務情報に関しても、実業界以外では、ほとんどの人が数字の不完全さに気づいている。試験結果に基づいた学校のランキング表は、学校を幅広い教育の場から試験対策の場へと変えてしまうかもしれない。ところが実業界では情報開示の拡大に向かう流れが止まらないようで、このような見方が十分に認識されていない。これはもちろん、透明性を否定したり、報告のフレームワークが実現した大きな進歩を軽視したりするものではない。ただ、必ずしも情報が多ければよいわけではなく、量的情報が質的情報より優れているわけでもないことを強調しているのである。そのため投資家やステークホルダーは、企業の社会的パフォーマンスを評価する際、あまりに多くの指標を要求したり、それらを過度に重視したりしないように注意するべきである。

では、パーパスに関する報告の具体例を見てみよう。食品や衣料品を扱う小売業者のマークス＆スペンサーは、プランAと呼ぶイニシアチブにパーパスを組み込んだ。「そこにプランBは存在しない」というわけだ。プランAが目指すのは「私たちのすべての活動を通して、お客様がウェルビーイング、コミュニティ、地球にポジティブな影響を与えられるような企業になることで、サステナブルな未来を築く」ことである。マークス＆スペンサーは、まず100の具体的な目標を設定することによって、これを明確化した（後に目標は拡張された）。例えば環境目標には、エネルギー消費、食品廃棄物、パッケージのリサイクル性に関するものが含まれる。同社は毎年、目標について「達成」か「期限に遅れて達成」かを開示し、進行中の目標については「進行中」か「遅れ」を報告する。これらの数字を補完するものとして、ナラティブで進捗状況を報告する。

非財務面の透明性の報告は、主に投資家が読む年次報告だけで行う必要はない。他のステークホルダーが目にするフォーマットに拡大し、彼らに特に関連する課題に焦点を当てることもできる。スウェーデンのデニムブランドであるヌーディージーンズの場合、同社のウェブサイトで顧客が商品をクリックすると、バリューチェーンの各段階――紡績、染色、倉庫保管など――に携わったサプライヤーの情報を、（該当する場合は）オーガニックテキスタイル世界基準に準拠しているかどうかを含めて見ることができる。ヌーディーのサプライヤーの監査情報を閲覧できる場合もあり、そこにはトイレの清潔さや勤務表更新のタイミングといった詳細な課題まで記載されている。同社がさらに徹底している点は、生産工場で受け付けた苦情を自主的に開示していることである。こうした課題を理由に、一部の顧客が購入を見送るリスクはあるかもしれない。しかしその他の顧客は、ヌーディーに従業員の信頼を得た苦情申し立て手続きがあり、同社が従業員の懸念の理解に努めていることを知って安心感を得る。

統合報告には数々のメリットがある。１つ目は、その企業のパーパスに合った投資家やステークホルダーが集まることである。２つ目は、多くの投資家が非財務情報と長期的リターンの関係性を認識し、非財務情報に直接的な価値を置くことである。２０２０年２月、ＢＰは２０５０年までにカーボンフットプリントをプラスマイナスゼロにする計画を発表した。すると、投資家の関心事は短期的利益だけだという懸念をよそに、株価はわずかに上昇したのだ。３つ目は、投資家が財務情報ばかりを重視しなくなることである。ローラ・Ｔ・スタークス、パート・ベンカット、チーフェイ・チュウは、ＥＳＧ評価の高い企業ほど、ネガティブなアーニングサプライズの後に投資家の売りが生じる可能性が低いことを明らかにした。これが示唆するのは、ステークホルダーに対するパフォーマンスが優れている企業の場合は四半期収益にはあまり意味がないと、投資家が理解していることである。

統合報告の最大の役割は、統合的な思考を促すことだといえるだろう。統合報告は、企業のパーパスは何か、企業はそれを満たしているかという会話のきっかけとなる。そして従業員が、投資家だけでなくステークホルダーへのインパクトという観点で重要な意思決定を分析するようになる。先ほど述べたように、「観察できるものは達成できる」のだ。第2章を思い出すと、ウォーカーズはポテトチップスのカーボンフットプリントを削減し、最終的に投資家に恩恵をもたらした。この削減のきっかけになったのは、同社がカーボンラベルを導入してカーボンフットプリントを可視化したことにより、削減の意欲が生まれたことである。エコノミストが指摘したように、「ラベルそのものがそこまで重要なのではなく(中略)ラベルをつけるために必要なプロセスが重要」なのだ。パーパスという企業目標の副産物として利益があるのと同様に、統合的な思考という企業経営方針の副産物として統合報告があるべきだ。

統合報告の課題

非財務指標は企業間で比較できないため、統合報告はしばしば、理論的には望ましいが実際には非現実的なものと見なされる。企業によって従業員満足度のスコアの集計方法は違うかもしれない。しかし、非財務指標は各企業固有のパーパスに基づくため、**本質的に比較ができない**。例えば、従業員を優先する2つの企業があっても、一方は健康と安全を重視し、もう一方は(ネットフリックスのように)独立性と挑戦を重視するかもしれない。従って、比較可能性に気を取られるべきではない。ピーター・リンチは様々な店に自ら赴いて、それぞれの状況に最もふさわしい要素を評価する。投資する企業を決める上で比較は必要だが、彼はそれを、個々の指標を直接ランク付けするのではなく、総合的な質的評価に基づいて行うのである。第３章で指摘したように、人々は常に、比較できない多くの要素を含む総合的な評価に基づいて意思決定をしている。住宅を購入する際の物件の面積、学校選びにおける成績ランキング、就職時の給与水準などはいずれも比較可能な指標だが、人々の選択の決め手はそれだけではない。

　そして第４章で述べたように、投資家が比較可能な指標ばかりを要求すると、彼らがコンピューターに取って代わられる下地ができ、逆効果になる可能性がある。ＡＩに仕事を奪われることを防ぐために、投資家は企業に対し、比較不可能なナラティブ情報——企業のパーパスの背景状況を踏まえて初めて理解できるもの——を求めるべきである。これは人間だけができる評価である。

報告からコミュニケーションへ

　パーパスの報告は最初の一歩として非常に重要だが、パーパスのコミュニケーションはそこからさらに進んだものである。第一に、**報告に人間らしさがないのに対し、コミュニケーションには人間らしさがある。**報告は年次報告をはじめとする文書で行うが、コミュニケーションは、非言語的な方法で多くが伝わる対面式ミーティングで行うのが最も効果的だ。体裁良くまとめられた報告書とは異なり、こうしたミーティングでは本音の答えが引き出され、経営陣のやり取りを観察することができるため、投資家ははるかに多くの情報を収集できる。企業と投資家の世界的コンソーシアムであるフォーカシング・キャピタル・オン・ザ・ロング・ターム（ＦＣＬＴ）は、こうした対話の効果を最大化するために、その軸となる10項目のロードマップを提供する。

第二に、**報告は一方的だがコミュニケーションは双方向的である。**企業のメンバーはパイ拡大を目指す仲間であるにもかかわらず、往々にしてリソースとして活用されていない。従業員は「タウンホール」やウェビナーの場で、質問したり、提案したり、自分の経験を共有したりすることができる。リーダーも同様に、非公式なミーティングで投資家から学びを得ることができる。買収提案を受けたとか、決議が迫っているといった緊急事態にしかコミュニケーションを取らないリーダーが多いが、普段からこれを行うべきである。企業は顧問に高い手数料を支払って戦略や資本配分の助言を受けるが、投資家やステークホルダーは喜んでアイデアを提供し、無償で相談役となってくれる。さらに、彼らは自分の利害が絡んでいるので動機は一致しているが、顧問はたとえ価値が失われようとも、取引が完了すれば報酬を受ける。同様に、投資家と定期的に会うことは、株主の対立的なアクティビズムを未然に阻止する最善の方法の1つである。リーダーは定期的な会合を通して、沸き上がろうとしている投資家の懸念に気づき、吹きこぼれる前に対処できるのだ。

報告からコミュニケーションへの移行は、非常に大きな価値を持ち得る。望まぬ買収提案を受けた場合、典型的な企業は防御姿勢を取り、なぜ提案額がそんなに低いのかという議論になる。しかしクラフトがユニリーバに買収提案をしたときは、ユニリーバの株主らが防衛の先頭に立ち、ただちに提案を退けた。その理由は、ユニリーバが主な投資家との定期的なミーティングに投資していて、それを通してサステナブル・リビング・プランが価値のかなりの部分を占めることを説明し、進捗具合を常に投資家に評価させていたからである。その結果、同社はそれにふさわしい投資家を得ることができた。同社のパーパスに賛同しない株主はすでに株式を売却しており、ユニリーバの長期ビジョンを支持する株主が残っていたため、クラフトが提示した18％の上乗せ価格に誘惑されなかったのだ。もしユニリーバが緊急事態になって初めて投資家に連絡を取っていたら、手遅れだっただろう。

株式資本（あるいは**株主資本**）という言葉は、株主が最初に企業に拠出した金額を説明する際に用いられることが多い。しかし**ステークホルダー資本**は、ステークホルダーが拠出した金額ではなく、企業とステークホルダーの関係の価値を説明するものである。そこで私たちは、**投資家資本**という言葉を、企業が投資家と築く関係の価値と定義する。これは投資家が投資した金額や、その投資の現在の価値だけにとどまらない。投資家がどこまでその企業のパーパスを支持しているか、重要な指標を理解しているか、卓越性を確保するために関与する意志があるかということまで含む。

この関係性に投資するメリットを記録した研究によると、「CEOインベスター・フォーラム」――米国の戦略的投資家イニシアチブが運営する、リーダーが自社の長期計画をアンカー投資家と共有するためのイベント――に参加した企業は、その後、株価が平均2％上昇する。企業がパーパスに関連して具体的で実践的な情報を開示したときには、特にポジティブな反応が見られた。

セイ・オン・パーパス

投資家とのコミュニケーションを改善する方法の1つが、EUで実施されている二段階の「報酬に関する議題（セイ・オン・ペイ）」の議決に似た、「パーパスに関する議題（セイ・オン・パーパス）」の議決権を投資家に与えることである。[7]企業はパーパスのステートメントを発表し、その中でトレードオフを行う際の原則――例えば投資家対ステークホルダー（炭素排出量を減らすために利益を犠牲にする）や、ステークホルダー対ステークホルダー（余剰人員の解雇につながる脱炭素化を行う）――を明らかにする。このステートメントについて、投資家は3年ごとに「ポリシー決議」を行い、ステートメントが意味するトレードオフを支持するか否かを表明する。その企業の優先判断を支持しない投資家は反対票を投じ、ステートメントが曖昧で企業のスタンスを理解する指針にならないと考える投資家は棄権する。さらに、投資家は毎年、ステートメントの実践の仕方に満足しているかどうかを表明する「実施状況決議」も行う。2つの決議はどちらも勧告的だが、意味のある反対表明はリーダーらに進路を外れていることを知らしめるし、投資家による株式の売却や経営陣の交代につながる可能性がある。

ポリシー決議の力は、投資家からの支持という正当性を失わずに、トレードオフを伴う意思決定を行うための明確な指針をリーダーに与える点にある。特に図2・2の戦略Bのように、パイは大きくなるが取り分の比率が変わらないため、（戦略Aよりも）投資家の増分が小さくなるような選択を正当化できるかどうかを、リーダーが判断できるようになる。経済学者のオリバー・ハートとルイージ・ジンガレスは、投資家は企業の重要な意思決定について決議を行うべきだと提案する。そうすることにより、結果として生じる外部性に対する彼らの見解を表明できるからだ。セイ・オン・パーパスは、取締役会に決定権を残した実践的な方法で、これと同じ目的を実現する。企業は時機を逃さず意思決定を行う必要があるが、投資家による投票の指針として外部性の情報を提供するのは時間がかかるし、企業秘密が競合他社に漏れる可能性がある。突然やって来たどこかの企業に先手を取られてしまうかもしれない。その上、投資家に、毎年何件もの意思決定に意味のある投票を行うだけの能力がない場合もある。

実施状況決議の力は、企業にパーパスの実践に関する説明責任を課す点にある。そして統合報告と同じように、重要なのは結果――投票そのもの――ではなく、そこに至るまでに実行されるプロセスだ。有意義な決議を行うためには、投資家は企業の長期的価値やステークホルダーとの関係を精査する必要がある。これが後に、経営判断に反映されるのである。株主が長期的パフォーマンスを評価するということが分かっていれば、リーダーは長期的視野で選択する自信を得るだろう。このように、セイ・オン・パーパスは投資家と経営陣の対話を充実させ、私たちが推奨してきた双方向のコミュニケーションへとつながるのである。

多くの国で「セイ・オン・ペイ」の議決権はすでに実現しているが、企業のパーパスは報酬ポリシーよりも重要である。報酬ポリシーがだめな企業はだめになる可能性があるが、報酬ポリシーが素晴らしくても素晴らしい企業にはならない。しかしパーパスが素晴らしければ、素晴らしい企業になる。セ

7　このアイデアは私がＰｗＣのパートナーであるトム・ゴズリングと展開したもので、２０２０年12月のウォール・ストリート・ジャーナルに書いた記事「How to Give Shareholders a Say in Corporate Social Responsibility（株主に企業の社会的責任に対する発言権を与えるには）」で取り上げた。

イ・オン・パーパスによって、投資家は、おそらく社会的に最も重要な要素について投票できるようになる。投票した投資家らは、次はそのパーパスが現ＣＥＯの退任後もしっかりと定着するように支援するだろう。

ここで浮上する懸念として、セイ・オン・パーパスが増えると投資家のリソースが分散され、彼らの実際のエンゲージメントの時間が奪われる恐れがある。しかしこの議決はエンゲージメントを犠牲にせず、むしろ強化するだろう。なぜなら投資家の得る情報が増え、すべてのエンゲージメントが長期的課題を踏まえたものになるからだ。対象企業を詳細に把握する必要があることから、アクティブファンドが広く浅く手を広げることを抑止できる。意味のある投票行動ができるように、ファンドはポジションを少数の株式に集中させて、真の意味でアクティブにならなければならない。

全体として、セイ・オン・パーパスは、企業が株主に対する説明責任を果たしつつ、株主価値だけではない要素を正当に検討したり、投資家との対話を短期的利益を超えて発展させたりする道になる。重要なこととして、セイ・オン・パーパスは企業自身で開始することができ、規制は必要ない。例えば、ユニリーバは気候変動に関する計画をパーパスの重要な一部と考えている。そこで２０２０年12月に、この計画を２０２１年5月の年次総会で投資家の決議にかけること、計画の進捗状況を２０２２年から毎年報告すること、重要な変更があれば3年ごとに決議にかけることを発表した。

パーパスを定着させる

パーパスのステートメントは行動に移されなければ意味がない。ここからは、パーパスを企業に定着させるための５つの経路――戦略、経営モデル、内部報告、文化、取締役会の当事者意識――について議論する。

戦略

では戦略から始めよう。企業はパーパスに基づいて自社の携わる活動を組み立てるべきである。そして時には、長期的な株主価値という意味では正当化できない意思決定が行われることもある。アウトドアウェア企業であるパタゴニアのパーパスは環境の再生であり、このことは「私たちは、故郷である地球を救うためにビジネスを営む」という同社のステートメントで強調されている。これは単なる希望的な言葉ではない。２０１１年のブラックフライデー（1年で最大のセール日）に、同社はニューヨーク・タイムズに全面広告を出し、パタゴニアのフリースの写真と「このジャケットを買わないで」というメッセージを掲載した。この広告は、同社の「コモンスレッズ・イニシアチブ」に光を当て、ウェアを新調する代わりに修繕して再利用することを顧客に促すものだった。このイニシアチブを通して18カ月で3万点以上のアイテムが修繕された。そして最終的に売り上げも犠牲にならず、同社の２０１２年の売り上げは30％増加した。さらに同社は２０１７年に、新品の売り上げが減る可能性があるにもかかわらず、古着のオンラインマーケットプレイス「ウォーン・ウェア」を開設した。すでに見たように、CVSヘルスがCVSから社名を変えただけでなく、タバコの販売を終了するという戦略的判断を下したことや、バークレイズが租税回避を支援する部署を閉鎖したのも同様の事例である。

戦略を通して信頼を構築できる可能性があることは、的を絞ったパーパスの利点の1つである。的を絞ったパーパスのステートメントは、何もかも実現しようとする――そのためどんな戦略でもパーパスに合致する――漠然としたステートメントと比べて、ステークホルダーが実践状況を検証しやすい。

経営モデル

パーパスを浸透させる2つ目の方法は、経営モデル――企業の中核業務の運営の仕方――とパーパスを合致させることである。英国のスーパーマーケットであるテスコは、核となるパーパスを「お客様のために価値を生み出し、生涯ご愛顧いただくこと」と定義したことを踏まえて、顧客のために妥協なくプロセスを調整する必要があった。同社の品出しの効率はすでに90%を超えていたが、「生涯のご愛顧」という意欲的なパーパスを実現するためには不十分だった。そこで、顧客が必要なときに必要な商品を必ず購入できるようにプロセスを再設計した。[8] 同様に、すべての店舗に「あなたの力になる店長」を置くことを約束したが、それを実現するための管理／トレーニングのシステムがなかった。そこで店舗のルーティン作業を簡素化し、組織の階層を減らすことによって、店長たちが上層部への無駄な報告に時間を費やす代わりに顧客のために働けるようにした。また、リーダーシップ開発のための大規模なプログラムも開始した。

効率的なプロセスや管理・トレーニングを備えた経営モデルは、パーパスを持つ企業だけでなく、すべての優れた企業の特徴ではないかと思うかもしれない。ＥＳＶでも、プロセスの改善や管理職のスキルアップにメリットがあると大まかに試算できれば、これを推奨するだろう。しかし、すべての企業はトレードオフに直面する。たとえ優れた企業であっても、経営モデルの様々な要素に強化の余地がある。経営モデルをパーパスに合致させるためには、パーパスの実践に向けて早急な改善が求められる要素を優先することが重要だ。これもまた、的を絞ったパーパスの必要性を際立たせる点である。

内部報告

リーダーは、社外と同様に社内でも統合報告が行われるようにするべきだ。そのためには、パーパスに関する従業員、チーム、プロジェクトのパフォーマンスの状況について、豊富な情報を収集する必要

8　プロセス改善の一例を挙げると、従来は牛乳をボトリング工場でパレットに乗せ、ビニールで包装し、トラックに積んで店舗に輸送していた。そして店舗に到着すると、ビニールを外し、パレットから下ろし、ケージに入れて売り場に運んでいた。テスコは従業員の意見を積極的に求め、それに基づいて、この非効率なプロセスを廃止した。今ではボトリング工場で直接ケージに牛乳を積んでいる。それをトラックに積み込み、輸送し、店頭でトラックから降ろして、ケージに入れた状態で販売している。これによりサプライチェーンが大幅に短縮され、商品の入手可能性が高まるとともに、人件費や梱包費も節約できた。さらにテスコは、店内の在庫管理用の手持ち端末に英国で初めて投資した小売業者の１つである。これにより在庫管理の精度が増し、商品の入手可能性が上がった。そして従業員も商品数を数える必要がなくなって、有意義な仕事ができるようになった。

がある。この情報の用途の1つがパフォーマンスの評価である。CEOがパーパス実践の号令をかけているのに、経営幹部以下の上級管理職が、CEOを無視して部門の財務目標に集中せよと配下のチームに指示していることがある。ユニリーバのサステナブル・リビング・プランを率いたスー・ギャラードは、上級管理職の層を「粘土」と表現し、粘土層が水を通さないのと同様に、パーパスが企業全体に浸透するのを阻害すると説明した。このような妨害は意図的に行われるのではなく、上級管理職に対する評価の実態から生じている。私はある専門サービス会社に、パーパスに関するオフサイト会議でスピーチするよう依頼されたが、事前説明の際、同社は依然として各パートナーの短期利益を最重要指標にしていることを認めた。対照的に、マークス&スペンサーはプランAを開始するに当たり、事業部門や店舗の管理職を「バランス・スコアカード」で評価した。これは、プランAの中で同社が最もコントロールできる目標に対応する非財務指標と、従来型の財務指標を組み合わせたものである。[9]

内部の統合報告が実現すると、上司が従業員を評価するだけでなく、従業員同士が評価できるようになる。そうすると、各自がパフォーマンスの状況を把握して、より多くの情報に基づいた意思決定を行うことができる。これを実現するには、全社的な目標を、個々の労働者が影響を与えられるレベルにまで細分化する必要がある。マークス&スペンサーは温室効果ガスの総排出量を報告するとともに、地域、活動(例えば冷蔵vs暖房)、部署(例えば食品vs衣料品)の内訳も出している。しかし、地域ではなく一店舗の運営に携わる個々の従業員の指針とするためには、この細かさでもまだ足りない。そこでマークス&スペンサーは、個別店舗レベルの情報を内部で追跡している。また、温室効果ガスの排出量ではなく、排出活動(例えば電気・ガスの使用や冷蔵)を測定している。なぜなら従業員が直接コントロールできるのは後者だからだ。同様に、従業員満足度を外部向けに報告する企業は多いが、例えば73％という数字を見ても、管理職がそれを改善する際の指針にはほとんどならない。従業員満足度の中でも、成功している要素と振るわない要素を明確にしたほうが情報として有益であり、具体的な改善計画の立案につながる。

内部の統合報告を、外部向けの報告から発展させる2つ目の方法は、遅行指標だけでなく先行指標も盛り込むことである。すでに述べたように、外部向けの報告は、達成済みの成果にフォーカスした後追いの数字になることが一般的である。先行指標は、従業員が成果を予測し、それに沿った行動を起こすことに役立つ。例えば、従業員の離職率は重要な遅行指標の1つだが、これは遅刻、欠勤、パフォーマンスといった先行指標で予測できる。企業は内部的にこれらを追跡するべきだが、機密情報に当たる、あるいは背景状況を知らない部外者には解釈が難しいという理由で、外部への開示は望まないかもしれない。開示すれば外部から過剰に注目される可能性があるため、情報操作を助長しかねない。例えば、投資家が遅刻／欠勤情報を使って企業を評価するなら、企業はそのような行為を罰して数字を下げようとするかもしれない。従って、先行的な情報については、主にナラティブという形で外部に開示するとよい。

9　第5章で、CEO報酬を付加的要素ではなく、主に長期的株式リターンに基づいて決めることを提案したが、これとの整合性はどうなるのだろうか。CEOは企業全体に責任を負い、その総合的な測定指標が、ステークホルダー価値の多様な要素が含まれている長期的株式リターンである。各部署に個別の株価がつくわけではないし、単一の指標（例えば部署ごとの利益）ではまったく不十分だろう。さらに、CEOは大抵裕福なので、報酬が何年か先送りされても受け入れる可能性が高い。

文化

パーパスを定着させる4つ目の方法は、企業文化をパーパスに合致させることである。パーパスの関心事は、企業がなぜ存在し、誰の役に立つのかということである。これに対し文化が表すのは、企業がどのように運営されるか、簡単にいえば「ここでの物事の進め方」である。パーパスを全社に確実に浸透させるためには文化の存在が欠かせない。自社のパーパスは明確だと従業員に認識されている企業の業績が良好であることを示した、クローディン・ガーテンバーグと共同執筆者らの研究を思い出してほしい。この関連性を支えたのは、上級リーダーよりも中間管理職の認識である。これはおそらく、パーパスを日々の行動に確実に変換するという点で、中間管理職が極めて重要な存在だからだろう。このことは、的を絞ったパーパスステートメントのさらなる恩恵を明らかにする。シンプルであればあるほど、そのパーパスの意味するものが、組織内で伝えていくうちに失われてしまう可能性が低くなるのだ。

企業の中でパーパスを実践するためには、それにふさわしい文化の推進が求められる。重要なのは、普遍的に正しい文化など存在せず、文化は各企業のパーパスに寄り添わなければならないということである。イノベーションを優先するパーパス――例えばレキットベンキーザーの「私たちの使命は、商品イノベーションを通して、人々のより健やかな生活とより幸せな家庭を実現することです」――の土台として理想的なのは、自律性を強調し、リスクテイクに報い、建設的な失敗を許容する文化である。これとは逆に、コストを優先するパーパス――例えばウォルマートの「お客様のお金を節約し、より良い暮らしを」――には、効率を重視し職務を明確に定義する文化がふさわしい。

リーダーは戦略的選択と自らの行動を通して文化を形成するが、リーダーだけで文化を変えることは不可能である。そこで一部の企業は、従業員を選抜し、現場レベルで文化を変革する任務を与えている。バイオテクノロジー企業のノボノルディスク・ファーマは、「変革を推進し、糖尿病およびその他の深刻な慢性疾患を克服する」というパーパスを支えるために、「ノボノルディスク・ウェイ」と呼ばれる文化的原則を開発した。同社では「ファシリテーター」チームが事業部門を訪問して、ノボノルディスク・ウェイの実践を支援している。チームは部門の活動を観察し、マネジャーや従業員にインタビューし、ポリシーを調査して首脳陣に報告する。フランスのパーソナルケア企業のロレアルは、「世界中の一人ひとりに、最高の美しさを提供するために」というパーパスを支える４つの倫理原則を策定し[10]、75人の倫理担当者のネットワークを使って、その原則を全社に、そして各国に定着させている。倫理担当者らはこれらの原則を各地の慣習に適合させ、従業員に倫理的な行動のトレーニングを施し、倫理的な疑問をめぐる相談相手の役割を果たしている。

文化的適合度の高い人員を採用することも、文化形成の１つの方法である。パタゴニアが「故郷である地球を救う」というパーパスを掲げていることを思い出してほしい。同社の創業者でCEOのイヴォン・シュイナードは次のように説明する。「人材を募集する場合、すべての条件が同じなら、その職務

10　例えば倫理原則の１つである勇気は、イノベーションというパーパスを支える。そして透明性は、すべての市民に貢献することを目指す企業にとっては特に重要である。

が何であれ、地球を救うことにコミットしている人物を採用します」。靴のオンライン・ショップのザッポスは、新入社員に1カ月の研修プログラムを提供し、同社の価値観に触れさせて、それを共有できない者には2000ドルの退職ボーナスを支給している（アマゾンがザッポスを買収した2009年以降、アマゾンも同様のプログラムを実行している）。サウスウエスト航空の共同創業者であるハーバート・D・ケレハーは、「態度で雇い、スキルを鍛える」という彼のモットーからも分かるように、採用活動において経験や学歴よりも文化的適合度を優先した。

取締役会の当事者意識

最後に、パーパスを定着させるには、取締役会が当事者意識を持つ必要がある。ルシアン・A・ベブチュクとロベルト・タラリタは、ビジネスラウンドテーブルの声明に署名したリーダーのうち、同声明について取締役会に説明した者がわずか2％であることを明らかにした。企業の重要な意思決定には取締役会の承認が必要なため、この研究結果は、声明への署名の結果として企業の経営方法が変わると考えているCEOが少ないことを示唆している。[11] これに対し、EQTベンチャーズなど、取締役会全体がこのパーパスに関する声明に署名している企業もある。

一部の評論家は、取締役会にパーパスに専念する小委員会を設けるべきだと提言している。2014年のハーバード・ビジネス・レビューの記事は、取締役会にパーパスに特化した委員会を設置している米国の上場企業がわずか10％であることを指摘し、この慣行を拡大することを推奨した。持続可能なコーポレートガバナンスに関する欧州委員会の２０２０年の研究は、取締役会に「チーフ・バリュー・オフィサー」という役職を新設することを提唱した。しかしパーパスは取締役会全体の正式な任務であるべきだ。小委員会に一任できる周辺的な活動ではなく、その企業のビジネスの根幹なのである。取締役会のメンバーは全員、企業の長期的価値に関与するチーフ・バリュー・オフィサーであるべきだ。

パーパスに対して当事者意識を持つために、取締役会はパーパスに基づいて意思決定を行わなければならない。例えば、経営陣が重要な意思決定（M＆A取引、戦略的イニシアチブ、設備投資提案など）の承認を求めてきた場合に、自社のパーパスとの整合性の説明を要求することができる。同様に、典型的な取締役会は年に2日をかけて戦略を議論し、合意するが、このセッションをパーパスとしっかり結びつけるべきである。さらに、企業の非財務目標がパーパスを踏まえた適切かつ意欲的なものになるようにし、その達成具合を観察することができる。そして企業の比較優位や社会が直面する課題を踏まえて、パーパスが妥当性を保っているかどうかを3～5年ごとに見直すこともできる。

では、取締役会はどのようにパーパスの達成を観察するべきか。取締役会の資料には、数値とナラティブの両方が含まれているだろう。しかし、コミュニケーションが単なる報告ではないのと同様に、観察も単に報告書を読むことではない。英国財務報告評議会は、非業務執行取締役が真に企業を理解する方法として、「作業現場を歩く」ことを推奨する。英国と米国では現在、労働者を取締役会に参加さ

11　これを正当化するならば、署名によって株主だけでなくステークホルダーにもすでに恩恵をもたらしているため、方針変更は不要だといえるかもしれない。しかし、アニーシュ・ラグナンダンとシバ・ラジゴパルの研究により、そのような企業は財務とＥＳＧのパフォーマンスが同業他社に劣ることが分かっている。

せることが提案されており、すでに欧州の一部の国ではそれを実践している。しかしもっと効果的なアプローチは、取締役会を労働の場に持ってくること、つまり計画的な現場視察という形で、事業の現場で時間を過ごし、従業員の声を直に聞くことである。私はロンドン・ビジネス・スクールの統治機構（理事会に相当）で、教員代表（労働者役員に似た役職）に選出されて3年務めた。私はファイナンス分野以外の教員や学者以外のスタッフと話すように努めたが、彼らの見解を理事に伝えようとしても、ファイナンス分野の人々の見解ほど正確には伝えられなかった。そういうこともあり、ある同僚は統治機構のオフサイト会議の場で、外部理事に対し、より広範なスタッフや学生たちの声を聞くために構内で過ごして、ロンドン・ビジネス・スクールの「匂い」を理解することを求めた。

パーパスは取締役会全体の責務だが、パーパスの特定要素を監視するには委員会が有効である。大半の取締役会は株主価値だけに注目しているため、報酬、取締役の指名、リスク、監査に特化した委員会を設置している。リスクと監査の委員会は、マイナス要素を防衛するためにある。しかしパイコノミクスが重視するのはプラスの価値創出である。そのため企業によってはイノベーション委員会の設置が有効かもしれない。さらに、企業が**誰**のために存在するかを決定したら、重要なステークホルダーに責任を負う委員会――例えば人材委員会や環境委員会など――を設定できる。あるいは、これらの課題を取締役会全体の重要な議題とすることもできる。リーダーが率先して方向性を定めると、パーパスを組織全体に確実に浸透させることに役立つ。

パートナーとしてのステークホルダー

啓発された株主価値の考え方では、ステークホルダーを目的のための手段と捉える。つまり企業がステークホルダーに投資するのは、将来の利益に及ぼす影響を大ざっぱにでも計算できる場合だけである。一方パイを拡大する企業は、**ステークホルダーとの相互関係**――企業の生産要素ではなくパートナーとしてのステークホルダーとの間に築く、長期的で双方向的な関係性――を理解している。この理解があると、関係性は２つの面で変化する。１つ目に、企業は顧客、労働者、サプライヤーを、単なる収益、労働力、原料の供給源ではなく、パーパスを実現するためのアイデアや協力者の供給源と見なす。２つ目に、企業はステークホルダーから受け取る――収益、労働力、原料を得る――だけでなく、ステークホルダーに契約上の義務にとどまらない長期的価値を提供するために努力する。

これは、パーパスに「**なぜ**」だけでなく「**誰**」を含めることの重要性を浮き彫りにする。企業は単なる契約の網ではなく関係性の網であり、それを育てて成長させていかなければならない。このセクションでは、ステークホルダーに対するパートナーシップのアプローチに含まれる要素を取り上げる。ここでは簡潔に説明するために、すべてのステークホルダーを網羅する代わりに従業員にフォーカスするが、もちろん原則は拡大適用できる。

人材の管理については、すでに影響力のある多くの書籍で取り上げられているため、私は百科事典を提供することは目指さない。その代わりに、労働者をいかに統率するかという点で、パイコノミクスが私たちに与える教訓に注目する。では、パイコノミクスの３つの原則――いずれも態度の変化を含む

――を従業員に適用してみよう。1つ目の原則は、労働者に自治権を与えて、実行による過ちに加えて不実行による過ちも回避すること。すなわち**エンパワーメント**（**権限委譲**）**の態度**である。2つ目は、たとえ利益とのつながりが不明確でも、従業員に投資すること。これは**投資の態度**である。そして3つ目は、パイ拡大の恩恵を従業員と分け合うこと。これは**報酬の態度**である（前述のように、これらの原則は他のステークホルダーにも適用できる。企業は顧客からのフィードバックを積極的に求めて顧客をエンパワーメントし、商品を通して顧客の長期的な幸せに貢献し、最大限に値上げするのではなく、成功の恩恵を分け合うことができる）。

これらの3つの態度が関連するのはパイコノミクスだけでなく、第4章で長期的パフォーマンスと連動することを確認した、「最も働きがいのある会社」の調査項目にも密接につながっている。同調査は労働者が信用、公正、尊重、誇り、連帯感をどう認識しているかを測定するものだ。次の表に挙げた設問からも分かるように、従業員の認識には、リーダーがエンパワーメント、投資、報酬の態度を見せているかどうかが、ある程度反映されている。

これらの設問例が強調するように、従業員満足度の向上には単に金をかけることよりも態度を変えることが重要であり、それによって他社の模倣が難しくなる。では、この競争優位を支えるものが何かを見ていこう。

信　用	ここの人たちには多くの責任が与えられている
公　正	私はこの組織が生み出した利益を公正に分け与えられていると感じる
尊　重	私は専門性を高めるためのトレーニングや能力開発の機会を与えられている
誇　り	私の仕事には特別な意味があり、「単なる作業」ではない
連帯感	ここの人たちは互いに思いやりを持っている

エンパワーメントの態度

エンパワーメントの態度では、従業員をアイデア、インスピレーション、イノベーションの源と見なす。この源を活用しないことは不実行による過ちだが、伝統的な経営手法は、実行による過ちの回避を基本としている。

ヘンリー・フォードは史上最も創造的なビジネスリーダーの1人と広く認識されている。彼が残したという「もし人々に何が欲しいかと尋ねたら、より速い馬と答えただろう」という言葉は、問題の解決だけでなく問題の発見が重要なことを示す例である。彼が自動車を発明したわけではないが、製造工程に組立ラインを導入することにより、初めて米国の中流階級の人々が購入できる自動車（T型フォード）を開発した。

この組立ラインの元になったのは、1911年に出版されたフレデリック・ウィンスロー・テイラーの『科学的管理法の諸原理』である。テイラーは現場の労働者には2つの性質があると考えた。1つ目は、努力が嫌いで放っておくと怠けることである。2つ目は、知性がなく自分の頭で考えられないことである。これはベスレヘム・スチールで銑鉄を扱うシュミットという名の労働者の描写に顕著に表れている。

仕事として銑鉄を扱う人物に最初に求められる条件の1つは愚鈍さで、例えるなら雄牛に最も近い精神構造をしていることである。（中略）とても愚かなので、「パーセンテージ」という言葉は彼にとって何の意味もない。従って彼が成功するためには、もっと知的な人物から、科学の法則に基づく労働習慣の訓練を受けなければならない。

テイラーの考えによれば、あらゆる仕事の最適な実行方法は1つしかなく、それゆえリーダーには2つの責任がある。1つ目は、その最適な実行方法を、科学的実験――一度に運ぶ銑鉄の量や休憩時間の長さの数値化――を通して見出すことである。2つ目は、この最適な方法に労働者を確実に従わせることである。テイラーはシュミットにこう話した。

明日は朝から晩まで、この人に言われた通りのことをしなさい。銑鉄を拾って歩けと言われたら、拾って歩きなさい。座って休めと言われたら、座って休みなさい。1日中ずっとそうしなさい。それから、口答えはしないこと。

しかしテイラーは、これが「乱暴な言い方」だと認めつつ、「シュミットのような精神的に鈍いタイプ」の人に対しては、これが「適切であり、意地悪ではない」としている。そして、このリーダーシップのアプローチは、少なくとも定型業務について短期的に行う分には効果があった。シュミットの1日の銑鉄の運搬量が、12トンから47トンへと4倍に増えたのだ。

組立ラインはテイラーからヒントを得たものだった。組立ラインでは生産スピードに合わせた作業を強制され、分業が極限まで進んだ。労働者は、ごく限られた範囲の作業を、休みなく、頭を使わずに繰り返したのである。現代の労働環境はそこまで極端ではないが、怠慢やミスなどの実行による過ちを防ぐ目的で、科学的管理の要素はまだ残っている。[12]

怠慢を防ぎたいという考えは、従業員はもともと仕事が嫌いだという前提から生じている。従って良い経営には、長時間労働の文化を形成したり、従業員を目標に縛りつけたりして、従業員からできる限り多くを搾り取ることが必要になる。テイラーがシュミットに銑鉄の運搬目標を課したのと同じように、ウェルズ・ファーゴは銀行員に日々の売り上げ目標を課し、未達の場合は翌日の目標に上乗せした。元CEOのジョン・G・スタンフは、「ゴーイング・フォー・グレイト（Going for Gr-Eight）」という言葉を作り、ニーズや要望に関係なく、各顧客に最低8つの商品を販売することを従業員に奨励した。なぜ8つだったのだろうか。分析して、8つの商品で顧客の幸福度が上がるという結果が出たから

12　怠慢は仕事を実行しないことなのに、なぜ「不実行による過ち」ではないのかと思うかもしれない。本書では「不実行による過ち」という表現を、定型業務を遂行できないことではなく、新たなアイデアを打ち出さないことという意味で用いる。

ではない。単純に「greatと韻を踏んだ」からである。

そしてミスを防ぎたいという考えは、たとえ労働者が怠けなくても、彼らには自力で正しい意思決定をするための専門知識が欠けているという前提から生じている。この前提はマイクロマネジメントや組織の階層化を招き、従業員のスキルや知識を活用しないという不実行による過ちを犯すリスクがある。私が投資銀行に勤務して2年目の頃、数カ月にわたり携わっていたクライアントから、米国の状況を調査してほしいと依頼された。米国のアソシエイト（アナリストだった私の上の階級）に電話で問い合わせたところ、ジェフという米国のマネジングディレクターが担当していると言われた。そのアソシエイトは「ジェフに電話しなさい」と言った後、「そちらのアソシエイトにジェフに電話させなさい」と言い直した。彼が言外に示したのは、アナリストの私では、マネジングディレクターと話すには階級が低過ぎるという懸念である。おそらく私の階級では明確に話ができず、ジェフの時間を無駄にする――実行による過ちを犯す――だろうということだ。私はクライアントの要望を直接聞き、彼らが米国の状況に興味を持っている理由も理解していたが、組織の階層構造のせいで、アソシエイトに状況を説明し、そのアソシエイトがジェフに電話し、結果を私に伝える必要があった。これはアソシエイトの時間を無駄にし、伝達の過程でメッセージが失われるリスクもはらんでいた（結局、私は自分でジェフに電話し、彼は大変協力的だった）。

これに対し**エンパワーメントの態度**では、実行による過ちを防ぐための厳重な管理は不要だと考える。従業員は、探究や創造を求める内なる欲求、すなわち社会心理学者ダニエル・M・ケイブルの言う「探究システム」の働きによって、仕事に対して内発的な動機を持つ。実際、パンデミック時に在宅勤務に移行して分かったように、従業員は厳重な監視がなくても貢献意欲を持ち続けた。彼らはまた、目標達成に向けた最適な方法を見出すための専門知識や現場の情報を持っている。リーダーの課題は、この探究システムを稼働させ、誘導することである。

エンパワーメントは第二次世界大戦後の日本の成功の重要な柱だった。フォードの米国の組立ラインでは、労働者が上司の計画した作業を実行し、上司が最終製品の品質をチェックする。これに対し、トヨタ自動車など日本の製造業者が採用したアンドン方式は、工場労働者が品質に責任を負い、何らかの不具合があった場合に生産ラインを止める権限を持つ。すると支援を要求するランプが点灯するため、アンドン（行燈）という名がついたのだ。従来、生産ラインの停止は経営者の判断とされてきたため、この態度の変化は急進的だった。活動の最も近くにいる人々がイノベーションに貢献できるようになったことで、日本の工場は継続的改善の拠点となった。私が東京のトヨタの工場を視察したとき、トヨタの従業員たちは、労働者から生まれた生産プロセスの機能を1つひとつ誇らしげに指し示した。

この態度は今では欧米の多くの企業で取り入れられており、「最も働きがいのある会社」調査の「この人たちには多くの責任が与えられている」という設問も、ある意味でこれを測定するものだ。例えば、ニュー・ベルジャン・ブリューイング・カンパニーの共同創業者であるキム・ジョーダンは、同社のアプローチを次のように表現する。「当社には積極的に関与する文化があります。お金がどこに行くかを皆が知っていて、皆が参加して戦略を策定することが期待されています。これにより、信頼感を育む透明性のある環境だけでなく、『みんなで一緒にやろう』という共通の気持ちが生まれています」。第3章で、ニュー・ベルジャンが自社の与える環境インパクトを認めていることについて議論した。同社は「ブライトアイデア」というクラウドソーシング型プログラムを運用し、従業員から環境インパクトを抑制するアイデアを募っている。アイデアの1つに、段ボール箱の中でボトルを分けていた仕切りをなくすというものがあった。これを実行したことにより数百本の木が守られ、原料費も年間100万ドル節約できた。それ以外にも間接的な恩恵があった。例えば、以前は梱包段階で減速していた生産スピードが向上した。そして、箱が小さくなったためにトラックに積載できる数が増え、燃料費や炭素排出量が削減された。この例はエンパワーメントの価値だけでなく、パイコノミクスの原則――環境に貢献するための行動が、最終的に投資家にも恩恵を与える――も示している。

エンパワーメントには、不実行による過ちを避けるためにミスを許容することも含まれる。第5章で取り上げたように、レキットベンキーザーのバート・ベヒトは、何段階もの承認プロセスを設けずに、マネジャーに新たなアイデアの実行を委任している。そのため取り組みが失敗するリスクは高まるが、そうした失敗は、イノベーションを抑制することに比べれば損害が小さい。財務ソフトウェア企業のイントゥイットや複合企業のタタは、ミスの許容からさらに進み、最終的に失敗したが貴重な学びをもたらしたアイデアに賞を与えるという形で、積極的に失敗を称えている。

これらの事例から得られる結論は、多くのエビデンスに裏づけられている。スコット・E・サイバート、ガン・ワン、スティーブン・H・コートライトによる142件の研究のメタ分析は、個人に対するエンパワーメントが、定型業務、「組織的市民行動」（通常の職務の範囲を超えて行動すること）、イノベーションなどいくつかの面で高パフォーマンスと関連することを明らかにした。同様に、チームに対するエンパワーメントが、チームのパフォーマンスの大幅な向上と関連することも分かった。

エンパワーメントには未開発の潜在能力を引き出す力があるが、無制限に行うべきではなく、パーパスとトレーニングによって効果的に誘導するべきである。従業員は怠惰だという前提がなくても、マイクロマネジメントや階層化は進むかもしれない。たとえ従業員が勤勉でも、その労力が重要ではない問題へと誤って誘導される可能性がある。そこで威力を発揮するのがパーパスであり、これは「私の仕事には特別な意味があり、『単なる作業』ではない」という設問で、ある程度把握できる。従業員が企業のパーパスに触発されていれば、束縛されなくてもパーパスのために貢献するだろう。パーパスの的が絞られていて、優先事項が明確であれば、従業員は自分のエネルギーを向ける先を理解できる。作家のアントワーヌ・ド・サンテグジュペリはこう述べている。「船を作りたいなら、男たちを鼓舞して材木を集め、作業を分担させ、指示を出すことをしてはならない。その代わりに、広大で果てしない海への憧れを教えるのだ」。実際、すでに見たように、クローディン・ガーテンバーグと共同執筆者らは、強力で明確なパーパス――特に、上級リーダーではなく中間管理職がそう認識している場合――の恩恵を記録した。

そして、従業員に自主性を十分に発揮させるためのもう１つの方法が、彼らのスキルに継続的に投資することである。この投資の態度について見ていこう。

投資の態度

投資の態度は、従業員の生産性を上げることはもちろん、彼らを1人の人間として大切にするという観点から、スキルとウェルビーイングを向上させることを目指す。この態度は、「ここの人たちは互いに思いやりを持っている」という設問で、ある程度測定される。

ノーベル賞を受賞したゲイリー・S・ベッカーの古典的な経済モデルは、企業は社内に限って価値を持つ**独自**のトレーニング――社内データベースの使い方など――だけに投資するべきだと主張する。他社でも価値を持つ**汎用的な**スキルに投資すれば、労働者はより高い給与を獲得できる。つまり、従業員の生産性を向上させると、その恩恵は企業ではなく従業員本人に渡るのだ。このような経済モデルは単なる抽象的な理論ではなく、実践にも影響する。一般教育の資金を出すのは、ほとんどの場合は雇用主ではなく、政府（公立学校など）、労働者自身（MBA課程など）、あるいはその組み合わせ（公立大学など）である。

しかし投資の態度では、トレーニングの内容が自社固有か汎用的か、あるいは自社がどれだけの恩恵を受けるかということを計算しない。実際、「私は専門性を高めるためのトレーニングや能力開発の機会を与えられている」という設問は、このような区別をしていない。投資の態度では、労働者のスキルを開発して、現在の職場での価値だけでなく将来転職する際の雇用の可能性を上げることも、企業の責任だと見なす。エイミー・ゴールドスタインは著書『ジェインズヴィルの悲劇』で、ウィスコンシン州ジェインズヴィルにあったゼネラルモーターズ（GM）の工場が2009年に閉鎖したことで慢性的な失業が発生し、町全体が深刻な不景気に陥ったことを説明した。ＧＭは専門分野に特化したスキルの教育を重視していたため、従業員の再教育はほとんど成功しなかった。コンピューターの使い方が分からないために、現地の専門学校が提供する講座を受けられない者も多かった。

投資の態度の１つの例として、スタンダードチャータード銀行のシンガポールの支店は、２０１６年８月にスキルズ・フューチャー＠ｓｃプログラムを開始し、従業員に有給学習休暇を与えて、銀行が主催する50講座の中から１つを無料で受講できるようにした。このプログラムは、主にテクノロジーの変化によってリスクにさらされる職務の労働者を対象としていたが、技術的スキルだけでなく、テクノロジーに取って代わられる可能性の低い人間的スキル（接客など）も訓練した。また、スキルへの投資には必ずしも金銭的支出や正式なプログラムが求められるわけではなく、コーチングやエンパワーメントといった管理手法が求められる場合もある。今日、エンパワーメントに従業員イニシアチブが活用されていることはすでに述べた。それとは別に、従業員イニシアチブには、彼らにステップアップの機会を与えることによって将来のポテンシャルに投資するという効果がある。

先ほど、投資とは「スキルと**ウェルビーイング**を向上させること」だと述べた。物理的資産の場合、投資によって最大能力が向上する。例えばＩＴシステムをアップグレードすれば、より多くのデータを処理できるようになる。従業員に対する投資も同じで、スキルをアップグレードすることで、最大潜在能力を向上させられる。しかし多くの労働者は、精神あるいは身体のウェルビーイングが十分ではないために、潜在能力を十分に発揮できていない。そのため従業員への投資とは、彼らの潜在能力を高めることだけでなく、彼らが現在の潜在能力を発揮できるように支援することでもある。

2015年、UBSウェルス・マネジメントのリーダーらは、要求の厳しい同社の文化が従業員に害を与えている可能性があると認識した。そこで、ヘルス・マター・イニシアチブを立ち上げて、クラウディア・オーケンにその先導役を依頼した。これを引き受けた彼女は、体の健康増進のための大規模なイベントを開催した。例えば「100日100万歩」計画では、従業員がチームを組んで各自が1日1万歩を歩くことを奨励し、歩数の分だけ慈善寄付を行った。こうしたイニシアチブの恩恵を数値化した、キャサリン・ベイカー、デビッド・カトラー、チールイ・ソンのメタ分析によると、ウェルビーイングのプログラムに1ドル支出するごとに、医療費が3・27ドル、欠勤による損失が2・73ドル減少する。

すでに議論したが、投資の態度では、従業員トレーニングの恩恵を――それを受け取るのが企業自体でなくても――考慮に入れる。そしてこの態度では、従業員の追加作業の費用も――たとえ企業にとって支払う必要のない残業代であっても――考慮に入れる。これと対極を成すのが**自由処分**[13]の態度で、この場合は上司が部下の時間を自分のものと考え、ある作業が最終的に役に立つ「場合に備えて」、部下の負担を顧みずに時間を使わせる。例えばクライアントから技術的な質問を受ける場合に備えて、プレゼンテーションの付録に載せる複数の分析を要求するかもしれない。第3章で、企業の行動の便益が、内部的機会費用ではなく社会的機会費用を下回った場合に、パイが縮小することを説明した。企業にとって、従業員の時間に内部的費用が発生することは少ないが、従業員がその時間をレクリエーションに使えた可能性を考えると、社会的費用はかなり大きい。この社会的費用を無視して仕事を任せると、パイが小さくなるのである。

この考え方に基づくと、ウェルビーイングのイニシアチブを２つの方法で発展させるべきだ。１つ目は、身体的ウェルビーイングから精神的ウェルビーイングへの発展である。身体の健康が大切であることは昔から認識されてきたが、自由処分の態度の下で深刻な打撃を受けてきた精神的ウェルビーイングの重要性に企業――そして社会――が気づいたのは、もっと最近のことである。ジョエル・ゴー、ジェフリー・フェファー、ステファノス・ゼニオスの推計によると、米国では職場でのストレスによって年間12万人の死者と１９００億ドルの医療費が上乗せされている。そして最終的に、企業自身が保険料の割増という形でこれを負担している。精神的な健康は、従業員が在宅勤務を行うパンデミックの時期には特に重要である。在宅勤務の場合、上司の中には時間を問わずチームメンバーに電話をかけてよいと考える者がいるため、家庭と職場の区別が曖昧になる。在宅勤務では、一人暮らしの従業員が人と交流する主な機会も失われる。

２つ目として、ウェルビーイングのイニシアチブは、単発プログラムから継続的な文化の改革へと発展するべきである。クラウディアは大規模なイベントを開催しただけでなく、活力やストレスのマネジメントについて従業員を教育し、従業員の夜間・週末の時間を尊重することの重要性について管理職を教育した。自由処分から投資への態度の変化は、しばしば大きな意味を持つ。リーダーは、自身が若手だった頃に自由処分の時間を上司の自由処分で扱われていた経験から、部下たちの時間を同じように見なしがちである。呼び出しに常時対応することが出世の通過儀礼だと考えている可能性もある。だからこ

13（訳注）英語表記は、「free disposal」。資源を何のコストもかけずに廃棄できること。

そ、単なる支出ではなく大幅な文化の改革を必要とする従業員満足度は、模倣が困難な競争の差別化要素になり得るのだ。

クラウディアによると、イニシアチブを行わなかった場合に、病気や燃え尽き症候群が何日分生じたかを把握することは不可能なため、イニシアチブの成功をいかに測定するかが彼女の大きな課題である。実際、キャサリン・ベイカーと共同執筆者らのメタ分析は、経営手法の変更など他の要因が便益をもたらした可能性があるとして、強い因果関係を主張していない。このことは投資の態度——計算が立たなくても従業員に投資すること——の重要性を浮き彫りにする。従業員の業務が身体的危険を伴う場合、企業はすでに安全の重要性を認識している。BPはディープウォーター・ホライズンの事故を受けて、労働災害を戦略的優先事項とした。この場合の計算は簡単だ。勤務中の負傷は企業の労働条件が原因で生じることが多いため、それを改善すれば負傷率は低下するだろう。

しかし職場の安全は負傷の問題だけではなく、自由処分の態度や長時間労働の文化がもたらす身体の不調や燃え尽き症候群など多岐にわたる。従業員が心身を病んだとき、それが職場のせいなのか、職場以外に原因があるのかは分からない。しかしそれは、投資の態度をとる企業にとっては問題ではない。そうした企業は、たとえ便益を数値化できなくても、健康的で安全で充実した環境の提供に努めるからである。

報酬の態度

報酬の態度では、パイ拡大の恩恵を従業員と分かち合う。従業員に**金銭的な所有権**を与えること――第５章で推奨した自社株の付与――は、その最も顕著な例である。合理的な経済主体を基本とする伝統的な経済理論は、一般社員には決して株式を与えるべきではないと主張する。一般社員の働きは自社の株価にほとんど影響を与えないため、株式を与えたところで熱心に働くはずがないからだ。しかし、人間は経済学的な費用便益分析の通りに動くわけではない。従業員に株式を付与することは、会社の成功を分かち合うべきパートナーとして扱うことである。これは「私はこの組織が生み出した利益を公正に分け与えられていると感じる」という設問で把握できる。

投資と同じように、従業員に対する報酬は金銭だけではない。探究システムの働きにより、従業員には貢献したいというモチベーションもある。従って報酬の態度では、**業務の所有権**を与える――業務に対する責任を、場合によって無条件に課す――という形で、金銭だけでなく内発的なパイ拡大の恩恵を与えることが重要だ。業務の所有権がもたらす恩恵の１つは、すでに述べたエンパワーメントである。しかしそれ以外に、従業員が業務をやり遂げたときに得られる満足感がある。若手が書いた資料の一部を、上司が修正したい場合があるかもしれない。その修正は紛れもない改善かもしれないが、些細なことである。その従業員が最終成果物に全責任を負うことで得る報酬は、初版を維持することに伴う小さな犠牲を上回るのだ。

私がモルガン・スタンレーに入社して２年目の頃、エグゼクティブ・ディレクターのウィリアムは、アソシエイトやバイスプレジデントを挟まずに私と仕事をすることが多かった。通常、プレゼンテーションのエグゼクティブサマリーはシニアバンカーの権限で記載される。しかし私は、本文のスライドについてウィリアムに確認を取る際、エグゼクティブサマリーのスライドを空白にせず、あえて記入して提出した。最初の数回は、プレゼンテーションの改善だけでなく私の指導という意味で、ウィリアムは大幅な変更を提案した。私はそれらの変更点から学び、徐々に改善していった。エグゼクティブサマリーが初めて修正されずに返ってきたときの満足感は今でも忘れられない。ウィリアムは多少の改善点を指摘することはできたはずだが、そうしなかった。それによる最終成果物への影響は小さかったが、私にとっての報酬は非常に大きく、20年たっても鮮明に覚えているのである。

まとめ

- 企業がパイを拡大するための主な方法は、**卓越性**の発揮である。社会貢献は明確な「貢献」活動をすることだけではない。ステークホルダーに直接影響を及ぼすかどうかにかかわらず、ほとんどの企業や従業員は、各自の固有の役割を卓越した手腕で担うことによって社会に大いに貢献している。
- 企業の**パーパス**とは、企業が存在する理由――どのように社会に貢献することを目指すか――である。パーパスの効果的なステートメントの作成に役立つ3つのポイントがある。
  - ○パーパスは**的を絞って厳選する**べきである。全員のためにすべてを行うというパーパスはあり得ない。パーパスは、逆にして理屈が通る場合のみ意味がある。このときパーパスは、リーダーがトレードオフに対処する際の指針を与え、その企業が何を支持するかをメンバーに明確に示す。

○パーパスは、その企業が「誰」のために、「**なぜ**」存在するのかを定義する。「**誰**」は**重要度《マテリアリティ》の原則**を、「**なぜ**」は**比較優位の原則**を土台にするべきだ。

○パーパスは、企業幹部が**計画的**に誘導する面と、従業員が単に実践するのではなく、**緊急性**をもって自ら形成する面を兼ね備えるべきである。外部のステークホルダー、特に顧客からのインプットにも価値がある。

●パーパスは単なるミッションステートメントではなく、企業としてそれを体現しなければならない。また、パーパスを単に**定義**するだけでなく、外部に**発信**し、内部に**定着**させなければならない。

●報告の内容は、株主価値に関する財務指標の範囲を超えて、ステークホルダー価値に関する非財務指標へと拡大するべきである。そして、定量的な報告と同様に、ナラティブが重要であることを理解するべきである――**観察できるものは達成できる**。**統合報告**の主な価値は統合的思考を引き出すことであり、それによって、ステークホルダーの関心事がすべての重要な意思決定に組み込まれるようになる。

●コミュニケーションは単なる報告ではなく、双方向的な対面式プロセスになる。投資家に「セイ・オン・パーパス」を与える場合もある。それによって、その企業に対する投資家の金銭的貢献の範囲にとどまらない、**投資家資本**が築かれる。

●リーダーがパーパスを実践する方法として、企業の戦略を用いる、経営モデルや文化を合致させる、関連する非財務指標を盛り込んだ内部向けの「バランス・スコアカード」を開発する、パーパスを取締役会の優先事項にすることが挙げられる。

●企業は**ステークホルダーとの相互関係**を認識するべきである。ステークホルダーは単なる生産要素ではなく、企業のメンバーである。こうした考え方を従業員に適用する場合、取り入れるべき3つの態度があり、これらはいずれもパイコノミクスの原則に基づいている。

○**エンパワーメントの態度**は、実行による過ちだけでなく、不実行による過ちを重く捉える。この態度では、従業員には内発的な動機と知性があると考える。彼らに自由を与えて明確なパーパスで導けば、怠けることはなく、むしろアイデアを創出する。

○**投資の態度**は、たとえ利益につながるかどうかが不透明でも、ステークホルダーに価値を提供することを基盤とする。この態度では、企業は従業員を1人の人間として大切にするため、彼らのスキルとウェルビーイングの強化を目指す。そして投資の便益と追加作業の費用の両方を内部化する。

○**報酬の態度**は、パイ拡大の恩恵をステークホルダーと分け合うことを基盤とする。従業員に金銭面と業務面の所有権を与えるため、従業員は企業の成功の恩恵を金銭的にも内面的にも享受する。

第9章　投資家

スチュワードシップのポリシーを実行に移す

第6章では、スチュワードシップを「企業が社会のために生み出す価値を高める投資アプローチ」と定義し、投資家のエンゲージメントとモニタリングがいずれもパイを拡大させるというエビデンスを紹介した。ここからは投資家がスチュワードシップを実践する方法について議論する。第8章でパーパスを実践するためのフレームワーク――パーパスの定義、内部への定着、外部への発信――を紹介したが、これはスチュワードシップにも当てはまり、全体的に多くの類似点を見出せる。本章の一部は、ザ・パーパスフル・カンパニー（TPC）での私の仕事――特にTPCのすべてのスチュワードシップ・イニシアチブを共に主導したトム・ゴズリングとの数々の議論に基づいている。

本題に入る前に2点強調しておきたい。1つ目は、スチュワードシップの改善は急務だということである。企業にとってパーパスが単なる追加オプションではなく、企業の社会的責任（CSR）部門に収まらないのと同様に、スチュワードシップは投資家にとって追加オプションではなく、スチュワードシップ部門には収まらない。はっきりしているのは、スチュワードシップは個人投資家――投資家のクライアント――に対し、長期的リターンの向上と、非財務的目標の達成という形で貢献するということである。もっと広く言えば、スチュワードシップは投資運用業界の正当性を示すために重要である。社会は投資家にスチュワードシップの責任があると認識しており、２００７年の金融危機のような企業破綻が生じたのは、投資家がその責任を果たさなかったからだと批判してきた。さらに、こうしたスチュワードシップに対する期待は金銭的リターンにとどまらず、社会的目的にも及んでいる。例えば、多様性の向上や気候変動対策を推進せよと、投資家から企業に要求できるということである。そして優れたスチュワードシップは国家的な競争優位になり得る。日本の元首相である安倍晋三は、日本の投資業界が長年にわたって受け身的な姿勢であったことが株式リターンの低さを招いたと考え、これを解決するための数々の構造改革を実行した。

社会にとってのスチュワードシップの重要性を踏まえて、いくつかの国はスチュワードシップ・コードを導入済みである。そうしたコードを遵守することは最初の一歩として素晴らしいが、あくまでも最低条件と見なすべきである。投資家が自らスチュワードシップを改善しなければ、より厳しいコードや規制を課されるかもしれない。投資家の権利を縮小せよという議論は、投資家が責任を持って権利を行使していないという懸念に基づいている。

２つ目の強調ポイントは、「投資家」は１つの独立した存在ではなく、図９・１に示す投資の連鎖の全体で構成されているということである。第６章で、バリューアクトやフィデリティなど、投資を管理する**資産運用会社**に注目した。こうした企業は、フィデリティ・マゼラン・アクティブファンドやフィデリティ・ミッドキャップ・インデックスファンドといった個々の**ファンド**を運用する。**投資家**は資産運用会社とファンドのどちらにも使える一般的な用語である。

図９・１　投資の連鎖

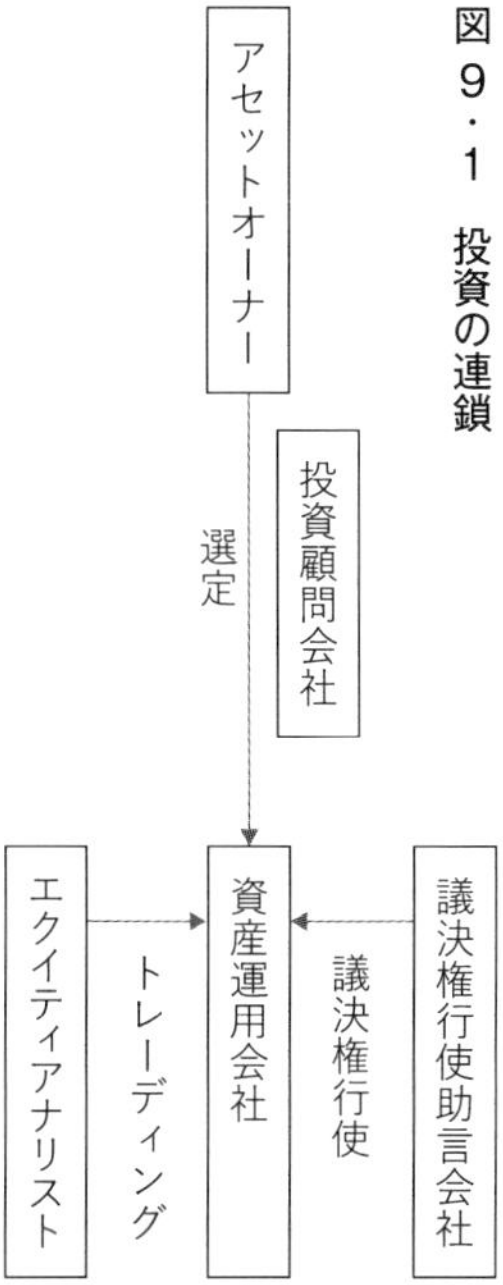

しかし、投資の連鎖を構成するのは資産運用会社だけではない。こうした企業は**アセットオーナー（資産保有者）**や**個人投資家**の代わりに資金を運用している。直接ファンドを購入する一般の人々もいれば、年金基金、大学基金、政府系ファンドといった機関投資家も含まれる。彼らは資産運用会社にスチュワードシップの説明責任を果たさせるという点で非常に重要な役割を担う。例えば１兆５０００億ドルの資産を運用する日本の年金積立金管理運用独立行政法人は、スチュワードシップを選定・評価プロセスの主な基準としている。一般の人が金融アドバイザーを利用するのと同様に、資産保有機関は、エーオンヒューイットなどの**投資顧問会社**を使って資産運用会社を選定することが一般的だ。資産運用会社にも独自の顧問がつく。すなわち投票判断について助言する**議決権行使助言会社**や、トレーディングの判断について助言する**エクイティアナリスト（株式アナリスト）**である。投資顧問会社や議決権行使助言会社を総称して、**サービスプロバイダー**と呼ぶ。規制当局は通常、エクイティアナリストをサー

ビスプロバイダーとは見なさず、スチュワードシップに関する役割を担っているとも考えない。しかし彼らは、スチュワードシップの一形態である投資家のトレーディング判断に影響を及ぼしているため、本章に含めることにする。

そうすると、スチュワードシップの改善のためには投資の連鎖を全体的に改革する必要があるが、スチュワードシップ・コードは、一般的に資産運用会社に焦点を当てる。本章ではまず資産運用会社を取り上げて、それらがいかにスチュワードシップポリシーを定義し、実践的な手法に組み込んで定着させ、最終的に成果を外部に発信しているかを説明する――つまり第8章のパーパスの実践で説明したのと同様の3ステップだ。本章後半では、投資の連鎖のその他の輪について、このプロセスを説明する。

スチュワードシップの定義

スチュワードシップ・コードはしばしば、どのケースにも当てはまる画一的なアプローチがあるということを前提としている。それはエンゲージメントはモニタリングよりも必ず有効で、スチュワードシップは弱いより強いほうが必ず良いというものである。しかしこれは比較優位の原則を無視している。資産運用会社は、費用や専門知識の要件を理由に、スチュワードシップに関与しないかもしれない。投資家が小規模、あるいはスチュワードシップに比較優位を持たない場合、その投資家の最大の社会貢献の方法は、個人投資家に低コストで株式市場に参加できる方法を提供して、経済成長の恩恵を享受させることかもしれない。もしそうなら、スチュワードシップを最低限にする、あるいは投資家の代理で企業と関わる第三者（例えばフェデレーテッド・エルメスのエクイティ・オーナーシップ・サービシズ）[1]に外注するかもしれない。従って、スチュワードシップを明確に定義することが重要である。重要なのは、広範なスチュワードシップ活動を行うことよりも、ファンドがやると宣言したことを確実にやることだ。これにより、アクティブ運用を謳って高い手数料を取りながら、それを実践しない「クローゼット・インデックス・ファンド[2]」の問題を回避できるはずだ。

スチュワードシップの出発点はファンドのパーパスである。パーパスでは、ファンドが個人投資家や社会にどう貢献したいのかを説明する。そうすると、そのパーパスを達成するためにスチュワードシップをどう生かすかが大体決まり、スチュワードシップのポリシーも定まる。ポリシーにはエンゲージメントだけではなくモニタリングまで含めるべきである。特に、**何を理由に売却するかという点について、投資家はポリシーを定めるべきだ。**これは短期的収益を受けた反射的な売りの防止に有効で、売却が効果的なスチュワードシップの仕組みになり得るという認識に立っている。一部の投資家は一般型ダイベストメント――例えばタバコ会社の株式を売却する（あるいは決して購入しない）――のポリシーを掲げているが、特化型ダイベストメント――長期的かつ無形の要素を理由に撤退する――のポリシーを持つ投資家は少ない。ダイベストメントについて投資家がどのようなポリシーを採用するにせよ、企業を売却する際は、短期的利益ではなく、必ずそのポリシーを根拠としなければならない。同様に重要

1　（訳注）　米国の投資管理商品や金融サービスを提供する企業。
2　（訳注）　中身がベンチマークに酷似している、疑似インデックスファンドといえるようなファンドのこと。

なこととして、ポリシーの基準を超過し、なおかつエンゲージメントが奏功しない場合は、ハンドルを握ったまま居眠りをしていないで実際に売却するべきである。[3]

これを踏まえたパーパスとスチュワードシップのステートメントは、例えば次のような内容になる。

パーパス：「市場に値付けされていない質の高い無形資産を持つ企業に投資し、そうした無形資産の強化を支援することを通して、長期的に実質リターンを創出します」

スチュワードシップのポリシー：「短期的利益を優先すると、長期的リターンを促進する無形資産、例えばマーケティング、人的資本、イノベーションなどへの投資が阻害される可能性があると私たちは考えます。そのため企業の無形資産の質の評価に特別な注意を払い、投資額だけでなく投資の成果も追跡しています。インオーガニック・グロース（外部的成長、M&Aによる成長）よりもオーガニック・グロース（内部的成長）を重視し、時には他の投資家とも協力しながら定期的に経営陣に働きかけて、無形資産の創出を促します。私たちは、短期的収益ではなく無形資産の成長に基づいて経営実績を評価することを約束します。企業が無形資産に十分に投資しない場合や、経営陣に対するエンゲージメントが変化をもたらさない場合は、その企業から撤退します」

モニタリングとエンゲージメントという大きな仕組みの範囲内で、様々なアプローチが考えられる。パーパスと同様に、スチュワードシップのポリシーも的を絞るべきである。投資家に、すべての企業の問題を必ず解決するという責任はない。そのためポリシーから省かれた内容は、そこに書かれている内容に負けず劣らず重要である。エンゲージメントは様々な形態を取り、十分な情報に基づいた議決権行使、経営陣との非公式なミーティング、公開の対立的アクティビズムなどが考えられる。そのテーマも様々で、投資家がエンゲージメントにおいて優先する課題は、それを評価する上での比較優位に基づく場合もあれば、重要度が高い課題だという判断に基づく場合もある。インデックスファンドは一般的なテーマ（上級管理職の多様性など）を優先するだろう。しかし、特定企業を詳細に把握する必要がある特化型のテーマ（戦略など）に関与するリソースは持たないかもしれない。こうしたテーマにはアクティブファンドが力を入れるべきである。同様に、モニタリング対象の課題にも特化型と一般型があるだろう。

また別の重要な観点として、投資家は最終的にはクライアントに責任を負うため、スチュワードシップはクライアントの利益になる場合にのみ実践するべきである。従ってスチュワードシップを実践するときは、ビジネス上の重要度が高く、それゆえ最終的に株主の長期的リターンの向上につながる課題

3　注意点として、投資家のポリシーが売却を目的にすることはまれであり、経営陣が譲歩しない場合もエンゲージメントを継続することを目的とする可能性がある。資産運用会社にはスチュワードシップの総合ポリシーがあっても、個々のファンドのアプローチは異なるかもしれない。インデックスファンドはアクティブファンドほど特化型エンゲージメントを行わないだろう。しかし、各ファンドは総合ポリシーの特徴も備えているべきである。ちょうど、メーカーが製造する多様な商品が、すべてその会社のパーパスに沿っていなければならないのと同じである。個人投資家が資産運用会社ではなくファンドを購入しているため、スチュワードシップのポリシー（そして後述するが、スチュワードシップの実績）は、ファンドごとに報告するべきである。ファンドに求められる報告を最小限に抑えるために、ファンド個別のアプローチを定義する際に、資産運用会社の総合ポリシーを相互参照するようにしてもよいだろう。

か、クライアントが金銭的リターンを度外視して選好する、内発的重要度の高い課題を対象にしなければならない。投資家はそうしたクライアントの選好を確実に理解しておくべきである。例えば年金基金ならば、年金受給者の人々を調査して、彼らの社会的目的を知ることができる。資産運用会社は、話題になっている課題に何でも反応しなければという強迫観念を持たず、リターンやクライアントという視点で最も重要な課題に集中するべきだ。同様に、政策決定者は投資家に、公共政策のイニシアチブを実行する責任を課すべきではない。それは政策決定者の責任であり、第10章で議論するように、彼らにはそれを果たすための税制と規制という強力なツールがある。

投資家がスチュワードシップのポリシーを定義したら、次のステップはその実践である。ここからは、この点について考えていこう。[4]

スチュワードシップの定着

第6章で、特に有効なエンゲージメントを行うヘッジファンドの特徴を3つ挙げた。すなわちポートフォリオの集中度、金銭的インセンティブ、そしてリソースである。これらの特徴はモニタリングも強化する。すでに強調したように、これらはヘッジファンド特有の要素ではない。これらの特徴を取り入れることが、スチュワードシップを定着させるための最初のステップとなる。1つ目の**ポートフォリオの集中度**から始めよう。アクティブを謳う投資家は、保有する企業の数を絞り、真の意味でアクティブでなければならない。ベンチマークを構成する銘柄だから保有するのではなく、むしろ保有しないという態度を基本とするべきだ。すると全銘柄について、長期的展望に信頼が置ける、あるいは自社の力で好転させられるという確信を持って保有することになる。有効な経験則として、ファンドが特定企業を選んで保有する場合は、出資率がベンチマークの構成比率を上回るようにするべきである。そうすることで、第6章で指摘した矛盾——その企業への出資比率が低いと、エンゲージメントが奏功した場合にベンチマークのパフォーマンスを下回る——を回避できる。

投資家の中には、ポートフォリオを集中させるとクライアントを過度なリスクにさらすと主張する者もいる。しかし、アクティブファンドを選んだクライアントは、ファンドマネジャーの銘柄選択能力を信じ、彼（彼女）がそれを発揮することに対価を支払っている。ファンドがもたらすリターンよりも投資の分散化を求めるクライアントは、単純にインデックスファンドを重視したポートフォリオにすればよいのである。こうした主張は、実際にはファンドマネジャーの利己心から出ている場合も多い。つまりファンドマネジャーは、クライアントを失う、あるいは自身が交代させられることになりかねないアンダーパフォーマンスのリスクを冒したくないのである。

2つ目の特徴は**インセンティブ**だ。第5章で、リーダーは経営者のように報酬を受け取るべきだと指摘したが、同じことはファンドマネジャーにも当てはまる。アジェイ・コラナ、ヘンリ・セルヴァース、レイ・ウェッジによると、ファンドマネジャーが自身の運用するファンドに出資する比率が1％上

4　第8章で取り上げた企業については、外部へのコミュニケーションを先に説明した。資産運用会社については、投資業界以外の読者にそのオペレーションを紹介する意味も含めて、内部への定着から説明する。

がると、リスク調整済みのパフォーマンスが3％向上する。クリストファー・P・クリフォードとローラ・リンゼイは、投資信託がパフォーマンス連動型手数料を課す場合にCEOのパフォーマンス連動型報酬が増えること、そしてエンゲージメントが効果を上げていると思われる状況で投資先企業の利益性が向上することを突き止めた。スチュワードシップが報われるまでには数年かかる可能性があるため、株式の所有権には長期の制限期間を設けるべきである。

3つ目の特徴は投資家がスチュワードシップにつぎ込む**リソース**だ。リソースの1つがスチュワードシップチームである（「責任投資」「ESG」「企業統治」チームと呼ばれる場合もある）。これはファンドマネジャーとは違って資金運用は行わず、エンゲージメントとモニタリングに特化する専門組織である。このチームについて重要なのは規模の大きさだけでなく、どれだけ目立つ存在かということだ。英国最大の機関投資家であるリーガル・アンド・ジェネラル・インベストメント・マネジメント（LGIM）の場合、スチュワードシップ担当の責任者は取締役会のメンバーであり、CEOの直属である。

スチュワードシップのリソースは、スチュワードシップ担当部門だけに存在するわけではない。第8章でパーパスに関する**統合的な思考**を強調したが、これと同じように、スチュワードシップも資産運用会社の投資プロセスに統合されるべきである。ファンドマネジャーはスチュワードシップに明確な責任を負い、それについて評価を受け、スチュワードシップ部門と共同で投票判断とエンゲージメントを主導するべきである（これが実践されているケースもある）。ある資産運用会社は、大卒入社の従業員全員にスチュワードシップ部門の業務をローテーションで経験させ、後にファンドマネジャーになったときにスチュワードシップの取り組みを指揮できるようにしている。しかし、統合の状況には大いに改善の余地がある。最近のある調査によれば、スチュワードシップの能力が組織全体に定着している資産運用会社はわずか23％である。

ポートフォリオの集中度、インセンティブ、リソースはスチュワードシップの土台となるが、それを実行する作業がまだ残っている。次の２つのセクションで、効果的なモニタリングとエンゲージメントを実践するための指針を提供する。

効果的なモニタリング

市場に反映されていない要素を対象とするモニタリングを実行しない限り、投資家のリターンは改善しない。株式市場は財務パフォーマンスを織り込むという点では優れているが、第４章で示したように、社会的パフォーマンスは——たとえ長期的に株主リターンの改善につながるものでも——見逃す傾向がある。そのため、投資家の思考方法の転換が求められる。効果的なモニタリングでは、企業が創出する利益だけでなく、社会のために創出する価値の多寡に基づいて銘柄を評価する必要がある。そして、投資家がこの情報に基づいて取引をすると、それが株価に転嫁され、長期的価値がより的確に反映されるようになる——これはスチュワードシップの１つの形である。

ただ実際問題として、企業の社会的パフォーマンスをどのように評価すればよいのだろうか。単なるグリーンウォッシングではなく、真に社会的責任を果たしている企業をどうすれば見極められるのだろうか。このセクションでは、投資家が利用できる様々なデータソースを批判的に評価していくことにする。

特定のサードパーティのデータソース

出発点として、第4章で紹介した学術研究を参考にするのが適当だろう。何百もの企業を分析する学術研究には、大規模で比較可能な指標が必要だ。そして指標には客観性も不可欠である。研究者の主観的な判断が入る場合、財務パフォーマンスが好調ならば「責任を果たしている」と見なして、研究者に都合の良い結果を導き出す可能性がある。

比較可能性、入手可能性、客観性は学者だけでなく投資家にとっても望ましいため、それを満たす指標は有望だと思われる。実際にそのような指標は存在する。「最も働きがいのある会社」のリストや米国顧客満足度指数が従業員や顧客の幸福度を測定するのと同じように、その他の社会的要素についても一貫した測定基準がある。例えばインターブランドはブランド価値を、トゥルーコストは環境インパクトを、エクイリープはジェンダーの平等を推計している。

しかし逆説的な話だが、比較可能性、入手可能性、客観性は**投資家**にとって魅力的であるがゆえに、**投資基準**としての魅力が薄い。つまり他の投資家もそれらを考慮しているため、株価に織り込まれるということだ。確かに昔は「最も働きがいのある会社」の株を買えば株主は市場を上回ることができた。しかし、従業員満足度がパイを分割するのではなく、むしろ拡大するという研究結果が出ている今、他の投資家もそれを利用するかもしれない。実際に、第6章で紹介したポール・ゴンパーズ、ジョイ・イシイ、アンドリュー・メトリックの研究は、投資家の権利が最も強い企業のリターンが、最も弱い企業に年間8・5%の差をつけて勝利することを示した。この研究の発表は2003年だが、ドラフト版はその数年前に回覧されていた。ルシアン・A・ベブチュク、アルマ・コーエン、チャールズ・C・Y・ワンは、2000年代にすでに、株主の権利の強さでは株式リターンを予測できなくなっていたことを明らかにした。これはガバナンスが重要性を失ったからではない。実際、ガバナンスの優れた企業の売上成長率や利益性は引き続き好調で、ポール、ジョイ、アンドリューの1990年代に関する指摘と変わらなかった。むしろ、市場がガバナンスの重要性を理解するようになったからである。投資家の権利が強い企業は、2000年代初めの時点ですでに株価が高かったために、それ以降のアウトパフォーマンスが見られなかったのだ。

より一般的には、デビッド・R・マクリーンとジェフ・ポンティフが、学術論文で明らかになった97種の取引戦略を研究して、それらの利益性が論文の発表後に平均で58%低下したことを突き止めた。取引戦略が発表されると、市場がそれを織り込むようになるのである。市場の効率性は完全ではないため、この数字が100%になることはない。投資家の中には学術論文を読まず、その戦略を知らない者もいるだろう。パイ分割のメンタリティにとらわれている投資家は、特に社会的パフォーマンスに関する指標を見過ごしやすいかもしれない。従って、こうした大規模で比較可能な測定指標にはやはり一定の価値がある。とはいえ、投資家はその上を行けるはずだ。

一般的なサードパーティのデータソース

次のステップとして、社会的パフォーマンスの個々の要素から、すべてのステークホルダーを網羅する総合的な指標、例えばすでに言及したKLDのESG格付けなどへと移行するのが自然だろう。格付け業者は、企業のESGパフォーマンスに関する多様な情報――例えば各社の開示情報、サードパーティの報告（例えば世界銀行など非政府組織の発行物）、ニュース記事、独自に行う調査やインタビュー――を収集する。そしてESGの総合格付けとE、S、Gの項目別スコア、さらにこの三本柱の下位項目のスコアを算出する。これらの数値には、スコアの根拠を説明するナラティブがついている。

しかしここには、ESG格付けを提供する企業が多数存在し（MSCI、サステナリティクス、ビジオアイリス、ロベコSAM、アセット4など）、それらの互換性が低いという重大な課題がある。異なる業者間の相関は0・54だ。この点、信用格付けの主要2社であるS&Pとムーディーズの相関が0・9を超えているのとは対照的である。企業の信用力については見解がかなり一致するのに対し、ESGパフォーマンスについては大きな隔たりがある。

フロリアン・バーグ、ジュリアン・コルベル、ロベルト・リゴボンは、この不一致の原因を深く探った。すると35％は範囲の問題、すなわち格付け業者によって含める属性が違うことが原因だった。例えば、すべての業者が「E」の項目に温室効果ガスの排出量を含めているが、電磁波の放出を含めているのは一部である。ロビー活動は非倫理的だと考えて項目に含める業者もあれば、政府との協議に応じるのと同じく、正当に政策に意見する行為だと考えて除外する業者もあるかもしれない。40％は測定の問題、すなわち測定するべきだという点は一致していても、その方法が違うことが原因だった。労働慣行は従業員の離職率を用いて評価することもできるし、企業を相手取った労働訴訟の件数でも測定できる。女性の働きやすさの測定基準は、男女の賃金格差、取締役会の女性比率、労働者全体の女性の割合などが考えられる。ある格付け業者の「化石燃料の使用量」指標は、ウォルマートの物流活動については全体的な化石燃料使用量を測定できるが、外注されているアマゾンの配送システムの化石燃料使用量はまったく測定できない。残りの25％は重みづけの問題で、総合スコアを算出する際の個々の要素の重みづけが、業者ごとに違うことが原因だった。

この混乱は投資家にとって何を意味するだろうか。ＥＳＧ格付けに価値がないとか、格付け業者が無能だということを示唆するわけではない。単純にＥＳＧパフォーマンスは測定が難しく、合理的に考えても意見が分かれるのだ。これはちょうど、ある銘柄について「買い」だという株式リサーチアナリストもいれば、「売り」だという者もいるのと同じである。実際、「不一致」は言葉を換えれば「多様性」である。投資家が複数の株式リサーチ報告を読んで多様な見方を得るのと同じように、各ＥＳＧ報告の視点が幅広く、各社が一様ではないからこそ、投資家はより充実した全体像を描けるのだ。

各種ＥＳＧ格付けに不一致があるせいで、トレーディングにそのまま使えないと嘆く投資家もいる。しかし、エクイティアナリストによる売り買いの推奨判断に無条件に従う投資家はいないだろう。まずは報告書全体を読み、その基礎となる分析をクロスチェックするはずだ。それと同じで、ＥＳＧ格付けの報告書も丹念に読んで、その格付けが実際に何を表しているのかを理解する必要がある。例えば電磁波の放出量が多いためにスコアが低くなっていても、投資家によっては、それを重要視しないかもしれない。つまり格付けそのものよりも、それを導き出した要因のほうが有益だ。ちょうど食品の総カロリーよりも、タンパク質、炭水化物、脂肪の含有量のほうが参考になるのと同じである。

投資家は、格付けを構成する個々の要因に、自身の分析を加えて補強するべきだ。理論上、ＥＳＧ報告には企業の統合報告、ニュース記事、世界銀行の研究結果が反映されているはずだが、一次情報源を見ることで、ＥＳＧ報告に含まれていない、あるいは格付け業者がまったく目をつけていない重要なニュアンスが分かるかもしれない。また、格付け業者は特定のＥＳＧ目標を達成したかどうかにばかり注目して、各社がなぜそれに取り組んだかという点をないがしろにする場合がある。そしてさらに重要なこととして、私たちが強調してきたように、パイコノミクスは単なるＥＳＧではない。ＥＳＧ格付けの多くは「積極的に善を為す」ことよりも「害を為さない」ことを重視しており、卓越性やイノベーション――企業がパイを拡大する主な方法――を完全には反映していない。[5]

経営陣とのミーティング

第8章で、企業のコミュニケーションが単なる報告の域をはるかに超えることを強調したが、それと同様に、投資家のモニタリングは単に報告書を読むことの域をはるかに超える。従って、最も価値のあるモニタリング手法は、ピーター・リンチがクライスラーで実践したような、企業を訪問して経営陣に会うという「現場主義」のアプローチかもしれない。次に示すのは、投資家が企業の社会的パフォーマンスに関する対話を組み立てるときに使える質問の例である。その企業への投資を検討する際の基準にもなるし、既存投資家が継続的に社会的パフォーマンスをモニタリングする場合にも活用できる（当然ながら、その他のトピック、例えば財務パフォーマンス、競争ダイナミクス、次の報酬決議などのミーティングには応用できない場合がある）。このリストは、多種多様な投資家との対話の中で、彼らが特に洞察力があると判断したものを参考にしている。[6]

企業経営者に対する質問

投資家は、ある企業がパイを拡大しているかどうかを判断するために、次の質問をすることができる。

パーパス

1　貴社のパーパスは何ですか。それを達成することが、社会及び貴社の成功にどのように寄与しますか。パーパスから省いた内容は何ですか。それはなぜですか。

2　パーパスの実践状況を測定するものとして、どんな先行指標と遅行指標を使っていますか。

3　パーパスをどのように内部に――取締役会や現場レベルに――定着させ、外部に発信していますか。これまでにどんな段階を踏みましたか。また、どのようなプロセスを実践していますか。

5　企業が「積極的に善を為す」ことに関する指標は、責任投資家（金銭的リターンを達成するために社会的基準を用いる投資家）よりもインパクト投資家（社会的目標の達成のために金銭的リターンを犠牲にすることを厭わない投資家）のほうが、一般的によく研究している。しかし、「積極的に善を為す」ことの指標が関係するのはインパクト投資家だけかというと、そうではない。こうした指標は「害を為さない」ことの指標に比べて、単にパイを分割するのではなく、パイを拡大する可能性が高い。それゆえ、責任投資家が望む金銭的リターンの改善をもたらす可能性が高いのである。

6　経営陣に問うべき質問のリストというアイデアは、英国のシンクタンクであるブループリント・フォー・ベター・ビジネスが提案した８つの問いを参考にしている。私たちの10の問いは特にパイコノミクスを軸としているため、卓越性、イノベーション、トレードオフの管理、パーパスといった課題が中心となる。

4　最近パーパスに基づいて下した判断のうち、株主価値だけが目的だったら下していなかったものの例を教えてください。

卓越性とイノベーション

5　株主価値だけでなくステークホルダー価値を向上させるために、卓越性を得ようとしてきた分野の例を教えてください。

6　社会に価値をもたらすために最近実行したイノベーションは何ですか。

7　貴社の主な比較優位の源は何ですか。それを社会課題のためにどのように展開していますか。

ステークホルダーとトレードオフ

8　貴社の従業員及び主要ステークホルダーの主な懸念事項は何ですか。また、貴社がそれに対処するために取った具体的なアクションを教えてください。

9　ステークホルダー間のトレードオフをどのように管理していますか。最近トレードオフを迫られた例を教えてください。

10　ステークホルダーに対する投資の中で、却下するものをどのように決めていますか。最近下した判断のうち、社会的な好ましさよりも商業的必要性を重視して下したものの例を教えてください。

リーダーがこのような質問を予期して、そつのない回答を準備するようコミュニケーション部門に指示することを危惧する読者もいるかもしれない。しかし投資家は、たとえ分かりきった質問でも多くのことを暴き出すことに気づいている。ある上級投資家は、ＣＥＯに対して、従業員に注目した質問８の変化型をよく尋ねるという。すると、すぐに答えられる者もいれば、「従業員のことを聞かれるとは思いませんでした。次は人事担当役員を同席させましょう」と言う者もいる。このようにして、従業員の懸念を自社の成功の要となるＣＥＯレベルの課題と捉えているリーダーと、人事部門任せのリーダーを見分けられるのだ。

またこのリストは、どの業界や企業に注目する投資家でも使用できるように、意図して一般的な内容になっている。だがカスタマイズすることによって、その威力はさらに増す。従ってこのリストの主な価値は、投資家が特定の状況において適用するべき原則を際立たせ、より具体的な問いの考案を助ける点にある。独自のリサーチをせずに一律に企業に問い、スチュワードシップのチェックボックスに印を入れるためのアンケートではないのである。質問をカスタマイズすると、リーダーが型通りの回答で対応できる可能性も低くなるだろう。

例えば、ある企業が最近パーパスを変更したなら、質問１を修正し、変更理由を知ることにフォーカスを当てることができる。マイクロソフトを例に取ると、投資家は次のように質問できるだろう。「貴社の新しいパーパスは『地球上のすべての個人とすべての組織が、より多くのことを達成できるようにする』です。以前は『世界中の家庭や職場、外出先で、人々が最も価値を置く活動に取り組めるよう、それを可能にする個人および法人向けのデバイスとサービスの製品群を生み出す』でした。この変更の背景となった考え方と、それが貴社のビジネスの進め方に与える影響について説明していただけますか」。同様に質問2、3、4は、「この変更は、貴社が測定している指標、浸透させようとしている文化、意思決定の方法について、実際にどのような意味を持ちますか」と変更できる。質問8〜10は、企業が直面する主なステークホルダーの課題に対応させるべきである。質問8を衣料品小売企業に問う場合は、店舗だけでなくサプライチェーンも含めた労働者の幸福度を探る内容になるかもしれない。質問9を脱炭素エネルギー企業に問う場合は、従業員や顧客も考慮した「公正な移行」をどのように保証しているかを尋ねることができる。

統合的アプローチ

このように各種の情報源を結びつけることは、責任投資の大きな前進である。かつては**スクリーニング**や**消去法**が基本だった。投資家は、企業が属する業界や報酬格差といった定量的な指標を使って許容範囲を定め、その範囲の中で、純粋に財務情報だけに基づいて銘柄を選んでいた。ESGは前進の足がかりを作ったが、そこまでだったのだ。

第4章で、ESGのアプローチが投資パフォーマンスの改善という面で抱えるいくつかの欠点を取り上げた。つまり表面的な指標を基準にするため操作の余地がある、画一的である、包括的ではなく部分的であるということだ。本章では、企業の行動を変えるという点で、消去法も効果的ではないことを明らかにする。第6章では、企業のパフォーマンスを踏まえて決断する場合に限り、ダイベストメントが強力なスチュワードシップの仕組みになり得ることを議論した。例えば投資家がエネルギー銘柄を一律で売却する場合、意欲的な移行計画を推進している企業も、その内容を問わずに排除されてしまうため報われない。そうではなく、「クラス最高」の銘柄なら保有できるという洞察力のあるポリシーを掲げることによって、「クラス最高」レベルを実際に維持する動機を企業に与えられるのだ。

第6章では、スチュワードシップのもう1つの仕組みとしてエンゲージメントを取り上げて、投資家が取締役会に席を確保した場合に限り、エンゲージメントを実行できることを議論した。投資家がエネルギー企業の株式を相当数保有していれば、その企業が投資家と会って移行計画について話し合い、投資家の懸念を真剣に受け止める可能性が高くなる。なぜなら投資家が計画の進捗状況に満足しなければ、経営陣に反対票を投じられるからだ。レッドラインを超えた企業を無差別に排除するのは、医師が健康な人だけを診察して病人を追い返すようなものである。また、投資家が企業を売却できるのは別の誰かがそれを買う場合に限られる。従ってエネルギー企業のダイベストメントを行った場合、その株式が、社会的パフォーマンスに関心が低く、説明責任も問わない株主に渡る可能性がある。

これらの理由から、責任投資には統合的アプローチ――財務と併せてESGを検討する――がますます必要になっている。第4章を振り返ると、2020年に最も一般的だったESG戦略はスクリーニングで、19兆8000億ドルの資産がこの戦略で運用されていた。ところが、統合的アプローチの運用資産も17兆5000億ドルと大差はなく、しかも2016年以降で69%増加していた。これに対しスクリーニングの増加率は31%だった。

財務とESGの要素は互いに影響し合うため、統合的アプローチは非常に重要である。第4章から第6章で見たように、社会的パフォーマンス、役員報酬体系、ガバナンスはいずれも最終的に財務パフォーマンスに影響する。しかし、それだけが理由でこれらの要素を検討する場合、ある企業のESGパフォーマンスが悪くても、その企業の株価が割安だったり、財務的な見通しが明るかったりすれば、魅力的な投資先になるかもしれない。従って、ESGを基準に自動的に銘柄を排除することは絶対に避けるべきだ。しかし、投資家がESGの課題を道徳的なものと見なしている限り、どう評価したところで投資の決め手にはならない。従って、投資家はESG要素を検討する根拠を明らかにするべきである。そして純粋に財務的な目的で検討するのなら、それはスクリーニングの基準ではなく財務分析に含めるべきである。

この考え方は「エンゲージメント対ダイベストメント」という難しい判断にも影響する。レッドラインを超えた企業を全面的に排除するのは不適当だが、あらゆる銘柄に投資して好転させようとするのも有効ではない。並行して企業価値を考慮しなければ、この難問は解けない。投資家はESGエンゲージメントが成功した場合の企業価値を推計し、現在の評価額と比較するべきである。それで潜在的な企業価値が現在の価格を下回るなら、ダイベストメントが最善の選択肢だ。逆に、改善の余地が乏しいクラス最高の企業を購入してエンゲージメントを行わないという選択肢は、その優秀なESGパフォーマンスが現在の評価額にまだ反映されていないのなら正当である。

統合的アプローチでは、財務的パフォーマンスと社会的パフォーマンスを組み合わせて検討することに加えて、社会的パフォーマンスを評価する際に、これまでに挙げたすべての情報源を考慮する。その結果、企業が各ステークホルダーに与えるプラスとマイナスの影響――レッドラインを超えるかどうかだけでなく、どれだけの価値を生み出すか――を評価し、それらを重要度を踏まえて重みづけをする。

このプロセスは「ネットベネフィットテスト」と呼ばれることがあり、「この企業は正味で社会に便益をもたらすか」という問いに答えを出す。ネットベネフィットテストの結果は内部報告書に盛り込まれる。そこには、その企業のビジネスに関連する指標の量的データ（飲料メーカーなら、水使用量の同業他社比較など）と、ＥＳＧ格付けや「最も働きがいのある会社」の順位といった外部評価が含まれるだろう。これらのデータは、ネットベネフィットテストは完全に主観的で実施するアナリストの価値判断に左右されるという一般的な懸念を解消する。ただしデータは**根拠を確立**するために使用するべきであり、それ自体を**根拠にする**べきではない。背景情報を踏まえて、質的情報と組み合わせて使用することが必要だ。

　そうすると、第4章で議論したアマゾンの例のように、ある程度の主観性が残る。アマゾンは一部のステークホルダーのために相当の価値を創出しているが、その他のステークホルダーから価値を搾り取っているため、同社が全体として社会に便益を与えているかという問いに明確な答えはない。このように社会的指標には曖昧さがあるが、このことによって指標としての魅力が**増すことはあっても**、損なわれることはない。なぜなら他の投資家の誤った判断を呼ぶ可能性があるからだ。１９９０年代後半、米国環境保護庁（ＥＰＡ）の気候保全賞と経済優先度評議会（ＣＥＰ）のコーポレート・コンシェンス・アワード（企業良心賞）を受賞したエンロンを、株主らはＥＳＧの申し子と考えていたが、同社は不正会計が発覚して２００１年に崩壊した。もし単一の明確なＥＳＧ格付けや測定方法があるのなら、責任投資はコンピューターで実行できる。しかし実際には、社会的パフォーマンスの量的指標の中から対象企業の戦略的文脈と関連するものを見極め、それを質的情報や経営陣とのミーティングで補う必要があるため、人間のファンドマネジャーの手で価値を追加する余地はかなりある。だからこそ、純粋に金銭的な目標を掲げている投資家も責任投資を実行するのである。理想的な投資基準とは、金銭的に重要な意味を持つが評価が難しく、他の投資家が見逃す可能性が高いものである。社会的パフォーマンスはこの条件にぴったりだ。

データプロバイダーはこうした制約に応えようとしている。例えばアラベスクS－Rayは人工知能を活用しており、総合的なESG格付けを構成する際に、各要素の重みづけを継続的に更新している。インパクト加重会計イニシアチブは、企業の商品が生み出すプラスの価値を測定し、「害を為さない」ことだけでなく「積極的に善を為す」ことも把握しようとする。しかし、データソースがいかに高度になろうとも、それを背景状況に当てはめるためには必ず人間の投資家が必要だ。例えば、今や採用担当者は候補者の心理テストを実行したり、ソーシャルメディアのプロフィールを収集したりすることができる。しかし採用面接に取って代わる方法はおそらくないだろう。収集した情報を文脈に当てはめるには、面接するしかないのだ。私はしばしば「責任ある企業かどうかを、どのように測定していますか」という質問を受ける。社会的価値は**測定不可能**だ。これは、ある人材の採用が吉と出るかどうかを測定できないのと同じである。しかし、データと質的評価を組み合わせて査定することはできる。従ってビッグデータの世界においても、人間の投資家はかなりの価値を追加し続けられるのだ。

ネットベネフィットテストの曖昧性には実際にデメリットもある。企業が社会的価値を生み出しているると主張することは、ほとんどの場合で可能である。大抵の企業は少なくとも一部のステークホルダーの役には立っているからだ。例えば、ファンドマネジャーが短期的利益に基づいて銘柄を選択する場合でも、その企業が得意とする社会的要素を強調することにより、パイを拡大していると主張するかもしれない。大抵どのような投資でも正当化できる方法はあるが、経営コンサルタントのスティーブン・R・コヴィーの言葉を借りれば、それは「正当化のための嘘」かもしれない。

このリスクを軽減する方法の1つが、投資家のスチュワードシップのポリシーに、売却や投資の回避に至る条件を明記しておくことである。投資家が設定する「レッドライン」には、贈収賄や人権侵害など全企業に適用するものもあれば、特定業界だけに関連するものもあるだろう。質的基準のレッドラインを定めることは不可能に近いものの、それらを評価するための原則――例えば企業の活動範囲に関する増幅、比較優位、重要度《マテリアリティ》の原則など――を策定して、ごまかしの余地を減らすことはできる。

「正当化のための嘘」のリスクを軽減する2つ目の方法は外部の諮問委員会を使うことであり、私はロイヤル・ロンドン・アセット・マネジメントでその役割を務めている。投資チームがある銘柄を投資候補として提案すると、私たちはそれがネットベネフィットテストをクリアするかどうかを検討し、第三者の意見として提供する。私たちはその銘柄を提案するに至った財務分析に関与していないので、私たちが行う社会的パフォーマンスの評価が歪められるリスクを軽減できる。

諮問委員会は個別銘柄を評価するだけでなく、より大きなテーマ、例えばアルコール産業の企業やCEOの報酬格差が大きい企業を「レッドライン」とするべきかといった点について、指針を提供できる。こうした疑問の多くは微妙なニュアンスを含んでいて専門性が高いため、多様な視点と専門知識が役に立つ。この議論の結果を方針説明書の中で発表し、個人投資家に対して投資スタンスを明らかにすることができる。こうした課題の扱いにくさと、第三者の意見の潜在的な価値を強調するために、私たちが実際に議論してきたトピックの例を挙げる。

●遺伝子の組み換えは社会のために価値を創出するか。遺伝子組み換え種子が野生化して生物多様性を破壊したり、有機作物や非組み換え作物の栽培を阻害したりする可能性はある。しかし、世界で何百万人もの人々が飢餓に苦しんでいるのに、この最高の技術を使わないのは無責任ではないのか。

●納税額の低い企業は社会のために価値を創出するか。純粋に利益を最大化するために税率の低い国に活動拠点を置く企業は、パイを分割しているのか。それとも、開発の遅れた地域への投資やR＆Dを行うために税制優遇措置を活用しているだけなのか。

●人工知能は社会のために価値を創出するか。ロボットによって雇用が失われるだろうか。それとも、従業員をもっとやりがいのある仕事に再配置できるだろうか。ロボットが暴走するリスクを軽減するために、企業はどのような安全策を取っているだろうか。

●ソーシャルメディアは社会のために価値を創出するか。ソーシャルメディアのおかげで人々は世界中の友人とつながり、写真、ストーリー、ニュースを共有できる。しかしネットいじめ、依存症、フェイクニュース、個人情報の悪用の可能性も生み出す。

●企業の社会的責任の評価は絶対評価とするべきか、それとも相対評価（同業他社や自社の過去の実績との比較）とするべきか。議論のある業界で、クラス最高の地位にある企業は投資対象になり得るか。社会的パフォーマンスの実績が悪いが、改善途上にある企業は投資対象になり得るか。新興市場の企業に対して、ローカル基準で評価するべきか、それともグローバル基準で評価するべきか。

争点の多い問いの場合、「状況による」としか答えられないことも多いだろう。しかし、このような議論の価値は、どのような状況に左右されるのかを理解できることにある。特に、議論のある業界に投資する際に、投資家が特別な警戒感を持って経営陣に厳しく質問するべき課題が浮き彫りになる。例えば遺伝子組み換え作物の場合、それらが新興国で収穫量を増やすために使われるのか、それとも先進国だけで使われるのか、そして伝統農法と両立できるのか、それとも持続性に欠けるかもしれない新たな農法を取り入れる必要があるのかを追究するとよいかもしれない。

なぜ資産運用会社がわざわざこのような厄介な質問をする必要があるのだろうか。その理由は第一に、第４章と第６章で論じたように、戦略的な文脈を無視してスクリーニングにＥＳＧ要素を使用すると、長期的リターンの改善につながらないからだ。実際、デニズ・アンギナーとメイヤー・スタットマンは、フォーチュンの「米国で最も称賛される企業」リストの上位企業における24年間のパフォーマンスを研究し、下位企業と比べて年率２％を超えるアンダーパフォーマンスだったことを発見した。「最も称賛される企業」のリストは、経営の質、製品の質、社会的責任といった要素について上級幹部、取締役、株式アナリストに聞き取りをしたもので、現実ではなくイメージが元になっている。他社の幹部や取締役は、投資家と違ってその企業に自身の利害が絡んでいるわけではなく、これらの要素の詳細を知っている可能性も低い。従って彼らが持つイメージは、企業のグリーンウォッシング――自社の比較優位とは関係ないが人目を引くＣＳＲイニシアチブを推進することにより、責任感のある企業で経営陣が優秀だという印象を与えること――によって歪められている可能性がある。デニズとメイヤーの研究が強調するのは、データを見極めることと、ＣＳＲスコアは必ず高いほうがよいと思い込まないことの重要性だ。

第二に、もし資産運用会社が単にスクリーニングを行うだけなら、クライアントも自力で同じことができる。2020年8月、オーストラリアの州の年金基金であるQスーパーは、AMPキャピタルに4億ドルを支払ってサステナブル投資を委託していたものを撤回し、内部で行うことにした。その理由はまさに、AMPが「積極的に善を為す」ではなく「害を為さない」ことにフォーカスしていたからだ。Qスーパーの最高投資責任者のチャールズ・ウッドハウスは次のように述べた。「単純に減点方式のスクリーニングを実行して残ったものに注目するのではなく、プラスのインパクトを重視する私たちのアプローチは（中略）同業他社の中でもユニークなものだと確信しています」

法人顧客による効果的なモニタリング

「投資家」カテゴリーの中で見落とされがちなのが、法人顧客である。第1章で、投資家が資金を提供するのと同様に、企業がサプライヤーに「資金調達源」を与えることを説明した。法人顧客が責任ある調達のポリシーを通して発揮する力は、ほぼ間違いなく、株主が責任投資のポリシーを通して発揮する力を上回るだろう。投資家が株式を売却できるのは買い手がいる場合に限られるため、売却によって株価が押し下げられても、資本が奪われるわけではない。しかし、責任ある調達を行う顧客が購入をやめた場合、代わりに買ってくれる者は誰もいないかもしれない。逆に、投資家が他の投資家から企業の株式を購入しても、その企業が新たな資本を得るわけではないが、顧客が新たなサプライヤーと取引すれば、サプライヤーには新たな資金がもたらされ、それを生産拡大や雇用創出に使うことができる。法人顧客の購入規模の大きさを考えると、それが変化に及ぼす影響力は絶大だ。ＦＴＳＥ１００企業の平均調達予算は40億ポンドで、平均ＣＳＲ支出の１０００万ポンドの４００倍である。

さらに、法人顧客は責任投資を行う投資家よりも束縛が少ない。ベンチマークとの比較で評価される投資家には、ベンチマークから大きく逸脱してはならないというプレッシャーがある。また、未公開企業に投資できなかったり、資金不足のために小型株しか購入できなかったりする。それに対し調達部門は、大手上場サプライヤーからも小さな未公開企業からも調達できるし、ベンチマークに関する悩みもない。

このような力を持つにもかかわらず、責任ある調達は責任投資に比べて進展が見られない。責任ある調達に関する多くの企業のポリシーは、10年か20年前の責任投資のポリシーと似通っていて、サプライヤーを選定する際に消去法――強制労働や汚職への関与といったレッドラインを超えていないか――を重視する。しかし、パイを拡大するサプライヤーは害を為さないだけでなく、積極的に善を為す。これまで調達と投資の類似点はほぼ見逃されてきたが、調達部門は責任投資が大いに発展したことをうまく生かして、同じようにスクリーニングから統合へと移行することができる。例えば、「良い点」と「悪い点」の両方を検討するネットベネフィットテストを応用する、ＥＳＧ格付けを限界を踏まえた上で利用する、サプライヤー候補に10の質問を投げかけるといった手を打てる。そうすることでサプライヤーに責任ある行動を促せるだけでなく、副産物として自社の利益も改善するかもしれない。つまり、顧客は責任ある調達を行う企業から購入する意欲を高めており、そうした企業では従業員の仕事に対するモチベーションも高いからである。

調達部門の中には、パイ縮小を回避するだけでなく、パイ拡大を支援することの力を認識しているところもある。英国では24の企業が、積極的に善を為す社会的企業からの調達に努める「バイ・ソーシャル・コーポレート・チャレンジ」に署名し、開始後の3年間で6500万ポンドを支出した。例えばPwCは、全盲と弱視の人々を雇用するザ・ソープ・コからトイレ用品を購入する。従業員はトイレを使用するたびに、自分の会社が社会的企業を支援していることを思い出す。本書で検証してきたフレームワークは、企業が調達を通してさらに大きなメリットを得ることに役立つかもしれない。「バイ・ソーシャル・コーポレート・チャレンジ」に参加するサプライヤーの4分の1以上は、比較優位の原則には当てはまらないものの、利益の一部を慈善事業に寄付することで主に社会的インパクトを生み出している。

そしてモニタリングを行うのは資金提供者だけではない。取締役会や内部監査役は、ネットベネフィットテストあるいは10の質問という方法で、その企業が真に長期的視野に立ち、すべての重要ステークホルダーのための経営をしていることを確認できる。企業の広報部門は、この方法を自社の評判の積極的な管理に生かすことができる。

効果的なエンゲージメント

効果的なモニタリングの実践から、効果的なエンゲージメントへと話を移そう。エンゲージメントの重要チャネルの１つが、新たな取締役や監査役の指名、報酬などに関する議決権の行使である。ほとんどの投資家は、１つひとつの議題に一から取り組む手間を省くために、内部ポリシーを策定している。例えば、女性取締役の比率目標の達成につながらない候補者に反対票を投じるなどである。ＬＧＩＭは毎年ステークホルダー・ラウンドテーブルを開催し、学者、コンサルタント、アセットオーナー、ステークホルダーの代表から第三者の知見を取り入れている。内部ポリシーは有益だが、すべての状況で適切とは限らないため、無差別に適用してはならない。例えば、取締役候補がジェンダー目標の達成に寄与しないとしても、既存の取締役会の弱点を補う理想的なスキルセットの持ち主かもしれない。

取締役の実績や報酬パッケージの分析には専門知識が求められるため、多くの投資家は議決権行使助言会社、例えばインスティテューショナル・シェアホルダー・サービシーズ（ＩＳＳ）やグラス・ルイスの情報を利用する。内部ポリシーと同じく独立機関のアドバイスには価値があるが、後述するように議決権行使助言会社のアドバイスには懸念もあるため、無条件に従うべきではない。こうしたアドバイスは警告信号として使うのが一番だろう。提案が内部ポリシーと一致する場合はそれに従い、一致しない場合のみ、投資家の限られた時間をつぎ込んで検討するとよい。

投票はイエスかノーかの二者択一なので、それだけでは精度の悪い道具である。投資家が反対票を投じた場合、何が不満だったのかを企業が把握することはできない。賛成票を投じた場合も、全面的に満足しているという意味ではない。従って議決権の行使は、より広範なエンゲージメントの結果の1つに過ぎないと捉えるべきである。経営陣に反対票を投じた投資家は、その理由を企業に説明し、同社が欠点に対処できるようにするべきだ。投資家が提案を支持したとしても、全面的に同意しているとは限らず、その場合は懸念を表明することができる。エンゲージメントは、投票の後よりも前に行ったほうが効果的である。経営陣に対する反対票は、時に究極の反逆行為として称賛される。しかし投資家が懸念を抱いているなら、経営陣と個別に議論して、結果として支持できる内容の提案を出させたほうが効果的だ。

戦略、財務パフォーマンス、資本配分など、多くの重要課題について投資家は議決権を持っていないため、個別のミーティングがエンゲージメントの主な方法になる。重要な検討事項の1つがミーティングの周期である。企業が集中治療室に入っているときだけエンゲージメントを行う投資家もいるが、予防は治療に勝る。そのためには、特に火消しが必要な状況ではなくても定期的に経営陣と会い、ネガティブな意見とともにポジティブな意見も伝えることが必要だ。さもなければ、投資家が現状維持を支持しているのに、企業がそうとは知らずに方針を変更するかもしれない。投資家は、事実に対して後から反応するのではなく、自身がどのような行動を支持するかを先回りして企業に伝えることもできる。パンデミックの時期に、企業は配当の維持かステークホルダーの救済かというトレードオフに直面した。一部のリーダーは、投資家の反発を恐れて、配当を減らして一時帰休の従業員に給料を支払うという手を打たなかった。投資家がCEOに対し、短期的な犠牲は受け入れると伝えて安心させていれば、このような不実行による過ちを避けられたかもしれない。

逆の極端な例として、クライアントや政策決定者の中には、エンゲージメントは多ければ多いほどよいと言わんばかりに、エンゲージメントの頻度を質の指標と捉える者もいる。これも負けず劣らず問題だ。エンゲージメントは定期的に行うべきだが、それと同時に、目的を持って――すべてのミーティングについて、投資家が達成したい目標を明確にして――行わなければならないからだ。常に問題を抱えている企業ばかりではない。企業を説得して特定の行動を促すためのミーティングもあれば、単に個々の課題解決のスピードアップを図るためのミーティングもある。しかしどちらのタイプの場合も、ミーティングの目的は明確だ。

頻度に加えて、エンゲージメントのテーマも重要である。一般的に投資家は、企業の日常的な意思決定（リーダーのほうがはるかに豊富な専門知識を持つ）から距離を置き、企業をマイクロマネジメントしないように注意するべきだ。有効な経験則は「首を突っ込む、手は出さない」（noses in, fingers out：ＮＩＦＯと略す場合もある）、つまりビジネスで何が起こっているかは把握するが、業務上の問題には干渉しないということである。投資家のガイドラインの中には、マイクロマネジメントとほとんど変わらないものもある。例えばパンデミックが終わった後に企業はフレキシブルな勤務体制を採用するべきかとか、採用する従業員の人口統計的構成はどうするべきかといったものだ。その企業固有の状況に応じた最善の意思決定をするという点では、リーダーのほうがはるかに適した立場にある。

実際、投資家が主に価値を追加するのは、第三者の視点がとりわけ有益な長期的問題についてである。例えばあるＣＥＯが大規模な投資を検討している場合、株主は、それが第３章で紹介した増幅、比較優位、重要度《マテリアリティ》の各原則を満たすかどうかを評価できる。同様に、企業があるビジネスを昔からの既定路線として行っている場合は、それらに今でも比較優位があるのかを経営陣に問うことができる。また、特定の課題（役員報酬や脱炭素化など）について投資家にも専門知識がある場合は、そうした課題に集中してエンゲージメントを実行しても良い。前セクションで取り上げたモニタリングの指針となるリソースは、エンゲージメントの指針にもなる。10の問いは議論の形を作ることに役立つ。諮問委員会は、エビデンス、社会的ニーズ、クライアントの要望を踏まえて、優先するトピックを明らかにすることができる。

リソースとしてあまり活用されていないのが他の投資家だ。単独の投資家では出資規模が小さいため有意義なエンゲージメントができず、投票数も少ないので企業の関心を引くことはできないかもしれない。しかし、複数の投資家が協力する集団的エンゲージメントならば、この問題が両方とも解決する。カナダのグローブ・アンド・メール紙はこう書いている。「出資率3％の株主に軽蔑されるのと、発行株の半分を保有する10の機関投資家に立ち向かうのとではわけが違う」。国連の責任投資原則コラボレーションプラットフォームとカナディアン・コーリション・フォー・グッド・ガバナンスはどちらも、集団による一般型エンゲージメント、例えば役員報酬に関する企業宛ての共同書簡の作成などを調整するプラットフォームだ。英国の投資家フォーラムは、集団による特化型エンゲージメントを調整し、複数の投資家が内部情報を共有せずにエンゲージメントを実行できるようにする。これら3つのフレームワークは、その成功のエビデンスと併せて付録Bに収録した。

集団的エンゲージメントが有効ならば、なぜ投資家たちはもっと頻繁に協力し合わないのだろうか。その1つの理由はパイ分割のメンタリティで、他の投資家を負かすべき相手と見なしているからだ。そのため投資家は、企業を改善させるための独自のアイデアを、厳重に守るべき知的財産だと考える。しかし投資家らが協力し合わなければ、パイを拡大する機会を逸して皆が敗者になる。

もう1つの障壁が、投資家によって目的が異なるため同盟はできないという考え方である。例えば、アクティビストのヘッジファンドは高回転ゆえに短期的だと言われているが、インデックスファンドは長期的である。インデックスファンドの主要プロバイダーであるブラックロックのCEO、ラリー・フィンクは次のように注意を促した。「アクティビストはほとんどの場合、短期的に企業の改善を試みる。なぜなら改善したらその企業を手放すからだ。私たちは手放さない」

しかし第6章で見たように、ヘッジファンドによる変革は長期的な便益をもたらす。同章では、投資家の株式保有期間と志向は別物なので、高回転の投資家と低回転の投資家という一般的な二分法は間違っていると指摘した。アクティビストのポール・シンガーが主張するように、「この対立的な枠組みは客観的に間違っており、すべての投資家に持続可能なリターンを生み出すという目標に害を及ぼしてきた」のである。収益性、生産性、イノベーションの改善――第6章で取り上げたパイを拡大する変化――が実現すれば、すべての投資家が恩恵を受ける。

インデックスファンドは大きな議決権を持つため、ヘッジファンドがエンゲージメントを成功させるためには、大抵インデックスファンドからの支持が必要になる。米国のアクティビスト投資家であるネルソン・ペルツは、主にインデックスファンドを運用する英国LGIMのスチュワードシップ責任者とアクティビズムキャンペーンの可能性について議論するためなら、空を飛んで会いに行くだろう。インデックスファンドとパートナーを組む必要があるということは、すべての投資家に恩恵を与えるエンゲージメントを保証することにつながる。実際に、このようなパートナーシップの有効性を示唆するエビデンスがある。第6章で紹介したように、イアン・R・アペル、トッド・A・ゴームリー、ドナルド・B・ケイムは、ラッセル指数を使った回帰不連続デザインを用いて、インデックスファンドがガバナンスを改善することを明らかにした。彼らは別の研究でも同じ手法を用いて、インデックスファンドの存在によってヘッジファンドのより積極的なキャンペーン——特に取締役会における代表権を求めるもの——が促進され、その成功率が向上することを示した。効果的なエンゲージメントは企業価値も高める。しかし、それが配当や負債の増加——短期主義と解釈されがちな結果——を導くというエビデンスはない。

スチュワードシップのコミュニケーション

スチュワードシップのポリシーを定義し、定着させたら、それを外部に発信することが3つ目のステップだ。出発点は、まずはポリシーそのものを報告することである。モニタリングの場合、投資家は、銘柄購入を決定する際に特に注目する要素や、ダイベストメントの理由となる要素を説明するべきである。また、長期的価値にあまり関連しないと判断してモニタリングから外す要素を明らかにする場合もあるだろう。エンゲージメントのポリシーには、投資家が優先する**テーマ**や、エンゲージメントの**形態**——他の投資家とのコラボレーションやエスカレーションにつながり得る条件(及びエスカレーションの内容)——が含まれる。議決権行使については、内部ポリシーや、議決権行使助言会社を活用する際のアプローチを開示できる。

さらに重要なのは、ポリシーを実践した成果を報告することである。まず議決権行使については、多くの投資家が、経営陣に反対票を投じた頻度をテーマごとに報告している。しかし情報としてもっと有益なのは、議決権行使助言会社の推奨内容や内部ポリシーに機械的に従っていないことを証明するために、すでに一部の投資家が行っているように、これらに反して投票した頻度を報告することである。第８章で企業の例を挙げて説明したように、数字は不完全なのでナラティブで補うべきである。一部の投資家は、経営陣に反対票を投じた、あるいは棄権した場合に必ず根拠を公表している。そうすることで投資家の懸念が明確になるため、企業はそれに対処できる。さらに、個人投資家に対して、彼らの資本を責任を持って管理していることも伝えられる。

エンゲージメントに関していえば、投資家は企業とのミーティングの回数をエンゲージメントのテーマごとに報告できる。ただし頻度が質を意味するわけではないので、これは単なる出発点に過ぎず、成功したエンゲージメントのケーススタディを添えて補完するべきである。次第に広まっている手法の１つが、そのファンドへの投資によってクライアントが得られる社会的リターンを説明する「インパクトレポート」だ。例えば、あるファンドに投資された１０００ポンドが、再生可能エネルギーをＸメガワット発電し、二酸化炭素排出量をＹトン削減し、Ｚ人分の雇用をもたらしたと主張できる。しかし、このような報告は誤解を招く。そのファンドが保有する企業は、いずれにせよそれらの成果を達成したかもしれない。そのファンドが出資したことによって増えた成果を切り分けることは非常に難しいのだ。ある企業の株式をファンドが購入したということは、別の株主が売却したということであり、企業に新たな資本がもたらされたわけではない。ファンドが表明できるのは、「当ファンドが投資した企業が、これらの成果を達成した」ということまでだ。これと、最初の「あなたの投資がこれらの成果をもたらした」という表現とでは大違いである。前者が因果関係を主張しているのに対し、後者は単なる相関関係だからだ。インパクトレポートは個人投資家の誤解を招くだけでなく、ファンドの振る舞いそのものを歪める恐れがある。現時点で社会的パフォーマンスが劣る企業に出資して改善させることで、より大きな価値を生み出せる可能性があるにもかかわらず、すでに優れたパフォーマンスを発揮している企業に投資するという動機が働くからだ。これにより、統合からスクリーニングへという流れの反転が起こるかもしれない。ある特定の基準のパフォーマンスが悪い銘柄を単純に排除すれば、その基準に関するポジティブな「インパクト」を報告することは容易なのだ。

すでに多くの投資家が議決権行使やエンゲージメントの報告を出しているものの、モニタリングについて報告しているところは少ない。一部の投資家は保有する企業の平均ＥＳＧスコアを開示しているが、この方法も、病人の治療ではなく健康な人に注目することを助長するという問題をはらむ。それよりも、ダイベストメントのポリシーをどのように実践しているかを報告したほうが、情報として有益かもしれない。投資家は大規模な売却を行うごとに、売却に至った理由と、それが売却ポリシーと一致しているかどうかを説明することができる。実際、資産運用会社は今でも企業に反対票を投じた理由の説明はしているが、株式の売却はさらに強力な反意の表れである。財務面を踏まえてある銘柄に投資するつもりだったが、社会的パフォーマンスを理由に取りやめたケースを（具体的な社名は伏せて）報告している投資家もいる。逆に、短期的な数字は振るわない企業だが、モニタリングの結果、購入や維持を決めたというケースを報告する投資家もいるかもしれない。また、主な保有銘柄を取り上げて、保有を続ける理由を銘柄ごとに機密情報に触れない範囲で説明すれば、それが惰性ではなく能動的判断によるものであることを保証できるだろう。

あるいは財務報告を刷新して、ファンドのパフォーマンス（保有銘柄のパフォーマンス）を報告するだけでなく、売却した銘柄のその後のパフォーマンスを開示することもできる。これにより投資家は、売却が時期尚早だった場合には責任を負い、先見の明があった場合は報われることになる。そしてファンドの年間運用報酬だけでなく、「アクティブシェア」調整済みの報酬――ベンチマークとの乖離度の測定指標――を報告すれば、個人投資家がクローゼット・インデックス・ファンドを見極めることに役立つかもしれない。[7] また、従来の統計情報の一部について報告をやめるという手もあるかもしれない。[8] 四半期収益の開示をやめた企業があるのと同じように、投資家は短期的パフォーマンスではなく長期的パフォーマンスのみ報告することができる。

ここからは、投資の連鎖の残りの部分に関するスチュワードシップの定義、定着、発信について見ていこう。

7　詳細は、アレックス・エドマンズとトム・ゴズリングが執筆したフィナンシャル・タイムズの記事「Fund Industry Can Flush Out the Close Trackers（ファンド業界はクローゼットトラッカーを一掃できる）」（2019年5月8日付）を参照。

8　この場合も、個人投資家がファンドの過去の価格推移に注目して、短期的パフォーマンスを算出することは可能である。しかし、ファンドが自ら報告書や販促資料の目立つところに掲載する場合と比べれば、この数字を重視しなくなるだろう。

アセットオーナー（資産保有者）

アセットオーナーがスチュワードシップの価値を理解したときに発揮し得る力は相当なものだ。資産運用会社はクライアントに対して受託者責任を負うため、その遂行状況について責任を追及するのは、規制当局ではなくクライアントが適任である。しかし、多くのアセットオーナーは長期的リターンを強化する上でのスチュワードシップの役割を過小評価している。インベストメント・アソシエーションの2016年の調査によると、スチュワードシップ・コードに署名していない割合は、資産運用会社が3％だったのに対し、アセットオーナーでは半数以上だった。未署名の理由として最も多かったのは「認識していなかった」で、次が「別の優先基準のほうが重要」だった。さらに驚くことに、アセットオーナーにはスチュワードシップの責任があるという設問に、「強くそう思う」と答えた者は59％にとどまった。

まずは**スチュワードシップの定義**を出発点に、アセットオーナーの取るべき3つのステップを見ていこう。アセットオーナーのスチュワードシップポリシーでは、議決権行使やエンゲージメントを資産運用会社に委託せずに自ら実行する場合のアプローチを説明するべきである。そしてアセットオーナーのポリシーならではと言えるのが、資産運用会社をスチュワードシップの実績に基づいて選定した経緯を説明できる点である。ただし現状では、多くのアセットオーナーが注目するのは短期的リターンやトラッキングエラー（ベンチマークとファンドの近接度を表すが、近接している場合、スチュワードシップは阻害される）である。そうした行動を踏まえれば、資産運用会社がスチュワードシップの優先度を下げ、クローゼット・インデックス・ファンドになるのは合理的だ。

アセットオーナーの場合、スチュワードシップに関するコミュニケーションは比較的単純である。報告内容には、自ら議決権を行使するアセットオーナーの場合は投票実績、そして資産運用会社に対するモニタリングの状況、資産運用会社を変更した場合の根拠などが含まれる。より難しいのは**スチュワードシップの定着**のステップである。アセットオーナーは、資産運用会社との3段階の関係——選定、任命、モニタリング——に沿ってこれを実行できる。では順番に見ていこう。

選定

第1段階の**選定**では、資産運用会社自体のスチュワードシップのコミュニケーションと定着に関する情報を得るべきである。コミュニケーションについては、その資産運用会社が前述の推奨事項——投票のポリシーと実績の公開、エンゲージメントとダイベストメントのケーススタディの報告、「反対票」を投じた根拠の開示——に従っているかどうかを検証できる。スチュワードシップの定着具合を評価することは難しい。投資家が企業を評価する場合と同じで、この作業には単に報告書を読むことだけではなく、「現場を知る」ことも含まれる。資産運用会社も企業である以上、先ほど推奨した企業経営者に問うべき質問が参考になるだろう。それに加えて、アセットオーナーから資産運用会社への質問を想定して調整したものを次に挙げる。[9]

資産運用会社への質問

アセットオーナーは、次の質問を使って、資産運用会社のスチュワードシップを評価することができる。

スチュワードシップポリシー

1　貴社のスチュワードシップポリシーは何ですか。どのような特徴があり、投資家としての貴社の成功にどのように寄与していますか。貴社が優先する分野と、優先しないことを決めた分野を教えてください。

2　企業の「買い」「中立」「売り」の判断やエンゲージメントの必要性の判断において、ESGパフォーマンスをどのように評価していますか。貴社の評価方法の特徴は何ですか。

3　貴社のスチュワードシップ活動の成果を測る際、どのような先行指標と遅行指標を使いますか。

4　最近の投資判断のうち、スチュワードシップポリシーがなかったら違う判断を下していた可能性があるものの例を教えてください。

人的資本

5　スチュワードシップチームとファンドマネジャーの評価や報酬の基準は何ですか。それらは貴

6　社のスチュワードシップのアプローチとどのような整合性がありますか。
どのように最高の人材を集めて維持し、その人材にＥＳＧの課題に関する十分なトレーニングを受けさせていますか。最近、人事異動はありましたか。

投資プロセスとトレードオフ

7　スチュワードシップは、貴社の投資プロセスにどのように組み込まれていますか。スチュワードシップの意思決定を行うのはどなたですか。ある株式を保有するかどうか、エンゲージメントを行うかどうか、どのように投票するかといった点で、スチュワードシップ担当チームとファンドマネジャーの意見が対立した場合、どのように解決しますか。

8　エンゲージメントの失敗を判断するまでの期間はどのくらいですか。また、どのように失敗を判定しますか。そうなった場合、どうしますか。

9　ある企業にエンゲージメントを行わず、投資を回避する「レッドライン」はどのようなものですか。除外することの倫理的正当性と、リターンに与える影響の可能性のバランスをどのように取っていますか。

10　企業のＥＳＧパフォーマンスを絶対評価していますか。それとも国内他社、同業他社、その企

9　アセットオーナーはこれらの質問を直接尋ねても良いし、資産運用会社にマンデート契約のための売り込みを求める提案依頼書を使っても良い。資産運用会社は売り込みのために詳細な質問票に回答する必要があり、そこにスチュワードシップに関する質問が含まれている可能性がある。

業の過去の実績と比べて相対評価していますか。

スチュワードシップポリシーに関する最初の4つの質問は、企業のパーパスに関する質問とおおむね類似した内容である。企業にとって、パーパス達成が成功につながると信じることが不可欠であるのと同様に、質問1は、投資パフォーマンスの促進にはスチュワードシップが大切だと投資家が理解する必要性を強調する。この理解がなければスチュワードシップは決して優先事項にならないだろう。企業の場合、次のセクションは卓越性とイノベーションだった。資産運用会社では商品イノベーションはあまり発生しないので、質問5と6は人的資本――投資会社の卓越性の主な源泉――に関するものである。企業の場合と同様に、最終セクションはトレードオフに関連する。社会的パフォーマンスのすべての要素が最終的に財務パフォーマンスの改善につながるわけではない。ある課題についてファンドマネジャーが財務的に重要ではないと判断しても、スチュワードシップチームが、その課題を理由に銘柄の除外やエンゲージメントの実行を主張するかもしれない。従って、この種のトレードオフがどう解決されるかを理解することが重要だ。それとは別に、相対的パフォーマンスと絶対的パフォーマンスのトレードオフもある。資産運用会社には、決して妥協できない「レッドライン」の課題が存在するかもしれない。例えば、国内で「クラス最高」の企業だがタバコ業界に属しているとか、取締役会の多様性が不十分といった場合である。

企業の場合はそれぞれに業界が違い、各社が独自の方法で社会に貢献しているため、適切に定義されたパーパスはおのずから独自性を持つ。これと比べると、資産運用会社はみな同じセクターに属しているため差別化要素が少ない。従ってアセットオーナーは、資産運用会社のスチュワードシップポリシーや投資アプローチの特徴的な部分を探り出すべきである。質問１と２は明確に独自性を尋ねているが、この視点をほとんどの質問に織り込むべきである。

企業への質問と同様に、このリストは一般的なものであって出発点を提供しているに過ぎない。アセットオーナーは、資産運用会社が保有する特定の銘柄について、より具体的な質問をすることができる。例えば、次のような問い合わせが考えられるだろう。「貴社はなぜ、X社のCEOの報酬体系を承認したのですか。X社のビジネスモデルやパーパスについて、貴社はどのような質問をしていますか。長期的な機会とリスクはどのようなものですか」。そうすることで、実践されている投資アプローチを知る手がかりが得られるだろう。

任命

資産運用会社との関係で、次の段階に来るのが**任命**だ。資産運用会社を選定したら、アセットオーナーは契約書（「マンデート契約」あるいは「投資運用契約」と呼ばれることもある）を起草する。重要項目の１つ目は契約期間である。現在、多くのマンデート契約は「随意」契約のため、資産運用会社は契約を失うことを恐れて短期的パフォーマンスに集中する。これを3〜5年契約に置き換えることで、長期的スチュワードシップの土台を築くことができるだろう。２つ目は報酬体系で、これは長期的パフォーマンスに基づいて決めるべきである。２０１８年4月、日本の年金積立金管理運用独立行政法人は、資産運用会社に支払う基本報酬を減額する一方で、運用成績報酬の上限を撤廃した。これは、高額報酬が発生するのは並外れたパフォーマンスが達成された場合に限られるため、同法人が損害を被るわけではないという認識に基づいている。報酬の半分以上は支払いが留保され、ファンドが締結する契約は複数年契約に限られる。

契約には、スチュワードシップの実践と報告の両方に関する期待事項も盛り込むことができる。チューリッヒ保険の契約テンプレートには次のような記載がある。「投資運用会社は、ESG要素に関する既存あるいは将来の投資を評価しモニタリングするプロセスを有するものとする。投資運用会社は、自社担当者が適切なトレーニングを受け、関連するデータや情報を利用し、然るべき注意と努力に基づいて同プロセスを適用することを保証するものとする」。報告については、資産運用会社が開示するべき遅行指標（ポートフォリオの集中度、重要人物の離職、投票実績など）と先行指標（スチュワードシップロセスの変更、後継者計画など）をマンデート契約で明らかにすることができる。

モニタリング

最後は、資産運用会社との関係――契約に記載されたスチュワードシップの期待事項を、その会社が満たしているか――を**モニタリング**する段階である。ここには、資産運用会社の開示内容を精査し、10の質問を継続的に問うことが含まれる。第8章で、企業と投資家は双方向的な対話をするべきだと主張したが、資産運用会社とアセットオーナーの間にも同じことが当てはまる。契約は資産運用会社に求める正式な要件を規定するが、一部のアセットオーナーは、「協定」によって資産運用会社に対する期待事項を明確化する。ブルネル年金パートナーシップの協定は、短期的パフォーマンスに基づく資産運用会社の解任はしないこと、資産運用会社に継続的なフィードバックを提供すること、事前通知なく再入札を行う代わりにマンデート契約の改修に協力することを宣言する。この協定の重要なところは、ブルネルとの定期的な対話の中で資産運用会社が短期的要素を重視するプレッシャーを感じた場合、ブルネルに通知しなければならないと強調している点である。資産運用会社と企業の関係と同じで、定期的なエンゲージメントがマイクロマネジメントに変わってはならない。

アセットオーナーが資産運用会社を評価する際に注目するべき点については、すでに紹介した。しかし、警戒するべき指標を強調することも重要である。責任投資の人気が高まっていることの弊害として、その流行に乗ろうとしたクライアントが、人目を引く指標に惑わされる場合がある。この問題については、すでにインパクトレポートに関連して説明した。また「害を為さない」ことしか反映しない指標もある。例えばＭＳＣＩは、ポートフォリオの「温暖化ポテンシャル」を分析するツールの提供を開始した。半導体銘柄は製造工程でパーフルオロカーボン（二酸化炭素よりも温室効果が非常に高い）を排出するため、温暖化スコアは悪い。しかし、半導体は太陽光発電パネルに使用されるなど、地球温暖化の解決策に力を発揮するため、「積極的に善を為す」（そしてアセットオーナーが地球温暖化以外の問題にも目を向けるなら、半導体は携帯電話をはじめとする多くの用途で社会に多大な恩恵をもたらしている）。同様に、炭素排出量の多い企業に出資して、フットプリント削減のためのエンゲージメントを行うという投資戦略は、実際にインパクトをもたらす可能性があるものの、温暖化スコアは悪い。これは「インパクト」や「温暖化」という指標を無視すべきという意味ではない。ただ、どの指標にも言えることだが、使用する際には、その限界を理解せずに額面通りに受け取らないよう細心の注意を払うべきである。

では次に、サービスプロバイダーに目を移そう。簡潔さを図るため、投資顧問会社の独立したセクションは設けない。投資顧問会社は、資産運用会社の**選定**と**モニタリング**に関してアセットオーナーの補佐役を果たすため、前述と同様の原則に従う必要がある。代わりにここからは、まったく違うスチュワードシップの役割を持つ、議決権行使助言会社とエクイティアナリストを取り上げる。両者について、改革案を提案する前にエビデンスに注目しよう。治療よりもまずは診断だ。

議決権行使助言会社

エビデンス

議決権行使助言会社は投資家が議決権を行使する際に賛否の推奨を行い、その意見はかなりの重みを持つことがある。しかし、議決権行使助言会社の実際の影響力を推計することは困難だ。もし助言会社がある提案に反対推奨を出し、それが否決されたとしても、助言会社の影響力が理由だとは限らない。もしかすると提案の質が悪かったために、議決権行使助言会社は反対推奨を出し、株主は反対票を投じたのかもしれない。推奨がなくてもどのみち株主は議案に反対した可能性がある。言い換えると、提案の質という省かれた変数がある。

ナディア・マレンコとヤオ・シェンは、すでに登場した回帰不連続デザインのアプローチを用いて因果関係を明らかにする。２人は役員報酬に関する提案に注目し、ＩＳＳが分析対象を選別する際に、１年及び3年の株主総利回り（ＴＳＲ）を基準にふるい分けを行うことを利用する。ＩＳＳが詳しく分析するのは、基準未満の企業だけである。企業がその基準をぎりぎりで満たすか否かは実質的に無作為に決まり、提案の質とは無関係である。その基準をわずかに満たさなかった企業は厳しく調査されることになり、ＩＳＳが経営陣に反対票を投じることを推奨する確率が大いに上昇する。ナディアとヤオは、米国において、こうした推奨によって賛成票が25％減少することを突き止めた。[10]

議決権行使助言会社は投票をめぐる複雑な状況の分析に比較優位があるため、投票行動に強い影響力を持つのは妥当である。しかし投資家が独自の分析を行わずにむやみに推奨に従う場合や、議決権行使助言会社の推奨が十分な情報を踏まえていない、あるいは矛盾している場合、最適解にはならない。少なくともいくつかのケースでこのような懸念が当てはまることを、各種研究が示している。

１つ目として、投資家は議決権行使助言会社の推奨に無条件に従っていないだろうか。ピーター・イリエフとミシェル・ロウリーによれば、投資家の25％超が、ＩＳＳにほぼ完全に依存している。ただ

10　英国を対象にしたＰｗＣの研究は、米国でＩＳＳが用いるものに類する選別基準がないため強い因果関係を主張していない。しかし様々な株主の投票行動を研究することにより、単なる相関関係とは一線を画している。ＩＳＳの反対推奨に株主が無条件に従うならば、ＩＳＳの推奨は大小の投資家の投票行動に同じ影響を与えるはずである。無条件に従わないならば、独自に分析する意欲の高い大口投資家のほうが、推奨から逸脱する可能性が高くなるはずだ。

し、ある企業に対して比較的出資率が大きいファンドは、能動的に投票する可能性が高くなる。そしてＩＳＳの推奨から逸脱したファンドほど、リスク調整済みリターンが大きいことも分かった。つまりスチュワードシップが奏功しているのである。また、ＩＳＳと意見が一致しなかったファンドは、次の四半期に株式を売却する可能性が高い。これは、ダイベストメントは短期主義的行為だという懸念とは逆に、独自の調査の結果として行われていることを示唆している。

２つ目として、議決権行使助言会社は情報が不十分な状態で推奨を出していないだろうか。議決権行使助言会社は、短期間（典型的には年次総会の大半が開催される4月）に何千もの企業にアドバイスを出さなければならない。作業量の急増に対応するために、ＩＳＳは臨時スタッフの雇用やマニラの請負業者への外注を行っている。こうした労働者は一般的なガイドラインに従うことはできても、企業固有の状況に合わせてアドバイスを調整するだけの経験はないだろう。そのため、推奨が汎用的な内容になるリスクがある。

これらのリスクは実際に生じるのだろうか。ある研究はＩＳＳの推奨の質を測定するために、ＩＳＳがある企業に反対推奨を出したことと、対象企業のその後の利益性の低下（業界調整済み）に相関関係があるかどうかを調査した。もし相関関係があれば質の証明になっただろう。同研究によると、この相関関係が見られるのは、会計年度末が12月以外で、ＩＳＳの繁忙期と重ならない企業だけである。また別の研究によれば、米国を拠点とするＩＳＳやグラス・ルイスがドイツ企業について推奨を行う場合、両社の推奨内容は似た内容になるが、ドイツの議決権行使助言会社であるＩＶＯＸの推奨とは異なる。このことから、米国拠点の助言会社が現地の状況を完全には考慮していないことがうかがわれる。

そして、一般的な課題に対する（個別の調整がほとんど求められない）推奨でも、方法論を誤れば欠陥を抱える可能性がある。例えば、ＩＳＳは業績連動型報酬を計算する際、すでに保有する自社株のインセンティブを無視しているが、これは第5章で議論したように重大な手抜かりだ。やや皮肉めいた例を挙げると、ＩＳＳは２０１７年に、大手報酬コンサルタントであるウイリス・タワーズワトソンの報酬パッケージ提案に反対票を投じることを推奨したが、それは初歩的な過ちだったのだ。

３つ目として、議決権行使助言会社の推奨内容に矛盾はないだろうか。議決権行使助言会社の中には、議決権行使のための推奨情報を販売する他に、企業に対し、投資家の賛成票を得やすい議案の作成を支援するコンサルティングサービスを提供しているところがある。そのような企業の場合、コンサルティング業務のクライアントに発注への感謝を示す、あるいは支持される提案作りに自社のコンサルティングが役立つことを示すという意味で、クライアント寄りのバイアスがかかっているかもしれない。オハイオ州職員退職年金制度はＩＳＳのサービスの使用をやめ、「我々が利用をやめた理由は、企業コンサルティングに起因する、（ＩＳＳの）実際のあるいは感覚的な矛盾のためだ」とコメントした。

潜在的な矛盾が実際の矛盾に変わるかどうかを、エビデンスを見て検証しよう。タオ・リは、２万６３０４回の株主総会の議決権行使を精査した。ＩＳＳがコンサルティング業務のクライアントに対する「賛成」票を投じることを推奨する可能性が高いことを示すだけでは、バイアスを示唆することにはならない。なぜなら、同社のコンサルティングによって純粋に提案の質が改善した可能性があるからだ。そこでタオは、コンサルティング業務を行っていないグラス・ルイスの市場参入に注目した。同社の参入後、ＩＳＳが「反対」推奨を出す頻度が大いに高まった。このことは、ＩＳＳのクライアントの可能性が高い大手企業が対象となる場合に特に顕著だった。この結果が示唆するのは、グラス・ルイスが参入するまで、ＩＳＳは自社のクライアントを優遇する態度を取っていたということである。

矛盾の説明をさらに補強するものとして、グラス・ルイスの参入のインパクトは、バイアスが露骨に分かる「頭を使わない」投票（例えば、対抗候補のいない取締役の選任）よりも、バイアスがかかりやすい複雑な投票（例えば、ガバナンスや報酬に関するもの）で、より大きかった。重要なのは、潜在的なバイアスが実際の結果をもたらすことだ。これは深刻なことである。矛盾が重要な意味を持ったと思われる提案に注目するために、タオは僅差で可決された提案と、僅差で否決された提案を比較した。前者の提案を出した企業の場合、同業他社と比べて役員報酬が高く、報酬の伸びも速い。これは、バイアスが経営者の過剰な報酬を許していることを示唆する。

スチュワードシップの実践

どのような対策があるだろうか。それには資産運用会社と同じ3ステップのフレームワークが有効だ。最初のステップは、議決権行使助言会社がパーパスとアプローチを定義することである。まずパーパスについてだが、議決権行使助言会社は自社の役割を、資産運用会社が無条件に採用できる推奨を提供するアウトソーシングサービスと見なしているだろうか[11]。それとも、あくまでもクライアントの投票判断の材料の1つとして専門的な第三者の意見を提供する企業と見なしているだろうか。そしてスチュワードシップのアプローチについては、推奨を出す際の明確な調査手法と、妥当な場合は議決権行使に関する内部ポリシーを持つべきである。

次のステップは、ポリシーの実践である。ある議決権行使助言会社が、自社の役割は専門的な第三者の意見を提供することだと考えているとしよう。その場合、戦略的判断が求められる議案については、推奨を出すのではなくメリットとデメリットを強調することにとどめ、その議案を「要戦略的判断」と分類するべきである。実際、セイ・オン・パーパスの議決権が認められるようになった場合、投票判断を議決権行使助言会社に委任する投資家が出てくる恐れがある。しかし、投資家が考える適切なパーパスは、その投資家の選好――内発的重要度に影響を与える要素――に依存する可能性がある。一番大切なのは環境だと考える投資家もいれば、雇用だという投資家もいるだろう。従って議決権行使助言会社がそれを決めるのではなく、賛成と反対の議論を提示するにとどめるべきである。これとは別に、議決権行使助言会社は、自社の最も重要なスクリーニング手法について外部の審査を受けることにより、最高の手法を使用しているというお墨付きを得ることができる。また、潜在的な矛盾に対処するための確実なポリシーも実行できる。

最後に、議決権行使助言会社は調査手法と内部ポリシーを公開するべきである。この場合も、コミュニケーションは単なる報告の域にはとどまらない。議決権行使助言会社は特定の推奨を出した理由を企業に積極的に説明し、企業側が特異な議案について根拠を説明したいと言うのであれば、それを受け入れて会うべきだ。このような要請は却下されることもあり、それが責任あるスチュワードシップかどう

11　議決権行使の専門知識を内部に持たない投資家もいるため、この役割でも価値を追加することはできる。

かを見極めることは難しい。

議決権行使助言会社の影響力が過剰ではないかという批判はよくあるが、議決権行使助言会社だけを責めるべきではない。その推奨をどう活用するかは投資家の責任である。投資家がエクイティアナリストの「買い」や「売り」の助言に自動的に従うことは決してなく、その根拠を精査し、あくまでもトレーディングの判断材料の1つとして利用するはずだ。しかし一部の投資家は、スチュワードシップを遂行する対価も含めて個人投資家から多額の報酬を受け取っているにもかかわらず、議決権行使助言会社に羊のように付き従って、実質的に投票を外注している。もし投資家が、例えば内部の専門知識の欠如を理由として、情報に基づく議決権の行使はスチュワードシップポリシーに含まないとはっきりと宣言しているのなら、議決権行使助言会社に自動的に従うのも一理あるかもしれない。しかし、議決権の行使はスチュワードシップの重要な手段の1つだと主張しているのなら、これは当てはまらない。

エクイティアナリスト

エビデンス

エクイティアナリスト[12]は、投資家のトレーディングに大きな影響力を持つ「買い」や「売り」の推奨を行う。あるアナリストが「買い」の推奨を出すと、その後3日間で株価は3％上昇し、その後も1カ月で2・4％上昇する。逆に「売り」の推奨が出ると、株価は短期間に4・7％、その後の6カ月で

9・1%下落する。しかしスチュワードシップ・コードは、アナリストにスチュワードシップの役割があると考えていない。それはスチュワードシップにおけるトレーディングの重要性を認識していないからだ。収益に基づいて出されたアナリストの推奨事項に影響されて、投資家が短期的収益に基づいてトレーディングをするとしたら、企業は投資ではなく利益確保に力を入れるようになるだろう。そしてトレーディングはエンゲージメントに影響する。もし投資家が、アナリストの推奨を受けてある企業の株式への投資を回避したら、その企業に対して議決権を持つこともないし、エンゲージメントを行う立場にもならない。

既存の規制（米国のグローバルセトルメントなど）は、アナリストが雇用主のクライアントを不当に優遇することに対処する。だが、それだけでは不十分だ。アナリストにバイアスがなくても、推奨事項が短期的要素に基づいている可能性がある。

アナリストは収益予想を通して、トレーディングにとりわけ大きな影響を与える。予想に届かなかった企業の株価は3・5%下落し、CEOのボーナスが減少する。第6章で、最高財務責任者（CFO）の80%が利益ベンチマークを達成するために投資を削減することを明らかにした、グレアム、ハービー、ラジゴパルの研究について議論した。過去の利益はベンチマークになるかもしれないが、同研究では73・5%がアナリスト予想を重要なベンチマークと捉えていた。スティーブン・J・テリーによる別の研究では、アナリストの収益予想をぎりぎりで達成した企業のR&D成長率が、ぎりぎりで未達

12　ここでの「アナリスト」は、投資銀行の株式リサーチ部門と、独立した株式リサーチ企業の両方を指す。

だった企業を2・6%下回ることが分かり、予想を満たすためにR&D投資が削減されたことが示唆された。

アナリストの報告は収益予想だけにはとどまらず、戦略、市場の見通し、経営の質といった長期的要素も取り上げる。だが典型的には、ステークホルダーの価値ではなく、利益と明確にリンクするものだけを議論する。イーライ・アミール、バルーク・レブ、セオドア・スギアニスは、アナリストが無形資産を十分に評価していないこと――特に、無形資産がとりわけ重要なR&D集約的な企業の資産を評価していないことを明らかにした。その結果として、ある銘柄を追跡するアナリストが減ると、特許の量と質が共に上昇するということを、ジエ（ジャック）・ハーとシュアン・ティアンは突き止めた。

スチュワードシップの実践

では、資産運用会社と同じ3ステップのフレームワークを当てはめていこう。最初のステップは、アナリストが自身のスチュワードシップの役割を認識し、パーパスを定義することである。アナリストのパーパスは、責任投資を推進することかもしれない。もしそうならば、スチュワードシップのアプローチに企業の社会的パフォーマンスの精査を含めて、その評価を踏まえて投資の推奨をするべきである。あるいは、財務分析だけを提供するというパーパスもあるかもしれない。

次のステップは、アナリストがスチュワードシップのアプローチを内部に定着させることである。ここでは、企業のステークホルダー資本を評価するための適切なリソースを確保することが重要だ。株式リサーチ部門には各業界（銀行、化学など）の担当チームがあるが、最近では多くの場合、責任投資の担当ユニットがある。その主なクライアントは責任投資を行う投資家だが、社会的パフォーマンスはすべてのステークホルダーにとって重要だ。アナリストは、責任投資チームの報告書だけでなく、すべての報告書にESG要素を盛り込むプロセスを持つべきである。

最後のステップは、外部への発信だ。グローバルセトルメントは、アナリストの報告書が楽観的過ぎないかどうかを投資家が検証できるように、各銘柄の「買い」「中立」「売り」推奨の分析内容を報告書に含めることを求めている。同様に、アナリストは、四半期収益の悲観的な予想にもかかわらず「買い」を推奨する頻度を報告することができる。こうすることで投資家は、アナリストの推奨がどこまで短期予想の影響を受けているかを評価できる。

この3つのステップは、アナリストが自らのスチュワードシップの責任を認識し、それを果たすことに役立つだろう。しかし、このことを規制当局や投資の連鎖の他の関係者が認識することも重要だ。規制当局はスチュワードシップ改革を検討する際に、エクイティアナリストを含めるべきである。そして投資家は、特に重視するべきアナリストを決める際に、アナリストのスチュワードシップのアプローチを考慮するべきである。現在のところ、スチュワードシップに関する議論でアナリストは視野に入っていないので、相当の姿勢の変化が必要だ。しかし、それは重要な変化である。アナリストの推奨事項は投資家のトレーディング判断を通して広がっていき、最終的に企業の行動に影響を与えるからだ。

まとめ

- スチュワードシップは投資の連鎖の全体的な責任である。資産運用会社だけではなく、アセットオーナーやサービスプロバイダーも責任を負う。長期的リターンを向上させ、投資運用業界の正当性を保証するためには、スチュワードシップの改善が不可欠である。
- 企業がパーパスを追求するのと同じように、投資家はスチュワードシップを追求するべきである。スチュワードシップのポリシーを明確に**定義**することから始めて、ポリシーを総合的な形で投資プロセスに**定着**させ、ポリシーと成果の両方を外部に**発信**する。
- スチュワードシップの定義には、ダイベストメントのポリシーと、エンゲージメントの**形態及びテーマ**を含めるべきである。スチュワードシップのアプローチは、資産運用会社のパーパスに沿って、ひいては比較優位の原則に則って選択するべきである。
- スチュワードシップを定着させるには、資産運用会社が大量の株式を保有し、長期的な金銭的インセンティブとスチュワードシップのリソースを確保することが重要である。
  - 効果的なモニタリングは、企業が社会のために生み出す価値を評価対象にするが、この情報は現在の株価に反映されていない可能性がある。企業の統合報告やESG格付けは有益な情報だが、根拠を確立するために使用するべきであり、それ自体を根拠にするべきではない。企業の社会的パフォーマンスの質的評価——経営陣とのミーティングで引き出される場合がある——で補完するべきである。

○効果的な議決権行使は、議決権行使助言会社の推奨や内部ポリシーを参考にするが、企業固有の状況も考慮に入れる。
○効果的なエンゲージメントは、パイを分割する課題（報酬額など）よりもパイを拡大する課題（パーパスや戦略）を重視し、複数の投資家との集団的エンゲージメントやエスカレーションを含む場合がある。
●スチュワードシップのコミュニケーションには、投票行動やポートフォリオの集中度に関する量的指標が含まれる。最も価値のあるコミュニケーションは、質的な内容――エンゲージメントの優先事項、モニタリングのテーマ、成功したエンゲージメントやダイベストメントのケーススタディ――かもしれない。
●アセットオーナーは、スチュワードシップの実績を1つの基準として資産運用会社を選定するべきである。その際、数字の不完全さを考慮し、「インパクトレポート」をはじめとする量的指標に警戒するべきである。必ず長期的パフォーマンスに基づく契約内容とし、スチュワードシップの期待事項を明確化するとともに、資産運用会社のパフォーマンスについて継続的にフィードバックを提供するとよい。
●議決権行使助言会社が推奨を提供するための適切なリソースを確保し、潜在的な矛盾に対処するポリシーを実行し、スクリーニング手法について外部の審査を受け、アウトソーシングサービスとしてではなく助言サービスとして自社のパーパスを捉えると、スチュワードシップへの貢献度を高めることができる。

●エクイティアナリストは、企業の短期的収益よりも無形資産や社会的パフォーマンスを重視した推奨を出すことにより、スチュワードシップに関して重要な役割を果たすことができる。

第10章　一般市民

個人がいかに受け身ではなく自ら行動し、ビジネスの方向性を決めるか

本章では、市民がいかにパイの拡大に寄与できるかを探る。市民は次の役割を果たすことにより、ビジネスの方向性を決めることができる。

●メンバー。市民は投資家、従業員、顧客という立場で、投資先、勤務先、購入先を選ぶことを通して、企業に説明責任を負わせることができる。

●政策決定者。仕事で政策に携わる市民はごく一部だが、誰もが有権者として政策に影響を与えている（政治家に書簡を送ったり、パブリックコンサルテーションに意見を寄せたりする場合もある）。本章では、厳格な法律と緩やかな行動規範の両方の役割を議論する。

●インフルエンサー。ここにはメディア、シンクタンク、そして専門家と見なされる人々が該当する。また、コンテンツの共有、購入、コメント投稿という形で影響力を発揮する市民も含まれる。インフルエンサーは個々の企業に説明責任を果たさせる。また、ビジネス全般に対する世論を形成して政策を誘導する。[1]

グローバル企業の規模の大きさを考えると、一般市民にビジネスの方向性を決める力などないと思うかもしれない。しかしここに挙げたように、私たちには一般的にイメージするよりもはるかに大きな力

がある。一従業員であるシェロン・ワトキンスが、エンロンの不正会計を内部告発し、CEOのケネス・レイに不法な会計が行われていることを訴え、その後、米国下院と上院で証言した。一市民であるダン・オサリバンが、ツイッターで「デリート・ウーバー」キャンペーンを開始した。ドナルド・トランプがイスラム圏への渡航を禁止したとき、これに抗議してニューヨーク・タクシー労働者同盟がストライキを呼びかけたが、ウーバーはサージプライシング（通常は需要が増すと運賃が上がる）を解除して営業を続けた。そこでダンと同キャンペーンは、ウーバーがストライキに乗じて利益を上げようとしていると訴え、50万人がそれに賛同してウーバーのアカウントを削除した。[2] グレタ・トゥーンベリは2018年8月、わずか15歳で「気候のための学校ストライキ」を始めた。彼女はその年の国連気候変動サミットで演説し、それ以降、気候変動について各国指導者や子どもたちの危機意識を喚起してきた。また、市民は議員にならなくても政策を提案できる。第5章で「ぼったくり報酬」に対するスイスの国民投票を紹介したが、これを立ち上げたのは、航空会社向けの歯磨き粉や洗口液を開発した起業家のトマス・ミンダーだ。

このような力を本書では**エージェンシー**（**行為主体性**）と呼ぶ。人々が受け身ではなく主体的に行動し、周囲に影響を及ぼす能力である。ダライ・ラマ14世いわく、「自分は小さな存在で変化など起こせないと思うなら、蚊と寝てみなさい」ということだ。

まずは、市民が投資家、従業員、顧客の立場でいかにパイを拡大できるかを議論しよう。

メンバー

第6章で、機関投資家が持つ2種類のスチュワードシップの力――モニタリング（保有する企業を選択する）とエンゲージメント（保有した企業の行動を変えさせる）――について説明した。これと同じ力を、個人投資家、従業員、顧客も持っている。

モニタリング

エージェンシーの1つ目の源泉は、どの企業のメンバーになるか――どの企業と価値観を共有できるか――を自由に選択できることである。第4章で見たように、投資家は社会的パフォーマンスも考慮に入れて銘柄を選択するべきだ。そうすると、社会的リターンだけでなく金銭的リターンも改善する。第9章では、個人投資家が資産運用会社を選定する際に、スチュワードシップのパフォーマンスに基づいて選択することを推奨した。個人投資家のエンゲージメントを推進する英国の慈善団体シェアアクションは、そうした選択を支援するべく、スチュワードシップの観点で投資信託をランク付けしている。

1　本書に登場する多くの分類法と同じく、これも境界線は曖昧である。行動規範は、政策決定者の介入がなくても、業界の企業が自ら採用できる。企業と投資家もまたインフルエンサーになり得る。

2　市民の中には、ウーバーが料金を下げたのは顧客を支援するためで、同社が緊急時にしばしば行う措置だとし、不買運動は不当だと主張する者もいた。キャンペーンの正当性はともかく、この事例は個人の力が企業価値に多大な影響を及ぼすことを示している。

多くの市民にとって、最大の投資判断は金融的なものではなく、就職先の判断である。たとえ雇用主が提示する給与や肩書が魅力的でも、顧客やサプライヤーから搾取している、環境を破壊している、あるいは女性やマイノリティの従業員を不当に扱っているという評判がある場合、市民にはオファーを断る力がある。ほぼすべての企業において従業員は重要な資産であるから、有能な人材を失うという脅威は、パイ分割行為の大きな抑止力になる。

社会から搾取する企業は従業員自身の価値観と相容れないだけでなく、長い目で見れば成功しないため、従業員は職を失う恐れがあるかもしれない。実際、倒産した企業の中には、社会的パフォーマンスの研究によってそれを予期できたかもしれない例がある。例えばビジネスインサイダーは2012年10月に、データプロバイダーのGMIが発表するESG格付けに基づく「想像以上に危険かもしれない13社」のリストを掲載し、ウェルズ・ファーゴがガバナンス面で多数の問題を抱えていることに注意を促した。翌年ロサンゼルス・タイムズは、ウェルズ・ファーゴについて「容赦のない売り込みのプレッシャーが従業員の士気を下げ、倫理的な違反行為を招いた。(中略)従業員はノルマを達成するために顧客に不要な口座を開設させたり、顧客の許可なくクレジットカードを作成したり、顧客の署名を捏造したりした」と報じた。しかしその当時は、暴かれた事実にほとんど関心は集まらなかった。2016年9月、消費者金融保護局はウェルズ・ファーゴが200万件の不正な銀行口座やクレジットカード口座を開設していたと発表した。罰金と評判の失墜を受け、同銀行は400支店の閉鎖と最大10%の人員削減を行う計画を発表した。たとえ従業員が新たな仕事を見つけられても、給料の減少に悩まされる。ボリス・グロイスバーグ、エリック・リン、ジョージ・セラフェイムの研究によると、不正会計に手を染めた企業を去った上級管理職の収入は、たとえ退職のタイミングが不祥事が発覚する前でも、同等の人材の収入を4％下回る。履歴書に不名誉な企業の名前があるだけで、潜在的な収入が損なわれるのである。

同様のエージェンシーは顧客も発揮できる。顧客は単純に価格で商品を選ぶのではなく、自分が実現したい世界を反映するような企業から購入できる。多くの人々が、たとえ割高でもオーガニック食品や地元産の食品を購入するのはまさにそれである。この行為に大した時間や労力はかからない。第9章で指摘したように、企業の社会的パフォーマンスについては無料で入手できるデータソースがあるし、顧客に合わせてカスタマイズされたその他のリソースもある。例えばグッド・ショッピング・ガイドやエシカルコンシューマーといったウェブサイトを利用すると、様々な商品（バナナやケトルから保険に至るまで）を選択して、各種ブランドの環境・社会面のスコアを確認できる。アプリのナッジ・フォー・チェンジの場合、ユーザーが最も重視するトピックを選択しておくと、買い物に訪れた小売店について、そのトピックに関するスコアを出してくれる。アプリのバイコットでは、ユーザーが商品のバーコードをスキャンして商品の社会的インパクトを確認できる。グッドオンユーもブランド名を入力すると同様の情報を教えてくれる。

ある企業を多くの顧客が敬遠すれば、それは不買運動になる。今やそうした情報はソーシャルメディアで急速に拡散するため、その威力は絶大だ。フォルクスワーゲンやウーバーに対するキャンペーンが当該企業に深刻な影響を与えたことはすでに説明したが、不買運動は業界全体に広がる可能性がある。

１９９０年代には、ナイキの工場の搾取労働に対する抗議デモが頻発した。ナイキはこの問題を認め、賃金や労働条件を改善し、他の企業とともに独立した監視体制と行動規範を確立するための「公正労働協会」を立ち上げた。

どの企業で買うかを決めることに加えて、さらに強力なエージェンシーの源がある。それはまったく買わない、あるいは別の種類の商品を買うという自由である。例えばスマートフォンを買い換えない、航空機を使った旅行を減らす、「ファストファッション」の購入を控えるといった行為は、すべて環境にプラスになる。WWFフットプリント計算機、REAPプチ、カーボンフットプリント・ドットコムといったウェブサイトは、一般家庭がカーボンフットプリントを計算し、最善のデータに基づいて削減計画を立てられるようにする。

エンゲージメント—投資家として

エージェンシーの2つ目の源泉は、私たちが企業の一員としてその企業に働きかけられることである。第4章のキャロライン・フラマーの研究で見たように、投資家は社会的パフォーマンスの改善を求める株主提案を行うことができる。重要なのは、株主提案は個人投資家でも機関投資家でも実行できるということだ。2018年5月、個人株主のキース・シュニップは、マクドナルドにプラスチック製ストローの代替品開発の取り組みについて報告書を出すことを求めた。この提案は否決されたものの、行動の変化を促した。翌月マクドナルドは、2019年から英国とアイルランドでプラスチック製ストローを段階的に廃止することを発表したのである。[3] そして、ある企業の株主提案が業界内に、さらには経済全体に波及することもある。1973年、石油会社モービルで、南アフリカ事業における黒人労働者の労働環境の改善を求める決議が行われた。このことがアパルトヘイトへの関心を高め、第6章で取り上げた南アフリカからのダイベストメントキャンペーンに火が付くきっかけになった。

株主は、正式な提案を出すことに加えて、年次株主総会で質問することもできる。アブドゥル・デュラントは、HSBCのロンドン本社で、会長のジョン・ボンドの執務室を含むオフィスの清掃作業に毎晩精を出していた。しかし彼の稼ぎで5人の子どもを養うことは大変だった。そこで慈善団体のイーストロンドン市民組織（TELCO）は、アブドゥルのためにHSBC株を数株購入し、2003年の株主総会に出席できるようにした。彼は株主総会で勇気を振り絞って発言し、ジョンにこう呼びかけた。「私はHSBCの契約社員とイーストロンドンの家族の全員を代表して、ここに立っております。私たちの時給は5ポンド。1時間に全部で5ポンドです！　年金はなく、疾病手当もわずかなものです。生活が苦しく、子どもたちは学校にまともなランチを持っていけません。教育に必要な本も与えてやれません。特に遠足について、子どもたちは参加の機会を失っています」

この訴えに心を動かされたジョンは、HSBCの清掃員の給与を28％引き上げた。翌年の株主総会で、アブドゥルは立ち上がってジョンに感謝を述べた。「HSBCの清掃員は、私たちの生活水準を上

3　多くの意思決定と同様に、プラスチック製ストローを段階的に廃止するというマクドナルドの決断の理由は1つではない。2018年には、同社の決断に先んじて英国の政治家がプラスチック製ストローの禁止を提案したが、2019年5月まで実行されなかった。また、マクドナルドが自主的に行動を起こした数少ない企業の1つであったことから、シュニップの株主決議が寄与したことがうかがわれる。

げて収入を増やすというあなたの決断に大変喜んでいます。私はその感謝を伝えるためにここに来ました。（中略）今では子どもたちと過ごす時間が増え、子どもたちに充実した時間を与えてやれます。ストリートの言葉で言えば『マジ尊敬』しています」。これは、１人の従業員に、大手多国籍企業の賃金ポリシーを変える力があることを示す例である。清掃員が賃上げを求めていることをジョンは知っていたはずだから、アブドゥルの関与は必要なかったのではないかと考える読者もいるかもしれない。しかし、すべてのリーダーはトレードオフを抱えている。賃金を上げれば、他のステークホルダーに犠牲を強いる可能性がある。アブドゥルが発言したことによって、ＨＳＢＣに様々な優先事項がある中でも、清掃員の賃金改善の重要性が際立ったのである。

より視野を広げると、シェアアクションには株主総会に出席して取締役会に生活賃金の支払いを求める「シチズン・シェアホルダー」チームがある。生活賃金は法律で定められた最低賃金よりも多く、労働者が家族を養うための必需品をまかなうための金額として計算される。シェアアクションは２０１１年に生活賃金キャンペーンを開始したが、その当時、ＦＴＳＥ１００企業で生活賃金を支払っていたのはたったの2社だった。それが今では39社に増えている。突き詰めれば株主が賃金の上昇分を支払うわけだが、多くの株主は、従業員の尊厳ある暮らしを実現している企業からリターンを得たいと考えている。さらに、賃金が上がると、典型的には従業員の定着率やモチベーションが向上するためパイが大きくなり、長期的な利益は犠牲にならない。

エンゲージメント―顧客として

顧客は往々にして、自分に大企業を変える力はなく、不満があるなら立ち去るしかないと考える。しかし、今や顧客が企業に働きかける力はかつてなく強まっている。

エンゲージメントのチャネルの1つが、企業の商品に対してフィードバックを提供することである。最近ではレビューサイトのおかげで商品の評価を書き込むことが容易になり、企業だけでなく他の顧客にも影響を及ぼせるようになった。トリップアドバイザー、エアビーアンドビー、アマゾンなどのサイトに書き込まれるフィードバックがビジネスや商品の命運を握ることもある。顧客の情報提供によって企業のイノベーションを活発化させることもできる。2004年に倒産寸前だったレゴは、2015年に売上高世界一の玩具メーカーとなった。この業績好転の柱になったのがアンバサダー・プログラム、すなわち最も熱心な顧客と交流して、新商品のアイデアの獲得や既存商品の軌道修正に役立てる取り組みだった。

2つ目のエンゲージメントチャネルが、株主提案を支持することである。キース・シュニップの決議が実施されたのは、本はといえば消費者監視団体のサムオブアスが、マクドナルドにプラスチック製ストローの禁止を求める請願を開始したからだ。そして50万人の署名が集まったところで、サムオブアスの会員でもあり、マクドナルドの株主でもあったキースに、サムオブアスを代表して決議を提出するよう依頼した。顧客と投資家が力を合わせることにより、個別の場合よりもはるかに大きな成果を上げたのである。

また、企業の商品を購入して所有するのは顧客であり、それをどう使うかは顧客次第である。そこに、まったく別の種類のエージェンシーの源が発生する。企業は商品の環境インパクトを削減するためのイニシアチブを始めるかもしれない。例えばパタゴニアは、傷んだ衣服を修理したり、不要になったアイテムを転売したりするためのプログラムを運営する。ヒューレット・パッカードは再利用可能なトナーカートリッジを設計し、顧客が無料で返送できるようにした。だが、これらのイニシアチブは顧客が参加することが条件であり、彼らが便利さを優先して普通に捨ててしまっては機能しない。商品がそのライフサイクルを通して必ず意図通りに使用されることを保証するという点で、顧客は企業のパートナーである。

エンゲージメント—従業員として

従業員のエンゲージメントには、企業について強調してきたのと同じパイ拡大のメンタリティが必要である。企業はたとえ将来の利益と明確に結びつかなくても、ステークホルダーのために価値を生み出すべきである。それと同じように、従業員はたとえ自身の成績評価で明確な報いがなくても、組織のために価値を生み出すべきである。

管理職や監督職にある従業員は、ベテランも若手も関係なく、自分の部署やチームを1つの小さな企業と見なして、本書で展開してきたリーダーシップの原則を適用できる。管理職は自分の部署の「マイクロパーパス」――全社的パーパスの達成に向けて部署が貢献できる部分――について考え、それをいかに定着させ、進捗具合を測るかを検討できる。「私の持ち札は何か」と自問して、全社のパーパスに貢献するためのチームのリソースや専門知識の配置の仕方を考えるとよい。

エージェンシーは、管理職ではない者も含めて、すべての労働者が持っている。その例の1つが、第8章の終わりに議論した同僚への接し方である。重要なのは、エンパワーメント、投資、報酬の態度は誰もが実践できるということだ。従業員は必ずしも自分が置かれている文化を受け入れる必要はなく、それを変革する力がある。ほとんど誰もが、他の誰かを動かしている。部署で一番地位の低い労働者でも、他の部署のサポートを受けているかもしれない。IT部門の時間を自由に使えるものと考えずに、単純な問題なら自力で解決できるかもしれない。従業員は、IT技術者の支援を受けて非常に助かったのなら、報酬の態度で直接感謝したり、上司に報告して本人に伝えてもらったりすることができる。

また別の例として、マネージングアップ（部下が主導して上司を動かし、良い関係を築くこと）がある。はしごの最下段にいる人々は、自分にエージェンシーはほとんどないと考えがちである。私は銀行に入って最初の数カ月間、雇用主が求めるのは受け身で指示通りに働くアナリストだという前提で働いていた。その前提に根拠はなかったが、周りがそう言っているからという理由で、そう思い込んでいたのだ。私が所属した化学業界チームの隣は輸送業界チームで、それを率いるベンは、すべての業界チームの最年少記録である31歳でチームのトップになった人物だった。ベンはあるとき、激務に不満を抱えていた私を見て、職務上の責任はないにもかかわらずランチに誘ってくれた。これは投資の態度である。彼は私の思い込みの愚かさを指摘し、彼が――そして銀行が――評価するのはエージェンシーを発揮するアナリストだと説明した。なぜなら、単に業務を遂行するだけの人材よりも、はるかに大きな貢献ができるからだ。

それから数週間後、私は15の類似企業を対象とした評価分析を行った。その中に農薬メーカーのシンジェンタが含まれているのを見た上司のマークは、すぐさま同じ農薬メーカーのモンサントを含めることを提案した。私はこれに対し、すでに15の類似企業を扱っているため、16社に増やしてもクライアントへの付加価値はほとんどないが、比較群のデータはすべての分析に投入されているため、大量の再計算が発生すると説明した。マークの提案は自由処分の態度のように見えるかもしれないが、実際には発生する追加作業のボリュームを認識していないだけだった。彼の中ではシンジェンタとモンサントが対になっていたために、反射的に後者の追加を提案したのだ。それを彼に認識させられるのは私だけで、さもなければ自分で責任を取るしかなかっただろう。マークは寛容な姿勢で私の話を聞き、すぐに提案を撤回した。6カ月後、私が受けた最初の正式な評価は「1年目のアナリストとして、アレックスが積極的に発言して自分の見解を表明していることは特筆に値し、これは奨励するべきである」というものだった。ここには私の評価というよりも、マーク、さらには私の雇用主の姿勢――エージェンシーに価値を置く――がよく表れていた。

従業員のエージェンシーは、同僚との関係の域を超えて、企業に対する貢献にまで広がる。このことに職位は関係ない。第8章で、工場労働者が品質チェックの責任を負い、生産ラインを止める権限を持つ日本のアンドン方式を取り上げた。しかし、この責任を生かせるかどうかは労働者次第である。問題に文句を言うのは簡単で、しばしばカタルシスを得られることもあるが、その問題について行動を起こすことは難しい。とはいえ、そこまで難しいことではない。今あるパイに固執するのではなく、拡大できるというメンタリティを持てるかどうかが大きな壁であり、提案すること自体はほとんど労力を要さない場合もある。従業員のアイデアから生まれて成功したイノベーションはたくさんある。例えば新たな商品（ポスト・イットなど）、新たなプロセス（段ボールの仕切りを撤廃したニュー・ベルジャン）、新しいポリシー（バリー・ウェーミラーでは、従業員たちが同僚の自宅待機を肩代わりすることを提案）などである。

与えられたエージェンシーを行使するのは市民の役目だが、その威力を引き出すのは企業の役目である。企業は従業員や顧客の集合知を生かすことによって多大な価値を生み出せるが、その手間をかけようとしないことがある。フレデリック・ウィンスロー・テイラーが、シュミットを意欲も知性もない人物と見なしたのと同様に、企業幹部は、時に消費者の興味の対象は企業から奪う（商品を購入する）ことだけで、還元することではないと考えることがある。企業のウェブサイトには、苦情の入力フォームはあっても提案の入力フォームがないことがある。つまり企業は暗黙のうちに、顧客がパイ分割のメンタリティを持つ――問い合わせてくるのは補償を求めるときだけで、両者に恩恵を与えるアイデアを提供するためではない――ことを前提にしている。

このような前提は正しくない。従ってリーダーの最初の一歩は、従業員や顧客を利己的な人間と見なす誤った認識をすべてリセットし、彼らを市民として――創造的で、協力的で、共感力のあるコミュニティのメンバーとして――捉えることである。そうすると、彼らの市民としてのエネルギーを引き出し、導き、自然な状態のままで生かす方法を見つけることが課題となる。第8章で論じたように、今や多くの企業が従業員をパートナーと見なしており、一部の企業は顧客についても同様の見方をしている。パタゴニアは、顧客を信頼し、同社の商品を修繕することに時間を費やしてくれると考えたからこそ、コモンスレッズ・イニシアチブを開始できた。レゴのアンバサダー・プログラムは、顧客をR&D部門の延長と捉えている。さらに視野を広げると、「ニュー・シチズンシップ・プロジェクト」などの組織が、企業と協力して、顧客の市民としてのポテンシャルを引き出そうとしている。

では次に、政策決定者、あるいは政策に意見を持つ有権者が、いかにパイの拡大に寄与できるかを見ていこう。

政策決定者

政策決定者がパイコノミクスを支える方法の1つが規制である。これは、行動を「規制」する、つまり規律正しく制約する方法という広い意味で捉えるべきである。そこには法律だけでなく、スチュワードシップ・コードなどの行動規範も含まれる。

規制はプラスの役割を果たし得るが、意図せぬ結果を招くことも多い。そこで、まずは規制を設計する際の重要な注意点を議論する。それから、それを念頭に置いて規制を有効活用する方法を説明する。

1　パイ拡大のメンタリティ

パイ拡大のメンタリティは不実行による過ちの重大性を強調する。しかし、規制が最も得意とするのは実行による過ちを罰することであり、価値を生み出さなかった企業を罰することは非常に難しい。規制では不実行による過ちを減らせないばかりか、逆に増やす可能性もある。過ちを犯さないようにイノベーションを控える企業もあるかもしれないからだ。

２０１７年12月、インベストメント・アソシエーションは英国政府の要請を受けて、株主投票（セイ・オン・パーパスや取締役の選任）で支持率80％未満だった企業の登録簿システムを開始した。その狙いは、投資家に反対される提案を出した企業を名指しで批判することだ。企業に不名誉を与えるこの登録簿は、俗に「ノーティー・ステップ（お仕置き階段）」と呼ばれ、リーダーたちはそこに載ることを避けたいと願っている。

しかし、こうした「1発アウト」のルールはイノベーションを阻害する。失敗はイノベーションの結果だが（イノベーションには失敗のリスクがある）、動機にもなる（失敗が将来のイノベーションの糧となる）。もし企業が報酬改革を提案し、75％「しか」支持を得られなくても、反対票を投じた投資家らの懸念を聞くことができる。実際、登録簿システムの開始前に存在したフィードバックループはうまく機能しているように見えた。セイ・オン・ペイの支持率が80％の基準値を下回った企業は、翌年の投票の支持率が平均17％上昇した。作家のマシュー・サイドは、これを「オープンループ思考」（懸念を真摯に受け止めて対応すること）と呼び、「クローズドループ思考」（投資家は間違っているに違いないと決めつけて構わず突き進むこと）と対比した。

そもそも、このような登録簿が何を達成したいのかが不明である。企業を貶めることにメリットがあるなら、社会的価値を生み出すことに失敗した企業を貶めるべきである。報酬に関する登録簿に価値があるなら、2年連続で支持率が低かった企業を載せるべきである。そうすれば一度は投資家の懸念に応えるチャンスが与えられ、フィードバックのループが機能する。

2 エピソードよりもエビデンス

エビデンスは2つの点で規制の指針となり得る。1つ目として、エビデンスによって問題の程度を診断し、そもそも解決策が必要なのかどうかを判断できる。規制は、時に箱の中の大部分のリンゴは新鮮なのに、一部の腐ったリンゴに反射的に反応することがある。

1982年、ベンディックス・コーポレーションのCEOだったウィリアム・マクレイノルズ・エイジーは、同社が買収された後、410万ドルの「ゴールデン・パラシュート」[4]を受け取って同社を去った。職を失う者が報酬を得ることに世論は怒り、対策を要求した。このたった1件の出来事を受けて、議会は1984年に、給与の3倍を超える黄金のパラシュートに高い税率を課した。この法律によって、実際にはゴールデン・パラシュートの付与事例が増加した。解雇されるときに収入を得られる可能性に気づいたCEOたちが、パラシュートを要求するようになったのだ。ゴールデン・パラシュートを与える企業はかつては少数派で、1987年には最大手企業1000社のうち41%だったが、1999年には70%に増加した。そして以前からゴールデン・パラシュートを与えていた企業は、その額を給与の3倍に――同法が許容範囲と示唆した水準に――引き上げた。また、この規制を回避するためにCEOの給与を引き上げる企業もあった。

こうした意図せぬ結果が生じたのは、この特定の法律の設計が拙劣だったからだと思うかもしれない。しかしその教訓には普遍性がある。規制には意図せぬ結果が付きものだ。企業は規制をかいくぐることができるし、限界すれすれを狙う動機にもなるからだ。このような結果は医療の副作用のようなものである。医学では治療に先立って診断する。患者の病状が深刻な場合にのみ、様々な副作用を伴う身体に負担が生じるような手術を行うべきだ。つまり、様々な副作用を伴う規制を課すのは、問題が多数の企業に広がっている場合に限るべきである。

エビデンスの2つ目の役割は、問題の対処方法の指針を提供することである。解決策になり得る方法が、他国で試されている可能性があるからだ。極端な改革を提案すれば画期的だと称賛されるが、それが機能するというエビデンスがない限り危険である。実際に、調査の結果、直感とは逆の結果が出ることもあるかもしれない。2016年、テリーザ・メイは英国首相を決める選挙で、投資家が報酬をコントロールする力を強めるために、セイ・オン・ペイ決議を勧告的なものから拘束力のあるものに変える意向を表明した。しかし、セイ・オン・ペイの法律がある11カ国に注目したリカルド・コレアとユグル・レルは、報酬を引き下げることと業績と密接に連動させることの両面で、拘束的決議よりも勧告的決議のほうがわずかに有効であることを明らかにした。意外かもしれないが、これは極めて論理的な結果である。反対票が拘束力を持ち、より大きな混乱を引き起こす可能性がある場合、投資家は報酬パッケージに反対することを躊躇するかもしれない。

4（訳注）企業が買収されて職を追われる経営陣が受け取る、非常に高額な退職金。

実際、メイが首相就任から数カ月後に開始したコンサルテーションで懸念が持ち上がったために、セイ・オン・ペイの決議に拘束力を持たせる計画は破棄された。エビデンスを踏まえたこの対応は称賛に値する。政治家が公約した政策を転換すると、有権者はしばしば激しく非難する。しかし懸念に耳を傾けることは、矛盾するエビデンスを無視するクローズドループ思考よりもずっとよい。もしコンサルテーションの結果、アイデアを断念することが許されないとしたら、政治家はそもそもアイデアを提案することを控えるかもしれない。これは不実行の過ちである。または、新たにどのようなエビデンスが出てきても、独断的に行動計画に固執するかもしれない。

3 有形vs無形

規制当局が企業に説明責任を課す場合、検証しやすい有形指標を対象にすると非常に楽である。企業が指標を満たさない場合（例えば最低賃金を支払わない）や、報告が不適切な場合（例えば利益を粉飾して開示する）に起訴できる。

しかし、有形指標を重視することには2つの大きなリスクがある。1つ目は、**質より量を優先する**リスクである。量は目に見えるが質は目に見えないため、規制によって前者が改善しても後者が悪化する可能性がある。米国では2003年の法律によって、議決権の行使が投資信託の受託者責任となった。情報を得ずだが投資信託の多くは独自の調査をせず、議決権行使助言会社の推奨に従う結果となった。情報を得ずに投票することは、おそらく一切投票しないことよりもたちが悪い。同様に、インドでは大手企業に利益の少なくとも2％をCSR活動に支出することを求めている。しかし支出の量は確認できても、支出の質——増幅の原則、比較優位の原則、重要度《マテリアリティ》の原則を満たしているか——は確認できない。その資金を他の用途で使った場合にもっと大きな価値を生み出せるなら、ただ支出するだけではパイを縮小させる可能性がある。

2つ目は、**コミットメントよりコンプライアンスを優先する**リスクである。規制を課すことで、企業は政策の趣旨に従うことよりも、政策で強調された有形指標を守ることを重視するようになるかもしれない。例えば、第4章で議論した従業員満足度のメリットを認識している企業があるとする。規制がなければ、そうした企業は従業員満足度のあらゆる要素を改善しようとするだろう。しかし報酬格差の開示を求めれば、企業は報酬に注目するようになり、労働条件やオンザジョブトレーニング（OJT）といった無形の要素をないがしろにするかもしれない。また規制を課すことによって、従業員満足度の改善は企業にとって負担になるから、規制で義務づける必要があるというメッセージも発信される。その結果、企業はなるべく最小限のコンプライアンスでとどめようとする可能性がある。

4　事前vs事後

規制の目的は、何らかの行動が行われた後で問題点を修正することである。しかしそうすることで、行動を起こそうという動機が損なわれる恐れがある。

第7章で述べたように、自社株買いについては、それを制限しようとするいくつかの提案がある。しかしすでに議論した通り、一般論として自社株買いは長期的価値の増加と関連するというエビデンスが示されており、これらの提案には根拠がない。さらなる問題として、株式発行に対する事前の動機に与える影響がある。自社株買いを制限すれば、企業がそもそも資金調達を行う意欲が削がれるだろう。企業は調達資金が不要になった場合、これを自社株買いという形で返金して、将来支払う配当金を減らすという選択肢に価値を置く。もし法律で株の買い戻しを禁止すれば、企業はそもそも株式を発行せず、投資の減少につながる可能性がある。例えるなら、市民はクレジットカードの利息を減らすために、毎月の利用額を全額支払うことに価値を置く。もし最低額の支払いしか認められなければ、この人はそもそもクレジットカードを取得せず、支出は減るだろう。

同様に、第6章で議論したように、株主を定着させる政策も提案されてきた。だが、株主の撤退は効果的なガバナンスの仕組みだというエビデンスが示されており、こうした提案には根拠がない。それだけでなく、投資に対する事前の動機に与える影響も無視している。もし経営陣が価値を破壊し、投資家のエンゲージメントに反応しない場合、その投資家は撤退という選択肢に価値を置く。その選択肢がないのなら、そもそも投資する気にならないかもしれない。建設大手カリリオンの2018年の破綻に関する英国議会の調査によると、投資家は早くも2014年の時点で経営陣へのエンゲージメントを試みたが、経営陣が誤解を招く情報を与え、取締役会が無反応だったために失敗に終わった。そこで多くの投資家は同社の破綻前に株式を売却し、クライアントの何百万ポンドもの資産を守ったのである。株式を売却して多額の損失を避けるという選択肢がなければ、投資家はそもそも株式を購入しないかもしれない。

5　システム全体の思考

ある特定のビジネス慣行に対する批判は、大局的な観点でのその慣行の役割を無視していることがある。医薬品の特許は巨大な利益を生み出すが、第1章でメルクのCEOのケネス・フレイジャーが強調したように、その利益は開発に失敗した医薬品の損失を埋め合わせるために必要なものである。「ロイヤリティ」ポリシーは、ある企業に対するエンゲージメントに成功した投資家が、別の企業の再編のために資本を再配置――バリューアクトがアドビを立て直した後のように――することを妨げる。

1つの領域を改革しても2つ目を改革しなければ効果がない、あるいは害を及ぼすことさえあるため、システム全体の思考も重要になる。1つ目の領域が症状で、2つ目の領域が根本原因である場合はなおさらだ。報酬設計の拙劣さは、効果的な投資家エンゲージメントが行われていない場合に現れる症状の1つである場合が多い。リカルド・コレアとユグル・レルが、勧告的なセイ・オン・ペイ決議が拘束的決議よりも効果的だという発見をしなかったとしよう。そうだとしても、投資家の出資比率が小さいために十分な情報が与えられず、彼らが情報を得ずに投票すれば、決議に拘束力を持たせた場合に、報酬に関する意思決定の質が落ちる可能性がある。

6　画一的な方法ですべてうまくいくことはまれ

最後の懸念は、一般的に規制が画一的なことである。利益の2％をCSR活動に支出することを義務づけるインドの規制には、適切な数字が企業によって異なるという別の問題がある。投資機会の乏しい成熟した企業なら、2%よりも大きな数字が適切かもしれない。企業が最低基準を超えて支出することは可能だが、規制があることによって、ステークホルダーへの投資は企業の長期的利益ではなく法律遵守のためだというイメージが生まれる場合、企業はこの支出を増やそうとはしないだろう。逆に中核ビジネスにふんだんに投資機会がある企業では、2%の法律を守るために、パイを拡大するプロジェクトに充てていた資金が転用されるかもしれない。

また別の例として、1993年に米国大統領のビル・クリントンは、100万ドルを超える役員報酬を法人税の控除対象外とする（業績連動報酬の場合は除く）ことにより、報酬をこの基準以下に抑えようとした。しかし、何をもって過剰とするかは企業によって異なる。非常に競争の激しい業界（多くの企業がCEOを奪い合う）の大企業（有能なリーダーが大きな影響力を持ち得る）の場合、200万ドルの報酬でも妥当かもしれない。競争が激しくない業界の小規模企業なら、50万ドルが適切かもしれない。しかし規制の結果、報酬パッケージが均一化した。企業の規模や競争力学と関係なく、それまで給与が100万ドル未満だった企業はぴったり100万ドルに引き上げ、100万ドルを超えていた企業は100万ドルに引き下げたのである。

報酬水準を一律に決めるのではなく、最大手100社について、規制当局が各社の正当な報酬を判断するという手もあったかもしれない。ただ、規制当局にこのアイデアを実行するリソースがあったとしても、動機や情報が不十分かもしれない。第一に、パイの整合性が取れないと思われる。この方法は、高額報酬の正当性を訴える企業のロビー活動や、価値創出を犠牲にしてでも高額報酬を取り締まれという世論の圧力の影響を受ける可能性がある。これに対し、大口投資家はパイの大きさと切り分け方の両方――どちらも投資家のリターンに影響する――を気にかける。第二に、ブロックホルダー（大口投資家）、取締役、報酬コンサルタントは、ＣＥＯの雇用市場や報酬設計について規制当局よりもはるかに多くの情報を持っている。

ただし、市場もまた、動機と情報の両方について不完全だという事実がある。報酬コンサルタントの意見が対立したり、投資家が情報を持っていなかったりする場合もあるだろう。そのため規制に一定の役割があることは確かだが、目指すべきは市場参加者の動機や情報を無効化することではなく、改善することである。

規制を活用する方法

ここまで規制の限界について議論してきたが、ここからは規制をいかにパイの拡大に役立てるかを考えていこう。規制の指針となる便利な原則がある。それは**市場の失敗が存在するか。存在する場合は規制当局がそれを改善できるか**である。この原則に従って、規制を活用するいくつかの方法を説明する。

1　情報

投資家、従業員、顧客は、パイを分割する企業から離れるという形で、究極の規制役となる。重要なのは、彼らの判断に無形要素が含まれていること、そして企業固有の状況が加味されていることである。これを実現するためには、メンバーが十分な情報を持っている必要がある。そして規制は関連情報の開示を義務づけるという形で貢献できる。例えばノルウェーは1998年から、企業に環境インパクトとその軽減活動について報告することを求めている。ブラジル、デンマーク、香港、インド、マレーシア、シンガポール、スウェーデン、英国は、より全般的な社会的インパクトの開示を要請または推奨している。規制によって、開示内容をできるだけ比較可能な形に揃える――例えばすべての資産運用会社に手数料を差し引いたパフォーマンスを報告させる――こともできる。

報告方法を一致させる代わりに、報告項目を一致させることもできる。国連の持続可能な開発目標（SDGs）は、世界が2030年までの達成を目指す17の目標をまとめたものである。重要なこととして、SDGsは企業に目標の達成方法を指示したり、各目標を均等に重視することを推奨したりするものではない。優先事項は各社がそれぞれのパーパスに基づいて判断する必要がある。その代わりにSDGsは、各社がどの目標にどう貢献しているかを報告できる共通言語を提供しているのである。こうして比較可能性が高まることにより、メンバーは自分が最も重視する目標について、企業がどのような取り組みをしているかを判断できる。

例えばダノンのパーパスは「世界中のより多くの人々に、食を通じて健康をお届けする」、ボーダフォンのパーパスは「インクルーシブでサステナブルなデジタル社会を実現して、より良い未来につなげる」である。従って、両社ともすべての目標に貢献しているが、特に力を入れる目標が異なっている。ダノンが優先する目標の1つは「飢餓をゼロに」（目標2）であり、安全で栄養のある食品の生産を通してこれを支援している。ボーダフォンにとって「飢餓をゼロに」は中核的な目標ではないが、それでも農家の生産性を上げる技術やモバイルマネーを提供することで貢献している。このことから、異なるパーパスを持った企業が、まったく異なる活動を通して共通の目標に貢献できることが分かる。しかし本末転倒であってはならない。取り組んでいるSDGsの目標にもう1つチェックを付けたいからといって、イニシアチブを推進するべきではない。その代わりに、増幅、比較優位、重要度《マテリアリティ》の原則に合致する活動に注力し、その後でSDGsに照らして報告するべきである。

政策決定者は他の分野についても、報告内容を一致させるための共通言語を提供できる。投資家によるスチュワードシップ報告の比較可能性を高めるために、規制当局はスチュワードシップの統一的なテーマ（例えば役員報酬、資本配分、気候変動など）を策定できるかもしれない。そうすることで、投資家は優先するトピックを明らかにし、それに対する独自のアプローチを説明できる。例えばセイ・オン・ペイの議決権を行使して役員報酬を改善する、資本配分について企業にエンゲージメントを実行する、気候変動対策を講じない企業から撤退するといったアプローチが考えられる。

ただし、開示情報が多ければ多いほどよいというわけではない。有形指標は不完全だったり、操作されやすかったり、開示対象の指標への偏重を助長したりする可能性がある。そこで、特定の情報開示を禁止あるいは抑制することも、規制の役割になるだろう。2015年11月以降、EUは企業の四半期報告の義務を撤廃したが、多くの企業は依然として報告を続けている。政策決定者はさらに一歩進んで、「コンプライ・オア・エクスプレイン」、すなわち企業の四半期報告は行わないことを基本とするが、報告する場合はその理由を説明するという規定を追加できるかもしれない。また、第8章で議論したように、この問題は財務指標だけでなく非財務指標にも当てはまる。非財務指標の開示を義務づけると、非財務パフォーマンスの質的指標を犠牲にしてそれらを改善する――例えば雇用の質を犠牲にして雇用数を増やす――という歪みが生じる可能性がある。

2 外部性

ESV（啓発された株主価値）とパイコノミクスの重要な違いの1つとして、前者を実践する企業は外部性を考慮しない。これは規制で対処可能な課題である。

最も単純な――そしてしばしば最も有効な――解決策は、負の外部性が便益を上回る行為を**禁止**し、正の外部性が費用を上回る行為を**義務**づけることである。そのような例として、児童労働の禁止や健康安全要件の適用といった、環境、雇用、人権に関する法律がある。これによって、パイを分割する企業がコスト削減を追求したり、パイを拡大する企業が投資が実を結ぶ前にビジネスから撤退したりすることを招く「底辺への競争」が回避される。法律に違反した場合は企業に罰金を科すだけでなく、幹部も罰するべきである。第5章で、ユナイテッドヘルスのウィリアム・マグワイアが、自らの報酬を不正に増やしたとして、同社に4億6800万ドルを返還した事例を紹介した。それに加えて、彼は上場企業の幹部職や取締役に就任することを10年間禁止された。エンロンの幹部の中には、詐欺あるいはエンロンの財務状況に関する情報の隠蔽という罪で服役した者もいる。どちらも企業幹部が投資家を欺いた例だが、ステークホルダーに害を加えた場合も同様の制裁が下されるべきである。英国の会社法では、取締役はステークホルダーに「配慮しなければならない」と定められているが、現在のところ、これを怠ったとして罰せられた取締役はいない。

負の外部性を生み出す行動の中には社会的便益を生み出すものもあるため（例えば航空便）、全面的に禁止することは妥当ではない。その代わりに、外部性の影響を受ける財に**財産権**を与え、企業が外部性を考慮して便益と天秤にかけられるようにすることが1つの解決策になる。例えば、政府は市民にきれいな空気を吸う権利を与えるか、企業に一定限度まで汚染物質を排出する権利を与えることができる。そして、それらの権利を取引可能な状態にすることで、汚染物質の排出削減に比較優位を持つ企業が、持たない企業に排出枠を販売できる。このシステムは、一部地域で炭素排出量について実現している。

規制当局は負の外部性を生む活動に**課税**することもできる。2019年1月、ウォール・ストリート・ジャーナルは、史上最多のエコノミストが参加した共同声明を発表した。この声明は炭素排出量への課税を提唱するもので、ノーベル賞受賞者27人と、連邦準備制度理事会（FRB）の元議長4人を含む米国の3500人超のエコノミストが署名した。あるいは、正の外部性を生む活動に**補助金**を与えることも可能だ。イノベーションを促進するために、多くの国はR&D費用が発生した時点で企業の税負担を軽減するR&D控除を実施している。第6章で、イノベーションの成否はインプット（R&D支出額）ではなくアウトプット（特許取得数など）で測定するべきだということを強調した。EUでは11カ国がパテントボックス税制を導入している。これは知的財産権の利用で生じた収入に対する課税を軽減することにより、イノベーションへの支出ではなく、成功したイノベーションだけを補助する仕組みである。

政府の規制が最も効果的に機能するのは、炭素排出量など課題を明確に測定できる場合である。従って、社会的課題よりも環境的な要素において重要な役割を担うかもしれない。社会的課題の中には、児童労働や最低賃金など取り締まりが可能なものもあるが、エンパワーメント、投資、報酬の態度など取り締まりが非常に困難なものもある。だからこそ本書は全編を通して、社会的責任のビジネスケースを強調してきた。政府は重要な役割を果たすものの、ビジネスのパーパスを設定し直すためには、コンプライアンスだけでなく企業と投資家のコミットメントが求められるのである。

3 再分配

最も調和の取れたパイの拡大の仕方がパレート改善（一部のメンバーに恩恵があり、どのメンバーも敗者にならない）であることはすでに説明した。それと同時に、大抵の行動にはトレードオフが伴うため、パレート改善がめったに実現しないことも強調した。パイを拡大する企業は、ある意思決定によって生まれる敗者に可能な限りの補償をするが、それでもやはり敗者は生まれてしまうだろう。

企業が自力でパレート改善を実現できることはまれである。エンジーがヘーゼルウッド発電所を閉鎖したとき、同社はラトローブバレー労働者移転計画に参加した。これはそもそも、ビクトリア州政府がこの制度を構築し、ラトローブバレーの他の発電所がヘーゼルウッドの元従業員を雇用することを補助したからこそ、実現したのである。

政府はパイを拡大する活動で生まれる利益と損失を再分配することにより、パレート改善の実現を支援できる。第5章で、税制の役割として、CEO職に限らずスケーラビリティのあるスキルを持つ者の高報酬を再分配できることを説明した。そこでここからは、支出政策による再分配について議論することにする。パイを拡大するが、対策を講じないと個人の分け前を減らす力の1つがテクノロジーである。第8章で紹介したように、スタンダードチャータード銀行のシンガポール支店はスキルズ・フューチャー@ｓｃを開始し、テクノロジーに取って代わられるのではなく強化されるようなスキルを従業員が習得することを支援した。この取り組みは、キャリアのあらゆる段階にある市民に継続的なトレーニングを提供する、シンガポール政府のスキルズ・フューチャー・プログラムに触発されたものである。シンガポールの25歳以上の市民には、国内あるいはオンラインのコースの受講料として５００シンガポール・ドル（約３７０ドル）が支給され、その後も定期的に追加支給が行われる。スキルズ・フューチャーはキャリア指導や個別のスキルアップ計画といった無料のアドバイスも提供しており、市民は特定の仕事のために習得するべきスキルを把握できる。

自由貿易も、パイを拡大するが格差を広げる活動の1つである。消費者は商品を手に入れやすくなり、業界によっては原料が安くなるという恩恵がある。しかし多くの労働者や企業が外国との競争に敗れ、さらにオフショアリングによる解雇も発生する。米国の貿易調整支援制度（ＴＡＡ）は、従業員の再訓練と再就職を支援するプログラムである。こうしたイニシアチブは他の失業対策と同時に行われることが多いため、通常は効果の因果関係を示すエビデンスを見つけることは難しい。その上、プログラムの対象になるのは一部の労働者だけであり、彼らの持つスキルが対象外の労働者のスキルと異なる場合もある。このようなスキルの差が、将来の雇用結果を左右する可能性がある。

ベンジャミン・Ｇ・ハイマンは、独創的な方法を用いて因果関係を特定した。輸入やオフショアリングが原因で企業の売り上げが落ち込み、それを理由に解雇された労働者はＴＡＡの資格を得る。しかしこの資格審査は主観的であり、人間の判断に依存する。ベンジャミンは、ほとんど応募を受理しない厳しい審査員もいれば、寛大な審査員もいることを突き止めた。担当の審査員が厳しいか甘いかは無作為に決まるが、応募者がTAAに受理されるかどうかに大きな影響を及ぼす。ベンジャミンは、TAAによって、労働者のその後10年間の累積所得が5万ドル増えることを明らかにした。増分の3分の1は賃金の上昇、残りは就職の可能性の向上によるものだ。

デンマークでは2つの県が、雇用活性化プログラムを開始する際に無作為の資格審査を採用した。このプログラムは仕事を見つけて応募する方法を指導し、求職活動を追跡し、技術、社会、言語面のスキルをトレーニングするもので、2005年11月~2006年3月に失業した市民のうち、誕生日が各月1~15日の者を同プログラムの対象とした。誕生日が各月16日以降の者はプログラムの対象とせず、比較群とした。労働者の誕生日は将来の雇用可能性とは無関係であるから、プログラムの対象者と非対象者の雇用結果の差はすべて、同プログラムに起因すると考えられる。ブリアン・クロー・クラワセンとヤン・C・ヴァン・オースは、失業期間の中央値が18%短縮することを発見した。

4　金融リテラシー

大人の再訓練よりもさらに効果的なのが、若者の教育である。多くの政府は、将来の雇用可能性を上げるために、読み書きや計算といった基本スキルと同様にSTEM科目（科学、技術、工学、数学）の教育が重要であることを正しく認識している。しかし市民の経済的な将来性を長期にわたって守るためには、金融リテラシーも必要不可欠である。予算管理、節税できる貯蓄方法、複利法の役割、そして箇単な経験則（クレジットカードの負債を一番に返済するなど）は、市民の経済的健全性に大きな影響を与え得る。このことは格差の解消にも貢献する。所得の不均衡だけでなく、人々の支出、借入、貯蓄行動がもたらす富の格差の是正につながるのである。

さらに、金融リテラシーによって、パイを分割する企業に顧客が搾取されることも阻止できる。クレジットカード会社の中には、最初は金利の低い「ティザーレート」を提示して、後に跳ね上げるところがある。金融リテラシーの低い顧客は、ティザーレートの後を確認するべきだということを知らないかもしれない。ホン・ルーとアントワネット・ショワーは、米国のクレジットカード発行会社が教育水準の低い顧客を狙い、低いティザーレートを設定する一方で、債務不履行、遅延、限度額超過時の手数料を高く設定していることを明らかにした。これと関連して、金融リテラシーは市民のエンゲージメントを促進する鍵である。例えば労働者が、年金に投資した自分の資金がどうなるか――企業にどのような影響力を持つか――を理解すれば、彼らは年金提供者に金銭以外の目標を追求することを活発に望むようになり、それについて説明責任を求めるようになるかもしれない。

5　競争

パイコノミクスにおいて競争はいくつかの重要な役割を担う。競争は、経営者が私利を追い求める――例えば脈絡のない買収に資金を浪費する――ことを抑制する。また、企業がステークホルダーを搾取している場合に、従業員、サプライヤー、顧客が競合他社に乗り換えられるようにする。これとは対照的に、市場支配力は顧客への販売価格を引き上げ、労働者の賃金を引き下げ、サプライヤーの取引条件を悪化させることによってパイの分割を促進する。実際に、エフレイム・ベンメルク、ニッタイ・バーグマン、ヒョンソブ・キムは、域内の独占的雇用主の存在が賃金に負の因果関係を及ぼすことを示した。

独占力によって生じる価格の歪みはステークホルダーに損害を与えるだけでなく、不適切なリソース配分を招く。完全競争の下では、企業は財に対して生産費用以上の価格を設定することはできない。従って、顧客の内部的費用は生産の社会的費用と等しくなる。第3章で議論したように、この場合、顧客は購買判断で社会の機会費用を考慮する。しかし独占状態は、マークアップ、すなわち生産費用を大幅に上回る価格設定を招く。すると顧客は、商品から生産費用以上の価値を得られる場合でも購入しない可能性があり、パイを拡大する取引が発生しない。競争を促進する政策については様々なところで取り上げられているため、そちらを参照していただきたい。

6　歪みの除去

規制によって歪みが生じると、市場の失敗を引き起こす。従って、既存の規制がもたらした意図せぬ歪みを取り除くことは、政策決定者が価値を生み出す方法の1つである。

本書ではすでに、開示要求によって生じる歪みについて議論した。税制もまた、歪みの発生源である。すでに述べた通り、米国大統領のビル・クリントンは、100万ドルを超える報酬について、内国歳入法162条（m）で「業績連動型」と見なされる形態のものを除いて税額控除を廃止した。奇妙なことに、内国歳入法は譲渡制限付株式を業績連動型と見なさなかった。それは、株式の価値は明らかに業績に依存するが、株数は依存しないからである。しかし、パフォーマンス・シェアは業績連動型にカウントされた。そのため、パフォーマンス・シェアには第5章で指摘した問題があるにもかかわらず、取締役会はこれを付与することへと傾いた。注意するべきは、この歪みが税制の範囲にとどまらないことである。この規制は、譲渡制限付株式を業績連動型という分類から外すことによって、取締役会や投資家がこれを支持する意欲を削いだのだ。

２０１７年、トランプ政権の減税・雇用法は、内国歳入法１６２条（m）の対象を、１００万ドルを超える**すべての**形態の報酬へと拡大した。このことは、前述の歪みを取り除くという、意図せぬプラスの副次的効果をもたらした。今や取締役会は、税を最適化するためではなく、長期的に最も大きな価値を創出するための報酬体系を選ぶことができる。

最大の税制の歪みは、おそらく企業の資金調達の選択肢にまで影響する。ほぼすべての国で負債の利子は法人税から控除されるが、株式リターンは控除されない。この非対称な扱いは理不尽である。[5] エビデンスによると、これが理由で企業は負債による資金調達に傾き、倒産――従業員が失業し、サプライヤーが売り上げを失い、顧客がアフターサービスを受けられなくなる負の外部性をもたらす出来事――のリスクが高まる。

もっとも負債による資金調達には多くのメリットがある。株主と企業幹部に利害が集中することによ

5　負債は必ず利子を支払うため負担が大きいが、株式は配当を支払わなくても良いため負担が大きくないというのが1つの説明である。だがこの議論は正しくない。株式保有者は、その資金を他に投資できないことによる機会費用を補填しなければならない。

り、価値創出を目指す強力な動機が生まれるのだ。[6] 政策決定者は負債を抑制するべきではなく、企業がパイ拡大よりも節税目的で負債を選ぶことを助長するような歪みを取り除くべきだ。その方法の1つは、負債の税控除を株式にも拡大することだ。ベルギーは2006年にこれを実施し、実際に企業の負債の抑制につながった。あるいは、負債の税控除を撤廃する一方で法人税を引き下げて、全体的な税負担をほぼ一定に保つという方法も考えられる。

7　ベストプラクティス

規制の最後の役割は、ベストプラクティスを普及させることである。もし市場の力が完璧に機能するなら、そのような役割は不要だろう。不適切な慣行を用いる企業は業績が他社を下回り、市場から追い出されるだろう。取締役会が効果的に構成されていないなど、企業の不適切な慣行に気づいたメンバーは去っていくだろう。しかし市場の力は完璧には機能しない。市場支配力を受けても不振企業が生き残ることはできるし、メンバーは取締役会の構成を評価できる専門知識を持たないかもしれない。

規制はベストプラクティスの普及に寄与するが、すべての企業にとってそれが適切とは限らないことを認識するべきである。つまりベストプラクティスを広めるには、厳格な法律よりも緩やかな行動規範のほうが効果的だ。**コンプライ・オア・エクスプレイン**の規定によって必要なバランスを維持することが可能であり、世界のいくつかの国のコーポレートガバナンス・コードやスチュワードシップ・コードで実践されている。これらの規範は企業が従うべきガイドラインだが、理由を説明することを条件に、従わないという選択肢もある。本書で提案したいくつかのアイデア――例えば、退職後まで保有を義務づける譲渡制限付株式でリーダーの報酬を支払う、投資家にセイ・オン・パーパスを与える、四半期収益の報告を廃止する――も、コンプライ・オア・エクスプレインの形で実行できるかもしれない。

規制当局は、正式に行動規範を定めることだけでなく、ベストプラクティスを広く利用しやすい状況にするという単純な方法でも、これを拡散できる。２０１７年11月、英国は生産性の問題に取り組む「ビー・ザ・ビジネス」運動を開始した。この運動では、デジタル化、従業員エンゲージメント、プランニングに関する様々なトピックの記事や「簡単なヒント」を提供する。また、企業がベストプラクティスを共有できるコミュニティや、小規模企業のリーダー向けの全国的なメンタープログラムも確立している。

最後に、政策の対象は規制だけではなく、教育、トレーニング、研究への資金提供などの施策も含まれる。パイを拡大できる政策は無限に考えられるため、本書では扱いきれない。ここからはその他の施策の例から1つだけ、スタートアップ企業への融資を取り上げて議論する。なぜならスタートアップ企業は、パイコノミクスにおいて多くの役割を果たしているからだ。スタートアップ企業は競争を活発化させる。また、企業の歴史が長くなると一般的に成長機会が減るのに対し、スタートアップ企業はより多くの投資を行う。さらに、政策決定者はスタートアップ企業への資金提供に条件をつけることにより、最初から確実にパイ拡大のメンタリティを持たせることができる。若い企業を支援するには、税制

6　例えば負債がない1億ドルの企業があって、ＣＥＯが１００万ドルの私財を同社に投資できるとする。ＣＥＯの株式保有率は1％である。もしこの企業が資金の50％を負債で調達している（５０００万ドルを負債で、５０００万ドルを株式で調達する）場合、ＣＥＯの１００万ドルは2％の出資ということになる。

優遇措置や事務手続きの簡素化など他にも数多くの方法があり、それらを説明する文献は他にある。本書で資金提供に注目するのは、多額の資金を調達するために求められる規模、有形資産、実績を持たないスタートアップ企業にとって、これが特に深刻な課題だからである。

政府や政府系機関はスタートアップ企業に直接融資することが可能で、ドイツのノルトライン・ヴェストファーレン州立開発銀行（NRW銀行）やEUの欧州投資銀行がそれを実践している。また、英国の企業投資制度やフランスのマデラン規定、ドイツのINVESTプログラムのように、税制優遇措置を与えることもできる。すべてのスタートアップ企業を対象にした資金提供よりも急進的なソリューションとして、「パーパスを持つ」スタートアップ企業に対する資金提供や税制優遇がある。公的支援は強力な正の外部性を生み出す企業にこそ与えるべきだから、このアイデアは理論的には納得できる。しかし実務上の大きな課題として、「パーパスを持つ」企業かどうかの評価は非常に主観的である。企業は、実際に社会のために価値を生み出す行為ではなく、それを政府に納得させる行為（例えば、誇張して報告する）で手いっぱいになるかもしれない。

しかしこのような課題は克服できなくもないだろう。各国政府は今でも、ある組織が慈善団体ステータスの資格を満たすかどうかを主観的に判断する必要がある。パーパスを持つ企業というステータスの付与も同様に考えられるだろう。その際、報告要件を、パーパスを持つ企業がどのみち行うべき事柄の範囲に収めることが重要だ。第8章が有効な指針になるかもしれない。企業はパーパスを表明し、それを内部に定着させる方法を説明し、その達成状況の検証のために追跡する測定指標を明らかにするべきだ。その後、その指標を毎年政府に報告するのである。

パーパスを持つ企業ならこれをすでに実行しているはずだが、ベストプラクティスを知っている企業ばかりとは限らない。このような報告要件は煩わしい負担になるどころか、有益な気づきを与える可能性がある。企業文化を変えることは難しいため、自社のパーパスは何か、どう実践するか、進捗をどう測定するかを最初から真剣に検討するように促すことは非常に重要だ。

インフルエンサー

ここからはパイを拡大する上でのインフルエンサー――メディア、シンクタンク、専門家と見なされる人々――の役割に目を向ける。そして政策決定者について指摘した注意点の最初の2つが、インフルエンサー、さらにはインフルエンサーの意見に影響され得る市民にも当てはまることを説明する（残りの4つの注意点は、政策決定者と同じようにインフルエンサーに応用できる）。

1　パイ拡大のメンタリティ

インフルエンサーは、企業が価値を生み出さないことに対して説明責任を果たさせる力がある。しかし世論の怒りを煽ると簡単に影響力を得られるため、インフルエンサーの中には、企業がどれだけの利益を稼いでいるか、CEOがどれだけの報酬を得ているかといった点にフォーカスする者がいるかもしれない。パイ分割のメンタリティは広く浸透しているため、報酬や利益のために他のステークホルダーが犠牲になったはずだと思い込んでいる読者は多いだろう。

例えば、リーダーが長期的価値を生み出したかどうかを考慮せずに、報酬額が批判の的になることは多い。第7章で議論したヒューマナの自社株買いも同様の例である。ほとんどのメディアは、この自社株買いがCEOに168万ドルのボーナスをもたらしたことに注目した。同社の継続的な投資家には9600万ドルの価値がもたらされており、彼らがボーナスの犠牲になったわけではないが、この事実は省略されたのである。

インフルエンサーは、パイを分割する企業、特にパイを縮小させる企業を「名指しで貶める」力に加えて、パイを拡大する企業に「名指しで名声を与える」力を持つ。これによって、よりバランスの取れた企業像が描き出され、世間の不信感が軽減されるはずである。インフルエンサーに、企業が受けて当然の不信感を軽減してやる責任はない。しかし、企業像を正確に描き出すことによって、企業に対する信頼／不信が正当な水準になるようにする責任はある。

パイを大きくする企業に名指しで名声を与えると、市民がそうした企業で投資、購入、就職することが促され、その他の企業にとっては目標となる事例になる。利益目標から目を離して顔を上げ、世界に違いをもたらす方法を考えれば、もっと大きな成功を達成できるかもしれないという自信をリーダーたちに与えるのである。

2　エピソードよりもエビデンス

インフルエンサーは、あるトピックに対して白か黒かの見解を示すことによってインパクトを与えられる。自社株買いは常に良いことだと主張する新聞記事は、結論が明確なので、自社株買いの支持者に共有され、引用されるだろう。自社株買いは常に悪いことだと主張する権威者は、そのスタンスによって有名になり、自社株買いに反対する意見がほしいジャーナリストから必ずインタビューを受けるようになるだろう。インフルエンサーが一方的な見解を表明しても許されるのは、読者が課題を善か悪かで捉えようとする、つまり心理学で「スプリッティング（分裂）」「白黒思考」「全か無か思考」と呼ばれる傾向を持つためだ。このことは、**確証バイアス**――ある事柄の善悪について、自分が持っている意見を支持する議論はどれほど浅薄でも受け入れ、対立する議論はすべて無視したいという誘惑――によってさらに強まる。

一方的な見解を表明する方法の1つが、ストーリーを使うことである。ストーリーは効果的でもあり、危険でもある。ストーリーが効果的なのは、統計情報と比べてトピックを生き生きと表現できるため、人々が記憶して誰かに話す可能性が高いからである。また、伝えたいことを最も端的に表すエピソードを厳選できるという点でも効果的だ。私も認めざるを得ないが、第7章でヒューマナの例を選んだのは、自社株買いをしなければCEOのEPS目標をわずかに達成できず、自社株買いをして辛くも達成したからである。このような効果は、ストーリーが危険をはらむことも意味する。全般的に間違った結論――例えば、リーダーがEPS目標をクリアするために自社株買いを行うことはない――でも、その正しさを示唆する反例は必ず見つけられる。

もちろんインフルエンサーはストーリーの活用をやめるべきではない。回帰係数に基づいて記事を書いたところで、つまらなくて誰にも影響を与えないだろう。しかし、ストーリーが真価を発揮するのは大規模な現象を実生活の例に落とし込んで説明できる場合であり、それ以外は誤解を招く。そこでインフルエンサーは、**ストーリーから一般論を推測せず、推測するならば、その一般論を裏づける大規模なエビデンスの引用を添える**という原則を守るとよい。

とはいえ、ストーリーからエビデンスへと移行するだけでは不十分である。エピソードと同様に、自分が示したい結果を示す研究を必ず選び出すことができるからだ。入手できる研究の質が千差万別であることを考えると、これは大きな問題だ。中には、第5章で紹介した不適切なCEO報酬の計算のように、方法論において基本的なミスを犯しているものや、相関関係を見つけただけにもかかわらず因果関係を主張しているものもある。従って、自分に好都合な結論かどうかではなく、質や厳密さに基づいて、エビデンスの重みづけをすることが非常に重要である。

しかし、研究の詳細を読んで方法論を精査するには専門知識が必要であり、時間的にも現実的ではない。インフルエンサーがこれを行わずに研究の質を評価するには、どうすればよいだろうか。ここから、すばやく検討して簡単に答えを出せる5つの問いを紹介する。

1　その調査は本当に存在するか。

こんな問いは馬鹿げていると思うかもしれない。「ノー」という答えがあり得るだろうか。現実問題として、実際にはまだ研究が存在しないにもかかわらず、研究者が発表するプレスリリースを根拠として記事が書かれることがある。例えばある有力新聞は、「英国の最高経営責任者、欧州の同業者よりもはるかに多額の報酬を稼ぐ」というタイトルで、小見出しに「高報酬と高業績の関連は研究で発見されず」とつけた記事を掲載した。しかし、そのような研究は存在しなかった。それにもかかわらず、確証バイアスの働きによってこの記事は無批判に受け入れられ、広く共有された。

あるいは、研究を利用することはできるが要約版のみという場合もある。そこに書かれたのは結果だけで、方法論は記載されていないかもしれない。責任ある企業のパフォーマンスは優れていると主張する研究は、責任をどう測定したかを説明する必要があるだろう。その論文の結果をどこまで信頼できるかは、責任の測定方法の信頼度によって決まるため、方法論を精査できることが重要である。第4章で紹介したように、「あなたは各ステークホルダーに対してどれくらい責任を果たしているか」とリーダーに問うただけの研究もあり、これでは明らかに疑わしい。

2

その調査は実際のデータに基づいているか。

この問いもまた、滑稽に感じるかもしれない。しかし実際のデータに基づかず、人々に意見を求めただけの研究は非常に多い。例えば「投資家の70%は、金銭的インセンティブはCEOのパフォーマンスに影響しないと思っている」と報告する研究があったとする。これは、第5章で引用したような、インセンティブが**実際に**CEOのパフォーマンスに影響するかどうかをデータに基づいて検証した研究とはまったく違う。もちろんアンケートは人々の意見を知るための有益な方法だ。しかしインフルエンサーは、これらが伝えるのはあくまでも意見であり、実際に発生した出来事ではないということを認識するべきである。

それと関連して、研究で主張する内容にはデータによる裏づけが必要だ。あるコンサルタント会社が、「英国のトップ企業におけるCEOの報酬パッケージはイノベーションを大きく阻害」というタイトルの研究のプレスリリースを発表した。しかし、この研究にはイノベーションに関するデータはまったく含まれていなかった。同研究はCEOの報酬パッケージに関するデータを収集し、そこにボーナスが含まれることを示して、ボーナスがイノベーションを阻害すると仮定したのだ。[7]

3

査読のある一流雑誌で発表されているか。

研究の中には専門サービス会社などの実務家が行うものも多い。実務家による研究には非常に価値があり、本書でも数多く引用してきた。実務家は学者よりもデータへのアクセスが容易な場合があり、優れた統計情報源であることが多い。しかし学者は、統計データ間の関連性を導き出す――相関関係から因果関係を抽出し、別の解釈に対処する――専門能力を持っている。重要なのは、学術研究は、科学的な正確さを確認するために厳格な査読を受けなければならないということである。査読は単純なミスを解決するだけでなく、意図的な偏り――例えば製薬会社が自社の医薬品に関する報告に資金を提供したり、学者が名前を売りたいために不祥事を暴いたと主張したりする

――にも対処する。トップクラスの雑誌は基準が最も厳格で、世界有数の専門家が原稿を精査して、最大95％が却下される。却下されなかった5％もすぐに受理されるわけではなく、「修正・再提出」のステータスになる。査読者は著者が対処するべき懸念点を明らかにする。そして論文は第2ラウンドで却下されることもある。論文が初稿から発表にこぎつけるまでに、5年かかることも珍しくはない。執筆者にとっては大変な作業だが、発表する結論の正確性を保証することに役立つ。序章で指摘したように、報酬格差に関するある論文は、査読を経て方法論を変更した結果、まったく違う結論になった。

査読プロセスの厳しさは非常に重要である。査読のレベルには大きな幅があるため、雑誌が「査読付き」を謳うだけではまったく十分ではない。分析会社キャベルズには、実際には査読をしていないのに査読付きを主張しているという理由で「略奪的」と分類した1万4000以上の雑誌のリストがある。雑誌の質は、学術関係者でなくとも、自由に入手可能な一流雑誌のリスト（フィナンシャル・タイムズの学術誌トップ50リストなど）で簡単に確認できる。

査読も完璧とはいえず、ミスはある。ずさんな論文が受理されて、優秀な論文が却下されることもある。しかし、まったくチェックを受けていないものよりは、チェックを受けたもののほうがよい。聞くところによると、査読プロセスを経験したことのない一部のインフルエンサーは、「出版

7　ボーナスがイノベーションの意欲を削ぐことは、第5章に挙げた理由から信憑性があると思われる。しかしボーナスがあるからこそ企業が全力で事業に取り組み、イノベーションを含む多くの分野が改善するという見方にも信憑性がある。

バイアス」という言葉を広め、それを口実にして、論文が出版されたかどうかを無視して自分に都合の良い研究を引用している。彼らは、雑誌に掲載されるのは伝統的な正統派の意見（株主価値だけを重視するなど）を支持する論文ばかりだと主張する。

しかし単純に言って、出版プロセスはそういうものではない。雑誌編集者は、人々の思考を変えるような新しい論文を掲載することを望んでいる。雑誌の評判を決める主な基準は、掲載論文の引用回数である。新しい分野で最初に発表された論文は大いに引用されるだろうが、すでに確立された分野で10番目に発表された論文はそうはならない。一流雑誌で却下率が95％に上るのは、間違いのある論文ばかりだからではなく、知識に貢献するだけの斬新さがない――大部分が既知の事柄の焼き直しである――からだ。実際に本書では全編を通して、一流雑誌に掲載された論文の中から、株主価値の最大化を超えて社会的価値の創出に移行するアイデアを支持するものを数多く取り上げて議論してきた。

私はこのような主張をすることで学術界を擁護したいわけではない。学術の世界には改善できる領域がたくさんある。しかし、学術誌に従来の常識に挑戦するような新しい論文を出版する意欲がないという指摘は当たらない。[8]

4 執筆者はどのような経歴を持つか。

当たり前だが、どの論文も未発表の状態からスタートする。どうすれば新しい論文の質を評価できるだろうか。それには執筆者の経歴を精査することだ。関連する要素の1つが執筆者の所属機関であり、無料で入手できる一流大学のリストで照合できる。これはエリート主義ではなく、あくまでも最高のエビデンスを利用するためである。私たちは聞いたことのない病院よりも、マウントサイナイ病院の医学的見解のほうに熱心に耳を傾ける。

もちろん、一流の研究機関の研究が常に正しくて、それ以外が間違っているということはない。従って2つ目の要素は、その執筆者の、一流と見なされる出版実績である。ほとんどの学者は経歴書をウェブサイトで公開しているため、これは容易に確認できる。実際、裁判における専門家証人の経歴は入念に調査されている。これも、出版実績が豊富な執筆者が必ず正しいという意味ではない。経歴はエビデンスを評価するときの検討要素の1つに過ぎない。これは商品を購入するときにブランド名を、新人を採用するときに出身大学を1つの判断材料にするのと同じである。このとき有効なのが、もし同じ執筆者と経歴で結論が逆の場合でも、私たちはその研究を信じようと思うか、と問うことである。

重要なのは、執筆者が**その関連分野**で実績を持っているかどうかを精査することだ。そうする

8　注意点として、実務家による論文のごく一部に、質的には学術誌での発表に値するが、それが目的ではないため発表を目指さないものがあるかもしれない。経済コンサルタント会社が政府や規制当局に委託されて行う研究は、そうした例の1つである。**情報提供**のための研究と、**宣伝**のための研究を区別することが重要だ。そのためには、**もし逆の結論が出た場合に、その組織は研究を発表したか**と考えるとよい。例えば、今後多くのコンサルタント会社が、責任ある企業はパフォーマンスが優れているという研究を発表する（そう主張することはブランドにとってプラスになる）だろうが、逆の結果が出た場合は発表しないだろう。一部のコンサルタント会社は責任について独自の測定指標を使用しており、それが「有効」だと証明することに対して特に強力な動機を持つ。この問いに対する答えが「ノー」だったとしても、自動的にその論文が誤っているということにはならないが、注意深く扱う必要がある。

と、ある分野の専門家を、無関係の分野でも第一人者のように見なす「ハロー効果」を防ぐことに役立つ。例えばGEの元CEOであるジャック・ウェルチは、株主価値は「世界で最も愚かな考えだ」と発言し、広く引用されている。[9] ウェルチは確かに、ある特定企業において影響力のあるCEOだったが、株主価値志向が企業一般のパフォーマンスにどう影響するかを調査したわけではない。これは企業の経営陣というよりも、学者が研究するべきテーマである。学術研究者でも、自分のストライクゾーン以外の話題について発言したいという誘惑に駆られるかもしれない。医師の中には、病理学や疫学が専門ではないにもかかわらず、コロナウイルス感染症の奇跡の治療法について語る者がいた。このことは責任あるビジネスという観点では特に問題である。なぜなら、責任あるビジネスは注目度が高いために多くの論客がこれに乗じて発言しようとしており、確証バイアスが蔓延しているために、人々の期待通りの発言をすれば簡単に名前を売ることができるからだ。従って、誰かが責任あるビジネスについて公に発言していたら、その人の他分野での専門知識ではなく、そのトピックについて査読付きの出版物を出しているかどうかを注意深く確認するべきである。

5　別の解釈はあるか。

5つ目の指針は、その執筆者の結論に別の解釈があるかどうかである。これを確認するのも学術関係者である必要はない。なぜなら、別の解釈は大抵、方法論の専門知識ではなく常識から出てくるからだ。論文の読者は、**逆の因果関係**（従業員満足度が企業のパフォーマンスを高めるのか、それとも企業のパフォーマンスが従業員満足度を高めるのか）や、**省かれた変数**（パンデミック期にESG銘柄のパフォーマンスが好調だったのは、ハイテク銘柄がエネルギー銘柄より好調だったからではないか）によって結論が変わる可能性はないかと自問することができる。私は通常、責任あるビジネスに関するトピックについて、両方の立場の学術論文をリンクトインで共有している。世論と対立するような内容の記事を投稿すると、別の解釈を指摘するコメントが次々と寄せられる。つまり別の解釈を検討できることは間違いない。しかし、現在の一般的な考え方を裏づけるような論文は額面通りに受け入れられる。

重要なのは、別の解釈があるかどうかを確認するのに時間はかからないということである。学術論文のイントロダクション（通常はダブルスペースで4～6ページ）は、自己完結的かつ専門用語を使わずに記述することになっている。イントロダクションの目的は、読者が本文や専門的な方法論を熟読しなくても、その論文のすべての結論――別の解釈への対処方法も含む――を把握できるようにすることである。そして、この問いは論文が発表済みか未発表かを問わずに検討できる。社会科学に関する未発表論文の多くは、社会科学研究ネットワーク（SSRN）のssrn.comで自由に入手できる。論文が雑誌の有料コンテンツとして発表された場合も、引き続き発表前のバージョンをSSRNで入手できることが一般的である。

9　また、ウェルチの言葉は文脈を無視して引用されることも多い。彼の発言の全文は「表面的には、株主価値は世界で最も愚かな考えだ」である。彼が主張したのは、パイコノミクスと同じく、株主価値は最終目的ではなく結果であるべきだということだ。

これらの5つの質問は、インフルエンサーが調査ベースの研究の信頼性を評価することに役立つ。本章の締めくくりとして、研究を根拠にすることが多いインフルエンサーの記事について、市民が信頼性を見極めるためのヒントを紹介しよう。最初のヒントは、インフルエンサー向けのヒントと同じである。つまり、その記事で言及されている研究が実際に存在するかどうかを確かめることである。

2つ目のヒントはこれに関連するが、根拠となる研究に目を通して、その記事が主張する結論が実際に示されているかどうかを検証することである。例えば、英国下院特別委員会[10]の役員報酬に関する報告書は、「個々のCEOが企業のパフォーマンスに与える影響に関するエビデンスは、ひいき目に見ても曖昧なものだ」と指摘し、脚注で、このエビデンスが「アレックス・エドマンズ教授」が役員報酬に関する問い合わせに対して提供したものだと説明した。しかし、私の提供したエビデンスのどこにもそのような記述はない。私が書いた文章で「個々のCEOが企業のパフォーマンスに与える影響」に最も近いのは、「株式インセンティブの高いCEOのパフォーマンスは、低いCEOのパフォーマンスを年率4～10%上回る。そして研究者らはさらなる検証を行い、この結論が相関関係ではなく因果関係であることを示している」である。これは第5章で取り上げた内容だ。これが示唆するのは、CEOは実際に企業に大きな影響を与えるということだ。一般市民が一次資料を確認することは大変かもしれないので、fullfact.orgなどのウェブサイトがこれを代行している。

3つ目のヒントは、記事の内容のバランスが取れているかどうかを見ることである。ビジネスや経済の世界の課題には、ほぼ例外なく二面性がある。[11] 従って、極端な立場を表明するインフルエンサーは、その立場を支持する調査だけを意図的に選び、相反するエビデンスを把握しているのに故意に除外する、あるいは探そうとしていない可能性がある。「疑いようがない」とか「明確なエビデンス」といった曖昧さのない表現には、特に気をつけるべきである。本書ではすでに、インフルエンサーが、事実ではないにもかかわらず「ESG戦略のアウトパフォーマンスは疑いようがない」とか「CEOの高額報酬とパフォーマンスに、もはや強い関連性がないことを示す明確なエビデンスがある」と主張する例を見てきた。市民が一方的な意見を警戒すれば、彼ら自身が適切な情報を得るだけでなく、全体像をきちんと提示するようにインフルエンサーを律することにつながるかもしれない。

例えばノルウェーの政府系ファンドは、他の投資家が尊敬して追随するような投資家だという点でインフルエンサーである。遡ること2017年4月に、同ファンドはCEO報酬に関する方針説明書を発表した。それ以降も、責任あるビジネスをめぐって何件かの方針説明書を発表してきた。そしてすべての文書において、ファンドの方針の根拠となる議論だけでなく、対立する議論も説明してきた。後者を含めることにより、たまたまではなく、対立する見方も慎重に検討した結果、そのスタンスに至ったことが明らかになるため、ファンドの信頼性はいっそう高まる。自社の潜在的な弱点を認めることは、必ずしも弱さを見せることではなく、強さの証明になるのである。

10　同委員会は、政策を直接定めるというよりも提案するという点で、インフルエンサーである。

11　社会科学において物事を完璧に証明することは困難であるため、ほぼすべての問題は二面性を持つ。すでに議論したように、エビデンスは普遍的ではない。しかし物理科学では証明が可能なので、一方的な記事でも信頼性がある場合がある。

まとめ

●一般市民はエージェンシー――企業の運営方法を変えさせる力――を発揮できる。政策立案に携わる者は少数だが、有権者という役割を通して、誰もが政策に影響を及ぼせる。インフルエンサーは少数だが、意見を共有したり無視したりする行為によって、誰もが影響力を発揮できる。ほぼ全員が、投資家、従業員、顧客である。

●投資家と同様に、従業員や顧客も**モニタリング**（社会に創出する価値に基づいて企業を選択する）や**エンゲージメント**（保有した企業の行動を変えさせる）を実行できる。従業員はその職位に関係なく、他者に対してエンパワーメント、投資、報酬の態度を実践できる。マネージングアップをすることも、新しいアイデアを果敢に提案したり試したりすることもできる。顧客は、購買判断や商品に対するフィードバックという形で、企業に行動を変えるように圧力をかけられる。

●規制は、外部性などの市場の失敗に対処し、パイの拡大で生じた利益を再分配し、ベストプラクティスを普及させることができる。しかし規制には限界がある。実行による過ちを防ぐことがリスクティクの抑制につながり、不実行による過ちを助長する可能性がある。一般的に規制は画一的であり、企業固有の状況に合わせたものではない。従って、「コンプライ・オア・エクスプレイン」規定を設けること、そして必要な情報開示を要求して、メンバーが情報を踏まえて判断できるようにすることが非常に有効かもしれない。

●インフルエンサーは、パイを縮小する行動に注意を促し、パイを拡大する者に「名指しで名声を与える」ことによって、重要な役割を果たすことができる。

●ある課題の一面だけに注目し、論点を鮮明に描き出すストーリーを1つだけ選んで説明すると、非常に簡単に影響力を手に入れられる。しかしインフルエンサーの目的は真実を伝えることであるべきだ。その際ストーリーは、一般論を伝えるために、大規模で厳密なエビデンスの裏づけがある場合に限り活用するべきである。

●インフルエンサーの意見を参考にする場合は、確証バイアス（自分の意見を支持する見解ばかり受け入れる傾向）に注意するべきである。その際、関連領域で確固たる実績を持つ研究者が執筆し、最も厳しい学術誌に掲載された論文を重視することと、トピックの両面を説明するインフルエンサーにより大きな信頼を置くことが重要である。

第四部

より広い視野に立つ

第11章　パイをさらに大きく広げる

国及び個人レベルのウィン・ウィン思考

本章では、本書の核となるアイデア――パイ拡大のメンタリティの威力、不実行による過ちの深刻さ、そして増幅・比較優位・重要度《マテリアリティ》の原則――を、社会におけるビジネスの役割を超えて応用する方法を議論する。また、異なる文脈で開発されてきた他のアイデアとパイコノミクスとの類似性も確認する。

まずは、本章で取り上げる様々な応用例に関連する、ある一般原則から始めよう。

異性間の争い――協力の価値

私が物心ついてからの最初の趣味はチェスだった。幼いころから父の手ほどきを受け、5歳で初めて大会に出場した。私は対戦を楽しんだが、負けたときは――5歳の子どもには無理もないが――非常に辛かった。私は重要な試合に負けるとたびたび大泣きした。そのうち泣きやむことを覚えた私は、学校に入るとイングランドのジュニアチームに所属して試合に出場した。大学生になると、もっと社会的に受けの良い娯楽を求めて、チェスはやめてしまった。

しかしチェスをやっていた経歴から、経済学部のトピックで一番好きだったのはゲーム理論だった。ゲーム理論とは、様々なプレーヤーがそれぞれの利益を追求するという、まさにチェスのような実生活の状況をゲームを使ってモデル化するものだ。ある業界で2社が競争する、企業が労働組合と交渉する、大統領が貿易戦争に参加する——このようなゲームは教科書の中だけでなく実生活でも応用されている。企業が戦争ゲームのワークショップを行い、想定シナリオを展開してみることもある。

ゲーム理論でおそらく最も有名なのが「囚人のジレンマ」で、業界のカルテルをモデル化する際によく使われる。しかし「異性間の争い」もよく知られたゲームで、パイコノミクスではこちらのほうが関連する。アンとボブは、デートでどこに行くかを決める必要がある。アンが見たいのはバレエ、ボブが見たいのはボクシングである（そう、経済学の教科書にポリティカル・コレクトネスは期待できない）。しかし2人とも、別々に行動するよりは一緒に同じイベントに行きたいと思っている。2人の「ペイオフ」、つまり各選択肢によって得られる幸せを次の表に示す。

各マスの数字は、最初がアン、次がボブのペイオフを表す。2人が別々のイベントに行く場合、2人の得るペイオフはどちらも0だ。2人でバレエに行く場合、アンは5、ボブは1を得る。2人でボクシングに行く場合、アンは1、ボブは5を得る。

どのような結果が最善だろうか。考えられる答えは2つ——一緒にバレエに行くか、一緒にボクシングに行くことである。この場合のペイオフの合計は6になり、2人が別々のイベントに行く場合と比べてパイが大きくなる。別々のほうが平等性は高い（2人のペイオフが0で等しい）が、価値の創出よりも平等性のほうが大切だと主張する人は少ないだろう。

アンとボブが同じイベントに行くべきであることは考えるまでもない。厄介なのは、バレエとボクシングのどちらに行くかという問題である。パイの切り分け方――どちらのイベントに行くか――をめぐって口論になり、一緒にイベントに行くという第一の目的を見失ってしまうかもしれない。交渉の戦術として、アンはすでにバレエのチケットを購入済みだと言うかもしれない。ゲーム理論の用語で説明すると、アンは「バレエ」を選択することに**コミット**している。この場合、ボブにとって合理的な行為は同じく「バレエ」を選ぶことである。そうすると、「ボクシング」を選んだ場合の0ではなく1が得られる。

しかし人間は常に合理的とは限らない。ボブはアンの得るペイオフのほうが大きいことを不公平だと考え、自分はボクシングに行ってアンに報復したいと考えるかもしれない。するとアンのペイオフは0になるため報復は成功だ。しかしボブは自分も罰することになり、彼のペイオフも0になる。

冷静な第三者から見ると、ボブの行動は不可解だ。しかし人はしばしば、パイを小さくする結果を選ぶのである。私がチェスをしていたときと同様に、人は勝ち負けのメンタリティにとらわれて、相手を負かすことに固執する。相手が負ければ自動的に自分が勝つという考えだ。しかし、実生活はチェスのようなゼロサム・ゲームではない。相手は自分の敵ではなく味方である。パイを拡大することを選ぶかどうかで、両方が敗者になることも、勝者になることもあり得る。

アン＼ボブ	バレエ	ボクシング
バレエ	5、1	0、0
ボクシング	0、0	1、5

人々は実際にはどのように異性間の争いをするのだろうか。経済学者は、これをさらに発展させたいわゆる「最後通牒ゲーム」を研究してきた。このゲームではアンが10ドルを持っていて、ボブに分け前を与えることを提案する。ボブがその分け前に同意すれば、2人は提案通りの金額を得る。ボブが同意しなければ、2人とも分け前は0ドルになる。これは異性間の争いと似ているが、アンがすべての選択肢――0ドルから10ドルまでの任意の額――を決定できるという点が、「バレエ」と「ボクシング」の選択肢しかない異性間の争いと異なる。

ボブの合理的な行動は、**いかなる**分配方法でも受け入れることである。アンが9・99ドルを取り、ボブに0・01ドルだけ与えると提案したとしても、彼はそれを受け入れるべきだ。不公平だが0ドルよりはましである。しかしこの実験は何千回も行われており、実際には3ドルの場合でもボブは拒否する。ボブは平等性を重視するあまり、アンが自分よりも多くの分け前を得ることを阻止しようと、パイをゼロにすることを選ぶのだ。

最後通牒ゲームは実験だが、人々が実生活でも同様の行動を取ることは珍しくない。ここからは、そのような状況に注目していこう。

国際貿易

本書で提唱する比較優位の原則は、経済学者デヴィッド・リカードが国際貿易の分野で開拓した、有名な**比較優位の法則**に基づいている。仮にイギリスとアメリカという2カ国が存在し、テレビとパソコンという2種類の財があるとする。そしてイギリスには労働者が12人、アメリカには14人いる。1人の労働者が生産できる財の数量は表の通りである。

	テレビ	パソコン
イギリス	3	1
アメリカ	4	3

市民は多様な財を持つことを望む。つまり世帯でテレビかパソコンのどちらかを2台持ち、もう一方を1台も持たないよりは、どちらも1台ずつ持つことを好む。多様性が求められていることを表すために、単純に2つの財の生産量の少ないほうを国民総幸福量（GNH）と定める。

最初に、両国が完全な自給自足国家で、まったく貿易をしないと仮定しよう。その場合、イギリスは労働者3人をテレビの生産に、残りの9人をパソコンの生産に割り当てるだろう。すると、どちらの財も9台生産されるのでGNHは9となる。アメリカは労働者6人をテレビ、8人をパソコンの生産に割り当てるだろう。するとどちらも24台生産されて、GNHは24である。両国のGNHの合計は33である。

次に両国の貿易を認めてみよう。**比較優位の法則**によれば、両国は**相対的に**自国が生産を得意とする財に集中するべきである。この法則の長所は、ある国の生産力が絶対値ではすべての財で劣るとしても、相対的にはどれか1つの生産力が高いといえるところである。この例の場合、イギリスはどちらの財についてもアメリカより生産力が劣る（3＜4と1＜3）。しかし相対的にはテレビの生産力が高い。イギリスでは、労働者をパソコン生産からテレビ生産に1人移すごとに、パソコンの生産が1台減る代わりにテレビの生産が3台増える。アメリカで同じ再配置を行うと、パソコンの生産が1台減るごとにテレビの生産は4÷3＝1・33台増える。

つまりイギリスは、パソコン生産から比較優位のあるテレビ生産へと労働者を再配置するべきだ。12人を全員テレビ生産に移せば、テレビの生産量は36台となる。アメリカは13人の労働者をパソコン生産に配置して39台を生産し、テレビの生産工場に1人だけ残して4台のテレビを生産する。すると両国の生産量はテレビが40台、パソコンが39台で、GNHは39である。貿易による利益はGNH換算で6となる。

異性間の争いと同様に、この6の分配方法は明らかではない。イギリスはアメリカから14台のパソコンを輸入しても、代わりにテレビを22台しか輸出しないかもしれない。するとイギリスの財はどちらも14台となり、GNHは14だ。アメリカの財はテレビが26台、パソコンが25台となり、GNHは25である。自給自足の場合と比べたGNHの増分は、イギリスが5、アメリカが1である。これは、異性間の争いで2人がボクシングに行き、ボブが5、アンが1を得ることと似ている。

	貿易なし：生産と消費		貿易あり：生産		貿易あり：消費	
	テレビ	パソコン	テレビ	パソコン	テレビ	パソコン
イギリス	9	9	36	0	14	14
アメリカ	24	24	4	39	26	25

あるいはアメリカが有利に交渉を進めて、イギリスに26台のテレビを要求し、代わりにパソコンを10台しか提供しないかもしれない。するとイギリスの財はどちらも10台で、ＧＮＨは10だ。アメリカの財はテレビが30台、パソコンが29台で、ＧＮＨは29である。従ってＧＮＨの増分は、今度はアメリカが5、イギリスが1となる。これは異性間の争いで2人がバレエに行く場合と似ている。

どちらのシナリオも、貿易で得られる利益は平等ではない。しかし異性間の争いと同様に、一番重要なのは、自給自足の場合と比べて両国とも豊かになり、パイが大きくなったことである。ここで言いたいのは、国は利益の分配方法を無視するべきだということではなく、分け方はやはり重要だ。しかし、まずは国同士が協力して利益を生み出すことを優先するべきで、**その次に**分け方を決めるべきである。

実際には、場合により国がパイ分割のメンタリティを持つことがある。貿易によってアメリカが5の利益を得るのを見たイギリスは、自国が5を失っていると考えるかもしれない——これはイギリスも1を得ていることに気づいていない。あるいは、貿易障壁を高めてアメリカの分け前を減らせば、自国の分け前が増えると考えるかもしれない——これはパイが縮小して両国ともに分け前が減る可能性に気づいていない。これがしばしば「貿易戦争」と呼ばれる状態だ。２０１８年8月、当時の米国大統領ドナルド・トランプは「関税は皆の予想よりもはるかにうまく機能している。中国市場は過去4カ月で27％下落した」とツイートした。これは貿易政策の目標は他国にダメージを与えることだという前提に立っている。戦争においては、確かに敵を負かすことが自分の勝利になる。しかし貿易戦争では往々にして、敵が負ければ自分も負けるのだ。

ここまではイギリスを単一の存在と見なしてきた。しかし問題は、利益の分配はイギリスとアメリカの間だけではなく、イギリスの市民の間でも行われるということである。実際には、イギリスの誰が貿易の恩恵を受けるのだろうか。

理論的には社会のすべてのメンバーだと考えられる。イギリスの企業は今や比較優位を持つ製品の生産に特化しているため、全体として売り上げが増えている。従業員により高い賃金を支払い、投資家により多くの利益を還元することができる。一番得をするのは顧客かもしれない。政治家はしばしば、貿易の恩恵を受けるのはエリートのみ、つまり売り上げを伸ばせる企業と、その上層部や投資家たちだけだと考えがちだ。しかし一般市民も、より安価で優れた財にアクセスできるようになるため恩恵がある。アメリカがパソコンを輸出できるのは、イギリスの消費者が国内製ではなくアメリカ製のパソコンを選ぶからだ。貿易の恩恵を受ける顧客は個人だけでなく、企業にも、手頃な価格で高品質な原料にアクセスできるという恩恵がある。関税を設ければ、自由に原料にアクセスできる外国企業との競争で国内企業は不利になる。

しかし実際問題として、投資家、従業員、顧客が全体として利益を得ても、皆が個人的に利益を得るわけではない。これは、ある会社にとってパイが大きくなっても、個別のステークホルダーが報われない可能性があるのと同じである。パソコンメーカーが急にテレビ生産に切り替えることは不可能だ。倒産に追い込まれて投資家に損害を与えるかもしれない。従業員も敗者になる。新しいテレビメーカーが生まれる一方で、パソコンメーカーの労働者はテレビ生産に必要なスキルを持たなかったり、新たな会社に移りたがらなかったりするかもしれない。

このような余剰人員の削減は痛みを伴う深刻な問題だが、国内の競争で発生する状況とそれほど変わりはない。例えば、ロンドンを拠点とするプレステージ・パソコンは非効率な既存企業で、マンチェスターのキャッスル・コンピューターズが市場に参入してプレステージを駆逐したら、プレステージの従業員は仕事を失うだろう。彼らがマンチェスターに移る気がなく、ロンドンの他の会社にも就職できなければ、彼らは失業者となるだろう。この場合、プレステージを負かしたのは外国ではなく国内の競合企業だが、だからといって失業の痛みが少しでも軽くなることはない。そして企業が衰退するのは効率の悪さだけでなく、デジタルカメラで失敗したコダックのように、テクノロジーの変化が原因になることもある。

つまり国際貿易による雇用の喪失は、もっと普遍的な問題の1つの症状なのである。テクノロジーや嗜好が変化したり、より効率的な競合企業が国内外に出現したりすることによって企業の商品の需要が失われた場合にも、余剰人員は発生する。この場合も雇用の喪失の痛みは少しも変わらない。輸入のせいで失業した者が、テクノロジーのせいで失業した者が他にいることを知ったところで、何の慰めにもならない。しかしこのことから、政府が貿易による失業を特別扱いするのではなく、一般的な問題の解決を優先するべきだということが分かる。失業対策は本書の範囲を超えているが、労働者の再就職の可能性を高める政策（教育、若者向けの見習い制度、成人向けの再教育プログラムなど）や、第10章で議論したスタートアップ企業への支援を促す政策は、理由は何であれ、職を失うことになったすべての従業員の助けになるだろう。

雇用

国際貿易をパイ分割の視点で捉える、つまり財の需要を一定と見なし、外国企業の売り上げが伸びれば国内企業の売り上げが犠牲になると考えることは、雇用をパイ分割の視点で捉えることと似ている。これはしばしば「労働塊の誤謬」と呼ばれるもので、雇用需要を一定と見なし、移民に職を与えれば国民の職が失われると考える。しかし雇用の数は一定ではない。移民が収入を支出に回すことによって直接的に雇用を生み出し、納税を通して政府に雇用創出の財源をもたらすことは明らかだ。

もっと重要なこととして、移民は自国労働者を**代替**して仕事を奪う存在と見なされがちだが、実際には**補完**する仕事が多い。ある特定の職務に移民を雇用すれば、その職務と関わる新たな仕事がいくつか発生するかもしれない。建設会社が移民のプロジェクトマネジャーを採用することで自国の労働者の雇用が生まれたり、移民の建設労働者を管理するために自国のプロジェクトマネジャーが雇用されることもある。どちらの採用事例も、人事や調達の部門で人員の追加需要が発生する。

もっとも、これは無制限に移民政策を行うべきだという意味ではない。代替労働者は、すでに国内労働者が過剰な分野でまかなえる可能性が高い。しかし国内供給が不足している分野——例えば英国の場合はエンジニアリングやヘルスケア——で移民を採用することにより、補完的職業の雇用数が増え、従業員のパフォーマンスも上がる可能性が高い。

「労働塊の誤謬」は、移民だけでなくテクノロジーの捉え方にも当てはまる。こちらも同様に、やるべき作業量は一定だから、機械が行う作業が増える分だけ人間の雇用が失われるというメンタリティが存在する。移民の例と同じく、テクノロジーや機械による作業で代替されるケースも確かにあるが、テクノロジーが補完する場合も多い。リーダーは、テクノロジーで代替できる仕事からテクノロジーで補完する仕事へ、あるいは人間に**比較優位**がある仕事（人間関係の構築など）へと仕事を定義し直す方法を注意深く検討する必要がある。この再定義は大抵厄介なものだが、実現することは可能だ。

ＭＩＴの経済学教授のデビッド・オーターは２０１６年、『オートメーションは私たちのすべての仕事を奪うのか』というタイトルのＴＥＤトークを行った。そして米国には１９７０年当時25万人の銀行員がいたが、１９７０年代から現金自動預払機（ＡＴＭ）の普及が進んだにもかかわらず、現在の銀行員は50万人で、２０００年以降に10万人増えていることを指摘した。ＡＴＭは銀行業務の一部（入出金処理など）を代替する。しかしそのおかげで、銀行員は個別対応と信頼が重要になる複雑な業務（顧客への金融商品のアドバイスなど）に移行できる。ＡＴＭは、やりがいのある仕事を担当するようになった銀行員に恩恵を与えただけでなく、銀行の支店開設コストも引き下げた。都市部では１９８８～２００４年に銀行の支店数が43％増加し、数千人の新たな雇用が生まれて、支店ごとの所要人数の減少を相殺した。

日本の副総理の麻生太郎（2016年当時）も同様に、テクノロジーを支援として――ライバルではなくパイを大きくするパートナーとして――見ることの重要性を強調し、「欧米の考え方では『ロボットが私の仕事を奪うだろう』となるが、日本では、ロボットは一般の人々の負担を軽くしてくれるだろう」と述べた。ここでの支援には、あまりにも危険でそもそも人間には不可能だった作業――例えば流出した石油の除去や高温下での消火活動など――を行うテクノロジーも含めることができるが、この場合は代替ではない。高度なスキルを要する仕事についても、テクノロジーを踏まえた再定義が必要になるだろうし、それは可能である。人工知能によるがん診断が実現する可能性は高いが、その情報を思いやりを持って患者に伝え、予後や治療の選択肢について話し合えるのは人間だけである。

リーダーが仕事を再定義するには、柔軟性のある労働力が必要だ。そのためにはシンガポールのスキルズ・フューチャー・プログラムのように、企業と政策決定者の両方が、テクノロジーで置き換えられない（代替されない）スキルと、テクノロジーを活用する（補完物として生産性向上に役立てる）方法について、市民をトレーニングする必要がある。このアプローチでは、立ち向かうべき脅威としてだけではなく、機会としてテクノロジーを捉える。オーターによると、19世紀初頭の米国ではトラクターをはじめとする技術の進歩が農業の雇用に深刻な脅威を与えた。米国政府は16歳までの義務教育を導入するという大胆な措置を取った。この大規模な投資は功を奏し、米国は高スキルで柔軟な労働力を生み出すことができた。現在最大の雇用を生み出しているのは、当時は予想もできなかった産業だ。同様に、私たちには将来の産業がどうなるかは分からない。しかしどうなるにせよ、労働者に汎用的なスキルを持たせることが備えになることは確かである。

人工知能がもたらす脅威は過去の技術変化よりもスケールが大きいかもしれないが、そうした変化に対応するという課題自体は目新しいものではない。オーターの言葉を借りれば「それを言うなら、過去200年の偉大な発明の多くは人間の労働を代替するために設計された」のである。コンピューターは画期的なイノベーションだったが、これは単純に雇用を置き換えるのではなく、再定義することにつながった。タイプライターからワープロソフトへと移行したことで、タイピストはミスを修正できるようになり、生産性が高まってタイピングの作業時間が短縮した。しかしタイピストが解雇されることはなく、秘書や役員補佐などはるかに責任範囲の広い充実した役割を担うことになった。実際、コンピューターを多用する業界（エンジニアリングなど）では、多用しない業界（製造業など）よりも雇用が急速に伸びており、コンピューターが単純に労働者を代替しているわけではないことが分かる。

一方、テクノロジーで仕事を奪われるすべての従業員を社内で配置転換できるとは限らないため、前セクションの最後に挙げたような、外部への再配置を促進する政府の施策も重要だ。

マクロ経済政策

「パイを拡大する」という表現は、マクロ経済学において、富を分配するよりも国家全体の富を拡大したほうが市民（特にあまり豊かではない人々）に大きな恩恵を与えるという議論の中で使われる場合がある。その場合、政策決定者は経済成長を第一に考えるべきである。

社会通念とは異なり、これは自由市場に依存して政府の介入を最小限に抑えるという意味にはならない。むしろ成長を支援するという点で、再分配政策は依然として大きな役割を担う。医療や大学教育を無償化する、あるいは貧困層向けにその費用を補助することは、支援なしではそうした支出ができない市民の生産能力を大幅に向上させる。だがマクロ経済政策アプローチでは、富の再分配そのものについては慎重だ。なぜなら、そもそも富を創出しようとする動機を損ないかねないからだ。

パイコノミクスはパイ拡大の重要性を強調する一方で、社会福祉がパイの大きさだけではなく、その分配方法に依存することも認識している。従ってパイコノミクスでは、「パイの拡大」を目指すマクロ経済政策とは対照的に、再分配政策（例えば高所得層への高い所得税）にたとえ動機を損なう効果があっても、それが深刻でない限りは望ましいものになり得ると考える。図2・2で見たように、リーダーはパイが小さくても均等に分配されることを望むかもしれない。重要なステークホルダーが幸せになるのであればなおさらだ。

しかし最も重要な違いは、「パイの拡大」を目指すマクロ経済政策において、パイは富を表し、富を生み出すことが政策決定者の目標だということである。これに対しパイコノミクスではパイは社会的価値を表し、リーダーの責任は社会的価値を生み出すことであって、利益はその一部に過ぎない。

人間関係の力学

ここからはパイの拡大という概念を、企業やステークホルダーではなく個々の人間の関係に当てはめていく。最も近いのはスティーブン・R・コヴィーの有名な著書、『7つの習慣』かもしれない。彼は

欠乏マインドについて語る。これはパイ分割のメンタリティと同様に、存在するリソースや幸福の量が一定だとする考え方である。友人が個人的にあるいは仕事で成功を収めると、おそらくは自分に残された幸福が減ったと考えて、妬ましく思う。同僚が商談をまとめると、次に昇進するのは自分ではなくその同僚かもしれないと不安になる。政治風刺作家のパトリック・ジェイク・オロークが言うように、「このゼロサムの宇宙では幸福の量は限られている。つまり事業が繁栄してキャリアを成功させている人々の顔から笑顔を拭き取れば、その他の人々がほくそ笑む」。これと関連するのが「背の高いポピー症候群」で、人々が他者の成功（他のポピーよりも高く育つポピー）を、自分の成功が損なわれるわけではないのに妬むことを指す。

これとは対照的に、コヴィーの言う**豊かさマインド**では、リソースや幸福の量は無限だから妬む必要はないと考える。しかしパイコノミクスとの重要な違いとして、豊かさマインドは無条件に無限のリソースがあることを前提とする。一方のパイ拡大のメンタリティでは、皆の分け前を大きくすることは可能だが、そのためには努力と協力が欠かせないという点を強調する。投資家とステークホルダーが、それぞれの取り分を最大化しようとする敵ではなく、パイの拡大を目指す味方であるのと同様に、同僚は昇進を争う競争相手ではなく、企業を確実に成功させるための仲間である。

アンとボブが、スプリングボック社でそれぞれ部門責任者を務めているとしよう。アンがボブの部門の契約をまとめることに協力したら、これは異性間の争いでアンがボブに合わせてボクシングに行くことと似ている。この契約によってボブの部門の利益が上がるため、獲得するメリットはボブのほうが大きい。だが、アンも少ないもののメリットを得る。彼女がスプリングボック社にビジネスをもたらして繁栄に貢献することにより、将来的に彼女の部門に与えられるリソースが増えるからだ。アンとボブの第一の任務は自分の部門をスプリングボック社の中で一番にすることではなく、同社のパイを拡大して、主な競合相手であるライオン社の一歩先を進み続けることである。

自然界において、ライオンはスプリングボックを追いかけても追いつけない。そこでスプリングボックの群れで争いが起きるのを待って、1頭を仕留めるのである。「争い」の影響は別の部門だけではなく、組織に広く影響を与える。ボブが支持するCEO候補を決める際、たとえ他に資質の優れた候補がいても、自分の部門を優遇してくれそうな候補を選ぶかもしれない。教授が新しい教員を採用する際、自分の研究テーマに最も近いという理由で、能力の低い人材を選ぶかもしれない。スポーツ選手は、スター選手としての自分の地位が奪われることを嫌って、新たなチームメイトの加入に反対するかもしれない。これらの例はいずれも、**皆が自分の分け前だけを見て、パイ全体を見ていない。**

そうならないように、ウィン・ウィンの状況を生み出す報酬・評価システムを設計するのがリーダーの責任だ。ボブが5を得るときに、アンがマイナス1ではなくプラス1を得ることが重要だ。アンが1を得るのは、第5章で提案したように彼女がスプリングボック社の株式を持っていて、評価システムがアンとボブのパフォーマンスを比較せず、ボブに対するアンの支援が明確に考慮される場合である。これに対し、ハーバード・ロー・スクールの新入生たちは、「左にいる人を見なさい、右にいる人を見なさい。今年中にその中の1人はいなくなるから」と言われるという。このようなゼロサムの発言は欠乏マインドを生じさせる。

パイコノミクスの原則は、アンとボブが同僚ではなく、友人知人の場合にも当てはまる。社会心理学者のアダム・グラントは著書『GIVE&TAKE』で、人間の3つのタイプを調査した。「ギバー（与える人）」は、パイを拡大するリーダーのように、最終的な自分の損得を計算せずに他者を支援する。「テイカー（取る人）」は、パイを分割するリーダーのように、他者からできるだけ多く奪い取ろうとする。「マッチャー（釣り合わせる人）」は、啓発された株主価値の実践者のように、長期的な自分のメリットが予想できる場合に他者を支援する。アダムによれば、長期的により大きな成功を収めるのはギバーである。彼らの寛大さは決して個人的成功を動機としていないにもかかわらずである。ただし彼は、規律なく無分別に「与える」べきではないと強調する。これはパイを拡大する企業が無制限に投資を行うべきではないのと同じである。

マインドセット

パイコノミクスという概念については、他者との人間関係（対人的リーダーシップ）に加えて、自分自身との関係（パーソナル・リーダーシップ）という点でも先行する研究がある。

心理学者のキャロル・スーザン・ドウェックは、著書『マインドセット』で、個人の能力開発に対する2つの姿勢である**フィックスト・マインドセット**（固定型マインドセット）と**グロース・マインドセット**（成長型マインドセット）について述べている。フィックスト・マインドセットでは、人の能力は遺伝で決まっていると考える。ある活動についての才能は、あるかないかのどちらかである。才能のない人は失敗する運命にあるから、努力する必要はない。才能のある人は成功する運命にあるから、こちらも努力する必要はない。

これに対しグロース・マインドセットでは、努力によって能力は伸ばせると考える。このマインドセットは、パイ拡大のメンタリティと（パイをメンバー間で切り分けるという概念はないが）類似点がある。パイは大きくなるという考え方は、すべての関係者が利益を得られるという点で励みになるが、自分の分け前だけではなくパイ全体を拡大するために協力する責任もついてくる。能力は伸ばせるというグロース・マインドセットは励みになるが、そのために努力する責任もついてくる。

ところが、努力で成し遂げたことは才能で成し遂げたことよりも低く見られがちである。一生懸命に勉強する子どもに対して、まるで努力が恥ずべきことであるかのように、「ガリ勉」とか「必死過ぎ」などと評したりする。私の通った中学校では成績評価に2つの要素があった。1つは達成度で9（非常に良い）から1（非常に悪い）で判定され、もう1つは努力度でA（非常に良い）からD（非常に悪い）で判定された。皆が憧れる成績は9Dだった。これは努力なしに成功したことを意味し、天性の才能を示唆するからだ。

私はオックスフォード大学マートンカレッジの学部生だったころ、学生自治会（JCR：ジュニアコモンルーム）に立候補した。経済学を学んでいた私が希望したのは、当然ながら会計係だった。当選を果たし、初めての総会に出席すると、冒頭の動議でマートンカレッジのJCRの公式見解として授業料に反対することが提案された。通常はJCRの会長がすべての会議の議長を務めるが、そのときは会長が動議の提出者であった。その場合、議長は副会長が務めるべきだったが、彼は動議に反対だった（集団思考に陥る危険のない自治会だったのだ）。序列の3番目は会計係だったため、私はいきなり議長の役目を押しつけられた。小切手にサインしたりエクセルのスプレッドシートを作成したりして平穏な1年を過ごすことを楽しみにしていた私は、会計係に立候補する際に、人前で話すことになるとは思いもしなかった。

まさに大惨事となった。強情で活発な——しばしばアルコールの勢いにも乗った——学生たちの集まる場で、シャイな私はうまく議長の役目を果たせなかった。私があまりにひどかったため、次の会議で、学生たちは総会議長という新たな役職を作るという動議を提出した。今後はその人物が議長を務めるようにすれば、二度と私の無能さに耐えなくてもよいということだ。この動議は否決されたが、私には楽な逃げ道がまだ残されていた。序列が高い役員が議長を務めるという伝統はあったが、それを義務づける規定はなかったのだ。フィックスト・マインドセットを持って、自分に人前で話す才能はないかなと序列4位のメンバーに役目を譲るのは魅力的な方法だった。しかし私は、苦手な議長の役目に立ち向かうことに決めた。私はその年、会長と副会長が議長を務められないときに何度もその役を引き受け、最終的には半人前くらいの働きができるようになった。

とはいえ、まだ半人前だった。改善の余地は多いと自覚しながらも、改善の可能性はあるということを励みにして、私はMIT大学院に進学するとすぐにトーストマスターズ・パブリック・スピーキング・クラブに参加した。クラスメートの中には、言語は話せるか話せないかのどちらかだから、トーストマスターズはネイティブスピーカーには意味がなく、成長の可能性があるのは非ネイティブの人だけだと考える者もいた。最初の集会で、私は「テーブル・トピックス」という演習でいきなり指名され、与えられたトピックで即興のスピーチをすることを求められた。「レディとウーマンの違いは」と問われたのだが、とっさに判断することが苦手な私は散々な答えをしてしまった。しかし、集会で毎回「テーブル・トピックス」が行われ、指名される可能性があると知りながらも私は参加し続けた。

時は流れて、ウォートン校の助教1年目のころ、私はデューク大学とノースカロライナ大学が共同開催するカンファレンスに参加した。私はそこで、ブロックホルダーに関する論文の1つを発表した。その後、デューク大学教授のジョン・R・グレアム（彼の研究は本書でも取り上げた）が私のところに来て、「素晴らしいプレゼンテーションでした。相当の努力をされたのでしょう」と言った。私はがっかりした。「素晴らしいプレゼンテーションでした。スピーチの才能をお持ちなのですね」と言ってもらいたかった。9Dの評価がほしかったのだ。しかし私に生まれつきの才能などなかったのだから、それは間違った評価である。マートンのJCRが最初は下手だった私に議長を続けさせてくれたこと。MITのトーストマスターズ・パブリック・スピーキング・クラブが成長を助けてくれたこと。そして、そこまでする必要はないと自分をごまかさずに、何時間もかけてプレゼンテーションを練習し、録画し、見直したこと。これらがあってはじめて、私は理路整然とスピーチすることができたのだ。

失敗を受け入れる

実行による過ちを避けたいという思いが、もっと深刻な不実行による過ちを招く可能性があるということは、本書で何度も出てくるテーマの1つである。企業の場合、不実行による過ちとは社会的価値を生み出す機会を逸することである。失敗を恐れて新商品の発売を見合わせたり、雇用喪失やメディアからの批判につながるからと新たなテクノロジーを導入しなかったりするかもしれない。個人の場合は、自分の成長の機会を逸することである。

イングランドで育った私は、休日に家族で海辺に行き、砂の城を作って過ごすことが多かった。ティーンエイジャーのころはゴールデンレトリバーを飼っていて、家族で湖水地方やヨークシャーデールズをのんびり散歩して楽しんだ。そういうわけで、MITの博士課程に進学するまで私は一度もスキーをしたことがなかった。

MITでは毎年1月に独立活動期間（IAP）があり、通常の授業ではなく、カリキュラム以外のトピックについて様々な無料の講義やワークショップが行われる。私は野球の打撃やブラジリアン柔術を習ったり、イスラエル・パレスチナ紛争や米国の人種間関係など、より知的な講座を受講したりした。そしてIAPの終わりには、大学院生自治会が主催するスキー旅行がある。私はスキーをしたことがなかったが、友人が行く予定だったこと、またIAPで他にも貴重なスキル、例えばチョークホールドのかけ方——貴重さを実感する機会がないことを望むが——を学んで気分が乗っていたこともあって、この旅行に参加することにした。バーモント州スマグラーズ・ノッチのスキー場で、私は初心者用ゲレンデで講習を受けてから、他のエリアに自由に滑りに行った。

数字マニアの私は、成功を測定して自分の成長を確認することに夢中になった。一番簡単な測定方法は転んだ回数を数えることだ。午前中の転倒を集計し、午後の転倒も集計した。午前よりも午後のほうが転倒が少なければ、成長しているといえるだろう。金曜日の午前よりも土曜日の午前のほうが転倒が少なければ、これも成長していることになる。

しかし間もなく、私はこの統計を操作する――「目標は達成するが的を外す」――方法を思いついた。転倒すること、つまり実行による過ちを防ぐ最も簡単な方法は、最も簡単なゲレンデで滑ることだった。これは自分自身に挑戦する機会を逃すことであり、はるかに深刻な不実行による過ちである。それではだめだとグリーンレベル（初級）のゲレンデを無理やり卒業してブルーレベル（中級）のゲレンデに向かっても、私はすぐにブルーレベルの中で一番簡単な斜面を見つけ出して、そこで滑った。そして、ブルーレベルの同じ斜面を滑って転倒回数を減らすという「対照実験」を試みたときも、単純にターンを多くしてスピードを殺し、転ばないようにした。**私は「失敗」しないことを成功の定義としたのである。**毎日の終わりに、私たちは宿舎に戻って温かい物を飲みながら、どのような一日だったかを語り合った。新しいゲレンデで滑降やジャンプに挑戦してスリルがあった――結局失敗したけれど――と話をする友人たちに、私は嬉々として、午前よりも午後のほうが転んだ回数が少なかった（もちろん優秀なＭＩＴ学生たるもの、午前と午後のセッションの長さの違いを考慮して按分計算済みである）と話したのである。

私のスキーの目標は転ばないことだった。しかし、これはおかしい。人は転ばないためにスキーをするのではなく、スリルを味わうためにスキーをする。これは、リーダーがネガティブな報道をされなかったことを良い1年の定義にするべきではなく、企業が顧客の苦情がないことを新商品の主な成功指標にするべきではないのと同じである。幸いにも私は、旅行日程を1日残してスキーの真の目的に気づいた。私はスノースネークに挑戦することに決めた。そこは私が見たブルーレベルのゲレンデの中では一番難易度が高く、スノーという名とは裏腹に斜面は氷で覆われていた。午前中は数え切れないほど転倒した。しかし転ぶたびに学びがあった。私は直前にどのような動きをした場合に転倒するのかを突き止めようとした。このフィードバックループによって毎回少しずつ上達し、ついにはスノースネークを無傷で滑り降りることができた。

失敗を受け入れることの大切さは、スキー旅行を最大限に楽しむ方法よりもはるかに重要な課題に応用できる。人前でのスピーチに挑戦する、新たなキャリアを始める、内部昇進に応募する、初めて5キロレースを走るなど、個人的あるいは仕事上の大きな成長機会を手に入れたいなら、失敗する覚悟が必要だ。内部昇進に立候補したら、それを隠し通すことは難しい。もし昇進できなければ、力不足だったことを同僚たちに知られてしまう。立候補したことで、うぬぼれていると思われるかもしれない。5キロレースでは必ず誰かが最下位になるし、完走できない者もいる。その結果はインターネットで簡単に検索できる。企業と同様に、市民の目標の中にも達成できないものがあって当然だ。そうでないなら目標の高さが十分ではないといえるだろう。2008年のハーバード大学の卒業式で、J・K・ローリングは「失敗せずに生きることは不可能です。生きていないも同然に慎重に生きるのなら別ですが、それでは最初から失敗です」とスピーチした。この最初から失敗というのが、不実行による過ちだ。

失敗を厭わないことには事前の価値があるだけでなく、失敗してもそれが学びになるため、事後にも価値がある。第10章で議論したように、セイ・オン・ペイで反対票を投じることは、投資家が何に反対しているかを企業に知らしめる。これはゲレンデで転ぶことが、その直前に犯したミスの特定に役立つのと同じである。作家のマシュー・サイドはこのマインドセットを、航空機の動きやコックピット内の会話を記録するブラックボックスになぞらえて、「ブラックボックス思考」と名づけた。ブラックボックスがあることにより、墜落事故が起きたときに当局が原因を調査して、その後の惨事を回避することに役立てられる。

ブラックボックス思考は痛みを伴う。人は失敗を自分のものと捉えて責任を取るよりも、外部の状況のせいにしたくなるものだ。これは自己帰属バイアスと呼ばれる行動である。例えば5キロレースのタイムが悪かったら、前の週に急に忙しくなったせいだと言える。業績が振るわなかった企業は、その原因を外国企業との競争や「短期主義的」な投資家に求めたがる。

失敗を認めてそこから学ぶことに消極的になる理由の1つは、失敗に対する社会の見方である。私たちはしばしば、カードゲームの「ガッチャ！」のように、誰かが間違った行動をしているのを発見して糾弾する。サイドはこう主張する。「私たちは挑戦や実験を称え合うべきだ。（中略）正しい行為、完璧さ、欠点のなさだけを称える場合、意図的ではないにせよ、失敗せずに成功するとか、転落せずに登ることが可能だとほのめかすことになる」

責任を押しつける相手がおらず、自分のせいで失敗したと自覚している場合でも、ブラックボックスを開けるのは嫌なものだ。自分が人前で話す映像を見たり、歌の練習の録音を聞いたりすると、誰でもいたたまれない気持ちになる。しかし医学の世界では当たり前のことだが、治療するにはまず診断である。自分の欠点を明らかにしない限り、それをなくすことはできない。

マルコム・グラッドウェルのベストセラー『天才！成功する人々の法則』は、スキルの習得には1万時間を費やせば十分だという意味で解釈されることが多い。しかし、同書に引用されたK・アンダース・エリクソンとその共同執筆者による調査の結論には、もっと微妙なニュアンスがある。重要なのはその活動に何時間を費やしたかではなく、「意図的な練習」だ。執筆者らの定義によると、これは「パフォーマンスとの関連性を非常に重視し、努力を重視し、本質的な娯楽性はあまり重視しない」活動である。成功率の低い難しい課題に取り組み、失敗を見直す行為が含まれるため、意図的な練習は楽しいものではない。エリクソンはベルリンの音楽学校でバイオリンを学ぶ生徒たちの日記を調査し、後にドイツの名門交響楽団に入るようなトップレベルの生徒と平均的な生徒を比較した。意外なことに、音楽に費やした時間――グループ練習、娯楽としての（単独または集団の）演奏、レッスン、公演など――の合計は両グループで差がなかった。しかし、トップレベルの生徒は1人での練習にかける時間が多いという点で大きな差があった。他の研究者は、チェスの能力は1人でチェスを研究する時間の長さと強い相関関係があり、チェスの試合をする時間の長さとは無関係であることを発見した。また、1人で何を練習するかも重要だ。別の研究によれば、一流のフィギュアスケート選手が未習得の難しいジャンプやスピンの練習に長い時間をかけるのに対し、平均的な選手はすでに完成したルーティンを気分良く練習することを好んだ。

私の場合、スキーで転ぶことを事前に回避するという間違ったメンタリティを持っていたが、事後に失敗から学ぶという点は、チェスをやっていたため多少は身についていた。チェスの試合では一手ごとに記録を残す。そして試合が終わると、大抵は対戦相手とともに試合内容を検討した。試合を再現し、どうすればもっと良い手だったかを指摘し合うのである。私が子どものころは、チェスの試合は紙と鉛筆があれば簡単に記録できたが、他の活動を記録することは難しかった。当時は水泳のストロークを録画できる防水スマートフォンはなかった。しかし今ではほとんどすべての活動について、自分の弱点を記録して再生できるテクノロジーがある。だが往々にして、私たちのメンタリティが欠けているのである。

貢献

本書は全編を通して企業がいかに社会に貢献するべきかを強調してきたが、貢献は無制限に行うべきではないし、利益を無視するべきでもない。第3章では、リーダーがステークホルダーへの投資の是非を判断する際の指針として、増幅、比較優位、重要度《マテリアリティ》という3つの原則を紹介した。

これと同じ原則は、市民が他者に貢献するときの指針にもなる。非営利団体でのボランティア、無報酬での講演、友人の子どもへの仕事のアドバイスなど、いろいろな依頼を受けるかもしれない。しかし、それらが自分の時間に与える影響を無視するべきではない。この3つの原則は、リソースに限りがある中で投資判断を行うための指針になるのと同様に、時間に限りがある中で私たちが効果的に貢献するための指針になる。

まずは**増幅の原則**について類似点を見ていこう。企業の場合、増幅の原則とは、自社が負う費用よりも大きな価値をステークホルダーに与える行動を取ることを意味する。これを個人の貢献に当てはめると、**不等価なギフト**を贈る――自分が負う費用よりも大きな価値を相手に与える行動を取る――ことが関連する。ここで新たな用語を持ち出したのは、貢献をギフトの提供と捉えることによって、これに対する私たちの態度が変わるからだ。貢献はしばしば受動的に行われる。気前の良い人々は、同僚にチャリティ活動への支援を頼まれて寄付したり、引っ越しの手伝いを頼まれて手を貸したりする。だが、貢献を能動的に行い、自分が相手に提供できる不等価なギフトについて考えると、マインドセットが違ってくる。

大学時代のある晩、私は友人たちとありふれたピザの夕食を取っていた。1枚多く注文してしまったため、友人のスティーブンが店員に箱に詰めてほしいと頼んだ。私は、彼がピザを自宅に持ち帰って翌日冷たいまま食べるのだろうと思った。学生たちがよくやることだ。しかし彼は私たちをつれてオックスフォードの町を歩き回り、ホームレスの人々にピザを配ったのである。

こうしてピザの1切れは、学生よりもホームレスの人にとって大きな値打ちを持つ不等価なギフトとなった。しかし、この話の要点はそこではない。スティーブンはピザを渡すだけでなく、話しかけたのだ。ホームレスの人々は無視されがちな存在だ。物乞いをされたくない私たちは彼らと目を合わせないようにし、ましてや話しかけようとはしない。スティーブンは仲間として彼らに接するという形で、不等価なギフトを与えたのである。私は彼が最後の1切れを与えた女性のことを覚えている。彼は女性に名前を聞いた。20年以上たった今でも、その名前――ジャニス――は私の記憶に残っている。数十人がコーヒーカップに小銭を投げ入れてくれるような、ジャニスにとって最高の日でも、彼女に名前を尋ねる人は1人もいないかもしれない。しかしスティーブンはそれをした。

パンデミック期には多くの人々が不等価なギフトを提供した。責任あるリーダーと同様に、彼らは「私の持ち札は何か」――自分のリソースの中で、誰かにとってより大きな価値を持つものは何か――と自問した。ある人にとって、そのリソースは時間だった。そこでボランティア活動のマッチングプラットフォームであるスペアハンドに登録して、近隣の弱い立場の人々のために日用品の買い出しに出かけた。そのリソースはお金だという人もいた。私の友人は近所のコーヒーショップでコーヒー100杯分の金額を前払いし、店の命綱となる流動性を支えた。またある人にとっては言葉だった。行動や金銭による「確実」な貢献と比べると、言葉は空虚なものに思われがちである。しかし孤立している人に電話をかけたり、激務を強いられる配達ドライバーに心からの感謝を伝えたりすることには、スティーブンがジャニスに名前を聞いたのと同じくらいの威力があった。

このような行動でも、鍵を握るのはパイ拡大のメンタリティだ。善良な市民は、依頼されたら他者を助ける。友人の引っ越しを手伝ったり、同僚のハーフマラソンを応援したりするだろう。偉大な市民は、たとえ依頼されなくても、どうすれば人の役に立てるかと能動的に考える。彼らは常にパイを大きくする方法を探し、問題解決だけでなく問題発見に取り組むのである。

では次に、**比較優位の原則**に移ろう。私たちはしばしば、自らが手足を動かす現場の活動――ホームレス保護施設での支援など――が究極の貢献だと考える。しかし第8章で強調した通り、貢献の最高の形は卓越性を発揮することである。そして私たちは、比較優位を持つ活動で卓越性を持つ可能性が高い。もし優れた簿記のスキルを持つなら、保護施設での奉仕活動よりも、ホームレス支援団体の会計管理に携わったほうが効果的かもしれない。

最後に、**(内発的)重要度《マテリアリティ》の原則**は、私たちが特に情熱を注いでいるステークホルダーに貢献することの重要性を強調する。言うまでもないことかもしれないが、私たちは問題の深刻さや世間的イメージに簡単に引きずられてしまう。ホームレス保護施設のほうが、母校の慈善基金よりも支援の価値があると感じるかもしれない。しかし母校に強い愛着があるのなら、自分にとっての重要度は母校のほうが高い場合もあるだろう。

このような原則を適用すると、本来自然に心のままに行うべきである奉仕活動を型にはめるような感じがするかもしれない。しかし、そうすることで自由が生まれるのである。奉仕を依頼されたときに、その件に関して自分よりも才能と情熱のある人が他にいると分かっていれば、罪悪感を持たずに断ることができる。そして自分のスイートスポット――3つの原則のすべてを満たし、自分が心から気にかけていて、支援を通して大きな影響を与えられる分野――に注力できるのだ。

文化を形成する

典型的なCSRが負の外部性を軽減して「害を為さない」ことを重視するのに対し、本書では、正の外部性を生み出して「積極的に善を為す」ことの重要性を1つのテーマにしてきた。そして2つ目のテーマはエージェンシー（行為主体性）――大企業にさえ影響を与える個々の市民の能力――の威力である。この2つのテーマは関連している。前セクションで議論した貢献行為は、場の雰囲気を変え、他者にも同じことを促すという形で増幅効果を持ち得る。

2020年4月、英国がパンデミックによるロックダウンを開始した直後に、退役大尉のトーマス・ムーアは、英国国民保健サービス（NHS）への寄付を集めるために自宅の庭を歩いて何往復もするというチャレンジを始めた。24日後の100歳の誕生日までに1000ポンドを集めることを目指したが、最終的に3000万ポンド以上が集まった。それだけでなく彼の努力は国民に勇気を与え、人々がそれぞれに募金活動をしたり、弱い立場の隣人のために日用品の買い出しに行ったりすることを促した。これよりも規模は小さいが、友人や同僚がスペアハンドに登録したことに触発されて、後に続いた人もいた。

なぜこのようなことが起こったのだろうか。皆がいつもは利己的なのに、パンデミックが発生して急に無私無欲になったとは考えにくい。そうではなく、少数の市民の行動が、人々が本来持っている――しかし眠っていることもある――利他的行動を引き出したのだ。1人が何人かの友人を刺激して奉仕活動を促すだけでも、友人がそれぞれの知り合いに影響を与えることにつながり、最終的に臨界点に到達する。

この考え方はパンデミックに限らず様々な状況に応用できる。市民は「サーモメーター（温度計）」ではなくサーモスタット（温度調節機）になる」ことができる。つまり温度を測るだけのサーモメーターに対してサーモスタットが温度をコントロールできるのと同じように、人は文化を反映するだけでなく、自ら文化を形成することができる。熾烈な競争の文化が深く根づいていて、それを変える余地などなさそうな企業もある。とはいえ全員が命がけの競争をしているわけではなく、むしろ大部分はそうではないだろう。協力し合うことを望みながらも、一部の上級幹部の態度を見てそれを口に出せない「サイレントマジョリティ」が存在する可能性が高い。だが1人の行動が――たとえそれが若手社員でも――サイレントマジョリティを動かす可能性はある。

投資銀行でおそらく最も不当な扱いを受けているのは、クリエイティブサービス部門（通称グラフィックス部門）だろう。アナリスト（最も地位の低いバンカー）はパワーポイントのプレゼンテーション資料に手書きで指示（例えばデータを円グラフにする）を書き込み、彼らに対応させる。アナリストはしばしば、希望通りにできていないと彼らを怒鳴りつけるが、大抵はきちんと説明しなかったアナリスト自身のせいである。私はクリエイティブサービス部門に優れた仕事をしてもらうと、フロントデスクに電話して担当のグラフィックデザイナーにつないでもらい、感謝を伝えた。若手だった私には個人オフィスがなく、フロアの真ん中にデスクがあった。そのため、狙ったわけではないが他のアナリストも私の電話を耳にして、クリエイティブサービス部門に感謝するようになった。このように、部署の一番下のスタッフでさえ、意図せず文化に影響を与える力を持っているのだ。

キャリア選択

パイを拡大する企業は利益よりもパーパスを原動力とするが、それでも最終的には利益を上げる。このアプローチはキャリア選択にも応用できる。儲かる仕事ではなくパーパスにかなう仕事を選ぶことにより、最終的により大きな充実感を味わえるだけでなく、経済的にも成功できる。最後のセクションは、これからキャリアを始める、あるいは転職を考えている読者を主な対象としている。しかし転職するつもりがなくても、現在のポジションで優先事項の重みづけを変える余地がある人には有益かもしれない。

本書では、パーパスを原動力にパイを拡大する企業の例としてアップルを取り上げてきた。しかし、アップルの創業者であるスティーブ・ジョブズの最も有名なスピーチは、おそらく個人のパーパスに言及したものだろう。2005年、スタンフォード大学の卒業式で彼はこう述べた。「先のことを考えて点と点をつなぐことはできません。できるのは後からつなぐことだけです。ですからあなたたちは、将来どこかで点がつながることを信じなければなりません。直感、運命、人生、カルマ——何にせよ、何かを信じなければなりません。このアプローチで私が失望したことはなく、人生に大きな違いがもたらされました」

キャリアを決める方法の1つは、道具的な計算に落とし込むことである。大学卒業後に仕事を決めるときには、現時点の給料だけでなく、将来どのようなポジションへの扉が開くかも検討する。フィンテック業界に就職した場合、投資銀行と比べると初任給は低くても、将来的な上昇率は上回るかもしれない。どの非営利団体の役員になるかを決めるなら、その団体の世間的な認知度や他の役員の影響力などを踏まえて、自分の経歴に最もプラスになるのはどこかを検討する。つまり、1つのキャリアが次のキャリアへの踏み石になるようにして、将来のキャリア——将来の点——を描くのである。

しかし現実には、このアプローチが常に機能するとは限らない。なぜなら踏み石がどこに続くのかを見極めることが非常に難しいからだ。ジョブズはその代わりに、そのとき正しいと感じた踏み石に進むという、型破りで近視眼的とも思えるアプローチを提唱した。その石は、どこに続くかは分からないが、単純に上に立ったときに格好が良い石かもしれない。ヴィクトール・エミール・フランクルは著書『夜と霧』で、「成功を狙ってはならない。成功を狙い、目標とすればするほど達成できなくなる。成功は幸福と同様に追い求めることはできない。自分よりも大きな大義のために献身したことの意図せぬ副作用として、あるいは自分以外の誰かに身を任せることの副産物としてのみ、確保されなければならない」と書いた。

パーパスに基づいてキャリアを選択するという考え方はよく知られていて、決まり文句になっているといってもよい。しかしこれも現実的ではなく、実践的でもないようだ。億万長者のアップルのCEOにとってはありがたい説法かもしれないが、ほとんどの人は家族を養いローンを返済しなければならないため、現実的ではない。経済的な動機を無視して、のんきにパーパスを追っているわけにはいかないのだ。しかし後述するように、稼ぎが良くて世間のイメージが悪い仕事でも、深遠なパーパスを持つことはある。そして多くの人は自分のパーパスを理解していないからこそ、パーパスを追い求めることを実践的ではないと思うのかもしれない。しかし、第8章で紹介した企業のパーパスを定義するためのフレームワークを応用すれば、これを具体的で実行可能なものに変えられる。

企業のパーパスに、**誰**のために存在するのか、**なぜ**存在するのかという2つの要素があったことを思い出してほしい。前者は重要度《マテリアリティ》の原則、後者は比較優位の原則に基づいている。この2つの要素は市民がパーパスを定めるときにも応用できる。

「**誰**」のほうが比較的決めやすい。ビジネス的重要度は個人には当てはまらないが、内発的重要度――どのステークホルダーに特に貢献したいか――は当てはまる。例えば弁護士なら、企業よりも難民のほうが重要だと考えて、会社法よりも人権法の道に進むかもしれない。環境を気にかける人は、慈善団体で働いたり、政界に進出したり、環境に深刻な影響を与えている企業に入って改革を目指したりするかもしれない。しかし「**誰**」についても、未解決の問いは多く残る。例えば、「**誰**」は子どもだと定義したとしよう。子どもに貢献するには小児医療、教育、社会福祉事業など様々な方法がある。「なぜ」はもっと複雑だ。ここからはそれについて考える。

「なぜ」は比較優位の原則に基づいており、才能と情熱の両方が関係する。才能は比較的定義しやすいが、情熱はかなり困難だ。「情熱に従う」という表現は「パーパスにかなう」と同じくらい漠然としているように思われる。自分の情熱が分からない場合、どうすればよいのだろうか。キャリアによっては情熱がはっきりしている場合もあるかもしれない。例えばロイ・バジェロスが、実家の食堂でメルクの化学者たちが医薬品開発の話をするのを聞いて刺激され、科学を志したことは容易に想像できる。しかしその他の業界、例えばフードデリバリーや輸送業界については、社会に多大な価値を生み出し得ることは第8章で議論したものの、情熱はそれほど明白ではないかもしれない。

ここでも、「情熱に従う」という観念的なアドバイスを具体化するためのフレームワークを作ることができる。例えば、企業は社会に貢献する力だと確信して、「誰」を企業と定義したとする（内発的重要度）。では、自分はどのように企業に貢献できるだろうか。後ほど、直接企業のために働くという方法ではなく、パーパスが欠落していると思われがちな金融とコンサルタントの仕事を例にして、このフレームワークを説明する。

このフレームワークには3つの問いが含まれる。1つ目の問いは**10年後の自分はどうなっているか**である。これも「情熱に従う」と同じくらい陳腐な考え方に感じられる。答えは分かっているという人がほとんどだ。それは投資銀行のマネジングディレクターかもしれないし、コンサルティング会社のパートナーや、プライベートエクイティファンドのプリンシパルかもしれない。しかしここで問うているのは、肩書がどうなっているかではない。何に突き動かされ、何を思って朝目覚め、どのような毎日を過ごすのかである。真にやりがいのあるキャリアの本質は、その人が何をしているかではなく、どのような人物かということだ。トップに上り詰める人はたくさんいる。しかしその多くは最初に時間をかけてこの問いを検討していないため、頂点に立ったときに、間違った山を登ってきたことに気づく。

具体的に説明しよう。例えばあなたが、投資会社のマネジングディレクターやコンサルティング会社のパートナーになりたいとする。これは肩書だ。それがどのような人物かといえば、信頼されるアドバイザーである。クライアントは非常に深刻な問題を抱えてやって来る。資金難に陥っていて、株式を発行するべきか、債券を発行するべきか、配当を減らすべきか、部門あるいは会社全体を売却するべきかと相談するかもしれない。彼らは、あなたが自分の報酬を最大化するためではなく、彼らにとって最善となるアドバイスを提供してくれると信じている。

自分は信頼されるアドバイザータイプの人間だという場合のみ、投資銀行やコンサルティング会社に就職することだ。おそらくあなたは、率直なアドバイスがほしい友人たちに頼られる人だろう。聞きたい言葉ではなく聞くべき言葉を言ってくれて、秘密を守ってくれる人として評判かもしれない。そしてあなたは、そのような形で友人の役に立つことを好む。あるいは大学時代の勉強会で、手を抜いているメンバーに厳しく意見することを厭わなかったかもしれない。そのような会話を気まずく感じる人もいるが、あなたにとっては当たり前の行動だ。もしそうなら、あなたは銀行やコンサルティング業界に入るべきタイプの人物だ。

あるいは、プライベートエクイティファンドのプリンシパルという肩書を手に入れたいとする。それがどのような人物かと言えば、過小評価されている資産を見出せる投資家だ。過小評価された資産とは、現在の所有者に大事にされていない——売ってもよいと思われている——企業である。あなたはその資産に誰も気づいていないポテンシャルを見出すと、口先だけでなく自らの資金を投資する。そして、その企業を再建するために、資金だけでなく自分の時間と労力もつぎ込む。ビジネス以外の文脈では、こうした過小評価されている「資産」は人材かもしれない。それが失業者なら、職業指導プログラムに資金を提供できる。地元の子どもたちなら、奨学基金に寄付して支援できる。そして資金を投じるだけではなく、学校の理事となって、自ら手足を動かして貢献する。アマチュアのスポーツチームに関与しているなら、即戦力ではない新人を積極的に指導するかもしれない。あなたは新人をベンチに放置したり、歓迎されていない気分を味わわせたりして、退団に追い込むことはないだろう。こうした投資にはいずれも忍耐力が必要だが、誰もがこれを持っているわけではない。しかしピーター・リンチやジェフリー・アッペンなど、最高の投資家の多くは長期的な視点に立つことに前向きである。

自分は投資家タイプの人間だという場合にのみ、プライベートエクイティファンドの投資家になるべきだ。過小評価されている資産を再建することよりも、そうした資産を発見することに情熱を感じるならば、投資信託を運用し、エンゲージメントではなくモニタリングを通してスチュワードシップを発揮する仕事のほうがやりがいがあるかもしれない。

2つ目の問いは**余暇に何をするか**である。自発的な選択には、自分の情熱の向かう先が表れる。スポーツや音楽が好きな人は多くても、プロのアスリートや音楽家になる人はほとんどいないため、この問いは現実離れしていると思えるかもしれない。しかし余暇の過ごし方には意外と多くの情報が含まれる。

金融に興味を持つ学生から私が最もよく質問されるのは、セルサイドとバイサイドのどちらから始めるべきかということだ。ほとんどの人はバイサイドに憧れる。私が投資銀行で働いていたころの夢は、ヘッドハンターに引き抜かれてプライベートエクイティファンドに転職することだった。営業やトレーディングの担当者なら、ヘッジファンドから声がかかる日を待ち望む。そして多くの人にとって、バイサイドはふさわしい業界である。しかし、売ることに情熱があってセルサイドのパーパスを持つ人は、一般的に思われているよりもはるかに多い。そのことは余暇の過ごし方を見れば分かる。

ビジネススクールの学生の中には、休暇中に新しい土地を旅するチャンスがあるのに、母国で旅行を引率する人がいる。なぜだろうか。それは母国のことを売り込みたいからだ。またはスポーツチームのキャプテンを務めて、新しい参加者に活動を教える人がいる。教えることと売ることには、複雑な概念を分かりやすい言葉で説明して魅力を感じさせるという意味で、多くの共通点がある。

キャプテンではなくてもチームの選手としてプレーしたり、バンドを組んだりする人もいるだろう。こうした活動には「部族主義」――小集団の一員として全員を心から大切にし、部族を率いていくこと――の要素が含まれる。ブルース・スプリングスティーンはあるとき、すでに何百万枚ものアルバムを売り上げて、マディソン・スクエア・ガーデンで数え切れないほど公演した今、何があなたを動かし続けているのかと問われた。彼は、バンドのサキソフォン奏者であるクラレンス・クレモンズと一緒にステージに立つことだと答えた。クラレンスがソロを演奏しているとき、彼は静かにしていて拍手を浴びるわけではないが、ただ同じステージに立っているだけで誇りを感じたという。クラレンスが亡くなると、ブルースは弔辞でこう述べた。「クラレンスの隣に立つことは、地球上で一番凄い奴の隣に立つようなものだ。誇らしく感じ、力が湧く。何が起こるだろう、一緒に何ができるだろうと考えると、心が躍って笑みがこぼれる」

これこそ、セルサイドで得られるものである。バンドがツアーに出るように、あるいはスポーツチームがアウェイで試合をするように、セルサイドのあなたはチームを——自分の部族を——率いてクライアントを訪問し、売り込みをする。そしてある日、あなたはチームを率いてクライアントを訪ねるが、自分ですべてのプレゼンテーションを行うのではなく、アナリストやアソシエイトに一部を任せるかもしれない。そして部下はうまくやり遂げて、あなたはクラレンスのソロを静かに見ていただけのブルースが感じたのと同じ誇らしさを感じるのだ。

3つ目の問いは**自分はどのような価値観を持つか**である。価値観とは、人生の中核に何を置くか、どのように他者の人生に影響を与えたいか、どのような人物として記憶されたいかを決めるものである。デイヴィッド・ブルックスはこれを、著書『あなたの人生の意味』の中で、自分の葬儀の弔辞で読んでほしい価値観という意味の「弔辞用価値観」と呼んだ。その対極は履歴書に書ける「履歴書用価値観」である。自分が大切にすることを明らかにすれば、その価値観とおおむね合致するキャリアを見つけられる。ハーバード大学の経済学者ニコラス・グレゴリー・マンキューいわく、「幸せな人生を送る秘訣は、自分の好きなことを見つけて、自分がそれをやることに対してお金を払ってくれる人を見つけること」である。

これこそ完全に現実離れしていると思うかもしれない。最も儲かるのは最も価値のない仕事だとよく言われるが、すでに述べてきたように、これは不当な風刺である。社会に貢献する企業が利益を出せるのと同じように、弔辞用価値観に沿っていて、なおかつ利益を上げられるキャリアはたくさんある。「私は常に真実を伝える人物として信頼を得る」という価値観は、アドバイザー職にふさわしい。銀行やコンサルティング業界のキャリアの潜在的なデメリットの1つに、階層構造がある。しかし「私は常に権威を尊重する」という価値観を持ち、明確な命令系統を評価する人にとっては、これがデメリットではなく魅力になる。そのため、私の教える学生の中で軍隊経験のある人たちは、一般的にアドバイザー職の階層構造的な側面を好んだ。しかし「私は常に自分のことは自分で決める自由を求める」という価値観を持つ人には、最初からこのキャリアは合わないかもしれない。

スティーブン・R・コヴィーの『7つの習慣』の第二の習慣は、「終わりを思い描くことから始める」である。コヴィーは、パーパスを決めることだけでなく、それを個人的なミッションステートメントとして書き出すことを推奨する。オプラ・ウィンフリーの場合は「教師であること。そして、生徒たちが自分の想像以上の力を発揮できるように鼓舞する人物として知られること」である。ヴァージングループの創設者であるリチャード・ブランソンの場合は「生涯旅を楽しみ、失敗から学ぶこと」である。インターネット上を探せば、一般の人々のものも含めて様々なミッションステートメントが簡単に見つかるため、インスピレーションを得たい読者は参考にするとよい。

企業のパーパスと同様に、個人のパーパスにもトレードオフが含まれるはずだ。ミッションステートメントは簡潔でなければならず、すべてを含めることはできない。ミッションステートメントから外れたものはすべて、初期状態の優先順位は低くなる。しかしミッションステートメントが簡潔であればあるほど、時間管理と優先判断に関連するコヴィーの第三の習慣、「最優先事項を優先する」の実践に役立つ。従って、個人的なパーパスは転職の指針になるだけでなく、現在のポジションで力を入れるべき任務を判断する指針にもなる。ミッションステートメントにすべてを盛り込んでいたら、企業のパーパスにすべてのステークホルダーを含めた場合と同じく、優先判断の指針にならない。

私は自分の職業上のパーパスを「厳密な調査研究を用いてビジネスの実践に影響を与えること」と定義した。これは、知識を生み出すだけでなく普及させ、自分だけでなく他者の調査研究も広めることに対するコミットメントである。しかし同時に、ある種の活動は行わない――例えば一般的な経済トピックに関するメディアからのコメントの依頼には応じない――というコミットメントでもある。研究に関する明確な専門知識が自分にない分野での活動は、たとえ広範な経済学的直感から多少知的なことを考えついたとしても、一流の報道機関からの依頼だったとしても差し控えるということである。また、以前のように多くの学会やセミナーに出席することもできなくなる。こうしたイベントは楽しいが、企業とのやり取りと両立できるほど1日は長くない。研究発表者が私ではなく共同執筆者でもその効果は変わらないかもしれないし、私の比較優位は別のところにあるかもしれない。

パーパスは企業のメンバーを団結させ、契約で求められる水準以上の働きを鼓舞するものである。パーパスは、最終的な損得を道具的に計算せずに、社会のために価値を生み出して人類の繁栄に貢献することを後押しする。しかし一般的には、その結果として企業の利益性が向上する。そしてパーパスは市民を触発し、仕事を生計の手段としてではなく、使命感を持って取り組む天職と捉えることを促す。それでも、パーパスに突き動かされることが、最終的にはより大きな成功につながるのである。その人は仕事を単なる労働ではなく、自分が情熱を傾ける課題を自らの才能で解決する機会と見なしているため、雇用契約で求められる水準以上の働きをする。パーパスは高い志だが曖昧ではない。企業も個人も、具体的な自問自答を通してパーパスを見出し、それを実践に移すことができるのだ。

まとめ

- ゲーム理論によると、協力によってすべての関係者が豊かになる可能性はあるが、協力して得られる利益は平等ではないかもしれない。当事者が不平等を嫌い、結果として不利益を被るにもかかわらず協力を拒んだ場合、パイが縮小することもある。
- 実生活には多くのウィン・ウィンの状況がある。相手を敵ではなく味方と見なすべきである。
- **比較優位の法則**によれば、すべての国は――生産性が比較的低い国でも――国際貿易で利益を得られる。しかし利益が均等に分配されないことを嫌って、国が貿易を制限する場合がある。すると他の国々も同じ措置をとり、すべての国が不利益を被る。
- 貿易と同様に、テクノロジーは大規模な雇用喪失を招く可能性もあれば、労働者を含む全員のためにパイを拡大する可能性もある。そのためリーダーは、テクノロジーに代替される仕事からテクノロジーに補完される仕事へと業務を再定義する必要がある。政府は生涯教育に出資する必要がある。
- 人間関係の力学において企業の業績改善のために協力すると、部門によって獲得する利益の多寡はあるにせよ、全部門に恩恵をもたらすことが一般的である。従業員にウィン・ウィンの状況をもたらす報酬・評価システムを設計し、パイの拡大に必要なコラボレーションを促進するのがリーダーの責任である。仕事以外の文脈では、他者を支援する「ギバー」が長期的により大きな成功を収める。

●パイ拡大のメンタリティではパイは大きくなると考えるが、それと同じように、**グロース・マインドセット**ではスキルセットは増強できると考える。ただし、そのためには意図的な練習が不可欠である。

●成功の定義を、失敗しないこととするべきではない。逆に不実行による過ちを避け、十分に高い目標を設定するならば、失敗を想定しておくべきである。すると失敗から得た学びを糧に成長することができる。

●何かに貢献する際、**増幅の原則**が推奨するのは、与える側の負う費用よりも受け取る側の価値が大きくなる**不等価なギフト**を提供することである。**比較優位の原則**は、市民が必ずしも最前線の役割を果たす必要はないことを意味する。**重要度《マテリアリティ》の原則**は、世間的に最も価値があると見なされている課題よりも、自分にとって最も重要な課題に貢献することを推奨する。これらの原則に従うことによって、すべての依頼に応えなければならないというプレッシャーを感じずに、自分で貢献活動を選ぶ自由が手に入る。

●個人が文化を形成する力は、一般に思われているよりもはるかに強力だ。ある1人の行動によって、「サイレントマジョリティ」——似通った価値観を持つが、自らを少数派だと感じていた人々——を活性化することができる。市民は自分のことを、温度を受動的に反映するだけのサーモメーターではなく、温度を制御するサーモスタットと見なすことができる。

●市民はパーパスに基づいてキャリアを選ぶべきであり、企業と同様に、金銭的な報酬は副産物と捉えるべきである。企業と同じく、パーパスを決める要素には、情熱から生まれる内発的重要度と比較優位が含まれる。
●情熱とは漠然とした概念ではない。10年後の自分は（仕事内容ではなく人間として）どうなっているか、余暇に何をするか、どのような価値観を持つかという3つの問いを通して具体化できる。

結論

本書は資本主義が直面する危機を認識するところから始まった。あまたの市民の目に、資本主義は不正なゲームと映っている。企業は幹部や投資家の私腹を肥やすために存在し、労働者の賃金、顧客の幸せ、気候変動にはほとんど関心を向けていない。幸運にもビジネスを運営している者、あるいは投資ファンドを運用している者にとって、これを変える理由はない。なぜなら彼らは市場支配力に守られていて、ロビー活動によってその地位をいっそう強固にできるからだ。さらに悪いことに、利益の最大化こそが企業の社会的責任だと考えているため、彼らの多くは変革することに対して責任を感じていない。

だからこそ、私たちは危機に陥っている。市民や政治家は、このシステムがひとりでに改革されることをただ望んでいるわけにはいかない。このシステムには本質的な欠陥があると多くの人が見ているのである。そうした人々は新たなシステムの必要性を訴えており、大企業の解体や国有化、役員報酬や自社株買いに対する規制、株主からの企業支配権の奪取といった方法で、これまでの資本主義を覆そうという真剣な提案が出されている。

しかしこのような改革は、企業によるポジティブな社会貢献の多くを抑圧するリスクがある。資本主義を敵視すれば選挙で受けが良く、共通の敵に向かって有権者を動員できるかもしれないが、社会的利益のために企業と手を組む大きな機会を逃すことになる。また、利益が果たす重要な役割、例えば一般市民の貯蓄にリターンを与えたり、企業が労働者に投資する資金源となったり、リーダーが新しいアイデアに賭けることを促したりする面も無視している。つまり私たちに必要なのは、企業と社会の双方が関与し、双方に恩恵を与える解決策だ。

それが本書の要点である。本書では、そうした解決策が存在する――しかも既存のシステムの中に存在するため、未知なるものにいちかばちかの賭けをする必要はない――ということを示してきた。そして、根拠として最も厳格な査読つき学術誌に掲載されたエビデンスを用い、それを具体的な事例で補完することによって、その解決策が単なる抽象概念ではなく実践可能であることを示してきた。つまり、資本主義と社会の両方が直面する大きな課題について、私たちには真の希望がある。

その解決策こそがパイ拡大のメンタリティだ。社会に価値を創出することを第一目的として企業を経営することは、利益を犠牲にしたり、決まった大きさのパイを再分配したりすることではない。むしろ、その企業が全体として生み出す価値が大きくなり、ステークホルダーのみならず投資家にも恩恵がある。実際にこのアプローチを取ると、長期的には株主価値の最大化を試みた場合の収益性を上回ることが一般的である。従ってリーダーは、たとえ規制や世情不安といった要因がなくても、自発的にこのアプローチを導入するべきだ。社会的価値を創出することは守りの姿勢ではないし、単なる「立派なこと」でもない。ビジネスとして妥当なのである。利益の地を目指すなら、パーパスの道をたどるべし――これが、希望的観測ではなく、最高の質のエビデンスに基づいて導き出した結論だ。

パイ拡大のメンタリティは企業を解放する。なぜなら、利益に与える影響の試算――影響の予測は困難なため徒労に終わることも多い――によって正当化しなくても、長期的投資を実行できるからだ。ただし何でもありではなく、的を絞ったアプローチである。本書では、リーダーがプロジェクトを遂行するか抑えるかを見極める際に利用できる原則を提示した。パーパスは単なる崇高なミッションステートメントではなく、困難な意思決定に明確な方向性を示すものである。パーパスとはリーダーが行動を通して守るべき――そのために必要ならば黒字部門でも閉鎖するべき――約束であり、リーダーはその進捗状況を報告することによって説明責任を果たす。

パイを拡大する企業が社会全体のための価値創出を目指すのと同様に、社会にはパイ拡大のメンタリティを企業に浸透させる役割がある。投資家はスチュワードシップを通して、つまり企業の長期的価値を深く理解し、たとえ周りが一斉に撤退しても手放さないが、その企業が将来を危うくする行動を取っている場合は、短期的利益の魅力にとらわれずに売却やエンゲージメントを行うことを辞さないという姿勢によって、大きな役割を果たすことができる。従業員は、パーパスを現場に確実に浸透させて自らイノベーションを生み出す力と責任を持つ。顧客は、たとえ商品が魅力的でも価値観を共有できない企業からは離れることができる。市民は、政策決定者に働きかけて、企業の費用だけでなく便益も考慮したエビデンスに基づく改革アプローチを取らせることができる。

大きな変化はすでに起こり始めている。企業がパイを分割して耳目を集める例はあるものの、エビデンスを丹念に見ていけば、その他の多くの企業は、すべてのメンバーのために粛々と価値を生み出していることが分かる。従業員を仲間として扱う企業、サステナビリティのポリシーを誠実に実践する企業、重要なステークホルダーに投資する企業は、長い目で見ればより大きな利益を上げる。リーダーを長期的な株式保有者にする組織は、株主とステークホルダーの両方により大きな価値をもたらす。ステークホルダーに恩恵を与える提案に賛成票を投じる投資家は、最終的に自らも恩恵を受ける。

つまり企業であれ投資家であれ、パイ拡大のメンタリティを受け入れることは、潮流に逆らうことでも単独で進むことでもない。むしろそれは、エビデンスを追い風にして、社会に対する責任を真剣に受け止めて真の変化を起こそうとする仲間たちの大きな流れに加わることである。統計や回帰係数だけを頼りにする必要はなく、野心的な手本を参考にして、そこから学ぶことができるのだ。私たちは、メルクが1940年代の段階で、当時は収益の流れが明確ではなかったにもかかわらず人命を救うためにペニシリンを開発し、今では河川盲目症に苦しむ世界で最も貧しい人々のために、毎年3億回分のイベルメクチンを寄付していることを見てきた。ボーダフォンがモバイルマネーサービスの先駆者となり、銀行口座を持たないケニアの19万6000世帯を貧困から救ったことも学んだ。そして、自社のパーパスにふさわしくないことを理由に、バークレイズが10億ポンドの収益源を捨て、CVSヘルスが20億ドルを売り上げていた商品の販売をやめたことも見てきた。

このような例は、手本にするには立派すぎると思うかもしれない。もちろん誰もがノーベル賞を受賞するような薬を開発したり、新たなテクノロジーを売り出したり、事業を丸ごと閉鎖したりする力を持つわけではない。しかし小麦粉を振りかけていけば、少しずつ、だが着実にパイは大きくできる。ニュー・ベルジャン・ブリューイング・カンパニーは、自社が環境に与える悪影響を率直に認めることを出発点とした。それが従業員を触発し、影響の軽減方法を考えることを促した。マークス&スペンサーは各種ステークホルダーに与える影響を報告し、目標を設定することによって、ステークホルダーを共通目的のもとに結束させた。ウィアー・グループは、パーパスのステートメントやビジネスモデルは変更しなかったが、長期的な視野でリーダーに報酬を与えることの重要性を認識した。それと同時に、同社の成功を従業員らが分かち合えるようにした。

こうした例のほかにも、影響力のある大組織が、企業と投資家へのベストプラクティスの提供、議論や改革の方向性を決めるフレームワークの開発、さらには業界や経済全体のコラボレーションを実現している。例えばフォーカシング・キャピタル・オン・ザ・ロング・タームは、長期的課題に関する企業と投資家の対話の道標となるロードマップを作成した。ザ・パーパスフル・カンパニーは最高の学術的エビデンスを応用して、企業統治、役員報酬、スチュワードシップの実践的な改革計画を策定した。新たに発足した価値報告財団は、社会的パフォーマンスの報告に関する各種のフレームワークや基準の調和を図っている。国連の責任投資原則コラボレーションプラットフォーム、カナディアン・コーリション・フォー・グッド・ガバナンス、英国の投資家フォーラムは、株主が互いを負かすべき相手と見なさずに、公益のために集団でエンゲージメントを行うことを支援する。ニュー・シチズンシップ・プロジェクトは企業と協力し、市民としての顧客の力を引き出している。リソースはますます豊かになり、モメンタムが生まれている。

テクノロジーと世界的な勢力範囲という強みを持つ今日の企業のリーダーは、社会的価値を生み出すという点でかつてなく有利な立場にある。今日のファンドを運用する投資家は、パーパスと利益の実現に対する説明責任を企業に問うという点で、かつてなく大きな資本と強力な株主の権利を手にしている。そして市民はかつてなく大きなエージェンシー（行為主体性）を持ち、キャンペーンを組織する、企業にフィードバックを提供する、あるいは個人レベルでウィン・ウィンの取引を行うといった能力を身につけている。この力を生かして社会全体に恩恵を与える形の資本主義を生み出せるかどうかは、私たち全員の手にかかっている。私たちには根拠となるエビデンス、励みになる事例、実践に移すためのツールがある。このビジョンを現実のものにしようではないか。

アクションアイテム

このセクションでは本書のアイデアを実行するための実践的な提案をする。提案はリーダー向け、取締役会向け、投資家向け、市民向けに分類してある。ただし本書の原則の多くは社会の複数のメンバーに適用できるため、同じアイデアが何度も登場する場合がある。メンバーによっては別のセクションにも関係が深いアイデアがあるかもしれない。

リーダー

自社のパーパスを定義する

- 比較優位の原則を指針にして、自社の存在理由——なぜ存在するのか、世界でどのような役割を果たすか——を説明する。重要度《マテリアリティ》の原則を指針にして、自社が誰のために存在するのか——どのステークホルダーを筆頭に置くか——を説明する。
- パーパスの的を絞って厳選する。全員のためにすべてを行うことを目指すのではなく、必然的に生じるトレードオフと、その対処法の方向性を示すというパーパスの役割を認識する。パーパスから何を除外するかで、パーパスが強くなり得ることを理解する。

●従業員や外部ステークホルダー（顧客など）の意見を求める。パーパスがまとまったら明確に表現するが、状況の変化に対応できるように柔軟性を確保する。

パーパスの実行状況を発信する

●自社がパーパスに沿って行動をしているかどうかを追跡するための、一連の測定指標を策定する。各指標について長期目標を設定し、進捗状況を報告する。不正な操作や誤解を招く可能性がある指標は、追跡しないことを意図的に判断する。

●ナラティブによる報告を用いて、数値に意味や背景情報を追加する。例えば、ある指標の未達の理由とその是正策を説明する。優秀な人材の採用、維持、再教育に関する自社の取り組みを説明して、人員数や離職率のデータを補足する。

●人間味のない一方通行の報告の域を超えて、人間味のある双方向のコミュニケーションを行う。投資家とのミーティングや、従業員や外部ステークホルダーとの「タウンホール」を通して、パーパスの実現について関係者全員が企業に説明責任を問い、アイデアを提供できるようにする。

パーパスを自社に定着させる

●自社の戦略がパーパスに一致しているかどうかを精査する。自社のすべての主力商品やサービスは、社会のために真に価値を生み出しているか。その生産過程で一部のステークホルダーに無用な害を与えていないか。各事業には今も比較優位があるか、それとも過去の遺産として維持しているか。
●経営モデルと文化をパーパスに合致させる。プロセスの質、特にパーパス実現の核となるプロセスの質について妥協しない。人材の採用、昇進、維持活動について、文化的適合度が重要な役割を果たしていることを確認する。
●従業員、チーム、プロジェクトについて、パーパス関連のパフォーマンスの状況を追跡する。その情報を、従業員の評価や報酬に確実に反映させる。そのデータを従業員が確認できる状態にし、より良い判断に生かせるようにする。

卓越性とイノベーションの精神を培う

●自社の社会貢献を周辺的な「CSR」活動にとどめず、主に中核的なビジネスを通して行うようにする。自社に最も大きな比較優位があり、自社の最も重要なステークホルダーに影響を与えるビジネスに、人員、財源、リーダーの時間を割り当てる。
●投資判断に卓越性の基準を当てはめる。金銭的、社会的に平凡なリターンしか生まない場合、既存プロジェクトならば中止し、新しいプロジェクトならば開始しない。その分の資本を中核ビジネスに再配置するか、妥当な投資機会が残っていない場合は投資家に還元する。

- 不実行による過ちの深刻さを理解する。常に改善を目指し、未検証のアイデアを――たとえ現時点で収益の流れが明確ではなくても、社会のニーズを満たすものならば特に――リスクを取って実行する。「私の持ち札は何か」――自社がどのようなリソースや専門技能を持ち、それをどのように社会に役立てられるか――を検討する。従業員が、過度な承認を要したり失敗を恐れたりせずに自由にイノベーションを起こせるようにする。

ステークホルダーを企業のパートナーと捉える

- 従業員に意思決定権を与え、そのことが実行による過ちにつながる可能性を受け入れる。従業員を、単にアイデアを実行する手段としてではなく、アイデアの源と捉える。顧客の市民としての潜在能力を活用する。例えば顧客に積極的に情報提供を求めたり、環境インパクトの軽減のために協力したりする。
- 労働者のスキルやウェルビーイングに投資する。テクノロジーや競争の影響で仕事を奪われる可能性が高い従業員を予測し、先手を打って再教育する。従業員の心身の健康状態を把握し、必要に応じて予防措置を講じる。自分を含めたすべての管理職が、チームに追加作業を課すことの影響について当事者意識を持つ文化をつくる。

●全従業員に株式を付与することによって、彼らを自社の財務上のパートナーとし、自社の成功の恩恵を享受できるようにすることを検討する。

取締役会

企業のパーパスの当事者となる

●パーパス遂行を取締役会全体の責任と見なす。企業にパーパスのステートメントがある場合は、取締役会のメンバー全員に署名を求めることを検討する。

●取締役会に、企業のパーパスに関する重要課題（イノベーション、人的資本、環境インパクトなど）に責任を負う小委員会を立ち上げることを検討する。

●ミーティングの中でパーパスに関連する議題に十分な時間を確保し、戦略オフサイト会議の中心にパーパスを据えるようにする。

企業のパーパス実行状況をモニタリングする

●経営陣が重要な意思決定の承認を得るためのプレゼンテーションを行う際に、パーパスといかに一致するかを説明することを求める。そして、その整合性を厳しく評価する。

●過去の遺産としてではなく、企業の現在の比較優位や各ステークホルダーの重要度を踏まえて、パーパスのステートメントに今も妥当性があるかどうかを評価する。
●企業が進捗状況の測定に用いる指標を精査し、それらが妥当であることを確認する。測定指標よりもさらに踏み込んだ、トレンドの背景や企業が特に改善を目指す要素について、リーダーたちと会話をする。例えば、パーパスを踏まえて意思決定の結果が変わったケースについて尋ねる。

リーダーを株式の長期保有者にする

●役員報酬を、退職後を含めた長期保有を条件とする株式で支払う。業界のサイクルやリーダーの行動が十分に株価に反映されるまでの期間を踏まえて、保有期間の妥当性を検証する。
●CEOの大量の保有株式の権利が確定する期に発生し得る、短期主義的な行動――新規プロジェクトを開始しないなどの不実行による過ちや、投資を削減するなどの実行による過ち――を警戒する。
●定量的目標に基づく複雑なボーナスの比重を減らし、短期主義を招き得る株式のパフォーマンス条件を撤廃することを検討する。

定期的に投資家に関与する

●危機に陥ったときだけでなく、通常時の定例イベントとして投資家と会合を持つ。投資家を、単に課題を突きつけ対処を迫ってくる相手ではなく、アイデアの創出源と見なす。投資家がリーダーのパフォーマンスについて率直な意見を出せるように、一部のミーティングは経営幹部抜きで実行する。

●すべての大口投資家が参加できる「スチュワードシップ・戦略フォーラム」を幹部と合同で開催する。これらのイベントでは必ず戦略、イノベーション、人材開発といった長期的な要素にフォーカスする。

●企業のパーパスに合った投資家を積極的に探し、投資家にパーパスに関する議題の議決権を与えることを検討する。議決権を与える場合は、投票がパーパスに関する投資家との幅広い対話の成果の1つに過ぎないことを確認する。

ビジネスの現場を理解する

●計画的な視察で企業の「現場」を歩き、様々な地位や場所の従業員と話をする。彼らがその企業の何に刺激を受け、何に不満を感じているのかを学ぶ。

●小売企業であれば、予告なしに店舗を訪ねて、顧客体験を身をもって理解する。

●主要ステークホルダー（顧客や従業員など）の意見をより広く把握するためのステークホルダー委員会の知見によって、個人的な視察を補完する。そして、獲得した知見を確実に行動につなげる。

投資家

投資家は取締役会と同様に企業をモニタリングする立場にあるため、取締役会向けの行動指針の多くは投資家にも当てはまる。それに加えて、投資家はそれ自身が企業であるため、リーダー向けの行動指針の多くについても同じく関連性が高い。本セクションでは、投資家に合わせた追加的なアイデアを紹介する。

パーパスとスチュワードシップのアプローチを定義する

●自社のパーパス——個人投資家の長期的リターンをどのように生み出すか——とスチュワードシップのアプローチを定義する。スチュワードシップは強ければよいとは限らないことを理解し、その代わりにスチュワードシップのアプローチを自社のパーパスや比較優位と確実に一致させるようにする。

●エンゲージメントについては、主な優先事項と実行方法——例えば議決権の行使、非公開のミーティング、公開アクティビズムなど——を明確にする。

●モニタリングについては、特に精査するべきパフォーマンス要素を強調する。どのような場合に保有株式を売却するかという点について、ダイベストメントのポリシーを策定する。

スチュワードシップを投資プロセスに組み込む

●ファンドをアクティブに運用する場合、どの銘柄も、ベンチマークの構成銘柄だからという理由ではなく確信に基づいて――その長期的な展望や、自社の力で好転させられる見込みを信じて――保有する。

●ファンドマネジャーに、彼らが運用するファンドの持分として報酬を支払い、数年間は保有することを義務づける。

●スチュワードシップに相当のリソースを割り当てて、投資プロセスに統合する。議決権の行使とエンゲージメントをスチュワードシップチームに委任せず、スチュワードシップチームとファンドマネジャーが共同で主導する。

スチュワードシップの実行状況を発信する

●自社のスチュワードシップポリシーと関連する測定指標、例えば議決権行使の履歴（内部ポリシーや議決権行使助言会社の推奨内容に反して投票した頻度を含む）を選択的に報告する。誤解を招きかねない指標は意図的に報告対象から外し、その理由を説明する。

●ナラティブを用いて報告する。例えばスチュワードシップをいかに投資プロセスに統合しているか、ファンドマネジャーがどのようにインセンティブを得るかを報告する。エンゲージメントやダイベストメントのケーススタディを提供する。

●アセットオーナーと資産運用会社の間で、スチュワードシップのパフォーマンスを議論するためのミーティングを定期開催する。スチュワードシップに関するアセットオーナー固有の目的や期待を、資産運用会社が確実に理解するようにする。

情報に基づいて議決権を行使する

●ステークホルダーのラウンドテーブルや諮問委員会からの情報を踏まえて議決権行使の内部ポリシーを策定することを検討し、それを公表する。また、内部ポリシーを適用できない状況を予測し、そうした状況ではポリシーに無条件に従わないようにする。

●議決権行使助言会社を利用する場合のポリシーを策定する。議決権行使助言会社の推奨事項はあくまでも投票時の情報の1つとして扱い、戦略的判断が求められる場合は特にそれを徹底する。議決権行使助言会社が用いる評価手法を理解し、その推奨事項について特に慎重な取り扱いが必要なケースを理解する。

●議決権はエンゲージメントの道具の1つであって、より大きなプロセスの一部に過ぎないということを認識する。事後に反対票を投じるだけではなく、提案が出される前に経営陣に懸念を表明する。投票理由を経営陣に通知し、適切な場合は公にも発表する。

幹部や取締役に定期的に働きかける

●危機に陥ったときだけでなく、通常時の定例イベントとして幹部や取締役と会う。ただし、単なる「活動」ではなく目的を持ったミーティングになるようにする。このようなミーティングを、長期的な視点で知見を提供し、常に企業の情報を把握しておくための双方向の対話の場として活用する。企業をマイクロマネジメントすることは避ける。

●他の投資家を負かすべき相手ではなくパートナーと見なして、自社のエンゲージメントに巻き込む。可能ならば集団的エンゲージメントを行う組織への参加を検討する。業界全体のエンゲージメント――例えば、あるセクターに属する全企業に特定の測定基準の報告を促すなど――に参加する。

●エンゲージメントが失敗した場合のために、ダイベストメントや公開の対立的アクティビズムといったエスカレーションの仕組みを持つようにする。これは、あくまでも最終手段だが、必要に応じて使用する。

企業の長期的価値をモニタリングする

●企業の短期的収益ではなく、長期的価値の評価に基づいてトレーディング判断を行うようにする。ESG指標は投資の根拠を確立するために使用するが、それ自体を根拠にはしない。社会的パフォーマンスの重要な要素の多くは定量化できないことを認識し、経営陣とのミーティングでデータを補完する。

●企業への出資は、既定路線に従うのではなくアクティブな意思決定によって行う。企業が社会のために長期的価値を生み出しているかどうかを評価し、生み出していない場合はエンゲージメントを行うか売却する。

●外部諮問委員会を設置して、専門知識が必要な無形要素の評価を支援することを検討する。そうして得た知見を、特定銘柄への投資と一般的なテーマ——オーバーウェイトにするセクターと避けるセクターの判断、エンゲージメントで優先する要素など——の両面で参考にする。

市民

従業員には地位に関係なくエージェンシーがあると認識する

●自分の部下をエンパワーし、投資し、成果を認めて報いる。たとえ自分がチームで一番地位が低くても、他の部署とやり取りするときにこれらの態度を実践する。

●想像よりもはるかに大きなエージェンシーが自分にあることを認識する。所定の業務内容だけで済ませようとする誘惑に負けず、新しいアイデアを勇気をもって提案し、試行する。マネージングアップする。なぜその方法で行うのかを問い、より良い方法、あるいはまったく行わない選択肢がないかを検討する。燃え尽き症候群のリスクを減らすために、自分の他の仕事や、仕事以外の差し迫った用事を上司に把握させる。

- 自分の価値観に合わず、エンゲージメントに反応しない企業ならば、辞める（あるいは就職しない）ことを前向きに考える。

顧客として、消費者ではなく市民のマインドセットを持つ

- 自分の価値観を決め、価値観を大いに反映して購買判断を行う。これを容易にするために、価値観の比較サイトやアプリを活用する。
- 自分が企業の一員でもあり、顧客コミュニティの一員でもあると考える。改善点の提案などの建設的なフィードバックを企業や顧客レビューサイトに提供する。企業の行動を変えるためのキャンペーンへの参加を検討する。
- 商品購入後は所有者としての責任を果たすことに努める。例えば、リサイクルや傷んだ商品の修繕プログラムなどの企業のイニシアチブに参加する。

入手可能な最高のエビデンスを活用し、常に情報を把握する

- パイの分割ではなく拡大のマインドセットで（例えば、見込み顧客や従業員候補としての立場で）企業を評価する。投資家や幹部の報酬の多寡ではなく、その報酬が社会のために価値を生み出した副産

物かどうかを考える。

●確証バイアスに気をつける。(ほぼ)すべての課題に二面性があることを理解し、自分の見解と対立する議論やエビデンスを積極的に求める。一方的な意見よりもバランスの取れた意見を信頼する。

●「――という調査結果がある」という表現に注意する。ある研究を信用する前に、発表済みの研究かどうかを確認する。発表済みの場合、その媒体が最も厳しい出版物のリスト、あるいはブラックリストに載っているかどうかを確認する。載っていない場合は、執筆者の経歴、例えば所属機関の質や実績などを調査する。

規制当局者あるいは有権者として、介入する前の診断に関与する

●規制を可決あるいは支持する前に、問題が大規模なものか、それともいくつかの人目を引く事例に限られるものかを調査する。そうした指針に沿って、大規模なエビデンスを批判的に評価する。

●その政策案を実施済みの地域がないかを調査し、政策の影響に関する最も厳密なエビデンスを検証する。有権者として、エビデンスに基づくアプローチを取る政治家を支持する。

●規制を課した場合に、企業が規制要件を満たすために不正操作をしたり、違反を恐れてイノベーションを抑制したりする事態を招かないかどうかを熟考する。その規制が社会的価値を生み出すすべての企業に恩恵を与えるか、それとも場合によって一部の企業に逆効果になる可能性があるかを評価する。

パイコノミクスの原則を日々の生活で実践する

- 交渉や人間関係の力学において「ウィン・ウィン」の結果を求める。取引相手や知人が得る利益が、必ずしも自分の犠牲の上に成り立つわけではないことを理解する。
- 自分の能力は固定的ではなく、不快さを伴う意図的な練習によって伸ばせるということを意識する。失敗することを事前に覚悟し、失敗を事後に振り返る。
- 何らかの貢献をするときには、与える側の費用よりも受け取る側の価値がはるかに大きくなるような、不等価なギフトを与えることを目指す。増幅、比較優位、重要度《マテリアリティ》の原則を満たさない場合は、貢献を依頼されても断ることをためらわない。

付録A

第3章で、アップルがジムに投資するという単純な事例を用いて**増幅の原則**を紹介した。この付録では、より複雑な状況にこの原則を適用する方法を説明する。ここで使用するのは、社会的インパクト顧問会社ブリッジスパン・グループのクリス・アディ、マリア・コリンズ、マイケル・エツェルと、ライズ・ファンドのマヤ・チョレンゲルがハーバード・ビジネス・レビューの論文で発表したフレームワークと、それに付随するケーススタディである。本付録ではこの論文及びケーススタディと同様に、ライズが出資する教育テクノロジー企業エバーファイの2つのプログラム――大学生のアルコール依存症を阻止するための「アルコールエデュ」と、性的暴力の抑制について大学生を教育する「ヘイブン」――の**架空の数値**を用いて、このフレームワークを構成する6つのステップを説明する。

1　影響を受ける市民の規模

アルコールエデュ：学生220万人。

ヘイブン：学生260万人。男女比は1対1と仮定する。

2　対象者にもたらされる社会的便益の推計

各種イニシアチブの効果を試算した研究を探し、結果を利用する。理想的な研究は、イニシアチブの対象者と非対象者をランダムに決定し、対象となった「治験群」と対象にならなかった「比較群」を比較する「ランダム化比較試験（ＲＣＴ）」である。例えば第10章で紹介したブリアン・クロー・クラワセンとヤン・Ｃ・ヴァン・オースによる研究は、雇用活性化プログラムの参加資格を誕生日に基づいて決定したものであり、これに該当する。

アルコールエデュ：ＲＣＴの結果、このプログラムによってアルコールが絡むインシデントが11％減少した。これは２２０万人×約10・８％＝23万９３５０件のインシデントの減少に相当する。助かった命を推計することはこれよりも厄介である。米国国立衛生研究所によると、１２００万人の大学生のうち、アルコール関連の原因で毎年１８２５人が死亡する。死亡率は０・０１５％である。従って、アルコールが絡むインシデントが23万９３５０件減れば、少なくとも23万９３５０×０・０１５％＝36人の命が救われたはずである。[1]

ヘイブン：ある研究によると、対面式の性的暴行防止プログラムによって、性的暴行が女性の場合19％、男性の場合36％減少した。毎年、男子学生の２・５％、女子学生の10・３％が性的暴行の被害を受けている。従って、女性は１３０万人×約10・３％×約19・３％＝２万５８６９件、男性は１３０万人×約２・５％×約37％＝１万２０２９件、暴行被害が減少することになる。

合計：暴行が３万７８９８件減少。

3　社会的便益の経済的価値の推計

次のステップは、これらの社会的成果を経済的価値に換算することである。人命や性的暴行の減少といった成果に金銭的価値をつけるのは、冷酷に思えるかもしれないが必要なことである。そうしなければ、命を救い性的暴行を減らすプロジェクトと、子どもの識字率の向上や女性のエンパワーメントを促進するプロジェクトの社会的利益を比較できない。

アルコールエデュ：米国運輸省の推計によると、命の価値は５４０万ドルである。[2] 従って36人の命が救われれば、36×約５４０万ドル＝約１億９４００万ドルの価値がある。

ヘイブン：米国国立衛生研究所の推計によると、暴行による健康、法律、経済面の損失は１万６６５７ドルである。従って暴行が３万７８９８件減少すれば、３万７８９８×１万６６５７ドル＝約６億３２００万ドルが守られる。

4　不確実性の調整

ここまでの計算は先行研究の結果に基づくものである。しかし、これらの研究は**内的妥当性**に欠ける

1　アルコールが絡むインシデントに巻き込まれた大学生の死亡率は、大学生全体の死亡率を上回ると考えられるため、この数字が下限となる。

2　命の価値は無限だと思うかもしれないが、そうではない。私たちは、経済的あるいは内発的な利益を得るために、寿命を縮める行動――例えば、危険なスポーツをする、犯罪率の高い都市や国で仕事をする、速度制限を一律で時速20マイルに設定しない――を意図的に取っている。命に無限の価値があるならば、寿命を最大限に延ばすことを唯一の目的として、すべての意思決定が行われることになるだろう。

かもしれない。つまり因果関係ではなく相関関係しか示していない可能性があり、プログラムへの参加が無作為ではなく選択的な場合は特にこれが当てはまる。例えば、性的暴行防止プログラムの受講を選ぶ人は、それ以外にも暴行のリスクを下げるための手を打つ可能性が高いため、暴行の減少をこのプログラムだけの成果と考えることはできない。あるいは**外的妥当性**に欠ける可能性もある。つまり先行研究は、国や環境（都市部か農村部か）が異なったり、プログラムに多少の違いがあったりするかもしれない。

内部または外部の妥当性が不完全な場合に、推計される恩恵がどの程度「目減り」するかを理解することは、科学というよりも芸術の範疇である。このフレームワークでは6つの基準によって、内部及び外部の妥当性に客観的なスコアをつける。そして、それらのスコアを合計する。

アルコールエデュのスコアは、RCTを使用しているため85％である。RCTが示すのはプログラムの効果でアルコール関連のインシデントが減ったことであり、死者が減ったことではないため、100％にならない。従って、確率調整後の便益は85％×1億9400万ドル＝約1億6400万ドルである。

ヘイブンのスコアは55％である。スコアが低いのは、この調査がRCTではなく、プログラムへの参加が選択制だったからだ。さらに、アルコールエデュがオンラインプログラムであるのに対し、こちらは対面式だった。従って、確率調整後の便益は55％×6億3200万ドル＝約3億4800万ドルである。

5　ターミナルバリューの算出

これらの計算は、プログラムによる向こう5年間の便益を推計するものである。しかし便益は5年後以降も発生し続ける可能性がある。これをプログラムの**ターミナルバリュー**という。

ターミナルバリューを計算するためには、便益――影響を受ける人々（ステップ1）と、それらの人々に与える影響（ステップ2）の両方――が5年後以降も減少せずに維持される可能性を評価する。この質的評価に基づいて、プロジェクトには5～25%の減少率が適用される。両プロジェクトとも、ある程度の不確実性があって20%の減少率が適当だとしよう。すると、ターミナルバリューの計算は次のようになる。

アルコールエデュ：5年目の便益は推計4770万ドル（便益は右肩上がりに増加するため、ステップ4の1億6400万ドルを単純に5で割った数字にはならないことに注意）。そして、その後の5年間の便益は $47{,}700{,}000 \div 1.2 + 47{,}700{,}000 \div 1.2^2 + 47{,}700{,}000 \div 1.2^3 + 47{,}700{,}000 \div 1.2^4 + 47{,}700{,}000 \div 1.2^5$ ＝約1億4300万ドル。

ヘイブン：5年目の便益は推計9470万ドル。ターミナルバリューは $94{,}700{,}000 \div 1.2 + \cdots + 94{,}700{,}000 \div 1.2^5$ ＝約2億8300万ドル。[3]

6　便益の合計と費用の比較

アルコールエデュ：1億6400万ドル（ステップ4で算出した最初の5年分）＋1億4300万ドル（ステップ5で算出したターミナルバリュー）＝3億700万ドル。

ヘイブン：3億4800万ドル（ステップ4で算出した最初の5年分）＋2億8300万ドル（ステップ5で算出したターミナルバリュー）＝6億3100万ドル。

この合計額を各プログラムの費用と比べて、増幅の原則を満たすかどうかを検証する。

この計算に、ある程度の仮定が求められることは間違いない。しかし、いつも実行している一般的なNPV計算にも仮定は必要だ。一般的なNPVと同様に、社会的NPVの計算でも、前提条件を変えた場合の影響を調べる感度分析を実行できる。

3　技術的注記：ブリッジスパン／ライズの方法論では、20%の減少率を組み込む際、20%を資本コストのように扱って「減少係数」1・2を用いる。しかし私は別の方法を取る。資本コストに影響を与えるのはシステミック・リスクに限られるはずだが、プログラムの便益が経済状況によって変わるならば、それに該当しそうにない。ライズ・ファンドがリスク中立的だとしても、便益が継続されない可能性があるという事実は考慮に入れるだろうから、「リスク要因」で分母を変えるべきではない。そうではなく、ステップ4の不確実性と同じように、減少率は分子を「目減り」させるために使用するべきである。従って私は、$47{,}700{,}000 \times 0.8 + 47{,}700{,}000 \times 0.8^2 + \cdots + 47{,}700{,}000 \times 0.8^5$と計算する。リチャード・A・ブリーリー、スチュワート・マイヤーズ、フランクリン・アレン、アレックス・エドマンズによる『Principles of Corporate Finance（コーポレートファイナンスの原則）』(New York: McGraw-Hill Education, 2022）の第9章を参照のこと。

付録B

この付録では、第9章を発展させる形で集団的エンゲージメントのフレームワークを詳細に説明する。

国連の責任投資原則コラボレーションプラットフォームは、ESGの課題に関して、集団による一般型エンゲージメント——例えば炭素排出情報の開示の促進、反汚職ポリシーの実施、紛争地域での鉱山資源の調達禁止など——を推進する。これに加盟する投資家は、ある企業についてエンゲージメントを行いたい課題をプラットフォームに投稿し、他の加盟者に支援を呼びかける。例えば企業宛ての共同書簡に署名する、株主提案を支持する、経営陣との対話に協力するといった方法が考えられる。エルロイ・ディムソン、オウザン・カラカス、シ・リは、1671件の集団的エンゲージメントを研究し、これらが成功した場合に総資産利益率と売上高が向上することを明らかにした。このことは、第6章で議論した彼らの先行研究、すなわち環境・社会的課題に関する大口投資家のエンゲージメントが利益と株価を改善するという発見事項にも一致する。どちらの研究でも、ステークホルダーのために価値を生み出すことを目指したエンゲージメントによって、投資家にも恩恵があったのである。

カナディアン・コーリション・フォー・グッド・ガバナンス（CCGG）もまた、集団による一般型エンゲージメントを実現する手段の1つである。国連のプラットフォームとCCGGには大きく2つの違いがある。ＣＣＧＧは、環境・社会的な課題よりもガバナンスの課題（クローバック条件や報酬に関する議決権の導入など）にフォーカスする。そして、ＣＣＧＧの加盟者ではなくＣＣＧＧ自体が企業との対話を主導する。クレイグ・ドイジ、アレクサンダー・ダイク、ハメド・マフムディ、アーザム・ヴィラニは、ＣＣＧＧが結成されたことによって、ＣＣＧＧ加盟者が大量の株式を保有する（ＣＣＧＧによるエンゲージメントが行われる可能性が高い）企業の株価が上昇したことを明らかにした。

英国の投資家フォーラムは、資本配分、戦略、生産性といった課題について、集団による特化型エンゲージメントを調整する。課題に対する投資家の意見は、その投資家が把握している企業の機密情報によって変わる。そのため投資家フォーラムは、投資家が機密情報を誤って漏洩することがないように、慎重にフレームワーク開発を進めてきた。ＣＣＧＧと同様に、エンゲージメントを主導するのは（投資家ではなく）投資家フォーラムであり、投資家は、他にどの投資家が集団的エンゲージメントに参加しているのかを知らないことが多い。

例えば、投資家フォーラムは２０１５年７月、スポーツダイレクトのガバナンスや雇用慣行に懸念を持つ12の投資家――合わせて独立株主の保有株式の33%を保有する――を代表してエンゲージメントを行った。集団的エンゲージメントは通常は非公開で行われる。しかし進捗が見られなかったため、投資家フォーラムは２０１６年８月、懸案の慣行について独立した調査を行うことを公にスポーツダイレクトに要求し、翌年1月に同社はこれに同意した。すると、スポーツダイレクトの労働慣行が衣料セクター全体に蔓延しているのではないかという懸念が投資家の間で広まり、業界全体のエンゲージメントの契機となった。

投資家フォーラムは、特定の問題を解決するためのエンゲージメントに加えて、通常時の定例イベントとして投資家と企業が対話することを奨励する。経営幹部はしばしば、業績発表会や年次総会での議論が短期的利益の話になりがちなことを嘆くが、これについては対策が可能である。投資家フォーラムは企業に対し、大口投資家が参加できる「スチュワードシップ・戦略フォーラム」を開催して、長期的課題を議論することを推奨する。投資家フォーラムのウェブサイトで会合の議題サンプルが提供されている。例えばロールス・ロイスの2016年の会合では、研究イニシアチブ、顧客への新たな提案、上級職の削減計画が議論された。これは第8章で議論したCEOインベスター・フォーラムと同じようなものである。

投資家は、正式な調整の仕組みの外でも協力し合うことができる。2018年5月、リーガル・アンド・ジェネラル・インベストメント・マネジメント（LGIM）は、世界の60の資産運用会社とアセットオーナー――合計運用資産は10兆ドルを超える――を1つにまとめた。そしてフィナンシャル・タイムズで、石油・ガス産業に対し、気候変動に関するパリ協定の目標達成に向けたさらなる努力を求める公開書簡を発表した。

訳者後書き

分岐点に立つ世界と本書の意義

人類社会、そして地球環境を含む世界は今後どうなっていくのだろうか？

気候変動、資源の枯渇、貧困・格差、ジェンダー不平等など、顕在化する社会課題に対峙する中で、これまで当たり前とされていた前提や価値観が揺らぎ、先行きが見通せないことへの不安や恐れ、そうした原因の1つでもある経済活動への不信感が恒常的に高まっているように感じられる。

その一方で、人類社会や地球環境が持続的に存在し続けることを希求し、様々な経済活動を通してその実現に向けて取り組もうとする機運も高まっている。例えば、2019年8月に、米主要企業経営者で構成するビジネスラウンドテーブルが、それまでの株主第一主義を修正して「ステークホルダー資本主義」を宣言したことに代表されるように、「資本主義の修正」や「資本主義の再構築」などの言葉は連日、言論空間の中を飛び交っている。

日本政府も「新しい資本主義のグランドデザイン及び実行計画」の中で、「社会的課題を解決する経済社会システムの構築を目指す」と記載するなど、地球環境の持続性や社会の持続的発展に資する経済を目指し、国際レベル、国家レベルで新たな制度の検討や整備が進められている。

国際会計基準（ＩＦＲＳ）財団は、２０２１年11月に国際サステナビリティ基準審議会（ＩＳＳＢ）を発足させ、サステナビリティ等に関連する非財務情報の国際的な開示基準の策定を進めている。日本においても、２０２３年より有価証券報告書においてサステナビリティに関する企業の取り組みの開示が義務化されるなど、持続可能性に向けた企業の取り組みをより強く促す仕組みが構築されつつある。企業レベルにおいても、多くの企業がパーパスを定めたり、統合報告書を発行したりするなど、持続可能な社会の実現に向けて自社の存在意義を見直し、財務資本だけでなく自然資本や社会資本、人的資本などの非財務資本を幅広く考慮する経営への転換が広がりを見せている。

総体的に見れば我々は良い方向に進んでいるように思える。しかしその一方で、変化の渦中にあって、こうした変革への受け止め方は様々で、本当にこの方向に進んでいっていいのか半信半疑だったり、どうせ無理といった諦めに近い感覚をもつ人も数多く存在しているというのが現実ではないだろうか。

そうした疑念や、より良い世界の実現に向けたボトルネック、冷笑主義を払拭し、私たちが新たなパラダイムへ本気で進むための示唆と勇気を与えてくれるのが、本書『ＧＲＯＷ ＴＨＥ ＰＩＥ〜パーパスと利益の二項対立を超えて、持続可能な経済を実現する』である。本書の著者であるアレックス・エドマンズ氏は、ロンドン・ビジネス・スクールでファイナンスの教授を務め、公益を実現するためのビジネスの再構築の分野における第一人者である。本書でも示された、氏による膨大なリサーチに基づく論点は、私たちの経済の捉え方を変えてくれるものとして評価され、フィナンシャル・タイムズ紙の２０２０年のブック・オブ・ザ・イヤーに選出されている。本書を翻訳している２０２３年２月現在で、フランス、中国、韓国、トルコで出版されており、今後アラブ、ポルトガル、ロシアで翻訳が予定されているなど世界に広がりを見せている。

本書の中でエドマンズ氏は、「企業は利益のために経営されるべきなのか？　それともパーパスのために経営されるべきなのか？」という問いに対して、これらはトレードオフの関係ではないという明確な指針を与えている。そして、「社会に価値を生み出すことを通してのみ利益を得るという企業経営・経済活動は実現可能である」ということを、豊富なデータや分析をもとに示し、「パイコノミクス」という考え方を提示した。本書を読むと、地球環境の持続性や社会の持続的発展のためには、こうした経済（パイコノミクス）への移行が急務であることが分かる。その上で、

●今あるパイを奪い合うという分断をもたらすメンタリティを脱却し、パイを共に育んでいくメンタリティへと発想を転換すること
●長期的視点に立って社会的価値の創出を目指すという共通の基盤の上で、多様な立場の人が対話などを通して相互にエンゲージし合うこと

がこうした移行を可能にするために重要であると指摘し、企業経営者、資産家、投資家、顧客、従業員、市民がそれぞれに担う役割と意思決定の際の原則など、具体的な実践に向けた方策を事例を含めながら詳細に提示した。

パイコノミクスというコンセプトの提示とその有効性の検証を行うだけでなく、具体的な行動のイ

メージを提供し、内発的・主体的な変化を促そうとしている点が、本書の大きな価値と言える。

変革の課題と示唆

訳者が所属し、本書の発刊元であるヒューマンバリューは、長年、企業や自治体等と、人的価値・事業価値・社会的価値を同時に高めていく組織の実現に向けた取り組みを協働してきたコンサルティング企業である。クライアント組織と関わる際の主な切り口は、企業のビジョンやパーパスの構築、組織文化の変革、リーダーシップ開発、人事制度やマネジメントシステムの改革などであり、ファイナンスの専門家でも経済の専門家でもない我々が、ファイナンスの教授が執筆した書籍を翻訳・出版するのはやや特異に映るかもしれない。しかし、日々、多様な組織に携わる者として、多くの日本企業がパーパス経営や人的資本経営の実践を模索する中で遭遇する構造的課題に真正面から向き合い、ヒントを与えてくれる同書の内容に強く共鳴するものがあり、今回の翻訳に至った。

それではここで、社会や企業の変革を実現する上で、私たちがどんな課題に直面するのかを、組織変革の現場における体験を交えて3つの観点から紹介し、本書の主題を振り返ってみたいと思う。

1　二項対立から統合思考へ

本書の原題のサブタイトルは、*How Great Companies Deliver Both Purpose and Profit*（偉大な会社はいかにパーパスと利益を両立させるのか）であるが、私たちは、「パーパスと利益の二項対立を超えて、持続可能な経済を実現する」と少し意訳を施し、二項対立という言葉をあえて用いた。その背景には多くの日本企業が変革に挑む中で、二項対立で行き詰まる様を見てきたことがある。

例えば、役員チームの変革を支援する中では、「パーパスを本気で実現しようと社会課題の解決などに奔走すれば、事業利益を犠牲にすることになり、持続的な発展や成長は望めないのではないか」という迷いの声をよく耳にする。「経済価値と社会価値それぞれに何%ずつの力を入れるのか」というように、両者が別物のように語られる場面も多い。

また、そうした経営陣の迷いが現場に伝わると、「長期的視点に立ったパーパスは掲げているものの、日常のビジネスにおいては短期的思考に基づくこれまでの諸習慣から脱却できず、パーパスの実現や持続可能な社会の実現は到底不可能ではないか」といった悩みや諦めが生まれやすくなる。

このような状況を放置しておくと、結果として組織全体に変革に対する揺り戻しが起き、せっかく掲げたパーパスが単なるお飾りになりかねない。こうした二律背反するマインドを組織的に統合していくことには長い時間と地道な努力が必要となるが、逼迫する地球環境や社会の課題を踏まえるとあまり悠長なことは言っていられない。本書は、こうした揺り戻し構造を乗り越えていくための後押しとなる。

では、どんな後押しがあっただろうか。後書きとして本書の代表的な論点をここで振り返ってみる。

1つは社会的価値の創出が利益の創出につながること、つまり二項対立を超えていけることを「エビデンス」をもとに示していることが挙げられる。特に本書の中では、「米国における最も働きがいのある会社トップ100」の企業の28年間の株式リターンが、比較群に対して年率平均2・3~3・8%のアウトパフォーマンスだったことや将来的に生み出した利益がアナリスト予想を上回ったという自身の研究内容を紹介し、社会的パフォーマンスが財務パフォーマンスにつながることに焦点が当てられていた。また、一般の書籍には通常掲載しないであろう、論文の査読プロセスも丁寧に紹介することで、バイアスや因果関係の錯誤を可能な限り排除していることが信頼度を高めている。エビデンスをベースに経営を行っていくことが強く求められる現代において、こうした根拠は変革に取り組む者を勇気づけると言える。

2点目は、意思決定の指針を原則として明らかにしていることが挙げられる。社会的価値につながるような長期的な施策や新規事業には正解がなく、前例も少ないため、何を尺度に投資等の意思決定をしていくべきかについては、多くの会社が頭を悩ませているところでもあろう。そこに対して、エドマンズ氏は、リーダーが判断するための理論的根拠として、「増幅」「比較優位」「重要度《マテリアリティ》（ビジネス的重要度と内発的重要度）」の3つの原則を示している。既存の短期的な財務尺度で計算を行うのではなく、こうした原則を基に自社のビジネスのポートフォリオや新規事業を捉えることで、進む道が見えてくると言える。こうした原則がすべて正しいわけではないかもしれないが、少なくとも不確実な未来に一歩を踏み出す羅針盤となり得るだろう。

3点目は、経済や財務の書籍の中でナラティブ（物語）の重要性を説いた意義が挙げられる。本書の大きなテーマに「パーパス」が挙げられるが、パーパスそのものは抽象的で曖昧なものとして受け取られることも多い。それを数字や定量的な尺度のみで表そうとしてもパーパスの意義は網羅できないし、途端に短期思考に陥り、「パーパスと数字は別物」というように現場では捉えられてしまうこともある。そこをつなぐのが、ナラティブ（物語）であり、本書はそこに価値を置き、実践のあり方を提示している。

ヒューマンバリューでは、組織変革の支援を行う際に、社会構成主義という理論・哲学を大切にしている。詳細な説明はここでは省くが、端的に言うと、「言葉によって世界が創られる」ということであり、組織の中でどんな会話や物語が流れるかによって、その組織の方向性が変わるということである。逆に言うと、言葉が語られないと世界は変わらない。ナラティブ（物語）を通して、私たちはどこへ向かうのか、そのために何を大切にし、何に取り組むのか、何を手放すのか、今目の前にある数字は自分にとってどんな意味があるのか、そして自身の想いと会社のパーパスはどうつながるのかといったことが組織内外で丁寧に語られ、意味づけられることによってはじめて、現場の一人ひとりがパーパスに取り組む意義を実感できるといえる。

日本で現在多くの企業が発行している統合報告書についても、そこに1つの意義がある。ディスクロージャー&IR総合研究所の「統合報告書発行状況調査2021」によると、2021年に統合報告書を発行した国内企業数は718社であり、情報開示の流れも受けて、今後もその数は増えていくだろう。しかし、その本質的な価値や役割が十分に果たされているとはまだ言えないかもしれない。IRや経営企画部といった一部の部署を除いて、普段自社の統合報告書に目を向ける社員も少ないであろう。統合報告書は、決してよそと比較してエンゲージメントスコアの高低をジャッジするためのものでも、外面の見栄えを良くするためのものでもない。自社のパーパスをどのように実現するのかをナラティブ（物語）として、社員を含めた多様なステークホルダーに開示し、物語を共創していく基盤となるものである。今後、統合報告書の本質的な価値が広がることを願うとともに、私たちも本書を活用しながらそこを後押ししていきたいと思う。

以上、利益とパーパスの二項対立に関する本書の代表的な論点をおさらいしてみたが、ここに書かれているることを実践していくことで、二項対立を超えた統合思考を社会や企業の新しいコモンセンスにしていくことが、持続可能な社会づくりの大きな課題と言えるだろう。

2 分断から開かれた対話へ

組織の変革は、変革をさせる側・変革させられる側という構図を生み出しやすい。社会においても短絡的に誰かを悪者にすることで溜飲を下げるような事象も発生している。こうした分断は、変革を進める上での大きな障害となることが多い。

そうした中、エドマンズ氏は、見えない誰かを悪者にするのではなく、全員が主体者となってより良い社会づくりを目指すこととそのためのアプローチを本書の中で提言している。

特に投資家の役割と私たちとの関わりについて多くの章を割いている。これまでのステークホルダー資本主義の議論の中では、株主第一主義やその中心を担う投資家が糾弾され、投資家は持続可能な社会づくりの議論からは排斥の対象となりがちであったかもしれない。あたかも社会運動を志す人たちと新自由主義を謳歌する投資家が別世界の住人であるかのように。

しかし、そうではないということをエドマンズ氏は次のように指摘する。「投資家はしばしば、名前も顔もない資本家と表現される。しかし投資家とは、顔のない『彼ら』ではなく『我々自身』である。そこには子どもの学費のために貯金をする親、年金生活者のために資金を運用する年金制度、請求される保険金の財源を確保する保険会社なども含まれる」

私たちは、企業経営者、投資家、従業員、顧客、市民というようにカテゴリー名をつけて分類しがちであるが、一人の人格の中にも様々な顔がある。立場にかかわらず私という人間は、経営マインドをもった企業経営者でもあり得るし、自分の資産を何に使うかを判断する投資家でもあり、サービスを享受する顧客でもあり、当然ながら一人の市民でもある。

本書の主題である「パイコノミクス」というのは、それぞれの立場にレッテルを貼って、パイをどこに分配するかを奪い合ったり、誰かを責めて分断を起こすのではなく、すべての人がパイを享受する権利と、パイを育む責任を持っており、少し大げさに言うと人類全体でパイを育てていくことに向けた世界観や哲学の大転換を意味するものとして捉えられる。本書はその転換への道筋を示すものである。

そして、こうした哲学の転換には、多様な人々が「開かれた対話」を行っていくことが不可欠である。本書の中でも、企業、投資家、市民、顧客が対話を行い、ナラティブを共有していくことの重要性が述べられている。しかしながら、実際にはその難易度は高い。対話と一言で言っても、異なる背景や考え方を持つ人がただ集合しただけでは、違いのみが強調され、価値ある対話につながらないからだ。

そこで大切になってくるのが、本書のテーマとは少し外れるが、「対話型組織開発」の考え方になる。対話型の組織開発は、文字通り対話をベースにした組織開発の方法論であり、分断を生まずに変革を継続するアプローチとして、欧米では１９８０年代後半から１９９０年代にかけて多くの手法が開発された。日本においても２０００年代から少しずつ企業経営や社会変革の取り組みに活用され、発展を見せてきた。ヒューマンバリューにおいても様々な手法を日本に紹介し、組織開発のプラクティショナーのコミュニティ形成に貢献してきた。また昨今では、精神療法の世界で使われていたオープン・ダイアローグの考え方やアプローチを生かした対話の場づくりも盛んに行われている。

パイコノミクスの文脈から考えても、今後こうした対話型の組織開発が果たす役割は大きくなると考えられる。こうした実践を通じてマルチ・ステークホルダーによる開かれた、越境した対話が当たり前のように行われていく状態を目指していきたい。

3　概念から行動・習慣へ

持続可能な社会を築いていくための概念やフレームワークは少しずつ整いつつあると言える。企業の中でもＥＳＧ経営やＳＤＧｓなどの言葉を聞かない日はないくらい浸透してきている。しかし、私たちが変革の支援を行う中でも常々実感するのは、組織は概念だけでは変わらず、そこには行動が積み重なり、人々の習慣が変化することが必要であるということだ。

これは社会においても同様であろう。バラク・オバマ氏は、米国大統領退任の演説において、民主主義の危機を念頭に「合衆国憲法は素晴らしいがそれだけではただの文書で、そこに力や意味を与えるのは自分たち国民だ」と述べ、民主主義は一人ひとりの参画と努力なくしては成立し得ないと主張したが、持続可能な経済も、制度や規制などが整備されたからといって実現するわけではなく、一人ひとりの関与や行動が欠かせない。

本書の大きな価値は、パイコノミクスの概念を示しただけではなく、企業経営者、従業員、投資家、政策決定者、顧客、一般市民など、それぞれの立場から、自分に何ができるかを考えるためのアクションのアイテムや姿勢を具体的に示し、エンパワーメントを促したことにあるだろう。政策立案に直接携わらなくとも、有権者という役割を通して、政策にインパクトを与える、従業員や顧客の役割を通して、企業を選択し、企業の行動を変えるように圧力をかけられる。私たちは誰しもがインフルエンサーである。

そして、本書では、人々が受け身ではなく主体的に行動し、周囲に影響を及ぼす能力を「エージェンシー(行為主体性)」として紹介し、パイコノミクスを実践していくための源泉としている。この「エージェンシー（行為主体性)」については、本書の中で明記はされていないが、おそらくＯＥＣＤ（経済協力開発機構）での議論を踏まえていると推察される。ＯＥＣＤでは、２０１５年よりOECD Future of Education and Skills 2030を立ち上げ、ＶＵＣＡと呼ばれる正解がない社会環境の中で、２０３０年に実現したい人材像を具体化してきているが、その中核の考え方に「エージェンシー」を置いている。その中でエージェンシーは、「変化を起こすために、自分で目標を設定し、振り返り、責任をもって行動する能力」と定義されているが、ここでいう目標とは、単に自分たちの欲求を実現し、自己満足的にキャリアを考えることではない。一人ひとりが属する社会に対して責任をもち、何が必要なのかを自ら考え、一歩を踏み出し、影響を与えていくという意味が含まれている。

今、日本で行われている人的資本経営の議論の中では、個々人の「リスキル」や「アップスキル」が大きく注目されている。もちろん社会環境の変化に適応していくために必要な課題ではあるが、何のためのリスキルやアップスキルであるかが重要である。それは一人のエージェンシーとして社会に対して価値を生み出していくためではなかろうか。表面的なスキル開発に走るだけではなく、一人ひとりが、社会や顧客への感受性や責任感を高めて、自身が何をなすべきかを考え、目的意識というコンパスをもちながら、仲間と共に行動を起こし、自らを振り返って着実に変化を生み出していけるような人材をいかに育んでいくかが、今後の企業や社会の命題と言える。

積極的に善を為す世界へ

以上、ここまで本書を振り返りながら、持続可能な世界に向けた変革に企業や社会が挑む際に起きがちな課題とそれに対する示唆を紹介してきた。こうしたヒントをもとに課題を乗り越えて、本書のもう1つの主題である「積極的に善を為す世界」へと向かっていきたい。

しかし、「積極的に善を為す」ことは、「害を為さない」ことと比べて、実行へのハードルは高い。見えない世界に踏み込んでいくため、失敗に対する恐れや不安も多いだろう。

それではそのための原動力は何であろうか？　それはひとえに、本書でも触れられている「内発的な動機」にあるのではないだろうか。外圧からの変化や、人や社会を道具的に見て打算で取り組む変化は結局のところ長続きしない。内発的な動機だからこそ、困難も楽しみながら進んでいけるのである。

『イノベーションのジレンマ』の著者で、数年前に亡くなられたハーバード・ビジネス・スクールのクレイトン・クリステンセン教授は、生前に次のような言葉をハーバード・ビジネス・レビュー誌に寄稿した論文で引用していた。「外部の力で割れた卵は死を迎える。内部の力で割れた時、初めて命が誕生する。偉大なことは、常に内発的なものから始まる」

そう、偉大なものは内発的に生まれる。最初は小さな想いかもしれない。それを社会の公器や組織文化の温かな孵化環境を通じて、人の価値、事業の価値、社会の価値へと育んでいくことが、分岐点にある世界をより良い方向へ進ませる上での私たちヒューマンバリューのパーパスの1つであると捉えている。本書もその一助となることを願っている。

る。

・Craig Doidge, Alexander Dyck, Hamed Mahmudi and Aazam Virani, 'Collective Action and Governance Activism' (2019) 23 *Review of Finance* 893–933.

・このフレームワークにより、投資家は一斉行動に見える方法、つまりある企業に対して協力して株式の公開買い付けを開始するという形を取らずに集団的エンゲージメントを実行できる。これを行うために、投資家には規制当局への申請、さらには入札が求められることがある。

（邦訳『ウォートン流人生のすべてにおいてもっとトクをする新しい交渉術』（集英社））で提唱する「不等価な物（things of unequal value）」という概念とも似ている。交渉では自分が負担する費用より相手が受け取る価値が大きくなるような何かを与えて、それと引き換えに相手に何かを要求することができる。しかし貢献の要点は相手からより多くを受け取ることではなく、相手により多くを与えることである。Stuart Diamond, *Getting More: How You Can Negotiate to Succeed in Work and Life* (New York: Random House, 2012).

・本セクションのいくつかの要素は、ウォートン校の最も高名な教授の1人であるアンドリュー・メトリックがイェール大学に移籍する前の最後の講義で行った「How to Have a Successful and Meaningful Career（成功する有意義なキャリアを築くためには）」というタイトルのスピーチに触発されている。これについては私の金融学コアコースの最後の講義「キャリアの充実と満ち足りた人生（Fulfilling Careers and Full Lives）」でも触れており、http://bit.ly/fulfillingcareersで視聴できる。

・Victor Frankl, *Man's Search for Meaning* (Boston, MA: Beacon Press, 2006).邦訳『夜と霧』（みすず書房）。

・どのような仕事も始めはそうだが、バイサイドという「買う」仕事にも、自分のアイデアを上司に売り込まなければならないという意味で「売る」仕事が含まれる。しかしトップに立てば上司に売り込む必要はなくなり、ときおり投資家に「売る」ためのミーティングが発生するだけになる。売ることに情熱を持つ人は、トップにたどり着いたときにそれほど充実感を得られないかもしれない。

・David Brooks, *The Road to Character* (New York: Allen Lane, 2015).邦訳『あなたの人生の意味』（早川書房）。

付録A

・Chris Addy, Maya Chorengel, Mariah Collins and Michael Etzel, 'Calculating the Value of Impact Investing', *Harvard Business Review* (January–February 2019).

付録B

・Elroy Dimson, Oğuzhan Karakaş, and Xi Li, 'Coordinated Engagements' (2021).

・国連コラボレーションプラットフォームにも少数のエンゲージメントを直接指揮する独自のチームがある。しかし大半のエンゲージメントは投資家主導であ

結果的にGNHが——9未満に減る可能性がある。労働者を1人テレビ生産に移す場合も同様の影響がある。

- 4 August 2018.
- たとえある戦いで勝利しても、費やしたリソースを考えた場合、総合的には敗北かもしれない。
- 英国ビザ移民局の'UK Shortage Occupations List'を参照。
- James Bessen, 'Toil and Technology' (2015) 52 *Finance & Development* 16–19.
- Nyshka Chandran, 'Japan, Unlike the West, Is Not Scared of Robots Stealing Jobs, Deputy Leader Says', CNBC (4 May 2018).
- James Bessen, *Learning by Doing: The Real Connection between Innovation, Wages, and Wealth* (New Haven, CT: Yale University Press, 2015).
- Stephen R. Covey, *The 7 Habits of Highly Effective People* (New York: Free Press, 1989). 邦訳『7つの習慣』(キングベアー出版)。
- コヴィーの第4の習慣「ウィン・ウィンを考える」は、交渉で価値を生み出すために協調して取り組むことの重要性を強調している。
- Adam Grant, *Give and Take: A Revolutionary Approach to Success* (London: Weidenfeld & Nicolson, 2013).邦訳『GIVE & TAKE「与える人」こそ成功する時代』(CCCメディアハウス)。
- 'The Fringe Benefits of Failure and the Importance of Imagination'.
- 実際のボックスは墜落事故の後で回収しやすいようにオレンジ色をしている。
- K. Anders Ericsson, Ralf Th. Krampe and Clemens Tesch-Romer, 'The Role of Deliberate Practice in the Acquisition of Expert Performance' (1993) 100 *Psychological Review* 363–406.
- Neil Charness, Ralf Th. Krampe and Ulrich Mayr, 'The Role of Practice and Coaching in Entrepreneurial Skill Domains: An International Comparison of Life-Span Chess Skill Acquisition' in K. Anders Ericsson (ed.), *The Road to Excellence: The Acquisition of Expert Performance in the Arts and Sciences, Sports, and Games* (Mahwah, NJ: Erlbaum, 1996).
- Janice M. Deakin and Stephen Cobley, 'A Search for Deliberate Practice: An Examination of the Practice Environments in Figure Skating and Volleyball' in Janet L. Starkes and K. Anders Ericsson (eds), *Expert Performance in Sports: Advances in Research on Sport Expertise* (Champaign, IL: Human Kinetics, 2003).
- この考え方はスチュアート・ダイヤモンドが交渉術を説いた著書*Getting More*

・株式オプションもカウントに入り、パフォーマンス・シェアと同様の課題がある。
・Florian Heider and Alexander Ljungqvist, 'As Certain as Debt and Taxes: Estimating the Tax Sensitivity of Leverage from State Tax Changes' (2015) 118 *Journal of Financial Economics* 684–712.
・Alex Edmans, 'Short-Term Termination without Deterring Long-Term Investment: A Theory of Debt and Buyouts' (2011) 102 *Journal of Financial Economics* 81–101.
・Frédéric Panier, Francisco Pérez González and Pablo Villanueva, 'Capital Structure and Taxes: What Happens When You (Also) Subsidize Equity?' (2012).
・例えば、英国のコーポレートガバナンス・コードは非業務執行取締役の1人を「筆頭独立取締役」に指名することを取締役会に要求するが、企業は場合によってこれに従わないことを選択し、その理由として、選出されたばかりの非業務執行取締役がいるため、その職務が落ち着くのを待ってから1人を指名したいと説明する。
・英国財務相のジョージ・オズボーンが2015年に、アンドリュー・チャールズ・メイフィールドに英国の生産性の問題の詳細な調査を依頼したことが発端となった。
・例としてSteve Mariotti's *An Entrepreneur's Manifesto* (West Conshohocken, PA: Templeton Press, 2015)やDavid Storey's *Understanding the Small Business Sector* (Andover: Cengage Learning, 1994)がある。小規模企業が直面する課題と、それらの企業の成長促進方法に関する学術的研究についてはBerger and Udell (1988)も参照すること。Allen N. Berger and Gregory F. Udell, 'The Economics of Small Business Finance: The Roles of Private Equity and Debt Markets in the Financial Growth Cycle' (1998) 22 *Journal of Banking and Finance* 617–73.
・欧州投資銀行は欧州投資基金を運用する。直接的な資金提供ではなく仲介を行う。例えばベンチャーキャピタルファンドや銀行に投資し、融資保証を提供する。

第11章

・Werner Güth, Rolf Schmittberger and Bernd Schwarze, 'An Experimental Analysis of Ultimatum Bargaining' (1982) 3 *Journal of Economic Behavior and Organization* 367–88.
・労働者を1人パソコン生産に移すことにより、テレビの生産台数が――そして

・EU透明性指令（2007年施行）は、EUの企業に対し、会計年度の上期と下期に中間管理報告書を発行することを求めた。その際、財務諸表一式を含める必要はなく、質的な報告を盛り込むことができた。そのためユニリーバは2009年以降の中間管理報告書で四半期収益の報告を廃止した。2013年のEU透明性指令修正指令により、2015年11月以降は中間管理報告書の要件が撤廃された。一部の国（英国など）は、それより早い段階でこの変更を実行した。
・現在の英国の法律は、取締役の「不適切な行為」、例えば「企業が負債を返済できないのに取引を継続させる、適切な企業会計記録を保存しない、企業登記局に財務会計報告書を提出しない、企業が支払うべき税金を支払わない、企業の金銭や資産を私益のために使用する」ことを阻止できる。しかしステークホルダーを尊重しないことは「不適切な行為」に分類されない。
・'Economists' Statement on Carbon Dividends', *Wall Street Journal* (17 January 2019).
・スキルズ・フューチャー @scはスタンダードチャータード銀行がシンガポール政府のスキルズ・フューチャー・プログラムに自発的に追加した取り組みである。この結果、従業員はスキルズ・フューチャーのコースの受講料として政府から500シンガポール・ドルの支給を受けられるだけでなく、同銀行が資金援助するコースを1つ受講できる。
・企業の国際競争力を高めるためのプロジェクトにも資金を提供する。
・Benjamin G. Hyman, 'Can Displaced Labor Be Retrained? Evidence from Quasi-Random Assignment to Trade Adjustment Assistance' (2018).
・Brian Krogh Graversen and Jan C. van Ours, 'How to Help Unemployed Find Jobs Quickly: Experimental Evidence from a Mandatory Activation Program' (2008) 92 *Journal of Public Economics* 2020–35.
・Hong Ru and Antoinette Schoar, 'Do Credit Card Companies Screen for Behavioral Biases?' (2019).
・Efraim Benmelech, Nittai Bergman and Hyunseob Kim, 'Strong Employers and Weak Employees: How Does Employer Concentration Affect Wages?', *Journal of Human Resources*.
・UK Competition and Markets Authority, 'Annual Plan 2019/20' (2020)及びOECD, 'Competition Policy: Promoting Efficiency and Sound Markets' (2012)を参照。学術的な文献レビューはMark Armstrong and David E. M. Sappington, 'Regulation, Competition, and Liberalization' (2006) 64 *Journal of Economic Literature* 325–66を参照。

た手引きはTom Gosling, 'Facing Up to the Truth of Our Carbon Footprint', *LinkedIn Pulse* (6 May 2019)を参照。

・OCS清掃員らはHSBCの直接雇用ではなく、清掃会社OCSとの契約により雇用されていた。HSBCはOCSとの契約条件を変更して報酬引き上げを実現した。

・2013～15年に支持率が80%未満だった英国FTSE350企業の平均得票率は71%だった。1年後、同じ企業の平均得票率は88%だった。出所：PwC, 'Executive Pay in a World of Truthiness: Facts and Myths in the Pay Debate' (2017).

・Matthew Syed, *Black Box Thinking: The Surprising Truth about Success* (London: John Murray, 2015).邦訳『失敗の科学 失敗から学習する組織、学習できない組織』(ディスカバー・トゥエンティワン)。

・Kevin J. Murphy and Michael C. Jensen, 'The Politics of Pay: The Unintended Consequences of Regulating Executive Compensation' (2018) 3 *Journal of Law, Finance, and Accounting* 189–242.

・2016年11月のコーポレートガバナンスに関するグリーンペーパーは、拘束力のあるセイ・オン・ペイに対する見解を問うた。このグリーンペーパーについて、政府は2017年8月、この選択肢を支持した回答者がわずか3分の1だったことを報告した。

・Ricardo Correa and Ugur Lel, 'Say on Pay Laws, Executive Compensation, Pay Slice, and Firm Valuation around the World' (2016) 122 *Journal of Financial Economics* 500–20.

・これはSECのFinal Rule IA-2106で、妥当な理由がある場合に投資家が特定の議決権行使を意図的に控えることを認める。理由の例として「外国証券に関する議決権行使に伴い、翻訳者を雇ったり外国に渡って直接投票したりするための追加費用が発生する場合」が挙げられている。

・この調査で「同社の株主は信頼できる情報の欠如に悩まされ、(中略) 取締役会の方向性を変えさせるだけの影響力を発揮できなかった」ことが判明した。

・Nancy L. Rose and Catherine D. Wolfram, 'Regulating Executive Pay: Using the Tax Code to Influence Chief Executive Officer Compensation' (2002) 20 *Journal of Labor Economics* 138–75.

・報酬設計に関する知識は重要である。なぜなら適正な報酬レベルはその構造次第で決まるからだ。例えばCEOの株式保有期間を短くするならば報酬額は抑えるべきである。

・PwC, 'Making Your Reporting More Accessible and Effective' (2015).

nies It Scrutinizes', *Washington Post* (23 January 2006).

- Tao Li, 'Outsourcing Corporate Governance: Conflicts of Interest within the Proxy Advisory Industry' (2018) 64 *Management Science* 2951–71.
- これらの懸念について、議決権行使助言業界はすでに、適切な調達と利害対立の管理の必要性を強調する株主投票調査会社のためのベストプラクティス原則を通して、自発的な対策を取っている。しかしこの原則は、議決権行使助言会社がスチュワードシップで担う役割を適切に認識していない。議決権行使助言会社が大勢の人材を擁し利害対立と無縁であっても、汎用的な内容の推奨を行うというリスクがある。
- Kent L. Womack, 'Do Brokerage Analysts' Recommendations Have Investment Value?' (1996) 51 *Journal of Finance* 137–67.
- Thomas J. Lopez and Lynn Rees, 'The Effect of Beating and Missing Analysts' Forecasts on the Information Content of Unexpected Earnings' (2002) 17 *Journal of Accounting, Auditing, and Finance* 155–84.
- Steven R. Matsunaga and Chul W. Park, 'The Effect of Missing a Quarterly Earnings Benchmark on the CEO's Annual Bonus' (2001) 76 *Accounting Review* 313–32.
- Stephen J. Terry, 'The Macro Impact of Short-Termism' (2017).
- Eli Amir, Baruch Lev and Theodore Sougiannis, 'Do Financial Analysts Get Intangibles?' (2003) 12 *European Accounting Review* 635–59.
- Jie (Jack) He and Xuan Tian, 'The Dark Side of Analyst Coverage: The Case of Innovation' (2013) 109 *Journal of Financial Economics* 856–78.
- 悲観的とは、前四半期または前年同四半期の水準を下回る予想と定義できるだろう。

第10章

- ここにはCEOと会長の兼務、取締役の過剰兼務、非独立の監査／報酬委員会、CEO報酬に関する数々の課題などが含まれる。
- E. Scott Reckard, 'Wells Fargo's Pressure-Cooker Sales Culture Comes at a Cost', *Los Angeles Times* (21 December 2013).
- Boris Groysberg, Eric Lin and George Serafeim, 'Does Financial Misconduct Affect the Future Compensation of Alumni Managers?' (2020) 41 *Advances in Strategic Management* 293–321.
- 一般家庭がカーボンフットプリントを計算し、削減する方法を段階的に説明し売却された企業などである。

・2016年の英国インベストメント・アソシエーションの報告によれば、資産運用会社のうち決議の投票内容を公開するのは72%。その中で公開内容に投票理由を含めないのは62%、常に含めるのは7%、経営陣に反対あるいは棄権した場合と、支持したが議論を呼ぶ課題の場合に含めるのは31%だった。

・Nadya Malenko and Yao Shen, 'The Role of Proxy Advisory Firms: Evidence from a Regression-Discontinuity Design' (2016) 29 *Review of Financial Studies* 3394–427. この研究は回帰不連続デザインを用いて因果関係――役員報酬に関する提案の欠陥が理由でISSが反対推奨を出したり、投資家が反対票を投じたりするわけではない――を明らかにする。

・Peter Iliev and Michelle Lowry, 'Are Mutual Funds Active Voters?' (2015) 78 *Review of Financial Studies* 446–85.

・この研究では影響を10～15%と推計する。PwC, 'ISS: Friend or Foe to Stewardship?' (2018).

・National Investor Relations Institute, 'The Case for Proxy Advisor Reform' (8 November 2017).

・Ana Albuquerque, Mary Ellen Carter and Susanna Gallani, 'Are ISS Recommendations Informative? Evidence from Assessments of Compensation Practices' (2020).

・Vanda Heinen, Christopher Koch and Mario Scharfbillig, 'Exporting Corporate Governance: Do Foreign and Local Proxy Advisors Differ?' (2018).

・2つ目の欠陥はISSの方法論が規模を調整していないことである。一般に小規模企業のCEO報酬は低く業績は大企業を上回る。従って規模調整を行わない場合、報酬とパフォーマンスに負の関係が生じることになる。詳しくはTom Gosling, 'Shareholding Provides the Key for Linking Pay to Performance', *LinkedIn Pulse* (24 October 2017)を参照。

・欠陥の詳細についてはWillis Towers Watsonによる2017年5月31日のSchedule 14A提出文書を参照。

・2003年のグローバル・アナリスト・リサーチ・セトルメントは、投資銀行の株式リサーチ部門とコーポレートファイナンス部門の間にファイアウォールを設けることを求め、株式リサーチアナリストの報酬をコーポレートファイナンス部門の収益と連動させることを禁止する。その目的は、コーポレートファイナンス部門に仕事を与える企業をアナリストが贔屓することの防止である。

・Dean Starkman, 'A Proxy Advisor's Two Sides: Some Question Work of ISS for Compa-

が増加する「実績報酬」制を取る投資信託を研究する。

- 英国インベストメント・アソシエーションが2016年に実施したスチュワードシップ・イン・プラクティス調査の回答者。
- BNP Paribas, 'The ESG Global Survey 2019: Asset Owners and Managers Determine Their ESG Integration Strategies' (2019).
- Lucian A. Bebchuk, Alma Cohen and Charles C. Y. Wang, 'Learning and the Disappearing Association between Governance and Returns' (2013) 108 *Journal of Financial Economics* 323–48.
- David R. McLean and Jeffrey Pontiff, 'Does Academic Research Destroy Stock Return Predictability?' (2015) 71 *Journal of Finance* 5–32.
- MSCIがKLDを買収したが、現在KLDのデータセットはMSCI KLDスタッツと呼ばれるレガシーデータベースとして残る。現在MSCIが提供するESG格付けは、KLDとは異なる方法論を用いている。
- Florian Berg, Julian Kölbel and Roberto Rigobon, 'Aggregate Confusion: The Divergence of ESG Ratings' (2020).
- Stephen R. Covey, *The 7 Habits of Highly Effective People* (New York: Free Press, 1989).
- Deniz Anginer and Meir Statman, 'Stocks of Admired and Spurned Companies' (2010) 36 *Journal of Portfolio Management* 71–7.
- 英国インベストメント・アソシエーションが2018年11月に実施したスチュワードシップ・イン・プラクティス調査によると、資産運用会社のうち、決議に反対あるいは棄権した理由を経営陣に常に通知するのは35%、ときどき通知するのは60%、まったく通知しないのは6%だった。
- John Lorinc, 'Stephen Jarislowsky Has Every Right to Say "I Told You So"', *Globe and Mail* (25 October 2002).
- David Benoit, 'BlackRock's Larry Fink: Typical Activists Are Too Short-Term', *Wall Street Journal* (16 January 2014).
- Paul Singer, 'Efficient Markets Need Guys Like Me', *Wall Street Journal* (19 October 2017).
- Ian R. Appel, Todd A. Gormley and Donald B. Keim, 'Standing on the Shoulders of Giants: The Effect of Passive Investors on Activism' (2019) 32 *Review of Financial Studies* 2720–74.成功は様々な方法で測定される。例えば経営陣との合意に至ったキャンペーン（及び、その合意によりアクティビストに与えられた取締役会での座席の数）、撤回された買収防衛策、アクティビストあるいはサードパーティに

・一部の雇用主は、労働者のMBA取得に資金を援助する交換条件として、投資利益を確保するために最短期間で自社に復帰することを要求している。

・Amy Goldstein, *Janesville: An American Story* (New York: Simon & Schuster, 2017).邦訳『ジェインズヴィルの悲劇』(創元社)。

・Katherine Baicker, David Cutler and Zirui Song, 'Workplace Wellness Programs Can Generate Savings' (2010) 29 *Health Affairs* 1–8.

・Joel Goh, Jeffrey Pfeffer and Stefanos Zenios, 'The Relationship between Workplace Stressors and Mortality and Health Costs in the United States' (2016) 62 *Management Science* 608–28.

第9章

・英国の金融危機に関する2009年のウォーカー・レビューは次のように結論づけた。「少なくとも高いレバレッジを容認する株主側の雰囲気は、場合によって、発生する深刻な問題を悪化させるだろう。(中略) 大手ファンドマネジャーでさえ、自らの投資先である銀行に問題が特定された場合は行動が鈍く、個別にも集団的にもその対処法を探す能力が制限されているようだ」

・2017年後半の時点で、国レベルの明確なスチュワードシップ・コードが存在する法域は欧州のデンマーク、英国、アジアの香港、日本、マレーシア、台湾、タイ、アフリカの南アフリカ、ケニアの9つである。EUの株主権利指令は機関投資家に、スチュワードシップポリシーの公開、またはポリシーがない場合はその理由の説明を求める。

・より正式には、彼らは投資家のために取引のアイデアを「売る」投資銀行で働くため、「セルサイドのエクイティアナリスト」と呼ばれる。この対極が投資家の社内アナリストである「バイサイドのエクイティアナリスト」である。

・その代わりに、セクター横断的に資産を配分して価値の創出を目指すアクティブ運用ファンドや、クオンツ戦略で価値の創出を目指すスマートベータファンドは多数の銘柄を保有することを正当化するだろう。しかしこれらのファンドは個別銘柄の選択による付加価値の創出を強調しない。

・Ajay Khorana, Henri Servaes and Lei Wedge, 'Portfolio Manager Ownership and Firm Performance' (2007) 85 *Journal of Financial Economics* 179–204.

・Christopher P. Clifford and Laura Lindsey, 'Block holder Heterogeneity, CEO Compensation, and Firm Performance' (2016) 51 *Journal of Financial and Quantitative Analysis* 1491–520.ファンドの運用成績が所定のベンチマークを上回ると年間運用報酬

- Oliver Hart and Luigi Zingales, 'Companies Should Maximize Shareholder Welfare Not Market Value' (2017) 2 *Journal of Law, Finance, and Accounting* 247–74.
- 従業員は、通常業務と並行して倫理担当者になることを自発的に申し出る。リーダーと従業員の両方から信頼を得て、全社のあらゆる役割を網羅することを徹底するために、通常はかなり上級の従業員が担当者となる。
- Lucian A. Bebchuk and Roberto Tallarita, 'The Illusory Promise of Stakeholder Governance' (2020) 106 *Cornell Law Review* 91–178; Aneesh Raghunandan and Shiva Rajgopal, 'Do the Socially Responsible Walk the Talk?' (2020).
- Lynn S. Paine, 'Sustainability in the Boardroom', *Harvard Business Review* (July–August 2014).邦訳『ナイキのCSR活動：取締役会が果たす5つの役割』(ハーバード・ビジネス・レビュー 2015年1月号)。
- Financial Reporting Council, 'Corporate Culture and the Role of Boards: Report of Observations' (2016).
- 公開企業の取締役とは異なり、私に法的責任はない。労働者役員の自発的な導入を検討する企業は必ず、その法的責任について慎重に検討する必要がある。
- Frederick W. Taylor, *The Principles of Scientific Management* (New York and London: Harper & Brothers, 1911).邦訳『科学的管理法の諸原理』(晃洋書房)。
- シュミットの本名はヘンリー・ノルである。
- Wells Fargo 2010 Annual Report.
- Daniel M. Cable, *Alive at Work: The Neuroscience of Helping Your People Love What They Do* (Cambridge, MA: Harvard Business Review Press, 2018).邦訳『脳科学に基づく働き方革命』(日経BP)。
- *Forbes*, 'Why New Belgium Brewing's Employees Once Turned Down a Bonus to Invest in Wind Power Instead' (15 December 2015).
- Scott E. Seibert, Gang Wang and Stephen H. Courtright, 'Antecedents and Consequences of Psychological and Team Empowerment in Organizations: A Meta-Analytic Review' (2011) 96 *Journal of Applied Psychology* 981–1003.
- サンテグジュペリの言葉として広く知られているが、この引用は1948年の書籍「Citadelle」(邦訳『城砦』) の米国翻訳版にしか登場しない。原本のフランス語版は表現が多少異なる。
- Gary S. Becker, *Human Capital: A Theoretical and Empirical Analysis, with Special Reference to Education* (University of Chicago Press, 1964).邦訳『人的資本　教育を中心とした理論的・経験的分析』(東洋経済新報社)。

にしてはじめて、有意義なステートメントになる。

・Craig Groeschel Leadership Podcast.

・Claudine Gartenberg, Andrea Prat and George Serafeim, 'Corporate Purpose and Financial Performance' (2019) 30 *Organization Science* 1–18.

・経営陣の意思の明確さは「経営陣は期待事項を明確にしている」及び「経営陣は組織の目指す場所とその到達方法について明確な見解を持っている」という問いで測定する。

・サステナビリティ会計基準審議会は開示するべき非財務情報の基準を提供し、投資家に対する報告にフォーカスする。グローバル・レポーティング・イニシアティブは原則と基準の両方を提供し、ステークホルダーに対する報告にフォーカスする。

・Alex Edmans, Mirko Heinle and Chong Huang, 'The Real Costs of Financial Efficiency When Some Information is Soft' (2016) 20 *Review of Finance* 2151–82.

・Ernstberger *et al.* (2015)は、EU透明性指令の影響で企業の投資が減少して短期的な業績が改善したが、長期的な業績が悪化したことを明らかにする。Kraft *et al.* (2015)は、米国において、年次報告から半期報告へ、半期報告から四半期報告への変更が投資の減少を招いたことを明らかにする。Jürgen Ernstberger, Benedikt Link, Michael Stich and Oliver Vogler, 'The Real Effects of Mandatory Quarterly Reporting' (2017) 92 *Accounting Review* 33–60; Arthur G. Kraft, Rahul Vashishtha and Mohan Venkatachalam, 'Frequent Financial Reporting and Managerial Myopia' (2018) 93 *Accounting Review* 249–75.

・Laura Starks, Parth Venkat and Qifei Zhu, 'Corporate ESG Profiles and Investor Horizons' (2018).

・'Following the Footprints', *The Economist* (2 June 2011).

・Focusing Capital on the Long-Term, 'Driving the Conversation: Long-Term Roadmaps for Long-Term Success' (2019).

・KKS Advisors and CECP, 'The Economic Significance of Long-Term Plans' (2018).

・セイ・オン・ペイについてはポリシーに関する決議が拘束力を持つことが一般的であり、企業はポリシーに反する金額をリーダーに支払うことはできない。実際の報酬がポリシーに従っているか否かを客観的に評価することは容易なので、拘束力のある決議は実行可能である。セイ・オン・パーパスについては、企業がポリシー（例えば従業員の生計を「十分に」改善する）に従っているか否かを客観的に評価することが困難なため、勧告的なものになる場合がある。

Money' (2016) 354 *Science* 1288–92.

・UNICEF (2017), https://data.unicef.org/topic/child-health/pneumonia/ 及びhttps://data.unicef.org/topic/child-health/diarrhoeal-disease/.

・Sandy Cairncross, Caroline Hunt, Sophie Boisson, Kristof Bostoen, Val Curtis, Isaac Fung and Wolf-Peter Schmidt, 'Water, Sanitation and Hygiene for the Prevention of Diarrhoea' (2010) 39 *International Journal of Epidemiology* i193–i205.

・Larry Fink's Letter to CEOs, 2019.

・PwC and AIESEC, 'Tomorrow's Leaders Today' (2016).

・Deloitte, 'The 2016 Millennial Survey: Winning over the Next Generation of Leaders' (2016).

・Gallup, 'How Millennials Want to Work and Live' (2016).

・この米国子会社は1917年に独立企業となった。第1章で議論したメルクはこの企業である（正式名称は北米ではMerck & Co.、その他ではMerck Sharp & Dohme (MSD)）。かつての親会社は現在もドイツを拠点とし、Merck KGaAとして知られる。

・メルクは他の製薬会社をペニシリン生産の研究に関する競合相手ではなく協力相手と見なしており、スクイブ及びファイザーと、あらゆる発見事項を3社で共有することに合意していた。スクイブ及びファイザーとの発見事項の共有は、この合意に沿った行動である。しかし他の企業は、そうした重大な発見について合意の抜け道を探して合意の破棄を試みたかもしれない。さらにメルクは、当初の合意に含まれていなかった企業、例えばアボットやレダリーとも発見事項を共有した。

・www.historynet.com/penicillin-wonder-drug-world-war-ii.この数字はノルマンディー上陸作戦開始日（D-デイ）から最後のドイツの降伏までの期間にペニシリンの治療を受けた兵士の推計値である。

・Paul Gompers, Will Gornall, Steve Kaplan and Ilya Strebulaev, 'How Do Venture Capitalists Make Decisions?' (2020) 135 *Journal of Financial Economics* 169–90.

・Jordan Crook, 'Warby Parker, Valued at $3 Billion, Raises $245 Million in Funding', *TechCrunch* (27 August 2020).

・このような声明は、フリードマンが執筆していた当時ならば、多くの人が企業は投資家だけに奉仕するべきだと考えていたため有意義だったかもしれない。しかし今や企業にはステークホルダーに対する責任があるという考えが広く浸透しているため、どのステークホルダーにどのように貢献するつもりかを明確

'The Interplay of Track Record and Trustworthiness in Venture Capital Fundraising' (2015) 4 *Journal of Business Venturing Insights* 6–13.
・Huaizhi Chen, 'Capital Redeployment in the Equity Market' (2018).
・Fried and Wang, 'Short-Termism and Capital Flows'.
・www.selectusa.gov/financial-services-industry-united-states.
・Joseph W. Gruber and Steven B. Kamin, 'Corporate Buybacks and Capital Investment: An International Perspective' (2017).
・Fried and Wang, 'Short-Termism and Capital Flows'.2019年に執筆者らによるアップデートがある。
・Amy Dittmar and Jan Mahrt-Smith, 'Corporate Governance and the Value of Cash Holdings' (2007) 83 *Journal of Financial Economics* 599–634.
・Wei Li and Erik Lie, 'Dividend Changes and Catering Incentives' (2006) 80 *Journal of Financial Economics* 293–308.
・S&P Global, 'S&P 500 Buybacks Decline 55.4% to $88.7 Billion; Significant Reductions Expected to Continue in Q3 2020' (15 September 2020).
・Murali Jagannathan, Clifford P. Stephens and Michael S. Weisbach, 'Financial Flexibility and the Choice between Dividends and Stock Repurchases' (2000) 57 *Journal of Financial Economics* 355–84.
・Benjamin Bennett, J. Carr Bettis, Radhakrishnan Gopalan and Todd Milbourn, 'Compensation Goals and Firm Performance' (2017) 124 *Journal of Financial Economics* 307–30.
・Alex Edmans, Vivian W. Fang and Allen H. Huang, 'The Long-Term Consequences of Short-Term Incentives' (2021).
・'Stock Buybacks and Corporate Cashouts', speech by Robert J. Jackson (11 June 2018).
・最後の自社株買い取引は2007年5月に行われた。
・Heitor Almeida, Vyacheslav Fos and Mathias Kronlund, 'The Real Effects of Share Repurchases' (2016) 119 *Journal of Financial Economics* 168–85.

第8章

・'M-Pesa Documentary', https://youtu.be/zQo4VoLyHe0.
・ボーダフォンは自社が40%出資するケニアの主要モバイルネットワークであるサファリコムを通してMペサを立ち上げた。
・Tavneet Suri and William Jack, 'The Long-Run Poverty and Gender Impacts of Mobile

and Charles C. Y. Wang, 'Short-Termism and Capital Flows' (2019) 8 *Review of Corporate Finance Studies* 207–33を参照。

・例えばアップルの完全子会社であるブレイバーン・キャピタルは、現金2440億ドルを管理し、株式やその他証券に投資している。より一般的には、Duchin *et al.* (2012)によるとS&P500企業は1兆6000億ドルの営業外金融資産を保有しており、その40%がリスクのある金融資産（社債、抵当証券、株式など）である。Ran Duchin, Thomas Gilbert, Jarrad Harford and Christopher Hrdlicka, 'Precautionary Savings with Risky Assets: When Cash Is Not Cash' (2012) 72 *Journal of Finance* 793–853.

・David Ikenberry, Josef Lakonishok and Theo Vermaelen, 'Market Underreaction to Open Market Share Repurchases' (1995) 39 *Journal of Financial Economics* 181–208.

・Alberto Manconi, Urs Peyer and Theo Vermaelen, 'Are Buybacks Good for Long-Term Shareholder Value? Evidence from Buybacks around the World' (2019) 54 *Journal of Financial and Quantitative Analysis* 1899–935.

・1株当たり平均146.21ドルで5億ドルの自社株買いを行うと、342万株を買い戻したことになる。これに株価の上昇分（174.31ドル–146.21ドル=28.10ドル）を掛けると約9600万ドルである。

・Lenore Palladino and Alex Edmans, 'Should the US Rein in Share Buybacks?', *Financial Times* (9 December 2018).

・この経験則を教えてくださったマティアス・クロンルント教授に感謝する。

・Gustavo Grullon and Roni Michaely, 'The Information Content of Share Repurchase Programs' (2004) 59 *Journal of Finance* 651–80.

・Amy K. Dittmar, 'Why Do Firms Repurchase Stock?' (2000) 73 *Journal of Business* 331–55.余剰資本は投資機会を上回る現金保有あるいはキャッシュフローとして測定する。

・Alon Brav, John R. Graham, Campbell R. Harvey and Roni Michaely, 'Payout Policy in the 21st Century' (2005) 77 *Journal of Financial Economics* 483–527.

・ベンチャーキャピタルファンドは調達資金の23.2%を企業及び公的な年金基金から、12.6%をファミリーオフィスから、30.8%を多種多様な投資家（大学基金、保険会社、投資銀行など）から得ており、それらはすべて大量の上場株式を保有している。ベンチャーキャピタルの残りの資金を提供するのはプライベートエクイティファンドで、それら自身が他の機関投資家から一部出資を受けている。Andreas Kuckertz, Tobias Kollmann, Patrick Röhm and Nils Middelberg,

Financial and Quantitative Analysis 427–58.

- Patricia Dechow, Richard Sloan and Amy Sweeney, 'Causes and Consequences of Earnings Manipulation: An Analysis of Firms Subject to Enforcement Actions by the SEC' (1996) 13 *Contemporary Accounting Research* 1–36; David Farber, 'Restoring Trust after Fraud: Does Corporate Governance Matter?' (2005) 80 *Accounting Review* 539–61; Natasha Burns, Simi Kedia and Marc Lipson, 'Institutional Ownership and Monitoring: Evidence from Financial Reporting Practices' (2010) 16 *Journal of Corporate Finance* 443–55.決算の修正再表示は、過去のミスが原因で決算を再発表する必要がある場合に行われる。
- Barry Baysinger, Rita Kosnik and Thomas Turk, 'Effects of Board and Ownership Structure on Corporate R&D Strategy' (1991) 34 *Academy of Management Journal* 205–14; Peggy Lee, 'A Comparison of Ownership Structures and Innovations of U.S. and Japanese Firms' (2005) 26 *Managerial and Decision Economics* 39–50.
- Brian Bushee, 'The Influence of Institutional Investors on Myopic R&D Investment Behavior' (1998) 73 *Accounting Review* 305–33.
- Philippe Aghion, John Van Reenen and Luigi Zingales, 'Innovation and Institutional Ownership' (2013) 103 *American Economic Review* 277–304.
- S&P500構成銘柄の保有を必須とするインデックスファンドもある。多くのアクティブファンドはS&P500をベンチマークとして用いており、アンダーパフォーマンスのリスクを軽減するために、その構成銘柄をいくつか保有している。

第7章

- Karen Brettell, David Gaffen and David Rohde, 'Stock Buybacks Enrich the Bosses Even When Business Sags', *Reuters* (10 December 2015).
- William Lazonick, 'Profits without Prosperity', *Harvard Business Review* (September 2014).
- Matt Egan, 'Congress Could Give Bank Shareholders a $53 Billion Gift', *CNN Money* (16 April 2018); Jillian Ambrose, 'Shell Kick-Starts £19bn Windfall for Patient Shareholders', *The Telegraph* (26 July 2018).
- Chuck Schumer and Bernie Sanders, 'Schumer and Sanders: Limit Corporate Stock Buybacks', *New York Times* (3 February 2019).
- ラゾニックの議論や統計に関するその他の基本的な欠陥についてはJesse Fried

- David Solomon and Eugene Soltes, 'What Are We Meeting for? The Consequences of Private Meetings with Investors' (2015) 58 *Journal of Law and Economics* 325–55.
- Michael E. Porter, 'Capital Disadvantage: America's Failing Capital Investment System' (1992) 70 *Harvard Business Review* 65–82.
- Vivian W. Fang, Thomas H. Noe and Sheri Tice, 'Stock Market Liquidity and Firm Value' (2009) 94 *Journal of Financial Economics* 150–69.
- Sreedhar T. Bharath, Sudarshan Jayaraman and Venky Nagar, 'Exit as Governance: An Empirical Analysis' (2013) 68 *Journal of Finance* 2515–47.
- Alex Edmans, Vivian W. Fang and Emanuel Zur, 'The Effect of Liquidity on Governance' (2013) 26 *Review of Financial Studies* 1443–82.ここでは2つの矛盾する効果が働いているように思うかもしれない。つまり一方では流動性が高まると株式を売却しやすくなるが、他方で株式の売却が株価に与える影響が小さくなり、あまりCEOに対する規律にならないということだ。しかし前者を増強する別の2つの効果がある。それは流動性の高まりが投資家によるモニタリングを促す（マイナスの情報が見つかった場合、多くの株式を売却できる見込みがある）ことと、最初から株式の大量購入を促すことである。
- Xuemin (Sterling) Yan and Zhe Zhang, 'Institutional Investors and Equity Returns: Are Short-Term Institutions Better Informed?' (2009) 22 *Review of Financial Studies* 893–924.
- Lubos Pastor, Lucian A. Taylor and Robert F. Stambaugh, 'Do Funds Make More When They Trade More?' (2017) 72 *Journal of Finance* 1483–528.
- Paul Brockman and Xuemin (Sterling) Yan, 'Block Ownership and Firm-Specific Information' (2009) 33 *Journal of Banking and Finance* 308–16; Brian Bushee and Theodore Goodman, 'Which Institutional Investors Trade Based on Private Information about Earnings and Returns?' (2007) 45 *Journal of Accounting Research* 289–321; Wayne Mikkelson and Megan Partch, 'Stock Price Effects and Costs of Secondary Distributions' (1985) 14 *Journal of Financial Economics* 165–94; Robert Parrino, Richard Sias and Laura T. Starks, 'Voting with Their Feet: Institutional Ownership Changes around Forced CEO Turnover' (2003) 68 *Journal of Financial Economics* 3–46; Myron Scholes, 'The Market for Securities: Substitution Versus Price Pressure and the Effects of Information on Share Prices' (1972) 45 *Journal of Business* 179–211.
- David R. Gallagher, Peter A. Gardner and Peter L. Swan, 'Governance through Trading: Institutional Swing Trades and Subsequent Company Performance' (2013) 48 *Journal of*

Investors Drive Corporate Social Responsibility? International Evidence' (2017) 131 *Journal of Financial Economics* 693–714.

・William C. Johnson, Jonathan M. Karpoff and Sangho Yi, 'The Bonding Hypothesis of Takeover Defenses: Evidence from IPO firms' (2015) 117 *Journal of Financial Economics* 307–32.

・K. J. Martijn Cremers, Lubomir P. Litov and Simone M. Sepe, 'Staggered Boards and Long-Term Firm Value, Revisited' (2017) 126 *Journal of Financial Economics* 422–44.

・Peter Lynch, *Beating the Street* (New York: Simon & Schuster, 2012).

・短期的な値下がりでも、第5章で議論したようにCEOが権利確定のために大量の株式を売却する場合は、そのCEOの財産が減少する。

・John R. Graham, Campbell R. Harvey and Shiva Rajgopal, 'The Economic Implications of Corporate Financial Reporting' (2005) 40 *Journal of Accounting and Economics* 3–73.

・投資家は迅速に拒絶したが、その株式公開買い付けが社会にとって害だったわけではない。この提案を受けてユニリーバは戦略的レビューを行い、その結果として行われたマーガリン事業部の売却、自社株買いの開始、利益率目標の引き上げはいずれも投資家に好感された。自社株買いは、クラフトの提案がユニリーバを過小評価しているという同社の主張と一致した。過小評価が自社株買いの動機になることは、第7章でさらに分析する。

・ニューヨーク大学での2015年7月のスピーチ。

・2015年のラザードのイベントにおける基調演説'Shareholder Expectations: The New Paradigm for Directors'。

・Alex Edmans, 'Blockholder Trading, Market Efficiency, and Managerial Myopia' (2009) 64 *Journal of Finance* 2481–513.

・例えばQi Chen, Itay Goldstein and Wei Jiang, 'Price Informativeness and Investment Sensitivity to Stock Price' (2007) 20 *Review of Financial Studies* 619–50; Alex Edmans, Sudarshan Jayaraman and Jan Schneemeier, 'The Source of Information in Prices and Investment-Price Sensitivity' (2017) 126 *Journal of Financial Economics* 74–96を参照。株価は何百万もの投資家の見解を集積するという考え方の先駆者は、ノーベル賞を受賞した経済学者フリードリヒ・アウグスト・フォン・ハイエクである。

・Philip Bond, Alex Edmans and Itay Goldstein, 'The Real Effects of Financial Markets' (2012) 4 *Annual Review of Financial Economics* 339–60.

・Marco Becht, Julian Franks and Hannes F. Wagner, 'The Benefits of Access: Evidence from Private Meetings with Portfolio Firms' (2021).

- Ian R. Appel, Todd A. Gormley and Donald B. Keim, 'Passive Investors, Not Passive Owners' (2016) 121 *Journal of Financial Economics* 111–41.
- Dawn Lim, 'Index Funds are the New Kings of Wall Street', *Wall Street Journal* (18 September 2019).
- ここでの改善点とは、取締役の独立性が強まること、ポイズンピル（投資家の大口出資を阻む措置）を排除し、株主が臨時株主総会を招集する力に対する制約を軽減できる可能性が高まること、デュアル・クラス・シェアを持つ可能性が低くなることなどである。
- Fatima-Zahra Filali Adib, 'Passive Aggressive: How Index Funds Vote on Corporate Governance Proposals' (2019).
- Paul Gompers, Joy Ishii and Andrew Metrick, 'Corporate Governance and Equity Prices' (2003) 118 *Quarterly Journal of Economics* 107–56.
- Paul A. Gompers, Joy Ishii and Andrew Metrick, 'Extreme Governance: An Analysis of Dual-Class Firms in the United States' (2009) 23 *Review of Financial Studies* 1051–88.
- Ronald W. Masulis, Cong Wang and Fei Xie, 'Agency Problems at Dual-Class Companies' (2009) 64 *Journal of Finance* 1697–727.
- 'The Death of Daewoo', *The Economist* (19 August 1999).
- デュアル・クラス・シェアによりメイソンは議決権の20%を得たが、他の共同創業者2人が合わせて38%の議決権を確保しており、メイソンの更迭が実現した。
- Vicente Cuñat, Mireia Giné and Maria Guadalupe, 'The Vote Is Cast: The Effect of Corporate Governance on Shareholder Value' (2012) 67 *Journal of Finance* 1943–77.ガバナンス強化の提案とは、投資家の権利、取締役会の構造、あるいは決議手続きの改善を求めるもの。
- Jonathan B. Cohn, Stuart L. Gillan and Jay C. Hartzell, 'On Enhancing Shareholder Control: A (Dodd-) Frank Assessment of Proxy Access' (2016) 71 *Journal of Finance* 1623–68.
- 具体的には、企業の株式の少なくとも3%を少なくとも3年間保有する投資家（あるいは投資家集団）は、その企業の議決において、他の株主との相乗りではなく独自の取締役候補を立てることができる。
- Allen Ferrell, Hao Liang and Luc Renneboog, 'Socially Responsible Firms' (2016) 122 *Journal of Financial Economics* 585–606.
- I. J. Alexander Dyck, Karl V. Lins, Lukas Roth and Hannes F. Wagner, 'Do Institutional

・David Yermack, 'Shareholder Voting and Corporate Governance' (2010) 2 *Annual Review of Financial Economics* 103–25.
・Morningstar, 'Active Share in European Equity Funds' (2016).
・1940年会社法の下での「分散」投資信託は、ポートフォリオの75%について、同一証券への投資は総資産の5%以下、同一企業の議決権の保有は10%以下に制限される。
・Nickolay Gantchev, 'The Costs of Shareholder Activism: Evidence from a Sequential Decision Model' (2013) 107 *Journal of Financial Economics* 610–31.
・例えばEUのオルタナティブ投資ファンド運用者指令では、変動給の少なくとも40%（変動給が極めて高額な場合は60%）を少なくとも3～5年繰り延べることを求める。さらに、新規のヘッジファンドはしばしば、最初の3～5年について運用報酬をファンドに再投資することを約束する。
・Marco Becht, Julian Franks, Colin Mayer and Stefano Rossi, 'Returns to Shareholder Activism: Evidence from a Clinical Study of the Hermes U.K. Focus Fund' (2008) 22 *Review of Financial Studies* 3093–129.
・Elroy Dimson, Oğuzhan Karakas, and Xi Li, 'Active Ownership' (2015) 28 *Review of Financial Studies* 3225–68.
・Steven N. Kaplan, 'The Effects of Management Buyouts on Operating Performance and Value' (1989) 24 *Journal of Financial Economics* 217–54.
・Frank R. Lichtenberg and Donald Siegel, 'The Effects of Leveraged Buyouts on Productivity and Related Aspects of Firm Behavior' (1990) 27 *Journal of Financial Economics* 165–94.
・Josh Lerner, Morten Sorensen and Per Strömberg, 'Private Equity and Long-Run Investment: The Case of Innovation' (2011) 66 *Journal of Finance* 445–77.
・Jonathan Cohn, Nicole Nestoriak and Malcolm Wardlaw, 'Private Equity Buyouts and Workplace Safety', *Review of Financial Studies.*
・Shai Bernstein and Albert Sheen, 'The Operational Consequences of Private Equity Buyouts: Evidence from the Restaurant Industry' (2016) 29 *Review of Financial Studies* 2387–418.
・Ashwini Agrawal and Prasanna Tambe, 'Private Equity and Workers' Career Paths: The Role of Technological Change' (2016) 29 *Review of Financial Studies* 2455–2489.
・Cesare Fracassi, Alessandro Previtero and Albert Sheen, 'Barbarians at the Store? Private Equity, Products, and Consumers' (2020).

却する方法——を手配した。

- Peter Georgescu, *Capitalists, Arise!: End Economic Inequality, Grow the Middle Class, Heal the Nation* (Oakland, CA: Berrett-Koehler, 2017).
- Alon Brav, Wei Jiang, Frank Partnoy and Randall Thomas, 'Hedge Fund Activism, Corporate Governance, and Firm Performance' (2008) 63 *Journal of Finance* 1729–75.
- Lucian A. Bebchuk, Alon Brav and Wei Jiang, 'The Long-Term Effects of Hedge Fund Activism' (2015) 115 *Columbia Law Review* 1085–155.
- Paul Singer, 'Efficient Markets Need Guys Like Me', *Wall Street Journal* (19 October 2017).
- Alon Brav, Wei Jiang and Hyunseob Kim, 'The Real Effects of Hedge Fund Activism: Productivity, Asset Allocation, and Labor Outcomes' (2015) 28 *Review of Financial Studies* 2723–69.
- Bebchuk *et al.*, 'The Long-Term Effects of Hedge Fund Activism'.
- Brav *et al.*, 'The Real Effects of Hedge Fund Activism'.
- 執筆者らは労働生産性の第2の測定指標である労働時間当たりの付加価値（売上高から原料費を差し引いたもの）も研究し、同様の結果になることを明らかにした。
- Brav *et al.*, 'The Real Effects of Hedge Fund Activism'.
- Alon Brav, Wei Jiang, Song Ma and Xuan Tian, 'How Does Hedge Fund Activism Reshape Corporate Innovation?' (2018) 130 *Journal of Financial Economics* 237–64.
- Hadiye Aslan and Praveen Kumar, 'The Product Market Effects of Hedge Fund Activism' (2016) 119 *Journal of Financial Economics* 226–48.
- Nickolay Gantchev, Oleg Gredil and Chotibhak Jotikasthira, 'Governance under the Gun: Spillover Effects of Hedge Fund Activism' (2019) 23 *Review of Finance* 1031–68.
- Yazho Ellen He, Kahraman Bige and Lowry Michelle, 'ES Risks and Shareholder Voice' (2020).
- Martin Lipton, 'Dealing with Activist Hedge Funds', *Harvard Law School Forum on Corporate Governance* (6 November 2015).
- House of Commons Report on Carillion, 9 May 2018.
- Kai Ryssdal, Bridget Bodnar and Sean McHenry, 'Why Bill Ackman Sees Activist Investing as a Moral Crusade', *Marketplace* (31 October 2017).
- John Plender, 'Cash-Hoarding Companies Are Still a Problem for Japan', *Financial Times* (12 November 2017).

- Olubunmi Faleye, Ebru Reis and Anand Venkateswaran, 'The Determinants and Effects of CEO-Employee Pay Ratios' (2013) 37 *Journal of Banking and Finance* 3258–72.
- Holger M. Mueller, Paige P. Ouimet and Elena Simintzi, 'Within-Firm Pay Inequality' (2017) 30 *Review of Financial Studies* 3605–35.
- Ingolf Dittmann, Maurizio Montone and Yuhao Zhu, 'Wage Gap and Stock Returns: Do Investors Dislike Pay Inequality?' (2021).
- Ethan Rouen, 'Rethinking Measurement of Pay Disparity and Its Relation to Firm Performance' (2020) 95 *The Accounting Review* 343–78.
- Steven N. Kaplan and Joshua Rauh, 'Wall Street and Main Street: What Contributes to the Rise in the Highest Incomes?' (2009) 23 *Review of Financial Studies* 1004–50.
- Reuel Golden, *The Age of Innocence: Football in the 1970s* (Cologne: Taschen, 2014).
- Xavier Gabaix and Augustin Landier, 'Why Has CEO Pay Increased So Much?' (2008) 123 *Quarterly Journal of Economics* 49–100.
- Xavier Gabaix, Augustin Landier and Julien Sauvagnat, 'CEO Pay and Firm Size: An Update after the Crisis' (2014) 124 *Economic Journal* 40–59.
- Maggie Baska, 'One in Four Top Bosses Have Taken a Pay Cut in Wake of Covid-19, Research Reveals', *People Management* (15 April 2020).

第6章

- 'Jeffrey Ubben: The Evolution of the Active Value Investment Style', www.youtube.com/watch?v=cbFBQAm75ew.
- Stephen Jones, 'Adobe Systems Incorporated: Adobe Signs Standstill Agreement with ValueAct Capital', *MarketScreener* (12 May 2012).
- Brian Barrett, 'Adobe Finally Kills Flash Dead', *Wired* (25 July 2017).
- Tekla S. Perry, 'Photoshop Creator Thomas Knoll on Subscription Software and What's Good for Engineers', *IEEE Spectrum* (30 January 2017).

- 2017年の数字を使ったのは、バリューアクトが株式を売却した後も短期主義の懸念に反して改善が反転しなかったことを強調するため、また事業再編が実を結ぶまでに時間を要するためである。2016年の収益は58億ドル、従業員数は1万5700人、税額は2億6600万ドルだった。
- シーゲートは、二次ブロックトレード――バリューアクトがシーゲートの株式を公開市場で購入する（シーゲートが関与しなくても発生する可能性がある）代わりに、既存の（未公表の）シーゲート投資家がバリューアクトに株式を売

う。

- House of Commons Business, Energy and Industrial Strategy Committee, 'Corporate Governance: Third Report of Session 2016–17' (5 April 2017).
- Norges Bank Investment Management, 'CEO Remuneration Position Paper' (2017).
- 例えばロイヤルバンク・オブ・スコットランド、ウィアー・グループ、ペッツ・アット・ホーム、カード・ファクトリー、キングフィッシャー、金融サービス企業ハーグリーブス・ランズダウン、住宅・社会的ケアプロバイダーのメアーズ・グループなどがある。
- Lynn S. Paine and Federica Gabrieli, 'The Weir Group: Reforming Executive Pay', Harvard Business School Case Study 9-319-046 (2018).
- Sanjeev Bhojraj, Paul Hribar, Marc Picconi and John McInnis, 'Making Sense of Cents: An Examination of Firms that Marginally Miss or Beat Analyst Forecasts' (2009) 64 *Journal of Finance* 2361–88.
- Securities and Exchange Commission, 'SEC Charges Former Countrywide Executives with Fraud' (4 June 2009).
- Connie Bruck, 'Angelo's Ashes', *The New Yorker* (29 June 2009).
- Alex Edmans, Vivian W. Fang and Katharina Lewellen, 'Equity Vesting and Investment' (2017) 30 *Review of Financial Studies* 2229–71.
- Tomislav Ladika and Zacharias Sautner, 'Managerial Short- Termism and Investment: Evidence from Accelerated Option Vesting' (2020) 24 *Review of Finance* 305–44.
- Caroline Flammer and Pratima Bansal, 'Does Long-Term Orientation Create Value? Evidence from a Regression Discontinuity' (2017) 38 *Strategic Management Journal* 1827–47.執筆者らは、長期的パフォーマンスの測定指標に基づいた役員報酬の付与を提唱する提案、例えば譲渡制限付株式、制限付オプション、長期インセンティブプランなどをすべて含めている。こうした異なる要素の結果を個別には報告していない。
- 特許の質は引用回数で測定する。革新性はその企業の既存の特許との乖離具合で測定する。
- Norges Bank Investment Management, 'CEO Remuneration Position Paper' (2017).
- Christina Starmans, Mark Sheskin and Paul Bloom, 'Why People Prefer Unequal Societies' (2017) 1 *Nature Human Behavior* 0082.
- Sabrina T. Howell and J. David Brown, 'Do Cash Windfalls Affect Wages? Evidence from R&D Grants to Small Firms' (2020).

(23 February 2016)を参照。

- Steven Kerr, 'On the Folly of Rewarding A, While Hoping for B' (1975) 18 *Academy of Management Journal* 769–83.
- Dirk Jenter, Egor Matveyev and Lukas Roth, 'Good and Bad CEOs' (2018).
- Morten Bennedsen, Francisco Pérez González and Daniel Wolfenzon, 'Do CEOs Matter?' (2010).
- 業界調整済みの総資産営業利益率で測定する収益性は、平均の5.63ポイントと比較して0.7ポイント下落した。
- Edmans *et al.*, 'Executive Compensation'.
- Shell, Chevron, Exxon and Total.
- Sheffield Barry, '6 Steps to Hire an Effective Compensation Consultant' (2017).
- Benjamin Bennett, J. Carr Bettis, Radhakrishnan Gopalan and Todd Milbourn, 'Compensation Goals and Firm Performance' (2017) 124 *Journal of Financial Economics* 307–30.
- パフォーマンス・シェアについても、点線（株式の価値）を見ると利益が60億ポンド超の場合の増加は60億ポンド未満の場合の減少よりも小さく、この場合も妥当なリスクテイクを抑制する。
- Adair Morse, Vikram Nanda and Amit Seru, 'Are Incentive Contracts Rigged by Powerful CEOs?' (2011) 66 *Journal of Finance* 1779–821.
- 業績不振時に従業員の財産がリスクにさらされないように、従業員の報酬に占める株式の割合は低くするべきである。
- E. Han Kim and Paige Ouimet, 'Broad-Based Employee Stock Ownership: Motives and Outcomes' (2014) 69 *Journal of Finance* 1273–319.彼らの主張によると、報酬目的の場合、買収防衛や現金維持の効果がほとんどない小規模なブロードベースの株式スキーム（発行済株式の5%未満を占める）が使用される可能性が高い。一方、何らかの思惑がある場合は大規模スキームが使用される可能性が高い。
- Yael V. Hochberg and Laura Lindsey, 'Incentives, Targeting, and Firm Performance: An Analysis of Non-Executive Stock Options' (2010) 23 *Review of Financial Studies* 4148–86.
- Treanor, 'Cillit Bang Boss Bart Becht Takes Home £90m'.
- 従来のLTIPではCEOの給与の最大250%を支払っていた。ウィアーが譲渡制限付株式へと移行した際、給与の125%を株式で支払ったため50%の割引となる。適切な割引率は撤廃するパフォーマンス条件の厳しさによって異なるだろ使時の価値が7400万ポンド少なかった（7400万ポンドではなく0ポンドだった）と考えることが正しい。ただしオプション付与時の「経済的価値」はゼロより大きい。付与後に株価が上がる可能性があるという点で、何らかの価値はあったからだ。従ってオプションの経済的価値の増加は7400万ポンドを下回る。

・バートの寄付額が現金化した額を上回ったのは、オプション行使（株式への変換）のための支払いをし、それから株式を寄付したためである。

・Rupert Steiner, 'Biggest Paycut in History as Cillit Bang Boss Loses £74m', *Daily Mail* (30 March 2011).

・AFL-CIO Executive Paywatch.

・1月4日の曜日に応じて「太った猫の水曜日」や「太った猫の木曜日」などと呼ばれる。

・Rob Du Boff, 'What Is Just When It Comes to CEO-to-Average Worker Pay?', *Forbes* (10 October 2017).

・Yaron Brook and Don Watkins, 'When It Comes to Wealth Creation, There Is No Pie', *Forbes* (14 June 2011).

・Chris Philp, 'Restoring Responsible Ownership: Ending the Ownerless Corporation and Controlling Executive Pay' (2016).

・House of Commons Report on 'Executive Rewards: Paying for Success' (20 March 2019).

・Alex Edmans, Xavier Gabaix and Dirk Jenter, 'Executive Compensation: A Survey of Theory and Evidence' in Benjamin E. Hermalin and Michael S. Weisbach (eds), *Handbook of the Economics of Corporate Governance* (Amsterdam: Elsevier, 2017), pp. 383–539.

・PwC, 'Executive Pay in a World of Truthiness: Facts and Myths in the Pay Debate' (2017).

・ジョージタウン大学でのスピーチ（2015年11月19日）より。原稿はwww.presidency.ucsb.edu/ws/index.php?pid=117517に掲載されている。

・Ulf Von Lilienfeld-Toal and Stefan Ruenzi, 'CEO Ownership, Stock Market Performance, and Managerial Discretion' (2014) 69 *Journal of Finance* 1013–50.

・そうした研究の例にDaniel M. Cable and Freek Vermeulen, 'Stop Paying Executives for Performance', *Harvard Business Review* (23 February 2016)がある。反論はAlex Edmans, 'Performance-Based Pay for Executives Still Works', *Harvard Business Review*

・'Amazon Warehouse Workers Skip Bathroom Breaks to Keep Their Jobs, Says Report', *The Verge* (16 April 2018).
・Harrison Hong and Marcin Kacperczyk, 'The Price of Sin: The Effects of Social Norms on Markets' (2009) 93 *Journal of Financial Economics* 15–36.
・Alex Edmans, Lucius Li and Chendi Zhang, 'Employee Satisfaction, Labor Market Flexibility, and Stock Returns around the World' (2021).

第5章

・Julia Finch, 'Bart Becht's £90m Pay Packet. I Need a Lie-Down', *Guardian* (7 April 2010).
・Jill Treanor, 'Cillit Bang Boss Bart Becht Takes Home £90m', *Guardian* (8 April 2010).
・Finch, 'Bart Becht's £90m Pay Packet'.
・Andrew Trotman and Amy Wilson, 'Reckitt Benckiser Shares Slump after Chief Bart Becht Announces Retirement', *The Telegraph* (14 April 2011).
・Paul Sonne, 'Reckitt's CEO to Step Down', *Wall Street Journal* (15 April 2011).
・Treanor, 'Cillit Bang Boss Bart Becht Takes Home £90m'.
・Morten T. Hansen, Herminia Ibarra and Nana von Bernuth, 'Transforming Reckitt Benckiser', INSEAD Case Study 04/2011- 5686 (2013).
・Maggie Urry, 'Reckitt's Strongly Flavoured Essence', *Financial Times* (21 January 2008).
・従業員数は2000年が1万8900人、2010年が2万7200人で、バートが辞職した2011年には3万7800人に増加した。しかし2010年から2011年の増加は主にSSLインターナショナルとパラス・ファーマシューティカルの買収が理由であるため、2010年の数字を引用した。
・Reckitt Benckiser 2012 Annual Report.
・例えばデイリー・メールの2010年4月8日付の記事のタイトルには、バートが「1年で9000万ポンドを懐に」とある。
・7400万ポンド分は彼が2001年以降に受け取ったストックオプションの行使、1300万ポンド分は1999年と2005年に付与された株式の現金化である。
・株価が上昇したことにより、現金化した価値が7400万ポンド以上、株式の価値が500万ポンド以上（丸め処理をして合計8000万ポンド）増加した。技術的注記：バートのオプションは当初は「アット・ザ・マネー」、つまり株価が上昇しなければオプションが価値を生まない条件で付与された。従って付与時の「本質的な価値」はゼロであり、付与後に株価が上がらなければオプション行

nomics 802-830.

- Philipp Krüger, 'Corporate Goodness and Shareholder Wealth' (2015) 115 *Journal of Financial Economics* 304–29.
- Caroline Flammer, 'Corporate Social Responsibility and Shareholder Reaction: The Environmental Awareness of Investors' (2013) 56 *Academy of Management Journal* 758–81.
- 引用した損失は、イベント発生日から翌月の最低値までの期間で算出している。
- Caroline Flammer, 'Does Corporate Social Responsibility Lead to Superior Financial Performance? A Regression Discontinuity Approach' (2015) 61 *Management Science* 2549–68.
- Gibson Dunn, 'Shareholder Proposal Developments During the 2018 Proxy Season' (2018).
- HCCの提案は2007年5月10日、リアの提案は2006年5月11日に決議が行われた。
- Ronald W. Masulis and Syed Walid Reza, 'Agency Problems of Corporate Philanthropy' (2015) 28 *Review of Financial Studies* 592–636.
- Ye Cai, Jin Xu and Jun Yang, 'Paying by Donating: Corporate Donations Affiliated with Independent Directors' (2021) 34 *Review of Financial Studies* 618-660.
- Luc Renneboog, Jenke Ter Horst and Chendi Zhang, 'The Price of Ethics and Stakeholder Governance: The Performance of Socially Responsible Mutual Funds' (2008) 14 *Journal of Corporate Finance* 302–22.
- Luc Renneboog, Jenke Ter Horst and Chendi Zhang, 'Socially Responsible Investments: Institutional Aspects, Performance, and Investor Behavior' (2008) 32 *Journal of Banking and Finance* 1723–42.
- Brad M. Barber, Adair Morse and Ayako Yasuda, 'Impact Investing' (2021) 139 *Journal of Financial Economics* 162–85.
- James Kynge, 'The Ethical Investment Boom', *Financial Times* (3 September 2017).
- Dina Medland, '"From Stockholder to Stakeholder" Means "No" to Short-Termism for Better Results', *Forbes* (15 September 2014).
- Lauren Cohen, Umit Gurun and Quoc Nguyen, 'The ESG Innovation Disconnect: Evidence from Green Patenting' (2021).
- 'Apple "Failing to Protect Chinese Factory Workers"', BBC (18 December 2014); 'Life and Death in Apple's Forbidden City', *Guardian* (18 June 2017).

価値（価格と相対評価した質）である。

- Jeroen Derwall, Nadja Guenster, Rob Bauer and Kees Koedijk, 'The Eco-Efficiency Premium Puzzle' (2005) 61 *Financial Analysts Journal* 51–63.
- Mozaffar Khan, George Serafeim and Aaron Yoon, 'Corporate Sustainability: First Evidence on Materiality' (2016) 91 *Accounting Review* 1697–724.彼らは企業の特徴を調整した上でKLDスコアの変化を調べている。
- Michael Halling, Jin Yu and Josef Zechner, 'Primary Corporate Bond Markets and Social Responsibility' (2020).
- Robert Eccles, Ioannis Ioannou and George Serafeim, 'The Impact of Corporate Sustainability on Organizational Processes and Performance' (2014) 60 *Management Science* 2835–57.
- 'From Fringe to Mainstream: Companies Integrate CSR Initiatives into Everyday Business', *Knowledge@Wharton* (23 May 2012).
- Jennifer Thompson, 'Smart Beta Funds Pass $1trn in Assets', *Financial Times* (27 December 2017).
- Jen Wieczner, 'How Buying Stock in the "Best Companies to Work for" Helped This Investor Crush the Market', *Fortune* (9 March 2017).
- Karl Lins, Henri Servaes and Ane Tamayo, 'Social Capital, Trust, and Firm Performance: The Value of Corporate Social Responsibility During the Financial Crisis' (2017) 72 *Journal of Finance* 1785–824.
- Albuquerque *et al.* (2020)は環境面と社会面のスコアが高い企業のパフォーマンスが優れていたことを発見したが、Demers *et al.* (2020)は他の変数を調整した場合にそうならないことを明らかにした。Ding *et al.* (2020)は企業のCSRスコアが高いと新型コロナウイルス感染症が株式リターンに与える影響が軽減されることを発見したが、これは有意水準0.10（その関係性が偶然生じる確率が10%である）の場合のみ統計的に有意だった。通常、信頼できる結果と判断するには有意水準0.05が求められる。Rui A. Albuquerque, Yrjo Koskinen, Shuai Yang and Chendi Zhang, 'Resiliency of Environmental and Social Stocks: An Analysis of the Exogenous COVID-19 Market Crash' (2020) 9 *Review of Corporate Finance Studies* 593–621; Elizabeth Demers, Jurian Hendrikse, Philip Joos and Baruch Lev, 'ESG Didn't Immunize Stocks against the COVID-19 Market Crash' (2021) 48 *Journal of Business Finance & Accounting* 433–62;Wenzhi Ding, Ross Levine, Chen Lin and Wensi Xie, 'Corporate Immunity to the COVID-19 Pandemic' (2021) 141 *Journal of Financial Eco-*

Psychological Functioning: The Effect of Red on Performance Attainment' (2007) 136 *Journal of Experimental Psychology: General* 154–68.

・例えばミレニアム・アセット・マネジメントのマネジングディレクターであるロバート・マルトビーの動画（https://youtu.be/ippgKYA5nJk）を参照。

・Robert Novy-Marx, 'Predicting Anomaly Performance with Politics, the Weather, Global Warming, Sunspots, and the Stars' (2014) 112 *Journal of Financial Economics* 137–46.

・Rolf W. Banz, 'The Relationship between Return and Market Value of Common Stocks' (1981) 9 *Journal of Financial Economics* 3–18; Clifford S. Asness, Andrea Frazzini, Ronen Israel *et al.*, 'Size Matters When You Control Your Junk' (2018) 129 *Journal of Financial Economics* 479–509.

・コストコは「最も働きがいのある会社」リストへの掲載を申請していないが、優れた雇用主であると広く認識されている。例えば同社はフォーブスの2017年全米ベスト・エンプロイヤーに選出されている。

・Aaron Taube, 'Why Costco Pays Its Retail Employees $20 an Hour', *Business Insider* (23 October 2014).

・Amy Tsao, 'A Showdown at the Checkout for Costco', *Business Week* (28 August 2003).

・Nina Shapiro, 'Company for the People', *Seattle Weekly* (9 October 2006).

・Ann Zimmerman, 'Costco's Dilemma: Be Kind to Its Workers, or Wall Street?', *Wall Street Journal* (26 March 2004).

・Ingrid Smithey Fulmer, Barry Gerhart and Kimberley S. Scott, 'Are the 100 Best Better? An Empirical Investigation of the Relationship between Being a "Great Place to Work" and Firm Performance' (2003) 56 *Personnel Psychology* 965–93.

・Frontline, 'Is Wal-Mart Good for America?' (16 November 2004).

・Wayne F. Cascio, *Costing Human Resources: The Financial Impact of Behavior in Organizations* (Cincinnati, OH: South-Western, 2000).

・Daniel H. Simon and Jed DeVaro, 'Do the Best Companies to Work for Provide Better Customer Satisfaction?' (2006) 27 *Managerial and Decision Economics* 667–83.

・これらの結果は、発表された論文の最終版には紙面の都合で記載されていない。

・Claes Fornell, Sunil Mithas, Forrest V. Morgeson III and M. S. Krishnan, 'Customer Satisfaction and Stock Prices: High Returns, Low Risk' (2006) 70 *Journal of Marketing* 3–14.このインデックスの3要素は、顧客の期待、認知された品質、認知された

・Connie Bruck, 'Angelo's Ashes', *The New Yorker* (29 June 2009).
・Dong-Gull Lee, 'The Restructuring of Daewoo' in Stephan Haggard, Wonhyul Lim and Euysung Kim (eds), *Economic Crisis and Corporate Restructuring in Korea: Reforming the Chaebol* (Cambridge University Press, 2003), pp. 150–80.
・'Daewoo: GM's Hot New Engine', *Bloomberg* (29 November 2004).
・この損失には買収事業に対する過剰な支払い（従来の所有者の利益になる）も含まれたが、社会に与えた純損失は1340億ドルに達した。
・Sara B. Moeller, Frederik P. Schlingemann and René M. Stulz, 'Wealth Destruction on a Massive Scale? A Study of Acquiring- Firm Returns in the Recent Merger Wave' (2005) 60 *Journal of Finance* 757–82.
・James O'Toole, *The Enlightened Capitalists: Cautionary Tales of Business Pioneers Who Tried to Do Well by Doing Good* (New York: Harper Business, 2019).
・Leila Abboud, 'The Fall from Favour of Danone's Purpose-Driven Chief', *Financial Times* (17 March 2021).
・企業が慈善事業に寄付する場合、より有効なのは、従業員が支援する目的のために企業の寄付が使われることを保証できるマッチング寄付かもしれない。
・Australian Energy Markets Commission.
・この研究は取締役の責任に特化したものだが、取締役は役員の監視役であるため、その意味するところは役員にも当てはまる。European Commission (2020): 'Study on Directors' Duties and Sustainable Corporate Governance'.

第4章

・Joshua D. Margolis and James P. Walsh, 'Misery Loves Companies: Rethinking Social Initiatives by Business' (2003) 48 *Administrative Science Quarterly* 268–305.
・Marc Orlitzky, Frank L. Schmidt and Sara L. Rynes, 'Corporate Social and Financial Performance: A Meta-Analysis' (2003) 24 *Organization Studies* 403–41.
・Alex Edmans, 'Does the Stock Market Fully Value Intangibles? Employee Satisfaction and Equity Prices' (2011) 101 *Journal of Financial Economics* 621–40.
・Alex Edmans, 'The Link between Job Satisfaction and Firm Value, with Implications for Corporate Social Responsibility' (2012) 26 *Academy of Management Perspectives* 1–19.
・Russell A. Hill and Robert A. Barton, 'Psychology: Red Enhances Human Performance in Contests' (2005) 435 *Nature* 293.
・Andrew J. Elliot, Markus A. Maier, Arlen C. Moller and Jorg Meinhardt, 'Color and

- 'U.S. Tobacco Profits Soar Despite Drop in Number of Smokers', NPR (24 April 2017).
- Rob Davies, 'How Big Tobacco Has Survived Death and Taxes', *Guardian* (12 July 2017).
- 株主が機関投資家の場合も、突き詰めれば一般市民のために資金を運用していることがほとんどである。
- Oliver Hart and Luigi Zingales, 'Companies Should Maximize Shareholder Welfare Not Market Value' (2017) 2 *Journal of Law, Finance, and Accounting* 247–74.
- US SIF, 'Report on US Sustainable, Responsible, and Impact Investing Trends' (2020).
- Global Sustainable Investment Alliance, 'Global Sustainable Investment Review' (2020).
- Samuel M. Hartzmark and Abigail B. Sussman, 'Do Investors Value Sustainability? A Natural Experiment Examining Ranking and Fund Flows' (2019) 74 *Journal of Finance* 2789–837.
- Center for Climate and Energy Solutions, 'Weathering the Storm: Building Business Resilience to Climate Change' (2013).
- Carbon Disclosure Project, 'Major Risk or Rosy Opportunity: Are Companies Ready for Climate Change?' (2019).
- Stephanie M. Tully and Russell S. Winer, 'The Role of the Beneficiary in Willingness to Pay for Socially Responsible Products: A Meta-Analysis' (2014) 90 *Journal of Retailing* 255–74.
- Rüdiger Bachmann, Gabriel Ehrlich and Dimitrije Ruzic, 'Firms and Collective Reputation: The Volkswagen Emissions Scandal as a Case Study' (2017).
- European Court of Auditors, 'The EU's Response to the "Dieselgate" Scandal' (2019).
- John Elkington, '25 Years Ago I Coined the Phrase "Triple Bottom Line". Here's Why It's Time to Rethink It', *Harvard Business Review* (25 June 2018).

第3章

- Adi Ignatius, 'Businesses Exist to Deliver Value to Society', *Harvard Business Review* (March–April 2018).
- Michael Kranish, 'Warren Decries Stock Buybacks, High CEO Pay', *Boston Globe* (14 June 2015).
- Hiroko Tabuchi, 'Layoffs Taboo, Japan Workers Are Sent to the Boredom Room', *New York Times* (16 August 2013).
- 2007年11月9日のSEC調査におけるアンジェロ・モジロの証言。

(March–April 2018).
・Ronald H. Coase, 'The Problem of Social Cost' (1960) 3 *Journal of Law and Economics* 1–44.
・Vilfredo Pareto, 'Il Massimo di Utilità Dato Dalla Libera Concorrenza' (1894) 9 *Giornale degli Economisti* 48–66.
・Sandra J. Sucher and Shalene Gupta, 'Layoffs that Don't Break Your Company', *Harvard Business Review* (May–June 2018).邦訳『安易な人員削減では目先の効果すら得られない』(ハーバード・ビジネス・レビュー 2018年12月号)。
・Edelman, 'Edelman Trust Barometer 2020' (2020).
・Kantar Futures and American Express, 'Redefining the C-Suite: Business the Millennial Way' (2017).
・PwC and AIESEC, 'Tomorrow's Leaders Today' (2016).

第2章

・Milton Friedman, 'The Social Responsibility of Business Is to Increase Its Profits', *New York Times Magazine* (13 September 1970).
・Global Justice Now, '69 of the Richest 100 Entities on the Planet Are Corporations, Not Governments, Figures Show' (17 October 2018).
・Michael C. Jensen, 'Value Maximisation, Stakeholder Theory, and the Corporate Objective Function' (2001) 7 *European Financial Management* 297–317.
・Ocean Tomo, 'Intangible Asset Market Value Study' (2020).
・James Poterba and Lawrence H. Summers, 'A CEO Survey of U.S. Companies' Time Horizons and Hurdle Rates', *Sloan Management Review* (Fall 1995).
・経済学者のジョン・ケイはこれを「回り道」の原則と呼び、意図のない行動がむしろ目的地に至る最善策になると指摘する。John Kay, *Obliquity: Why Our Goals Are Best Achieved Indirectly* (London: Profile Books, 2011).邦訳『想定外　なぜ物事は思わぬところでうまくいくのか?』(ディスカバー・トゥエンティワン)。
・Steven Levy, 'Inside Apple's Insanely Great (or Just Insane) New Mothership', *Wired* (16 May 2017).
・Pharmaceutical Research and Manufacturers of America.
・Jean-Claude Buffle, *Dossier N . . . comme Nestlé: Multinationale et Infanticide: le Lait, les Bébés et . . . la Mort* (Paris: Alain Moreau, 1986).

The Independent (22 July 2016).
- Ben Chapman, 'Workers Facing Destitution as Factory Set to Close within Days Unless Philip Green's Fashion Empire Pays for Existing Orders', *The Independent* (24 June 2020).
- Business & Human Rights Resource Centre, 'COVID-19 Apparel Action Tracker' (2020).
- 'A Conversation with Roy P. Vagelos', Annual Reviews Conversations (2011).
- Bonnie J. Davis and Cindy Kluger, 'Onchocerciasis and Its Control: Report of a WHO Expert Committee on Onchocerciasis Control' (1995) 89 *Geneva: World Health Organization* 1–104.
- Ushma S. Neill, 'A Conversation with P. Roy Vagelos' (2014) 124 *Journal of Clinical Investigation* 2291–2.
- Paul Hond, 'Doctors without Debt', *Columbia Magazine* (Fall 2018).
- Michael Useem, *The Leadership Moment* (New York: New Rivers Press, 1998).
- Kimberly Collins, 'Profitable Gifts: A History of the Merck Mectizan Donation Program and Its Implications for International Health' (2004) 47 *Perspectives in Biology and Medicine* 100–9.
- 例えばスタンフォード・ソーシャル・イノベーション・レビューの2012年6月28日付のPeter Karoffの記事'CSR Rule #1:Do No Harm'。グーグルのかつての行動規範に、関連する表現「Don't Be Evil（邪悪になるな）」が含まれていたことは有名である。
- ソニー・マビカは電子的でフィルムを使わなかったが、画像の保存をテレビ画像と同様のアナログ走査線のスキャンで行っていたため、デジタルカメラではなかった。
- Matt Vella, 'Every 60 Seconds, Apple Makes More Money than You Do in a Year', *Time* (20 March 2014).
- Phil Mullan, 'CSR: The Dangers of "Doing the Right Thing"', *Spiked* (31 March 2014).
- Alex Edmans and Bruce Bolger, 'Can Stakeholder Capitalism Save Capitalism? First We Must Define It', *Forbes* (26 August 2020).
- Joseph A. DiMasi, Henry G. Grabowski and Ronald W. Hansen, 'Innovation in the Pharmaceutical Industry: New Estimates of R&D Costs' (2016) 47 *Journal of Health Economics* 20–33.2013年のドル換算の数字は28億7000万ドル。
- Adi Ignatius, 'Businesses Exist to Deliver Value to Society', *Harvard Business Review*

巻末注

序章

- Jim Puzzanghera, 'A Decade after the Financial Crisis, Many Americans Are Still Struggling to Recover', *Seattle Times* (10 September 2018).
- 'World's 22 Richest Men Have More Wealth than All the Women in Africa', *Oxfam* (20 January 2020).
- World Bank, 'Poverty and Shared Prosperity 2020' (2020).
- International Labour Organization, 'Safety and Health at the Heart of the Future of Work' (2019).
- Guillaume P. Chossière, Robert Malina, Akshay Ashok *et al.*, 'Public Health Impacts of Excess NOx Emissions from Volkswagen Diesel Passenger Vehicles in Germany' (2017) 12 *Environmental Research Letters* 034014.
- Trucost, 'Natural Capital at Risk: The Top 100 Externalities of Business' (2013).

第1章

- *Securities and Exchange Commission* v. *Martin Shkreli* (17 December 2015).
- Bethany McLean, 'Everything You Know about Martin Shkreli Is Wrong – Or Is It?', *Vanity Fair* (February 2016).
- Andrew Pollack, 'Drug Goes from $13.50 a Tablet to $750, Overnight', *New York Times* (20 September 2015).
- Heather Long, 'Here's What Happened to AIDS Drug that Spiked 5,000%', *CNN Business* (25 August 2016).
- Nicola Woolcock, 'University Lecturers to Strike as Students Sit Summer Exams', *The Times* (9 March 2018).
- 'University Strike Talks Resume after Twitter Skirmishes', BBC (6 March 2018).
- Forbes Healthcare Summit, December 2015.
- *Ibid.*
- 'Millions Are Mis-Sold Loan Cover', *Which?* (June 2008); Liz Edwards, 'PPI Mis-Sold on Credit Cards', *Which?* (10 September 2008).
- 'Protection Racket: CAB Evidence on the Cost and Effectiveness of Payment Protection Insurance', Citizens Advice Bureau (September 2005).
- Zlata Rodionova, 'The 7 Most Shocking Testimonies from Workers at Sports Direct',

著者紹介

Alex Edmans　アレックス・エドマンズ

ロンドン・ビジネス・スクールのファイナンスの教授で、公益を実現するためのビジネスの再構築という分野の第一人者である。世界経済フォーラム年次総会（ダボス会議）での講演、英国議会での証言の経験があり、TEDトーク「What to Trust in a Post-Truth World（ポスト真実の世界で何を信じるか）」、TEDxトークの「The Pie-Growing Mindset（パイ拡大のマインドセット）」および「The Social Responsibility of Business（ビジネスの社会的責任）」は、合計250万回視聴されている。彼は投資家フォーラムの非業務執行取締役を務め、ロイヤル・ロンドン・アセット・マネジメントの責任投資諮問委員会のメンバーである。ペンシルベニア大学ウォートン校およびロンドン・ビジネス・スクールで24の教育賞の受賞歴があり、2021年にはポエッツ・アンド・クオンツの年間最優秀教授に選出された。フルブライト奨学金を得てマサチューセッツ工科大学（MIT）で博士号を取得し、過去にはペンシルベニア大学ウォートン校の終身教授、投資銀行モルガン・スタンレーでバンカーを務めた経歴を持つ。

訳者紹介

川口 大輔

株式会社ヒューマンバリュー取締役主任研究員。早稲田大学院理工学研究科を修了。外資系企業を経て、株式会社ヒューマンバリュー入社。「学習する組織」をベースにした組織変革のコンサルティングに従事するとともに、HRや組織開発の国内外の動向に関して幅広い調査・研究を行っている。特に近年は、企業・行政体にて、人的・事業・社会的価値の創造に向けた組織変革やカルチャーの創造、マネジメントの革新に従事する。訳書に『ワールド・カフェ〜カフェ的会話が未来を創る〜』『組織開発の基本〜組織を変革するための基本的理論と実践法の体系的ガイド〜』『脳科学が明らかにする大人の学習〜ニューロサイエンス・オブ・アダルトラーニング〜』（ヒューマンバリュー出版）がある。

霜山 元

株式会社ヒューマンバリュー主任研究員。人的価値・事業価値・社会的価値を創造し続ける組織経営の実現に携わっている。

また、パフォーマンス・マネジメント革新研究会の事務局を務めるなど、経営のあり方や組織文化に対して大きな影響を及ぼすパフォーマンス・マネジメントに関する取り組みにも携わり、様々な調査・発信も行っている。

チーム・組織の状態を見える化して、自律的な変化を促進するWebアプリ「Ocapi（組織変革プロセス指標）」の開発者の一人である。訳書に『時代遅れの人事評価制度を刷新する〜そのパフォーマンス・マネジメントは価値を生み出していますか?〜』（ヒューマンバリュー出版）がある。

長曽 崇志

株式会社ヒューマンバリュー取締役主任研究員。上智大学法学部を卒業後、東京銀行（現三菱UFJ銀行）入行。その後、ソニー株式会社、人材開発系ベンチャー企業を経て現職に至る。社会のサステナビリティと企業の成長を両立する経営やマネジメントへと変革するための支援を行っている。主には、企業のパーパスやバリューの策定から定着化をはじめ、それらを具現化するための戦略シナリオや仕組みづくり、未来を切り拓く個々のマインドセットの醸成など、対話を軸に据えた組織学習の実践を通じたコンサルテーションを行っている。

また、共訳書に『脳科学が明らかにする大人の学習〜ニューロサイエンス・オブ・アダルトラーニング〜』（ヒューマンバリュー出版）がある。

GROW THE PIE

パーパスと利益の二項対立を超えて、持続可能な経済を実現する

2023年7月29日　初版第一刷発行

著　者：アレックス・エドマンズ
訳　者：株式会社ヒューマンバリュー　川口大輔、霜山元、長曽崇志
発行者：兼清俊光
発　行：株式会社ヒューマンバリュー
〒102-0082 東京都千代田区一番町18番地 川喜多メモリアルビル3階
TEL：03-5276-2888(代)　FAX：03-5276-2826
https://www.humanvalue.co.jp/wwd/publishing/books/

スタッフ：市村絵里、齋藤啓子、神宮利恵
翻訳協力：友納仁子
デザイン・制作・校正：株式会社 鷗来堂
印刷製本：株式会社 丸井工文社

ISBN 978-4-991159930 C0034
本書の無断複写（コピー）は、著作権法上の例外を除き、著作権侵害となります。
落丁本・乱丁本はお取り替えいたします。

ヒューマンバリューの出版への思い

株式会社ヒューマンバリューは、人・組織・社会によりそいながら、より良い社会を実現するための研究活動、人や企業文化の変革支援を行っています。その事業の一環として、組織変革・人材開発の潮流をリサーチする中で出会ったすばらしい書籍のうち、日本の社会や企業の価値創出につながると思われる書籍を出版しています。

翻訳にあたっては、著者の意向をできるだけ尊重し、意味のずれがないように原文をそのまま活かし、原語を残す形でまとめています。

今後新しい本が出た場合に情報が必要な方は、下記宛にメールアドレスをお知らせください。

book@humanvalue.co.jp